美国国际税制改革资本回流原理

2017 U.S. TAX REFORM:
LEGAL STRUCTURES, FOREIGN EARNINGS
AND MNC RESHORING

李超民　著
Li Chaomin

商务印书馆
The Commercial Press
创于1897

商务印书馆（上海）有限公司　出品
The Commercial Press (Shanghai) Co. Ltd.

李超民，河南偃师人，经济学博士，上海财经大学教授、太和智库高级研究员、富布莱特研究学者（VRS）。师从中国著名经济思想史学家、上海财经大学时任校长谈敏教授攻读博士学位（1998—2001），研习中国古代经济思想史。长期致力于中国经济思想史、国防经济问题，以及美国当代财政经济思想、政策与制度研究。

本书出版由国家社会科学基金项目［18BGJ003］资助

　　成立于 2013 年 9 月的上海财经大学公共政策与治理研究院，是由上海市教委重点建设的十大高校智库之一。研究院通过建立多学科融合、协同研究、机制创新的科研平台，围绕财政、税收、医疗、教育、土地、社会保障、行政管理等领域，组织专家开展政策咨询和决策研究，致力于以问题为导向，破解中国经济社会发展中的难题，服务政府决策和社会需求，为政府提供公共政策与治理咨询报告，向社会传播公共政策与治理知识，在中国经济改革与社会发展中发挥"咨政启民"的"思想库"作用。

　　作为公共政策与治理研究智库，研究院在开展政策咨询和决策研究中，沉淀和积累了大量研究成果，这些成果以决策咨询研究报告为主，也包括论文、专著、评论等多种成果形式。为使研究成果得到及时传播，让社会分享研究成果，我们将把研究成果分为财政、税收、社会保障、行政管理等系列，以丛书方式出版。

　　现在，呈现在我们面前的"美国财政治理前沿丛书"是公共政策与治理研究丛书系列之一。该丛书系我院首席专家、高级研究员李超民博士在长期跟踪美国财政与税收体制变迁涉及的重大财税理论与实践问题基础上，依据较为全面的最新第一手资料，经研究积累后完成的理论成果。20世纪初以降，美国联邦财政从思想、体制到管理手段全面实现了现代化，为"二战"后美国国际霸权地位奠定了雄厚财力基础，推动美国财政在国际财政体系中逐步具有了基础性质。然而，随着"冷战"结束与全球化大幕的开启，联邦财政在历经数次全球性财政、金融危机冲击后，又遭受了2007—2009年经济"大衰退"重创，而美联储实施的"量化宽松"货币政策，更使联邦政府在较快解决严重的短期财政难题的同时，造成了连续十六年的长期财政赤字，并背负了二十万亿美元之巨的债务，短期财政困境与长期财政风险并存，成为联邦财政的重要难题和主要特征，对此美国政学各界议论纷纷，莫衷一是。如何化解这一前所未见的财政难题，很可能将决定今后美国霸权的国际地位，而美国财政的经验与教训亦足资镜鉴，不可不察。李超民博士的这项研究，将为我们准确认识自"大衰退"以来美国联邦财政问题的产生与发展，以及可能的解决方略，提供新视角、新资料与不同思考。

推进公共政策与治理研究成果的出版是公共政策与治理研究院的一项重点工程，我们将以努力打造政策研究精品和研究院品牌为己任，提升理论和政策研究水平，引领社会，服务人民。

胡怡建

上海财经大学公共政策与治理研究院院长

2017年5月18日

目 录

引　言

（代　序）

　　按照时兴的学术习惯，在一部著作开始的时候总需要交代有关问题的来龙去脉。这部原理性的著作也不能例外，因此开篇之前，首先表达作者对全国哲学社会科学工作办公室国家社会科学基金［18BGJ003］给予本研究资助的感谢。感谢对本研究进行资助评审的诸位专家，他们都是来自我国的国际经济问题研究领域的大专家，由于五年前他们对有关研究建议的认可，才有了这里的初步成果。还要感谢上海财经大学及科研管理（包括科研资金管理）部门的领导和老师们，他们保证了这项研究项目的申报、顺利开展并结项。特别感谢上海市高校十大智库之一的上海财经大学公共政策与治理研究院以及胡怡建院长等领导和专家长期以来对于本课题研究的大力支持。以下排名不分先后：感谢中华美国学会和财经分会领导和专家、中国财政学会领导和专家、财政部国际财经中心领导和专家、国家税务总局及有关司局和税收科研所领导和专家、商务部国际贸易经济合作研究院以及世界经济研究所的领导和专家、中国社科院美国研究所领导和有关专家、中国现代国际关系研究院美国研究所领导和有关专家、上海国际问题研究院有关领导和专家、上海市美国问题研究所领导和有关专家、清华大学国家战略研究院领导和有关专家、北京大学经济学院领导和有关专家、复旦大学美国研究中心领导和有关专家、上海社科院国际问题研究所领导和有关专家……以及太和智库、蓝迪国际智库领导和有关专家给予本研究成果发布提供的诸多机会。最后感谢这部著作的出版机构——商务印书馆以及上海分馆的领导和编辑同志，他们给了我继续与这家享誉海内外的学术出版机构合作的机会，并认真评估了出版可能，早早完成了选题的申报准备和编辑。

美国联邦国际税制改革对跨国投资将产生重要影响。美国国际税制改革是自《1986 年税制改革法》(The Tax Reform Act of 1986, H.R. 3838, 99th Congress, Public Law 99–514) 立法以来的一次全面财税制度改革，联邦政府旨在通过《2017 年减税与就业法》(H.R.1-An Act to provide for reconciliation pursuant to titles II and V of the concurrent resolution on the budget for fiscal year 2018)，较全面改革国际税制，实现向 "参与豁免税制"(participation exemption system of taxation, § 965 Amended) 转型，同时降低了海外所得与利润遣返税率，增加了全球无形资产低税所得(Global Intangible Low-Taxed Income，简称 GILTI) 税、外国来源无形资产所得(Foreign Derived Intangible Income，简称 FDII)税、税基侵蚀与反滥用税(Base Erosion and Anti-abuse Tax，简称 BEAT 税) 及关联交易税，恢复了向下归属规则等政策。参与豁免税制的本质是跨国企业收到股息的税前扣除(Dividends Received Deduction，简称 DRD)，亦即 DRD 是参与豁免税制核心政策之一。扣除政策主要包括国内公司收到股息扣除、国外公司收到股息扣除、特定股息不得扣除、限制股息扣除等几项规定。通过扣除企业收到的股息，降低联邦税税前所得总额，达到减税目的。

2017 年改革联邦国际税制的重要政策诉求之一，是推动美国跨国企业的海外投资回流。根据美国商务部经济分析局（U.S. Department of Commerce, Bureau of Economic Analysis，简称 BEA）数据，2019 年美国对华直接投资净额为 75 亿美元，较 2018 年增长 20%。美国对华直接投资存量为 1 162 亿美元，较 2018 年增长 6%。美国政府的国际税制改革能否推动美国资本回流，如果美国资本大规模回流，会对中国的经济发展产生哪些作用，美国资本回流究竟将流向哪里，美国资本的回流会对全球供应链产生什么影响等等，已成为产业界、学术界，尤其是政策决策者普遍关心的问题，对这些问题必须从理论上加以剖析，同时通过解构美国联邦国际税制改革相关的政策变化，为政策制定提供理论依据。由国家社会科学基金资助这一研究是非常有力的。

美国财税政策直接引导着跨国公司的海外投资走势。据美国财金政策和学术界提供的测算数值，美国政府税制改革后将有 1—2 万多亿美元的海外资金回流，仅苹果、思科两家企业在改革之初就宣布，将有近 2 000 亿美元资金回流的计划，它们还计划增加对内投资，稳固高技术在美国内的研发和制造供应链。美国联邦税制的改革所产生的影响是全球性的，由于美国跨国资本早已将中国作为投资的重要地区，尤其是高技术跨国公司均在中国主要地区进行了布局，投资遍及各个生产领域，尤其是高技术领域。我国是美国高技术投资聚集的重点地区。从改革开放初期开始，美对华直接投资（Foreign Direct Investment，简称 FDI）主要在劳动密集型产业，在中国加入世界贸易组织（WTO）后到 2010 年前后，开始进入消费品行业和汽车行业，据上海美国商会 2018—2019 年针对商会成员企业的调查，接近六成的美对华直接投资企业都把中国作为本地市场生产或采购产品和服务的基地，比 2017 年的 51% 占比有所增加。①

---

① *2019 China Business Report*, The American Chamber of Commerce in Shanghai, p. 32.

在美国联邦政府 2017 年改革税制后，美跨国公司对华投资仍保持如下特点：（1）美对华直接投资主体仍属于战略性投资，具有长期性。从投资总量看，截至 2018 年底，1 400 多家美国大中小型企业在华共成立公司 1 440 家，投资项目 7 100 多个；从投资结构上看，其中有 450 家企业投资 5 000 万美元以上；有 330 家投资在 1 亿美元以上；有 71 家企业投资在 10 亿美元以上。（2）美对华直接投资企业仍以绝对控股占多数，2017 年美资控股比例为 48%，2018 年上升到 64%，其中像特斯拉项目和埃克森美孚项目的投入，正值美国政府打着"美国优先"的口号，要求美资在华企业和供应链向国内转移之时，这些投资看来似乎并未受税制改革的影响，或者说美对华投资决策在受到税收政策影响的同时，其他因素却推动了投资的加大，所以在华的高额投入推动了美国资本绝对控股比例大幅提升。①（3）美国金融企业从 2005 年开始全面展开在华布局，到 2018 年，美国金融企业大量投入不动产市场，在华投资总额中有 15% 属纯金融驱动型直接投资，金融大企业 JP 摩根和摩根士坦利已建设多数控股合资证券公司。有关分析预计，未来美国跨国投资对华投入和增长潜力巨大。

由此可见，美国企业对华投资和产业供应链依赖非常大，如果税改之后跨国企业不得不撤资，无疑将对美在华跨国投资企业产生长期影响。而且美资回流会否与金融危机以来部分在华企业和供应链搬迁叠加，并导致高技术投资流量变化、选址模式变化、产业链转移？美在华高技术企业回流会采取什么模式？这种影响对一带一路建设的冲击有多大？对此应如何判断并制定何种策略？这些不但涉及我国跨国公司税收政策调整，而且直接关系财政税收、投资贸易、经济及社会政策改革的成功。

研究美联邦财税制改革对在华高技术企业的影响亦极具学术价

---

① 中国商务部外资统计。

值。目前国内外就美国政府税制改革对美国跨国公司在全球投资的影响加以判断，一是基于学科范式的理论推定或估算，科学性尚待验证，二是基于相关历史经验，尚需要进行理论上的总结，其中又以美国 1986 年税制改革对跨国公司影响模式研究成果最丰富。美国财政学家 Martin Feldstein 指出，1986 年税制改革是百年来研究有关税收效应最重要的天然实验室，不但从根本上影响着国际税收学术思想，而且对各国税收政策设计具有基础作用。对 1986 年税制改革进行研究的价值主要表现在三方面，即降税幅度空前，税率变化极其多样，降税后经济行为的特征极其复杂。税改后的数年内，美国政府不断公开的同期家庭行为数据质量较高，因此比较税制改革前后的产量、消费行为等变化非常有益，这对研究税制改革效应的作用无法替代。[①] 正是基于上述判断的科学价值，在有关研究领域仍常见对于美国联邦 1986 年税制改革的研究成果发表。

研究美国财税制改革在华直接投资和对高技术企业的影响效应是一项重要的理论任务。长期以来，我国对美国对华投资，尤其是高技术投资与美国财税制改革的关联的针对性研究非常薄弱，这与基础理论研究的深入与否有重要关系。[②] 研究美国联邦税制的基础理论，对丰富中国特色的国际税收理论与跨国公司投资理论，制定科学的跨国公司治理政策具有重要学术价值。纵览国内外文献，有关美国税制改革对跨国公司的影响研究呈现两种基本范式。

范式一：美国税制改革对于跨国公司选址影响研究。美国 1986

---

① Martin Feldstein. "The Effect of Marginal Tax Rates on Taxable Income: A Panel Study of the 1986 Tax Reform Act." *Journal of Political Economy*, University of Chicago Press, 103(3), Jun. 1995, pp. 551-572.

② 例如，以主题关键词"美国"并含"跨国公司投资"检索，1998 年以来被引 10 次以上的论文仅有 23 篇，在引用率最高的 5 篇论文中，"税收"一词仅出现 5 次；再分别增加"高科技企业""税收"为关键词进行二次全文检索，则罕见相关研究，而对在华高技术跨国企业税收相关研究更是缺乏。

年税制改革及其影响是跨国投资理论的重要课题，以跨国公司投资与国际税收关联为研究对象的可检索重要英文学术论文逾百篇之多，并有多种著作，无论是税制改革跨国对投资模式、转移定价，还是所得与利润遣返、企业组织形态变化等领域的影响，成果颇丰，如 Grubert、Randolph 与 Rousslang[1]，Smith[2]，Zey 与 Swenson[3]，Altshuler 与 Hubbard[4]，Desai 与 Hines, Jr.[5]，Azémar[6]，其中美国税制改革对跨国企业选址影响研究对本研究富有启发。如 Hines, Jr.[7] 最早对有关文献进行了评述，探讨了对外直接投资对国际税收的敏感性，他指出公司税率影响到对外直接投资选址与资本流量。Devereux 与 Griffith[8] 也对此做了梳理，在实证研究方面有所推进。后来 De Mooij 与 Ederveen[9] 总结了对外直接投资与税收间的时空关系，以总量投资与税收数据及弹性计算为基础，通过元数据分析发现典型的税率

[1] Harry Grubert, William C. Randolph and Donald J. Rousslang. "Country and Multinational Company Responses to the Tax Reform Act of 1986." *National Tax Journal*, 49(3), Sept. 1996, pp. 341−358.

[2] James Kalman Smith. "The Effect of the Tax Reform Act of 1986 on the Capital Structure of Foreign Subsidiaries." The University of Arizona, 1995.

[3] Mary Zey and Tami Swenson. "The Transformation of the Dominant Corporate Form from Multidivisional to Multisubsidiary: The Role of the 1986 Tax Reform Act." *The Sociological Quarterly*, 40(2), Spring 1999, pp. 241−267.

[4] R. Altshuler and R. Glenn Hubbard. "The Effect of the Tax Reform Act of 1986 on the Location of Assets." *Journal of Public Economics*, 87(1), 2003, pp. 109−127.

[5] Mihir A. Desai and James R. Hines, Jr. "Expectations and Expatriations: Tracing The Causes and Consequences of Corporate Inversions." *National Tax Journal*, 55, Sept. 2002, pp. 409−440.

[6] C. Azémar. "International Corporate Taxation and U.S. Multinationals' Behaviour: An Integrated Approach." *Canadian Journal of Economics*, 43, 2010, pp. 232−253.

[7] James R. Hines, Jr. "Lessons from Behavioral Responses to International Taxation." *National Tax Journal*, 52(2), Jun. 1999, pp. 305−322.

[8] Michael P. Devereux and Rachel Griffith. "The impact of corporate taxation on the location of capital: A review." *Swedish Economic Policy Review*, 9, 2002, pp. 79−102.

[9] Ruud A. de Mooij and Sjef Ederveen. "What a difference does it make? Understanding the empirical literature on taxation and international capital flows." *European Commission Economic Papers*, 2006, p. 261.

半弹性为-2.1。Gubert、Randolph 与 Rousslang[1] 指出，美国下调税率后，在不同国家的跨国企业子公司（subsidiary corporation）间出现了两种收入转移模式，一是改变选址以降低边际税率，二是加大跨国避税行为，而投资东道国为留住跨国企业，通常普遍下调税率、变动税制，因而作为决策者研究跨国公司及各国对美国降税的反应，需充分考虑上述反应模式，学界还应研究税收对投资的内生影响。后来，Altshuler 与 Hubbard[2] 从纳税申报单研究入手，观察了美国 1986 年税制改革对金融服务企业国际选址的影响，指出美国变革国际税制增加了海外跨国公司继续递延应纳美国税收的难度，改革反税收递延规则减少了海外跨国金融企业的避税行为，东道国税收会受到金融服务企业选址行为的影响。

国内学者关于跨国公司母国税制对于跨国公司对东道国进行跨国投资的激励早有关注。[3] 然而有关美国1986年税制改革对我国跨国投资流入影响的研究尚不多见，相关研究多把市场潜力作为影响跨国公司在华投资的主导因素，如姚战琪推演的跨国投资方程 $LnFI_t = C + a_1 LnMP_t + a_2 LnWC_t + a_3 LnEX_t + a_4 LnEI_t$，通过设置中国市场潜力变量、投资母国与中国工资成本差异、对华出口变量、外资母国经济增速变量等，以外资来源国对华直接投资额变化说明美国投资最重视中国市场潜力，而忽略税收因素。[4] 近来国内开始关注美在华跨国公司未

① Harry Grubert, William C. Randolph and Donald J. Rousslang. "Country and Multinational Company Responses to the Tax Reform Act of 1986." *National Tax Journal*, 49(3), Sept. 1996, pp. 341-358.

② R. Altshuler and R. Glenn Hubbard. "The Effect of the Tax Reform Act of 1986 on the Location of Assets." *Journal of Public Economics*, 87(1), 2003, pp. 109-127.

③ 江心英：《东道国外资税收激励政策效应的国际研究综述》，《国际贸易问题》，2005 年第 2 期。

④ 姚战琪：《不同外国资本跨国公司在华投资的动机、行为与表现》，《财贸经济》，2007 年第 5 期。

分配利润占比持续增加并转化为新投资现象，发现美国减少对华投资的主因是在华投资企业向国内母公司或关联公司偿还借款，然而对未分配利润、关联借款与美国国际税制的避税漏洞的关系却少有提及。[①] 还有研究虽注意到税收对跨国公司投资的影响，但认为比起税收政策，市场规模对美跨国公司更具吸引力。[②] 可见，只有深入研究美国税制改革对其跨国投资影响的经验，解构 1986 年税制改革的跨国投资效应，才有助于把握美国政府税制改革对美在华高技术企业选址影响变化的规律，为制定对策提供学术基础。

范式二：美国税制改革对于跨国公司税务倒置的影响。美国政府改革国际税制的重要诉求之一，是杜绝跨国公司税务倒置避税泛滥。其实税务倒置并非新现象，国际税收理论认为，它属于跨国公司通过海外重组避税的方式之一，但国际经济学与跨国公司理论则往往从技术转移规律等不同角度看待，长期以来有关研究相对薄弱。美国 1986 年改革国际税制后，公司税务倒置行为逐渐增加，尤其是 21 世纪以来，税务倒置的频率、规模、交易后利润更是大幅增加，而国内税收却急剧减少，有关研究随之增加。美国财政部认为，跨国公司税务倒置侵蚀了美国税基，造成了受控外国公司（Controlled Foreign Corporations，简称CFC）成本优势，破坏了税制公平。[③]Desai 与 Hines, Jr.[④] 运用跨国公司发布外迁公告后的市场反应、外迁因素

① 孟华婷、邵海燕：《美国对华投资现状、趋势及影响因素分析》，《国际贸易》2012 年第 11 期。

② 王宏：《影响美国跨国公司对华直接投资因素的实证研究——以珠三角为例》，《开发研究》2007 年第 4 期。

③ U.S. Department of the Treasury, Office of Tax Policy. "Corporate Inversion Transactions: Tax Policy Implications." Washington, May 2002.

④ Mihir A. Desai and James R. Hines, Jr. "Expectations and Expatriations: Tracing the Causes and Consequences of Corporate Inversions." *National Tax Journal*, 55, Sept. 2002, pp. 409–440.

统计、外迁反应事件三种手段，研究跨国企业税务倒置行为后发现，美企向海外转移过程中对国内纳税义务开始减少，海外税率显著影响企业税务倒置发生率，强化法规能规避利息成本的跨国分配。Azémar指出，税制改革对美海外投资及税务筹划实践有强烈影响，但低税区域对美资的吸引力并不因反纳税递延政策与限制相互抵免而减弱。而位于低税区域的跨国公司利润与 F 分编收入越多，红利汇回就越少；执法越严，收入转移行为越少。低税率是东道国留住外资的有效手段，而投资母国强化转移定价规则，则有助于打击跨国避税。[1]

　　跨国避税是跨国企业利润增长的主要动力。跨国投资与避税天堂存在关联，国内学者也注意到了这一重要现象，例如，陈国钢[2]、江心英[3]、薛峰、郁云岚[4]、庞凤喜、米冰[5]等，虽然是从传统视角研究，但对研究企业税务倒置有所启发。最近戴悦[6]探讨了美国跨国公司倒置避税及反倒置立法的漏洞，指出强化法规有助于抑制企业税务倒置。李超民、胡怡建比较了美国国会两院《2017 年减税与就业法》文本，并研究了美国政府反税务倒置避税政策对美对华投资的潜在影响，剖析了反避税与反税基侵蚀政策的设计及财政经济后果，推进了本领域理论发展与政策研究。[7]可见，只有从《2017 年减税与就业法》文本入手，解构反跨国企业税务倒置政策，才能确定美国政府税制改革对美在华高技术企业的影响，制定相应对策。

① C. Azémar. "International Corporate Taxation and U.S. Multinationals' Behaviour: An Integrated Approach." *Canadian Journal of Economics*, 43, 2010, pp. 232–253.

② 陈国钢：《跨国公司的国际税务计划》，《涉外税务》，1993 年第 5 期。

③ 江心英：《东道国外资税收激励政策效应的国际研究综述》，《国际贸易问题》2005 年第 2 期。

④ 薛峰、郁云岚：《避税天堂，风光不再？》，《国际税收》2013 年第 1 期。

⑤ 庞凤喜、米冰：《跨国企业转让定价与国家税收利益归属研究动态》，《中南财经政法大学学报》2018 年第 1 期。

⑥ 戴悦：《美国反倒置税收政策分析》，《国际税收》2017 年第 2 期。

⑦ 李超民、胡怡建：《特朗普税制改革取向及其影响》，《税务研究》2017 年第 1 期。

综上，通过研究《2017年减税与就业法》解构联邦国际税制基本原理是理解美国国际资本流动与税制关系的枢纽，其中解构美国政府《2017年减税与就业法》有关国际税收体制向参与豁免税制转型、GILTI税、FDII税及BEAT税，是完成研究目标的关键所在，而研究《1986年税制改革法》及1986、2004年等税制改革经验，比较新旧税法差异，又是判断美国政府财税制改革国际影响的重要参照，收集相关数据则是设计相关政策及构建应对体制、机制的学术基础，是提出应对策略的基本前提。

本研究采用科学研究范式展开探索和论述。托马斯·库恩《科学革命的结构》提出了"范式"（paradigm）概念，它可以理解成共通的理论或共同信奉与接受的理论体系，并以此作为常规科学工作的理论预设。科学研究范式则指，普遍采用的学术研究规则体系，包括前提假设、研究路径、研究方法和工具、技术路线与研究模式、评价体系等，是被认可与接受的规定，并受社会、经济、文化、国际环境及个体偏好等因素影响。[1] 所以本研究首先对涉及美国税制改革的跨国投资和税收及其关系的现象进行呈现和分析，然后围绕有关的影响因素依次展开研究，这些内容共同成为本研究成果的结构，包括公司所得税与资本的跨国流动、外国来源所得税与跨国公司母子公司制的管理规则、公司倒置避税与直接投资收益的剥离等章节，最后归纳出来一些基本的原理作为研究结论的一部分，同时将有关的理论运用于中国的现实进行比照、分析，提出政策建议。

本研究主要利用美国官方数据和自行收集的有关数据进行。本课题的主要研究对象是美国国际税收体制及其变革对于跨国资本流动的影响原理，将会涉及美国联邦国际税制的主要框架和理论问题、外国来源所得税以及跨国投资的F分编规则、公司倒置与直接投资

---

① 托马斯·库恩:《科学革命的结构》，北京：北京大学出版社，2004年。

收益剥离问题、跨国投资收益遣返理论、参与豁免规则改革，以及跨国投资选址与国际税制的关系等。因此在采集研究数据时，主要依据美国官方数据和有关的学术机构、商会组织和专业数据机构的数据。研究过程中对于引用数据采用了实引法，尽量标注引文来源。

以上数据来源具有相当的权威性和可信度。数据主要分成两类：（1）统计指标数据，表明事物的发展状态和进行程度的计量指标，如美国的对外直接投资头寸、流量，美国公司所得税率等。（2）事实数据，定义一件事物的性质、内涵和外延，如美国税制改革的立法，《1986年税制改革法》第163（j）节收益剥离规则、《2004年美国创造就业法》第7874节、《2017年减税与就业法》的GILTI税。

本研究的结构分十一个部分。除了这里的引言部分、结论部分和正文后的附录部分，正文将用八章内容，分别论述美国国际税制的基本原理，但主要侧重跨国企业税收，分析美国财税体制的经验教训和改革得失，最后在结论部分提出相关的思考和建议。具体如下：

第一章围绕美国全球税制转型与对外直接投资模式变化，集中解决四个问题：（1）美国对外直接投资与海外收益；（2）冷战后美国对外直接投资的税收调节；（3）2017年税制改革前夕美对外直接投资状况；（4）2017年税制改革与美对外直接投资变化。

第二章研究美国的公司所得税与资本跨国流动之间的关联。跨国公司是美国对外直接投资的主要载体，有效公司税率决定跨国投资流向、规模和投资地域。主要内容有五个：（1）联邦公司所得税制与改革；（2）有效税率与资本跨国流动原理；（3）跨国公司有效税率变化规律；（4）投资税率弹性与跨境资本流动规律；（5）公司所得税与联邦财政收入变动。

第三章围绕跨国公司外国来源所得税与F分编规则。跨国公司投资的收益及借助收益再投资获利是跨国公司全球资本流动的最终目的。主要研究五个问题：（1）母子公司体制与外国来源所得税；（2）外国来源所得税递延与跨国投资；（3）外国来源所得税抵免与跨国投资；（4）反递延税收体制与跨国投资；（5）利息分配规则改革对跨国投资的影响。

第四章围绕公司倒置与对外直接投资收益剥离。跨国公司的获利手段除了正常的跨国直接投资，如何进行投资收益的剥离是另一个重要的手段。主要内容为：（1）跨国公司并购与税收归属；（2）跨国公司倒置交易现象与理论解释；（3）税收天堂与跨国公司投资收益剥离；（4）跨国公司倒置交易税收规则；（5）跨国公司倒置的税收治理与改革。

第五章围绕美国全球税制的法制经验与对外直接投资收益遣返之间的关系，解读 1986 年里根当局的税制改革的全球税制的特征和影响，研究 2004 年小布什税收政策改革的基本经验，聚焦研究四个主要问题：（1）全球税制与跨国投资税收；（2）《1986 年税制改革法》与跨国投资；（3）收益遣返税与跨国投资流动；（4）《2004 年美国创造就业法》与外国来源所得遣返。

第六章围绕《2017 年减税与就业法》与参与豁免规则研究参与豁免税制的三个主要内容。本课题的核心研究内容是参与豁免税制，《2017 年减税与就业法》对此进行了全面的规定。主要内容为：（1）当代跨国投资税收的两种体制；（2）美国向参与豁免规则体系转型与改革；（3）《2017 年减税与就业法》参与豁免规则框架。

第七章研究美国 2017 年税制改革与跨国资本回流问题。跨国公司的全球流动在美国国际税收体制的规范之下，2017 年美国国际税收体制的转型新规则是跨国公司流动的新因素。本章分为六项内容：（1）国际税收体制变革与公司选址的变化；（2）影响投资选址的主要因素；（3）GILTI 税、FDII 税及 BEAT 税与跨境资本流动；（4）遣返税与跨境资本流动;(5)税制改革与国内投资变动分析;(6)税制改革的投资回流效应与公司倒置遏制。

第八章围绕《2017年减税与就业法》与对华高技术投资之间的关系,主要解决五个问题:(1)美国对华直接投资基本模式;(2)美国对华高技术直接投资;(3)美国风险资本的对华投资;(4)美国2017年税制改革后对华直接投资;(5)贸易摩擦与跨国公司的外迁。

在"结论"部分,将对本研究课题进行总结,提出中国的应对策略与政策建议,展望未来值得进一步展开的研究领域。

"纸上得来终觉浅,绝知此事要躬行。"(陆游)按照课题最初的设想,除了采集数据进行实证研究,还将安排到美国等地进行企业调研,将有关的理论和实际进行对照验证。目前随着五年来中美两国关系的持续波动,更加上新冠肺炎疫情在美国和世界其他地方的蔓延,对人员流动的限制已经使这种可能性降到了最低。因此在研究过程中,我们主要在国内对于美资企业进行了有限范围的调查,同时对照上海美国商会的年度商业报告进行了较全面的分析和考察,从一个侧面补充验证了本研究的研究结果。

本研究只是在美国国际税收领域所做的探索性的初步成果。对比学界前辈和同行们取得的成就非常微不足道,甚至对一些概念、原理的理解,对有关美国国际税制中的一些法律的翻译与解释,也有可能与国内通行的规范不尽一致,但由于任何成果的发表都有时间要求,只能在今后通过不断学习和提高理论涵养弥补这些缺憾了。

初稿完成于 2020 年中华人民共和国成立 71 周年国庆节后
修订完成于 2021 年中华人民共和国成立 72 周年国庆节后
终稿完成于 2022 年中华人民共和国成立 73 周年国庆节后

第一章　美国国际税制转型与对外直接投资模式

美国推动其国际税收体制变革将影响跨国公司对外直接投资模式。《2017 年减税与就业法》改革了 1986 年以来美国国际税收管理的"全球税制"（the World-Wide Tax System），新的国际税收体制通常称为参与豁免税制，是发达国家普遍流行的国际税收体制。简要地说，"全球税制"和"参与豁免税制"这两种国际税制的主要区别在于，前者对于美国跨国公司的海外投资收益征收所得税，后者则免除了美国跨国公司对外投资股息收益的纳税要求。从理论上说，美国国际税收体制的转型对于跨国资本的流动将产生直接影响。

一、美国对外直接投资与海外收益

（一）美国国际投资的基本格局与因素

对外直接投资（FDI）是全球化的主要推动力之一。根据《美国法典》有关定义，对外直接投资是指个体（个人、分支机构、合伙人、协会、政府等）直接或间接拥有公司制经营性企业或者非公司制经营企业对等利益的投票股权所有权或控股10%及以上的行为。[①]"二战"

---

① 　15 CFR. § 806.15 (a)(1).

之后，随着跨国公司（MNC）增长，跨国投资深入发展，外国资本所有权和对生产性资产的控制成为跨国投资管理难题。由于资本稀缺性产生的需求，东道国希望借助引进跨国投资，提高国民产量，增加就业，改善人民生活水平，带来技术转移，带来新产品，增强本国的国际支付条件；同时，东道国通过支持跨国投资，实现进口替代和出口放大效应。但是，跨国投资来源国的资本流出涉及一系列理论、体制与政策问题，可见跨国投资的东道国和来源国对跨国公司管理政策有不同的关注点。

美国是全球最大对外直接投资来源国和最大的国际直接投资东道国。[1] 根据联合国《2017 年世界投资报告》，2016 年全球对外投资规模为 26 万亿美元，其中美国对外直接投资头寸达 6.4 万亿美元，占全球的四分之一。[2] 美国关于国际投资的政策框架，主要包含三大政策因素，即（1）如何建立开放和法治的环境促进投资；（2）如何通过国际投资保障经济安全和国家安全利益；（3）如何保证外来投资对美国和外国投资人带来净收益，同时经济收益必须以经济安全和国家安全为前提。1980—2015 年美国国际投资发展状况，参见图 1-1。

东道国对跨国资本流入的政策管理涉及政治、安全、经济、社会等各方面。外国直接投资在为东道国带来技术、就业和新产品以及新的管理方式的同时，也会对国内市场产生冲击，造成工资、地产价格、原材料成本变化，挤占国内市场份额，这是跨国投资管理中的主要问题。而跨国公司利润的流出、经营费用和版税[3] 问题，相对于内资也

---

[1]　James K. Jackson. "U.S. Direct Investment Abroad: Trends and Current Issues." Washington, D.C.: CRS, 29 Jun. 2017.

[2]　*World Investment Report 2017*, United Nations, 2017.

[3]　版税或作版权使用费，是版权、特许权、著作权、商标、专利等类型的知识产权的原创人或版权持有人对其他使用这类知识产权的人所收取的金钱利益。多数国家对于版税收入都要征收税赋，形式是预扣所得税。美国是知识产权大国，对外直接投资中往往知识产权投资占比很大。

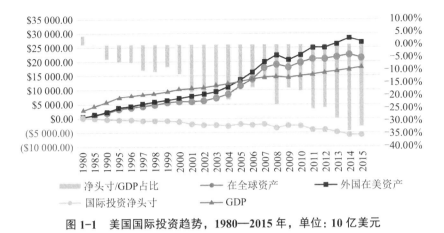

图 1-1　美国国际投资趋势，1980—2015 年，单位：10 亿美元

资料来源：U.S. Department of Commerce, Bureau of Economic Analysis.

难以管理，外资如何实现本土化，并引导外资促进东道国的社会进步，避免外资影响和干预国内政治，甚至引起国家安全问题，都是需要加以解决的重要问题，最后外国的跨国企业管理实践和劳动保护政策，外国母公司操纵投资决策造成东道国跨国企业在供应、研发和管理人员方面的不同待遇都引起东道国政府的重视。所以，各国纷纷对跨国公司投资提出要求，跨国投资要符合东道国政策和市场政策，跨国投资管理须正视解决跨国资本来源国的法律和东道国行政法规的冲突问题。

东道国主要关注投资来源国的投资政策对东道国的影响和对跨国利润的控制。首先，经济学原理指出，向他国输出资本、转让技术会减少跨国投资来源国的竞争力，降低资本来源国国内的收入水平和就业。其次，跨国投资来源国一般更加关心对外进行跨国投资对本国国防工业技术的影响。再次，对外直接投资还会造成国际收支失衡问题。但是，如何管理跨国公司的利润，将政策的重点引向了国际税收政策，因为当代全球各国对外投资的管理更大程度上是通过税收政策进行的，前面所述所谓"全球税制"或者参与豁免税制的有关对外投资税收管理，是资本来源国管理国际投资收益的制度框架，其中投资来源国如何保证对外投资与国内投资的税收政策保持一致，如何避免跨国公司通过转让定价等手段，在不同国家集团企业之间转嫁税务负担，都成为国际直接投资来源国长期致力解决的难题。[①] 这正是本研究将从理论上加以阐述的重要任务。

（二）美国对外直接投资及其数值的确定

通常对外直接投资统计衡量某年头寸变化和流量情况。头寸（position）是指跨国公司直接投资人对其外国子公司权益投资或贷款的账面净值。衡量国际投资头寸的主要指标通常有三个：（1）投资权益与公司实体之间的资金流量；（2）附属公司再投资收益；（3）计算金融资产价值变动的估值调整。经济合作与发展组织（OECD）有关政策规定，对外直接投资的流量记录了某段时间内与对外直接投资有关的跨境交易数值，它既可以是一个季度也可以是一年的数值。对外直接投资流量通常用投资额占 GDP 的百分比衡量。流出量表示增加对海外别国企业投资的交易，既可以是通过购入权益，也可以是将投资收益再投资，然后减去在该外国减少的投资交易，包括售出权益或从外国企业借入资金。流入量表示的数值等于资本来源国对海外投资东道国企业的投资，减去外国投资人在该国的投资交易额。[②]

美国对外直接投资的管理指标主要看头寸变化。美国商务部发布的直接投资头寸的资本流入和流出数值管理指标有如下三种[③]：

---

① John W. Rutter, Allen J. Lenz and William W. Lohr. "International Direct Investment: Global Trends and the U.S. Role." International Trade Administration, U.S. Department of Commerce, 1988, pp. 3–4.

② Definition of FDI flows, https://data.oecd.org/fdi/fdi-flows.htm, 5 Oct. 2021.

③ U.S. Department of Commerce, Bureau of Economic Analysis. "U.S. Net International Investment Position, Fourth Quarter and Year 2016." *Survey of Current Business*, Apr. 2017.

（1）历史成本法，即按照投资当时的成本计算直接投资数额。历史成本法指标代表着在投资发生时，替代一笔投资的价格平减指数。这种方法有一定不足，因为它是静态数值，不能反映价格变化的影响。

（2）本期成本法，表示一笔投资的当前替代成本。该方法对资本品、土地的估值使用一般成本系数替换原值，存货同样用替代系数替换原值。

（3）市值法，利用股市价格指数重新估计直接投资的所有者权益大小。市值法代表一笔投资的股票市场市值。

上述三种方法当中，用途最广的是历史成本法和本期成本法，这两种方法分别用来跟踪美国对外直接投资和外国对美直接投资头寸变化。美国商务部还按照本期成本法和市值法，定期发布外国对美直接投资头寸数据。

国际投资头寸的季度数值和年度数值定期更新。美国商务部通常在历年的7月份，按照上年度末的数据更新国际投资头寸数值。[①]除直接投资之外，商务部经济分析局（BEA）还要按照市值法对国际投资头寸所有账户直接进行估值。BEA按照近期交易的账面数值或市场价值，对于组合投资、黄金、贷款、货币以及银行储蓄余额直接估值，对于估值通常是不加平减指数的。但是美国商务部认为，准确估计直接投资数量存在一些难题，由于当不存在统一的以历史成本法加入本期价格并按照公司财务报表重新估值的方法时，外国直接投资通常代表非流动性的所有权利益，这种利益可能含有很多附加利益，比如如果只按照无形资产的消费、管理和所有权计算，就很难确定本期资产价值。

---

① Elena L. Nguyen. "The International Investment Position of the United States at Yearend 2011." *Survey of Current Business*, Jul. 2012, p. 18.

（三）美国国际投资的资本来源和影响

美国国际投资和经济增长之间存在着相互影响因素。对于美国投资人来说，外国市场可能投资机会更多、回报更大，而且投资收益还可以十分便利地汇回美国。同时，美国对外直接投资带动出口的增加，这对美国经济本身就是一种激励。对发展中国家来说，美国投资既能满足对资本流入的渴求，还为这些发展中国家带来了技术，如果是外国资本流入美国，则客观上有利于降低美国的借贷利率水平。长期以来由于美国的储蓄率不断下降，投资能力也大幅降低，而国外的储蓄率更高，外国通过购买美国资产进行跨国投资，在当前美国国际投资账户头寸为负值的情况下，必然继续推动更多外国资本流入美国。（参见表 1-1）

美国国内储蓄率不断下降是常态。美国储蓄率的下降使得美国对国际资本的流入有较大依赖，这个情况在 2008 年金融危机爆发后有所改观。2015 年美国储蓄率比 2010—2015 年增加了 1.6%，但是投资只上升了 1.1%。如果转换一下比较的区间，2015 年美国的储蓄率比 2006—2010 年上升了 4.6%，投资只增加了 2.1%。这种现象背后的原因，则是在 2015 年全球的储蓄额比 2010—2015 年的储蓄额增加较多所致。2015 年，发达国家储蓄总量虽然增加了，其中欧元区储蓄增加 1.0%，但是与 2010—2015 年相比，发达国家的对外投资却并未增加，而且欧元区对外投资还下跌了 0.8%。然而，在亚太地区等发展中国家，虽然也出现了储蓄率下降，而投资却处于平缓状态，显示出世界经济放缓，商品价格下跌的现实。尤其是油价过低，中东国家的储蓄率下跌了 12.7%，因此也减少了对于国际直接投资的贡献。（参见表 1-1）

表 1-1　各国 / 地区储蓄与投资情况，GDP 占比（%）

国家和地区		2006—2010 年均	2010—2015 年均	2015	变化幅度	2016	2017（估计值）
世　界	储蓄	24.0	25.3	25.6	0.3	25.2	25.2
	投资	23.6	24.7	24.9	0.5	24.9	25.1
美　国	储蓄	14.1	17.1	18.7	1.6	17.5	17.5
	投资	18.3	19.1	20.2	1.1	20.4	20.8
发达国家	储蓄	19.8	21.1	21.9	0.8	21.4	21.5
	投资	20.5	20.7	20.7	0.0	20.8	21.1
欧元区	储蓄	21.5	22.2	23.2	1.0	23.5	23.6
	投资	21.3	20.4	19.6	−0.8	19.6	20.0
日　本	储蓄	25.4	22.5	25.3	2.8	25.6	25.8
	投资	21.6	20.8	22.0	1.2	21.8	22.1
转型国家	储蓄	32.78	32.42	31.4	−1.0	31.1	30.8
	投资	29.74	31.48	31.5	0	31.5	31.2
亚洲发展中国家	储蓄	43.8	43.1	41.5	−1.6	40.2	39.0
	投资	39.0	41.8	39.6	−2.2	38.5	37.9
中　东	储蓄	38.1	35.8	23.1	−12.7	20.6	22.1
	投资	27.0	26.2	25.0	−1.2	25.4	25.3

资料来源：International Monetary Fund. "World Economic Outlook." Apr. 2016. pp. 194-195.

国际资本的流入弥补了美国的贸易账户赤字。但是外国资本流入也推高了美元价格，减少了美国商品出口的动力，再加上外国对美直接投资的收益不断汇回外国，客观上就是减少了对美投资。

美国国内政学界都对成为净债务国问题十分担忧。1985 年以来，美国的国际直接投资一直处于净流入状态。2015 年，美国从海外汇回投资收益资金 9 000 亿美元，其中主要是应收款和版税，同时外国在美投资资产收入有 6 220 亿美元汇出美国，所以美国 2015 年的国际投资净盈余为 2 780 亿美元。① 表 1–2 表明了版税在美国海外收益中的重要性，同时也预示着美国的研发活动对于对外直接投资具有重要作用，而且研发中心的选址地点往往和东道国的税收制度存在相关性。

表 1–2　1996 年和 2002 年联邦税务局第 5471 号纳税表版税收入统计

单位：10 亿美元

		1996	2002	增长率（%）
美国全部受控外国公司	税前收入和利润总额	160.8	228.7	42
	七个主要低税收国家的收入和利润[a]	36.5	82.5	126
	七个主要低税收国家收到的股息	6.4	25.7	302
	七个主要低税收国家的收入和利润，减去收到股息	30.1	56.8	89
	有形资本总额（厂房和设备净值加上存货）	767.5	1 119.5	46
	五个主要控股公司低税收国家的有形资本[b]	51.7	205.0	296
美国最大 7 500 家受控外国公司	收益与利润	139.8	196.8	41
	技术和管理服务报酬（费用分摊）	13.2	27.4	108
	向母公司支付的版税	22.4	37.6	68

资料来源：美国财政部纳税申报表。转引自 John H. Mutti. "Harry Grubert. The Effect of Taxes on Royalties and the Migration of Intangible Assets Abroad." Nber Working Paper Series, Working Paper 13248, Jul. 2007, http://www.nber.org/papers/w13248, 5 Oct. 2021.
注：（a）七个主要低税收国家分别是爱尔兰、新加坡、百慕大、开曼群岛、荷兰、卢森堡和瑞士。（b）五个主要控股公司低税收国家分别是百慕大、开曼群岛、荷兰、卢森堡和瑞士。

　　历史上外国在美国直接投资的资产回报效率较美国对外投资的收益低。实际上虽然美国资本净流出名义上对其经济增长有副作用，但是美国对外直接投资的收益汇回却对美国经济增长有利。据统计，近年来美国对外和外国对美两种投资收益的差额在缩小，但是据

---

① 实际利率变化则会影响上述数值的变动。Christopher P. Steiner and Jeanine Aversa. "U.S. International Transactions: Second Quarter 2016." BEA Release, 15 Sept. 2016.

BEA 统计，随着外国直接投资企业在美经营时间的增加，其收益率是上升的，这是由于外国在美国直接投资的原始成本逐渐被消化后成本下降、股价上升的缘故。[1] 尤其是外国在美国直接投资制造业效率更高。[2] 而在美国对外直接投资收益中，技术投资的收益比较可观，2015 年美国海外版税收入 1 250 亿美元，其中主要来自技术许可、专利和商标使用，而同期外国在美国直接投资的版税收入只有 400 亿美元。（参见表 1-2）

（四）美国对外直接投资的性质

国际投资是投资者通过购买资产并承担风险而获利的跨国投资行为。美国的国际投资头寸表示美国在海外所有资产累计的年末名义数值，减去外国在美国拥有的资产数值，上述两个数值比较的结果，决定着美国处于净债务国或债权国的地位。美国早已是世界最大的净债务国了，不过美国一些专家认为，国际投资头寸变化只不过是对资产进行汇总的结果，衡量一个国家属于债务国或债权国，不能单纯以看待发展中国家债务的方式对待。美国是大国，不同于一般国家，美国拥有强大的美元信用。但是这种观点正在遭遇国际投资现实的巨大挑战，理论上难以圆满解释。

1. 美国国际直接投资头寸的恶化

对外直接投资通常分为权益投资和债务投资两种方式。除了直接进行债权投资，其他对外进行投资的方式通常还有购买公司股票、公司债、政府债券，以及对商业业务和不动产进行直接投资形成的金融资产。一般来说，进行资产投资的头寸并没有收益担保，而是由投

---

[1]　Raymond J. Mataloni, Jr. "An Examination of the Low Rates of Return of Foreign-Owned U.S. Companies." *Survey of Current Business*, Mar. 2000, p. 55.

[2]　U.S. Department of Commerce, Bureau of Economic Analysis. "Foreign Direct Investment in the United States, Establishment Data for 2002." Jun. 2007.

资人自负盈亏。直接投资形成的资产按年度计算，但由于新的资产买进或者卖出、资产的升值或贬值以及通胀、股票或债券的市值变化，数值经常处于变动中。例如，2011—2012 年、2017—2018 年美国的国际投资净头寸增幅较大，这主要是由于美国实体和一些私人投资拥有的海外公司股票价值升值较多的缘故，还由于外国在美国资产净投资增加和外国在美国拥有资产的升值所致。

美国国际投资净头寸负值意味着境外投资流入美国的趋势不断扩大。（参见表 1-3）按照历史成本法计算，截至 2012 年底，美国的海外资产总额大约为 21 万亿美元，外国在美的资产总额为 25.1 万多亿美元，也就是说以历史成本法衡量，美国的对外直接净投资为负值（-4.1 万亿美元）。再以 2019 年第四季度为例，美国对外投资净头寸为-10.99 万亿美元，该数值由 29.32 万亿美元净资产和 40.31 万亿美元净负债相减而得到，而 2019 年第三季度，美国净头寸为-10.98 万亿美元，所以美国国际投资净头寸负值增加了 100 亿美元，即负债余额增加了 100 亿美元。[①] 可见，美国国际投资净头寸负值也意味着美国对外投资能力的下降。

表 1-3　美国对外直接投资头寸，1982—2017 年，历史成本法

年份	金额（10 亿美元）		同比变化（%）		年份	金额（10 亿美元）		同比变化（%）	
	流出	流入	流出	流入		流出	流入	流出	流入
1982	207.8	124.7			1987	326.3	263.4	20.6	19.5
1983	212.2	137.1	2.1	9.9	1988	347.2	314.8	6.4	19.5
1984	218.1	164.6	2.8	20.1	1989	381.8	368.9	10.0	17.2
1985	238.4	184.6	9.3	12.2	1990	430.5	394.9	12.8	7.0
1986	270.5	220.4	13.5	19.4	1991	467.8	419.1	8.7	6.1

---

① U.S. International Investment Position, Fourth Quarter and Year 2019. https://www.bea.gov/data/intl-trade-investment/international-investment-position.

（续表）

年份	金额（10亿美元）		同比变化（%）		年份	金额（10亿美元）		同比变化（%）	
	流出	流入	流出	流入		流出	流入	流出	流入
1992	502.1	423.1	7.3	1.0	2005	2 241.70	1 634.10	3.7	7.5
1993	564.3	467.4	12.4	10.5	2006	2 477.30	1 840.50	10.5	12.6
1994	612.9	480.7	——	——	2007	2 994.00	1 993.20	——	——
1995	699.0	535.6	14.1	11.4	2008	3 232.50	2 046.70	8.0	2.7
1996	795.2	598.0	13.8	11.7	2009	3 565.00	2 069.40	10.3	1.1
1997	871.3	681.8	9.6	14.0	2010	3 741.90	2 280.00	5.0	10.2
1998	1 000.70	778.4	14.8	14.2	2011	4 050.00	2 433.80	8.2	6.7
1999	1 216.00	955.7	21.5	22.8	2012	4 410.00	2 584.70	8.9	6.2
2000	1 316.20	1 256.90	8.2	31.5	2013	4 579.70	2 727.80	3.8	5.5
2001	1 460.40	1 344.00	10.9	6.9	2014	5 108.8^r	2 945.80	11.6	8.0
2002	1 616.50	1 327.20	10.7	−1.3	2015	5 289.1^r	3 354.9^r	3.5	13.9
2003	1 769.60	1 395.20	9.5	5.1	2016	5 586.0^r	3 765.1^r	5.6	12.2
2004	2 160.80	1 520.30	22.1	9.0	2017	6 013.3^p	4 025.5^p	7.6	6.9

资料来源：Sarah A. Stutzman and Abdul Munasib. "Direct Investment Positions for 2017: Country and Industry Detail." https://apps.bea.gov/scb/2018/08-august/0818-direct-investment-positions.htm, 5 Oct. 2021.

注：p 预计值；r 修正值。

美国对国际直接投资头寸长期为负值是否影响国内经济增长存在长期争论。有一种观点认为，外国在美直接投资的作用是两方面的，外国资本大量涌入股市不利于美国实体经济发展，但外国大量购买政府债券为美国政府融资作用显著，有利于美国企业增加投资，同时还降低了美国的利率。所以有些国会议员十分关注外国投资涌入美国企业、地产以及组合投资市场，尤其是投资美国的外国主权基金，回首在2007—2009年美国大衰退经济危机爆发前，外国对美的主权基金投资达到了2.7万亿美元，造成一些美国人忧心忡忡。实际上真正影响美国资产债务状况的是外国主权基金不断购买美国联邦债务, 为美国政府融资, 外国持有美国联邦债务对美国大国地位的影响是长期的、根本的, 但是这个问题还不是本课题研究的重心。

美国对外直接投资和外国对美直接投资实际上都在持续增加。如果按市值法对美国流入流出的直接投资进行估值, 由于国际直接投资随股市波动起伏很大, 那么全球股市发展对美国国际投资的价值计算将产生直接影响。冷战结束早期, 随着美国股市不断上升, 美国的对外直接投资的市值上升很快, 但是到了 20 世纪 90 年代末期, 随股市下跌, 美对外直接投资的市值快速下跌。在美国经济大衰退 (the Great Recession) 爆发之前的 2003—2007 年, 美直接投资的市值再次大幅增加。伴随大衰退的爆发, 直接投资估值再次下跌。其中尤其是在 2008 年, 美国对外直接投资头寸的市值大跌 41%, 当年外国在美直接投资头寸下跌 30%。

但是, 如果按照本期成本法和历史成本法计算, 美国对外直接投资、外国对美直接投资数值却都是增加的, 其中在美国经济从大衰退开始回升的 2009 年, 美国对外直接投资的市值增加了 38%, 从 3.1 万亿美元上升到 4.3 万亿美元; 外国对美直接投资从 2.5 万亿美元增加到 3.0 万亿美元, 上升了 22%。但如果按照本期成本法衡量, 美国对外直接投资同期仅增长了 8.5%, 再按历史成本法衡量, 则增加了 9.7%。到了 2010 年, 按照历史成本法计算, 美国对外直接投资头寸增加了 10%; 按照市值法计算增加了 11.8%; 按照本期法计算则增加了 8.9%。再到 2012 年, 美国对外直接投资分别增加了 9.0%(历史成本法)、8.9%(本期法)、16.3%(市值法)。[①](参见表 1–3)

美国跨国公司对海外控股企业直接投资是经营战略的重点。控股企业通常是指母公司通过持有某企业股份, 进而控制投资企业的

---

①   James K. Jackson. "The United States as a Net Debtor Nation: Overview of the International Investment Position." 7 Oct. 2016.

企业。控股企业按不同控股方式可分为纯粹控股企业和混合控股企业两个基本类型。据美国商务部统计，2014年美国跨国公司母公司有3 790家，总资产379 015.68亿美元，销售额126 068.92亿美元，税收总额3 301.61亿美元；美国跨国公司母公司在海外设立了32 763家控股企业，总资产250 022.81亿美元，总资产占美国跨国公司总资产的65.96%；销售额64 216.53亿美元，占母公司总销售额的50.93%；税收1 378.18亿美元，占母公司税收的41.74%。据Mihir A. Desai报告，对外直接投资和对内投资是互补的，美国跨国公司对海外附属公司投资越多，带动国内投资增加越多。"跨国集团每增加1美元的对外资本支出，就对应着该集团3.5美元的国内资本支出额，强烈显示了对外投资和国内投资的互补关系。"①

2. 美国对外直接投资的区域和行业特征（2015年）

美国对外直接投资的重点一直是发达国家和地区。2015年，以历史成本法核算，美国跨国公司对外直接投资头寸达50 410亿美元。其中，71%的直接投资投入经合组织（OECD）国家，对欧洲的直接投资头寸高达29 490亿美元，反映了美国重视发达国家、重视对欧洲进行直接投资，除了美国在欧洲经营时间悠久的现实，是否还有其他因素，也是我们需要解决的疑问。（参见表1-4）②

表1-4 美国对外直接投资区域差异，2015年，历史成本法

顺 序	区 域	金额（10亿美元）	占比（%）
1	欧 洲	2 949	59
2	拉 美	848	17

① Mihir A. Desai, C. Fritz Foley and James R. Hines, Jr. "Foreign Direct Investment and the Domestic Capital Stock." *American Economic Review*, 95, 2 May 2005, pp. 33−38, https://www.nber.org/digest/aug05/w11075.html, 5 Oct. 2021.

② Derrick T. Jenniges and James J. Fetzer. "Direct Investment Positions for 2015: Country and Industry Detail." *Survey of Current Business*, Jul. 2016.

（续表）

顺　序	区　域	金额（10亿美元）	占比（%）
3	亚　洲	778	15
4	其　他	353	7
5	非　洲	64	1.3
6	中　东	49	1
合　计		5 041	100

资料来源：U.S. Department of Commerce, Bureau of Economic Analysis.

冷战结束后美国对外直接投资加速向亚太转移，对华直接投资不断增加。1996 年美国在发展中国家的直接投资占全部对外投资的 37%，到 2010 年则只占 21%。到了 2015 年，美国跨国企业在全球最发达国家的直接投资占总投资的 59%，对拉丁美洲的直接投资占总投资的 17%，对亚太地区直接投资占 15%，而非洲的只占美国对外直接投资的 1.3%，中东地区的占 1%。（参见表 1-5）

表 1-5　美国对外直接投资目的地的前 15 个国家，2015 年，历史成本法

单位：10 亿美元

顺序	国别	投资	顺序	国别	投资	顺序	国别	投资
1	荷　兰	858	6	百慕大	269	11	日　本	108
2	英　国	593	7	英属加勒比地区	257	12	德　国	108
3	卢森堡	503	8	新加坡	229	13	墨西哥	93
4	加拿大	353	9	澳大利亚	167	14	法　国	78
5	爱尔兰	343	10	瑞　士	155	15	中　国	74

资料来源：U.S. Department of Commerce, Bureau of Economic Analysis, 18 Aug. 2018.

美国当代对外直接投资的重点主要受传统因素和技术发展影响。从美国对外直接投资头寸看，由高到低依次分别是荷兰、英国、卢森堡、加拿大、爱尔兰。美国对欧洲和加拿大的投资反映了与这些国家的紧密的历史联系，同时也反映了这个时期美国经济结构的变化。

冷战结束后，由于美国的对外直接投资已经逐渐从采掘、加工和制造业转向了高技术服务与金融业，因此在世界各地的投资也主要集中于基础设施和通信基础发达的高技术、金融和服务业，从而较少投资发展中国家的采掘、加工和制造业。

在 2015 年，美国跨国企业在多数行业的对外直接投资比上年增加。但是美国对外投资的银行、金融和保险业投资占比在下降。在 2015 年，美国的服务性行业，尤其是计算机系统设计和技术咨询业，直接投资额持续增加。控股公司投资通常反映了通过外国子公司对外直接投资的比重，不属于由母公司直接对外投资，由于公司架构复杂，投资的产业和国别流向模糊，投资头寸变化也很难精确分类，所以从数据可大致看出，制造业、金融业、批发业是美国直接投资最大的产业类别。但无论如何，美国对外直接投资，尤其是投资结构转向高技术领域，都是极其明显的趋势，因而涉及一系列跨国投资税收政策新问题和新变化，十分复杂而且十分重要。（参见表 1-6）

表 1-6　美国跨国公司对外直接投资的产业特征，2015 年，历史成本法

顺　序	产　业	投资总额（10 亿美元）
1	控股公司合计	2 582
2	制造业	661
3	金融业	614
4	批发业	229
5	信息业	180
6	服务业	116
7	银行业	113
8	其　他	333

资料来源：U.S. Department of Commerce, Bureau of Economic Analysis.

制造业投资在美对华直接投资额中保持着线性增长态势。（参见图 1-2）在 2007—2009 年美国经济大衰退结束后的 2010 年，美制

造业对华投资 39.45 亿美元，到 2017 年则翻了一番，但是在 2018—2019 年新增投资显然是下降的，其中既有长期因素也有短期因素。

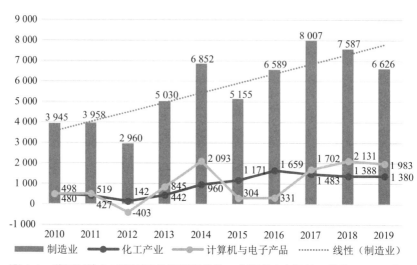

图 1-2 美国制造业对华直接投资所得趋势，本期成本未调整，单位：100 万美元

资料来源：U.S. Department of Commerce, Bureau of Economic Analysis.

（1）从长期因素看，美对华制造业投资和其他外商投资一样，正面临着中国大陆不断升高的用工成本，而且环保政策越来越严格，导致一些加工工业开始有序向东南亚和印度以及墨西哥转移。因此从2010 年奥巴马时期开始，美对华制造业投资就已经在向中国境外转移，而且不少企业由中国、墨西哥回到了美国国内，其中涉及高技术产业和制药生产等。据美国媒体披露的数据，美国跨国企业从 2009年起就开始将工厂从低工资国家向美国搬迁，其中 2009 年通用电气将水轮机生产从中国撤回国内肯塔基州的路易斯维尔，将高端冰箱生产线从墨西哥撤回国内。2010 年美国制造商 Master Lock 的 100个工作岗位回流到了威斯康星州的密尔沃基。2012 年卡特皮勒在得克萨斯州的维多利亚新建了一座生产厂。2013 年惠而浦从墨西哥撤回了部分洗衣机生产线重新布局在俄亥俄州的克莱德市。2014 年通用汽车宣布从墨西哥撤回新一代 SUV 汽车凯迪拉克 SRX 车型，新建田纳西工厂。2015 年福特汽车宣布在克利夫兰发动机厂生产 EcoBoost 涡轮增压发动机。①

（2）短期因素看，2016 年共和党行政当局上台后，先后对华开展了 232、301 等调查，并针对中国进口商品加征高额关税，同时要求美资企业返回本土。中国美国商会《2020 年中国商业环境调查报告》提示，有 9% 的美国企业称要将制造或采购转移到中国境外，另有 8% 的企业考虑从中国向外转移。②

（3）从制度变革因素看，在国际税收体制改革方面，美国政府推动了 1986 年国际税收体制的全球税制向参与豁免税制转型，对于股息遣返实施有条件豁免，并对 1986 年税制改革后跨国公司在海外投资所获的递延未税利润，实施极低的遣返税政策，推动资金回流。③而且美国政府税制改革还特别在国际税制中增加了有关新政策，如全球无形资产低税所得（GILTI）税、外国来源无形资产所得（FDII）税和税基侵蚀与反滥用税（BEAT 税），这些政策都对跨国企业的海外投资形成了压力。

2018—2019 年美国制造业对外直接投资的下降来自多重因素。从国际投资的基本原理来看，资本来源国的国际税制和税率的变化，无疑是最重要、在短期内对投资规模和方向出现冲击、长期影响跨境资本流动的主要因素。新经济地理学研究指出，由于客观上存在规模效应和聚集经济，各国企业税竞争不可能将税收降到零，因为对跨

---

① Alisa Priddle. "Ford Starts Building Newest Engines in Cleveland." *Detroit Free Press*, 7 Mar. 2015.

② Earl Carr. "Reshoring Jobs to the US Versus Made in China." 4 Aug. 2020, https://www.forbes.com/sites/earlcarr/2020/08/04/reshoring-jobs-to-the-us-versus-made-in-china/?sh=59e1f23a85e1, 13 Sept. 2021.

③ 26 USC. § 243. Dividends received by corporations.

国投资有吸引力的国家会利用选址优势获得超额"地租",这样就能提高税收租金。据对 1984—2000 年 11 个经合组织国家双边外国直接投资流量和企业税率的分析,即使在存在引力因素(东道国 GDP、人口与贸易额)和公共品供应受限制情况下,相对更高的企业税将是阻碍外国直接投资流入的主要因素。可见企业所得税差异对于推动外国直接投资流动有重要作用。[①] 或者可以说,在其他相关条件相似的情况下,税率是决定外国直接投资额的唯一因素。

以上分析可见,美国国际税收政策改革可能成为国际直接投资深入发展的重要动力。冷战结束后,美国对外直接投资越来越向亚太地区发展,进而使亚太地区形成了全球供应链的新中心。但是《2017 年减税与就业法》的实施,正在导致部分美国企业加速回流,则将对亚太供应链发展产生持续影响。

3. 美国对外直接投资与公司内部贸易

长期以来针对美国对海外直接投资的作用有很多争论。一些观点认为,美国对海外直接投资减少了本土的低端就业,导致外国扩大了对美出口,恶化了美国的贸易赤字,拖累了国内经济增长。但是根据国际投资理论,我们有如下几点结论[②]:

(1)美国扩大对海外直接投资是由于跨国公司拥有专门技术、工艺和知识,而且具有先进的管理经验,因此具有比外国企业领先的竞争优势。

---

① Agnès Bénassy-Quéré, Lionel Fontagné, and Amina Lahrèche-Révil. "How Does FDI React to Corporate Taxation?" Mar. 2004, https://www.oecd.org/economy/public-finance/36986898.pdf?TSPD_101_R0=ed85e7adba295716fb4a56e986873775nQ40000000 0000000009d215f3bffff0000000000000000000000000005a995a3c00d562e3de, 13 Sept. 2021.

② U.S. Department of Commerce, Bureau of Economic Analysis. "U.S. Direct Investment Abroad: Operations of U.S. Parent Companies and Their Foreign Affiliates, Preliminary 2014 Estimates." Oct. 2016. Table II. E. 1.

（2）随着全球化的发展，美国企业在海外直接投资主要是服务国外市场，而美国企业在海外生产的产品只有一部分返销美国。

（3）尽管跨国公司对海外直接投资部分替代了美国对外商品和劳务出口，但是主要还是着眼于利用海外廉价的原材料和劳动力。例如，2014 年美国海外附属企业向国内母公司的销售额只占 10%。相比之下，墨西哥和加拿大与美国子公司的内部贸易占比分别为20% 和 27%，显然这是在利用美墨加比邻的地理优势，而美国在华企业在中国内地的销售额占 82%，只有 6% 的产品或服务返销美国。[①]

表 1-7　美国跨国公司内部贸易额统计，2014 年

出口（10 亿美元）			进口（10 亿美元）		
美国出口总值		1 632.60	美国进口总值		2 294.60
由美国母公司	总　值	802.4	对美国母公司	总　值	929.8
	对外国子公司	314.3		由外国子公司	315.4
	对其他	488		由其他	614.3
由外国子公司	总　值	425.2	对外国资公司	总　值	723.8
	对外国母公司	188.7		由外国母公司	521.111
	对其他	236.5		由其他	202.75
由其他		405.08	对其他		687.33
跨国公司内部出口		502.98（30.8%）	跨国公司内部进口		836.52（35%）

资料来源：James K. Jackson. "U.S. Direct Investment Abroad: Trends and Current Issues." Washington, D.C.: CRS, 29 Jun. 2017, p. 5.
注：原数据表述有误，作者进行了修订。

美国跨国公司内部贸易对跨国公司的增长起重要作用。美国国会认为，美国企业增加对外直接投资只是增加了跨国公司的内部贸易。根据跨国投资的结构，通常跨国公司的内部贸易包含两部分：

①　James K. Jackson. "U.S. Direct Investment Abroad: Trends and Current Issues." Washington, D.C.: CRS, 29 Jun. 2017.

（1）美国母公司与海外子公司之间的贸易；（2）外国跨国公司在美国设立的子公司与其外国母公司之间的贸易。据美国 BEA 数据，2014 年美国对外贸易额达到 3.9 万亿美元，其中出口 1.6 万亿美元、进口 2.3 万亿美元。属于跨国公司母公司与其子公司的进出口占 3 150 亿美元，外国跨国公司在美国子公司出口 1 890 亿美元，进口 5 210 亿美元。公司内部贸易占出口的比重为 31%，占进口的比重为 35%。①

由此可见，跨国公司对外投资更多是利用东道国的资源和市场，通过内部贸易方式，实现投资盈利的基本目标。内部贸易非常重要的一个事实是，母子公司、兄弟姊妹公司之间更容易通过转让定价避税，或通过资本弱化进行避税等，变相大量增加非税利润。同时不可否认的是，海外东道国的低廉税率才是跨国公司热衷海外市场并进行投资的重要因素；而且随着全球各地税收天堂和离岸金融中心的数量和规模的增加，基础设施不断完善，法制和监管政策对跨国公司避税更加有利，极大促进了跨国投资及跨国公司内部贸易的发展。

冷战推动美国与世界的产业分工模式的形成。在 2009 年美国跨国公司内部知识产权出口额中，工业加工服务、计算机软件科技占四分之三，商标服务和专用费占两成以上，这些数据显示出美国的供应链遍布全球各地，而美国则是全球知识创新的中心和商标专利所有者，在冷战后全球化深度发展的条件下，这一趋势更加明显。但这也带来一系列问题，即跨国公司通过对海外子公司知识产权的特许使用，利用转让定价方式，在公司集团内部转嫁成本，实现避税。

转让定价对于激励跨国公司向海外直接投资作用巨大。（1）转让定价主要是指公司内部的有形资产和无形资产定价，其中向全球转

---

① James K. Jackson. "U.S. Direct Investment Abroad: Trends and Current Issues." Washington, D.C.: CRS, 29 Jun. 2017, p. 5.

让收入是服务和商标贸易等无形资产转让定价的重要形式。（2）利润转移是转让定价的另一种方式，跨国公司通过债务融资，实现转让利润的目的。因为美国税法规定，债务利息在税前扣除，所以跨国公司往往通过从低税率国家的子公司向母公司和高税率国家子公司发放贷款，以获取税收利益，这也成为 OECD 和 G20 国家共同推进的税基侵蚀与利润转移行动计划（BEPS）的打击对象。

4. 美国跨国公司对外直接投资与就业带动问题

美国跨国公司通常都是雇员众多的大企业。2014 年，美国跨国公司总雇员为 3 890 万人，其中在海外雇用人数高达 1 380 万人，占母公司雇员总数的 50%。美国对外直接投资通常以雇员万人以上的跨国公司为主，据对 2 000 家美国母公司的统计，外国雇员总数占四分之三。比较美国跨国公司的规模结构和员工数量发现，有 40% 的企业雇用人数超过 2 499 人。这些美国跨国公司的主要特征是：

（1）大企业母公司雇员占全部跨国公司雇员总数的 95%；

（2）大企业的海外附属企业规模大，职工人数最多；

（3）大企业雇用人数占比最高，其中占比只有 2% 美国跨国公司的附属企业，雇用了全部跨国公司雇员的 90%。[1]（参见表 1-8）

表 1-8 美国跨国公司母子公司结构和外国在美附属企业对比，2014 年

指 标	美国跨国公司		外国跨国公司在美附属机构
	母公司	外国子公司	
公司数量（家）	3 790	32 763	5 837
雇用人数（人）	26 560 000	13 802 000	6 649 000
雇员报酬（100 万美元）	2 047 871	621 681	547 370
生产总值（100 万美元）	3 810 265	148 738	869 069
总资产（100 万美元）	37 901 568	25 002 281	14 699 556

---

[1] Raymond J. Mataloni, Jr. "U.S. Multinational Companies: Operations in 1998." *Survey of Current Business*, Jul. 2000. pp. 24–45.

（续表）

指　标	美国跨国公司		外国跨国公司在美附属机构
	母公司	外国子公司	
销售额（100 万美元）	12 606 892	6 421 653	4 377 248
税收（100 万美元）	330 161	137 818	61 626
研发支出（100 万美元）	268 787	52 174	56 904

资料来源：U.S. Department of Commerce, Bureau of Economic Analysis. "U.S. Direct Investment Abroad: Operations of U.S. Parent Companies and Their Foreign Affiliates, Preliminary 2014 Estimates"; and "Foreign Direct Investment in the United States: Operations of U.S. Affiliates of Foreign Companies, Preliminary 2014 Estimates." 2016.

美国跨国公司向海外直接投资是否影响本土就业很难测度。（1）海外直接投资对美国内就业的影响很小。对此上海美国商会2017 年调查问卷显示了这一事实，其中认为美对华直接投资企业对美对华投资和就业没有影响或增加美国就业的问卷，占全部受访企业的 56.80%，只有 2.10% 的商会企业认为，对华直接投资减少了美国就业。上海美国商会特别指出，2017 年进行的内部调查中，各行业代表都表示，企业在华业务促进了公司在美国的生产和就业，其中服务业居首（22%），制造业（21%）和零售业（14%）位列其后。即使如此，大部分美国在华投资企业仍旧认为，其在华业务 / 生产对其在美生产或就业的净影响微乎其微。（参见表 1–9）

（2）虽然美国政府对于跨国公司在关闭一家美国工厂的同时，是否会在海外新开一家工厂并未有相关统计，但有关数据显示出，美国计算机服务业跨国公司在海外就业正从一些地区向另一些区域转移，例如从欧洲向亚太地区转移，而在拉美和西半球地区尚未显示大变化。（参见表 1–10）

（3）上海美国商会认为，美国就业的减少和海外雇用人数的增加之间的关系，在于就业方式的改变，这才可能是美国就业减少的主要原因。

表 1-9　美国跨国公司在华投资对美国的影响

对美国生产 / 工作机会没有什么影响	36%
增加了美国生产 / 工作机会	20.80%
是美国总部重要的利润来源	17.20%
减少了美国生产 / 工作机会	2.10%
不适用（没有在美国运营或生产）	29.40%

资料来源：*2018 China Business Report*, The American Chamber of Commerce in Shanghai, 2019, p. 33.

注：原问卷问题是："中国区的运营对在美的生产与就业有何影响？"

美国跨国公司母公司日益成为资本运作中心和利润中心。数十年来，由于美国跨国公司越来越注重海外扩张和投资，国内母公司的运营模式也在逐渐发生变化，并逐渐丧失了市场竞争力。据分析，其中的部分原因是母公司利润冲动的减弱。进入 21 世纪以来，2007—2009 年的美国经济大衰退对于跨国公司产生了不同程度的影响。首先，由于美国跨国公司投资的地区差异较大，目前跨国企业在低税率国家和地区投资盈利丰厚。其次，由于产业差异，美国大型技术企业利用转让定价手段输出的技术、专利越来越多，并获得高额回报。美国跨国公司生产总值占本部门生产总值的份额持续下降，1977 年为 32%，到了 1989 年只有 25%。[1]2007 年，美国跨国公司母公司产量只占全国经济活动的 21%，跨国公司母公司投资制造业的生产活动，从 2000 年的 46% 下降到 2007 年的 41%。[2] 从而可以看出美国制造业的国际竞争力在向海外转移的趋势，那么美国进行的国际税制改革所针对的制造业回归和资本回流政策，目的正在此。

---

[1] Raymond J. Mataloni, Jr. "U.S. Multinational Companies: Operations in 2003." *Survey of Current Business*, Jul. 2005, p. 15.

[2] James K. Jackson. "U.S. Direct Investment Abroad: Trends and Current Issues." Washington, D.C.: CRS, 29 Jun. 2017.

表 1-10　美国计算机服务业跨国公司子公司就业趋势，1999—2008 年

区　　域	1999	2008
欧　　洲	58.7%	41.2%
亚　　太	24.4%	43.5%
加拿大	8.4%	6.5%
拉丁美洲和西半球其他	6.9%	6.9%
非　　洲	1.0%	0.9%
中　　东	0.6%	1.0%

资料来源：U.S. Department of Commerce, Bureau of Economic Analysis. "Majority-Owned Foreign Affiliates. 1999—2008."

　　美国对外直接投资存量急剧增加与冷战结束开启的全球化进程有关。冷战结束后的三十多年来，新兴的经济转轨国家为美国资本提供了投资场所和机会，私营经济的兴起和激励政策吸引着越来越多的美国资本，金融开放政策更加有利于美国资本扩张，而且各国由于对美国资本投资的保护加强了跨国公司投资的信心，海外直接投资的增加越来越刺激美国母公司向海外附属企业转移经营活动。美国跨国公司的海外附属机构销售额比外国企业在美企业高70%，在外国缴纳的税收是外国在美附属企业向美国政府纳税额的两倍。如以美国跨国公司母公司和海外附属机构的经济产量之和计算，2000—2007 年美国跨国公司的外国附属机构的经济活动占跨国公司经济活动总值的比重从 22% 增加到 30%。①

　　总之，美国作为全球对外直接投资大国，既推动了经济全球化，也从全球化当中受惠；但是由于全球经济的分工差异，美国跨国公司越来越成为利润中心和对外投资中心，制造业向海外的转移成为不可阻挡的潮流，直接造成美国竞争力的下降，同时也造成制造业岗位流

① Raymond J. Mataloni, Jr. "U.S. Multinational Companies: Operations in 2003." *Survey of Current Business*, Jul. 2005, p. 31.

失；同时跨国公司是在外直接投资的载体，跨国公司还利用各国国际税制的差异进行避税，加速美国制造业向海外转移。2007—2009年世界经济大衰退成为美国产业政策的转折点，出现了制造业投资回流苗头，但是由于税率在决定跨国公司对外直接投资中起着基础作用，《2017年减税与就业法》的出台有可能加速美国对外直接投资回流。

二、冷战后美国对外直接投资的税收调节

当代美国国际税收体制对于跨国投资资本流量影响最大。[1] 自20世纪80年代中期开始，美国对外直接投资额已经低于外国对美直接投资额。[2] 也就是说美国此时已是资本净流入国，这一状况显然不同以往，而且对于美国财政、金融体制与外贸活动的长期影响是巨大的，并将通过传导机制全面影响到美国的经济活动的方方面面，并最终影响到政治、外交、军事。总体上看，现在美国的国际直接投资头寸净值为负值，外国对美直接投资（FDI Inbound）大于美国对外直接投资（FDI Outbound）。据美国国会研究指出，这种现象并非美国历史上首次，当美国在19世纪从一个发展中国家向发达国家转型过程中，欧洲资本大举涌入美国，投入基础设施建设，推动了美国西部开发以及重工业扩张。但是到20世纪20年代，欧洲在"一战"后进行重建，美国才一举成为净债权国，直到20世纪80年代中期后，美国再次成为国际投资净债务国，其间经历了一百多年时间。

美国与世界其他国家的双向投资在2005年和2018年的例外趋势与遣返税政策相关。（参见图1-3）在美国的国际交易账户（ITA）中，跨国公司海外子公司（subsidaries）的权益收入包括两个部

---

[1] James K. Jackson. "The United States as a Net Debtor Nation: Overview of the International Investment Position." Washington, D.C.: CRS, 7 Oct. 2016.

[2] "U.S. Turns into Debtor Nation." *New York Times*, 1985.

分：（1）以股息（dividends）形式遣返回到美国母公司的那个部分；（2）继续留在子公司再投资的部分（reinvestments）。有时遣返股息额会超出当期收益额，这种现象反映出再投资收益头寸变为负值。跨国公司分配股息除了正常的制度性安排，也是为了享受降税的优惠政策。美国在进入 21 世纪后先后出现的这两次对外直接投资总额的下降，都是由于实施减税措施带来的。在 2005 年，美国国会通过了《2004 年美国创造就业法》（P.L. 108–357）[①]，当时美国跨国公司的海外子公司为了享受减税的好处，加速向美国母公司分配股息，造成海外再投资头寸存量急剧减少，而 2018 年的情况及原因也类似。2018 年 1 月 1 日开始，由于《2017 年减税与就业法》生效，跨国公司遣返回国的股息超过了本期收益。从报表看出，美国跨国公司在海外再投资的收益头寸再次成为负值，反映了海外子公司之前累积的收益被遣返回母公司的事实。从统计数据看，2018 年遣返股息 6 649 亿美元，再投资收益则为 -1 416 亿美元，其实际意义是美国跨国企业历年在海外累积的利润，以再投资形式转变为现金回到了美国。在金融账户中再投资收益还反映在直接投资资产的净购入交易。[②]2018 年的资本回流，参见图 1-3。

减税直接导致美国跨国公司海外收益回流，影响波及全球。美国《2017 年减税与就业法》通过之后，造成全球年度对外直接投资金额下跌 27%。其中，全球对外直接投资流入量下跌 10 970 亿美元，跌幅 27%，比 2016 年跌幅增加了 11 个百分点。流入 OECD 国家的外国直接投资减少了 23%，而从结构上看，是因为（1）本年度美国

① James K. Jackson. "Outsourcing and Insourcing Jobs in the U.S. Economy: Evidence Based on Foreign Investment Data." Washington, D.C.: CRS, 21 Jun. 2013.

② "Effects of the 2017 Tax Cuts and Jobs Act on Components of the International Transactions Accounts." http://www.bea.gov/news/2019/us-international-transactions-4th-quarter-and-year-2018, 5 Oct. 2021.

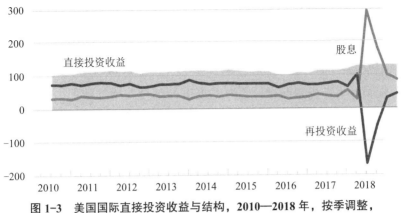

图 1-3　美国国际直接投资收益与结构，2010—2018 年，按季调整，单位：10 亿美元

资料来源：U.S. International Transactions, 4th quarter and Year 2018, BEA 19-11, www.bea.gov/news/2019/us-international-transactions-4th-quarter-and-year-2018, 5 Oct. 2021.

跨国公司从爱尔兰和瑞士撤资；（2）流往英国、美国和德国的资本减少。同时由于美国跨国公司向国内遣返资本（repatriation），OECD 国家流出的直接投资减少了 41%。2018 年流向非 OECD 国家的 G20 成员经济体的对外直接投资增加了 8%，资本流出减少 26%，中国的资本流出连续第二年增加。2018 年日本、中国和法国成为资本净流出大国，其中上半年美国的资本净流出为负值，但到 2018 年下半年则再次成为净流出主要国家。（参见表 1-11）

表 1-11　美国收到的对外直接投资收益

单位：10 亿美元

季度 指标	2017 年季度变化				2018 年季度变化				年度总额	
	1	2	3	4	1ʳ	2ʳ	3ʳ	4ᵖ	2017	2018ᵖ
直接投资收益	114.1	114.4	120.3	128.9	128.0	132.8	131.7	130.8	477.7	523.3
股　息	38.2	34.9	55.1	26.9	294.7	183.6	100.7	85.9	155.1	664.9
再投资收益	75.9	79.5	65.2	102.0	−166.7	−50.8	31.0	44.8	322.6	−141.6

资料来源：U.S. International Transactions, 4th quarter and year 2018, BEA 19-11.
注：p 为预估值；r 为修正值。

"税收天堂"在美国对外直接投资目的地中居重要地位。通常税收天堂指的是一些低税率或者零税率的国家或地区，也称"离岸金融中心"，欧洲的瑞士、卢森堡等基本等同于税收天堂，税收天堂由于幅员小、资源禀赋单一，为了吸引外部投资增加就业，通常会实行零税率政策。自 2005 年以来，特殊实体（Special Purpose Entities，SPE）①的对外直接投资流入和流出首次出现负值，这是由于卢森堡、荷兰和匈牙利等低税辖区的权益投资频繁撤资造成的结果。2018 年 OECD 国家的跨国公司附属企业支付的对外直接投资收入增加了 17%，跨国公司母公司收到的收入增加了 9%。在 OECD 国家的资金收入中，有一半以上来自离岸金融中心，但是在 2017 年来自离岸金融中心的资金收入则是下降的，这种现象显然是由于应对 OECD 和 G20 国家 BEPS 政策造成的。②

对外直接投资收益遭返税政策的效用表现出短暂趋势。2019 年上半年，随着美国税制改革效应的减弱，对外直接投资的再投资收益重新变为正值，然而再投资收益水平仍显著低于 2013—2017 年每半年的水平。OECD 报告认为，这一现象是由于美国税制改革后，跨国公司对通过外国子公司存放现金已经失去动力，将对外直接投资收益进行股息分配成为"新常态"。③

伴随美国对外直接投资发展，跨国公司的海外收益不断增加。按照投资市值计算，美国对外投资价值增量反映的是权益资产价格

---

① 特殊目的实体是为实现特定或临时目标而创建的法人实体。企业通常使用 SPE 将公司与财务风险隔离开来。因此，"特殊目的实体是一个受限制的组织，具有有限的预定义目的和法人资格"。通常公司会将资产转移到特殊目的实体管理，或使用特殊目的实体为大型项目提供资金，从而实现范围特定目标，而不会使整个公司处于风险之中。

② "Global FDI Drops 27% in 2018 Following the US Tax Reform." http://www.oecd.org/investment/FDI-in-Figures-April-2019.pdf, 5 Oct. 2021.

③ FDI in Figures (October 2019), http://www.oecd.org/investment/FDI-in-Figures-October-2019.pdf, 5 Oct. 2021.

的增加值，然后减去汇率变动的影响。据美国商务部数据，2016 年美国对外直接投资的历史成本、本期成本和市值分别增加了 3 040 亿美元、3 040 亿美元和 4 330 亿美元，累计总额分别达到 5.4 万亿美元、5.9 万亿美元和 7.4 万亿美元。由于 2012—2014 年美国跨国公司的全球估值增加，导致美国在全世界的直接投资市值增加了 2 万亿美元。而 2012—2014 年对美国直接投资的外国企业市值增加了 1.6 万亿美元，仅 2014—2015 两年就分别增加了 5 000 亿美元和 2 000 亿美元。①

　　税收政策对于美国对外直接投资的调节作用很明显。在《2004 年美国创造就业法》颁布之后，美国对外直接投资经历了短暂下降，其背后反映了美国企业利用一次性税收豁免政策措施，减少了对外直接投资收益的再投资，并向国内股东分配股息的因果关系。《2004 年美国国内投资法》（P.L. 108-357）包含一项对海外资产汇回美国的"免税"条款，规定对于汇回国内的海外收入一次性免除所得税率的 85%（相当于实际税率 5.25%），这项税收政策导致次年有 843 家美国企业汇回海外收益 3 620 亿美元，仅 85 家 IT 企业汇回收益即达 690 亿美元，其中高技术及医疗公司汇回收益占总额的 50%。同时由于美国跨国公司回购股票，导致标准普尔 500 企业当年回购额上升 84%，在 2005 年上升 58%，创造了 50 万就业岗位。但是，这种增长在规定的"免税期"条款到期后下降。②实际上这种情景在 2018 年再次上演。

---

① 与美国对外国直接投资相比较，外国对美直接投资的权益资本投资、投资收益再投资和公司内部债务三项数值也在增加，分别是 53.0%、20% 和 26.6%。参见 Kyle L. Westmoreland. "The International Investment Position of the United States at the End of the Fourth Quarter of 2014 and Year 2014." *Survey of Current Business*, Apr. 2015, p. 1。

② Joseph F. Kovar. "The 2004 Homeland Investment Act: Ripple Effects." (2013-09-23) [2016-11-05]. http://www.crn.com/news/channel-programs/240161618/the-2004-homeland-investment-act-ripple-effects.htm, 5 Oct. 2021; 高盛：《历史告诉你为什么特朗普"汇回税"能够为美股提供上涨新动力》，2016 年 11 月 19 日（2016 年 12 月 3 日）。

美国对外直接投资在 2007 年经济大衰退之前达到了历史最高点。按照一般规律，美国和全球经济增长率的差异决定着对外直接投资的流量、方向和规模，但是通胀率、利率、税率三大指标，以及对经济增长的预期，也都影响直接投资流量。按照美国商务部年度支付余额数据，2016 年，美国企业在海外的经营支出和不动产支出总额达到 3 120 亿美元。[①] 同样按照支付余额数值计算，2006—2010 年，美国对外直接投资超过外国对美直接投资的三分之一以上，而在 2015、2016 年连续两年，外国对美直接投资持续增加。通常支付余额数值不等于资本流量数值，支付余额数值对于收益的本期成本不做调整。据高盛公司报告，标准普尔 500 企业平均实际有效税率为 28%，与美国 2017 年税改前的法定税率差距 20% 以上，而这类企业在海外留有约 2.5 万亿美元的利润，其中现金约 1 万亿美元。[②]《2017 年减税与就业法》的减税政策以及治理税务倒置政策，有可能使部分企业利润、资本回流，影响美资跨国公司总部和研发中心在华布局。

三、2017 年税制改革前夕美国对外直接投资

2018 年美国税制由全球税制向参与豁免税制转型开始。在美国国际税收体制发生转型前后，跨国公司的对外直接投资流动产生差异，本节着重描述 2016—2017 年美国跨国公司对外直接投资行为。

（一）2016—2017 年美国对外直接投资的头寸变化

跨国公司对外直接投资下降主要来自对美国国际税制改革即将

[①] 同期海外对美直接投资达到 4 790 亿美元，减少了 5%。参见 U.S. Department of Commerce, Bureau of Economic Analysis. "U.S. Net International Investment Position, Fourth Quarter and Year 2016." *Survey of Current Business*, Apr. 2017; "Annual Revision of the U.S. International Transactions Accounts." Jul. 2016。

[②] 高盛:《忘了墨西哥的高墙吧 特朗普税改才是你真正需要关注的领域》，2016 年 11 月 12 日，http://wallstreetcn.com/node/273145。

开始的预期。据 BEA 数据，2016 年和 2017 年两年内，美国的跨国投资仍呈现出加速向外国流出的趋势，同时外国对美直接投资也在放慢。根据历史成本法计算，2017 年美国对外直接投资头寸数值增加了 7.6%，高于 2016 年两个百分点。同期，外国对美直接投资增加6.9%，同比下降了 5.3 个百分点。(参见图 1-1)

东道国的外国直接投资无论流出还是流入都受到世界经济状况的影响。美国对外直接投资加速、外国对美直接投资减速现象，反映了美国和其他国家直接投资影响因素的差异。2017 年，G20 国家经济增长率平均为 3.2%～3.8%。但是，由于当时美国是否进行税制改革还存在不确定性，该年底国际直接投资的流入减缓，加上各国税率普遍低于美国，所以，美国对外直接投资仍能享受到较低税率，导致美国资本的流出在加速。从对外直接投资的国别上看，由于主要低税国家爱尔兰和卢森堡减少了对美国企业的权益购并，又导致外国对美投资总额降低了。

表 1-12　美国对外直接投资结构和外国对美直接投资结构比较，2016 年

美国对外直接投资	权益资本	10.00%	外国对美直接投资	权益资本	53.00%
	再投资收益	95.80%		再投资收益	20.40%
	公司内部债务	−5.80%		公司内部债务	26.60%

资料来源：U.S. Department of Commerce, Bureau of Economic Analysis.

跨国公司海外投资收益进行循环再投资对美国对外直接投资具有重要推动作用。2016 年，美国对外直接投资资金的 96% 来自再投资收益，另外的 10.0% 是权益资本，还有−5.8% 属于公司内部债务。(参见表 1-12)而跨国公司内部债务的变化表明，2016 年，跨国公司的海外子公司向美国母公司净汇回资金。美国跨国公司的收益集中来自再投资收益表明，跨国公司减少了美国国内投资，增加了在国外子公司的投资，也就是说，美国对外跨国投资增量主要是由海外子公

司完成的。目前美国跨国公司对海外子公司的投资主要集中在欧洲发达国家，这类投资很少使用美国国内企业常用的权益投资方式。①

国际投资头寸的年度变化数值既反映了金融交易情况，也反映了其他变化因素。国际投资头寸既包含美国对外直接投资头寸，也包含外国对美直接投资头寸。金融交易既包括权益投资，也包括债务融资，而头寸的其他变化包括资本盈亏情况及其所反映的通货调整。2017 年，美国对外金融交易额从 2016 年的 2 893 亿美元上升到 3 004 亿美元，增加了 4%；外国对美国金融交易额为 2 773 亿美元，低于 2016 年的 4 718 亿美元的 41%。外国跨国公司对美并购、新设企业和扩大在美国子公司的总投资下降了 32%。②

美国 2017 年税制改革前夕跨国公司对外投资依旧保持上升趋势。从金融交易量变化也可看出，在 2017 年，美国对外直接投资头寸比上年度增加了 4 273 亿美元，表示金融交易流出数值。当年金融交易为流出 3 004 亿美元，比 2016 年增加 111 亿美元，增幅为 3.8%，其中大部分属于美国跨国直接投资收益的再投资，以下分三类情况分析 2017 年美国对外直接投资头寸变化及其原因。(参见表 1-13)③

（1）美国海外投资收益的再投资。投资收益再投资通常是指美国母公司在外国设立的子公司在本期的总收益，与外国子公司对母公司支付的股息之间的差额。2017 年，美国对外直接投资的收益再投资

---

① 与美国对外直接投资相比较，外国对美直接投资的权益资本、再投资收益投资和公司内部债务三项数值也在增加，分别是 53.0%、20% 和 26.6%。参见 Kyle L. Westmoreland. "The International Investment Position of the United States at the End of the Fourth Quarter of 2014 and Year 2014." *Survey of Current Business*, Apr. 2015, p. 1。

② Thomas Anderson. "New Foreign Direct Investment in the United States in 2017." *Survey*, 98, Aug. 2018.

③ Sarah A. Stutzman and Abdul Munasib. "Direct Investment Positions for 2017: Country and Industry Detail." https://apps.bea.gov/scb/2018/08-august/0818-direct-investment-positions. htm, 5 Oct. 2021.

表 1-13　美国对外直接投资头寸，2016—2017 年，历史成本法

单位：10 亿美元

顺　序	指　标	2016	2017	变动幅度	变动率（%）
1	（1）报告期头寸变动	297.0	427.3	130.3	43.9
2	（2）不含本期成本调整的金融交易	289.3	300.4	11.1	3.8
3	权益	321.4	336.4	15.1	4.7
4	不含本期成本的收益再投资	277.6	306.5	28.9	10.4
5	除再投资外的权益	43.7	29.9	−13.8	−31.7
6	增幅	99.6	85.7	−13.9	−14.0
7	减幅	55.8	55.8	−0.1	−0.1
8	债务工具	−32.1	−36.0	−3.9	12.3
9	（3）头寸其他调整	7.7	126.9	119.2	（Z）
10	附属企业的资本盈亏	2.3	21.1	18.8	（Z）
11	换算调整	−19.2	48.9	68.1	n.s.
12	其他的数量和数值变化	24.7	56.9	32.3	130.9

资料来源：Sarah A. Stutzman and Abdul Munasib. "Direct Investment Positions for 2017：Country and Industry Detail." https://apps.bea.gov/scb/2018/08-august/0818-direct-investment-positions.htm, 5 Oct. 2021.

注：（Z）绝对值变化大于 400%；n.s 此数据缺失。

比 2016 年净增 289 亿美元，达到 3 065 亿美元，增幅为 10.4%。其中，外国子公司收益增加了 448 亿美元，股息增加了 158 亿美元；在该年度的四个季度中，第四季度增加情况较差，主要反映了 2017 年税制改革的影响。再投资比率反映了本年度收益用于再投资的比重，2017 年与 2016 年基本持平，均为 66%。

（2）除权益再投资以外的权益变化。2017 年，除了收益再投资之外，美国跨国公司母公司的权益流出达到了 299 亿美元，减少了 138 亿美元，降幅为 31.7%。本年度净资本流出是由权益投资增加造成的，除了 857 亿美元收益再投资之外，权益投资减少包括撤销的

558 亿美元投资计划，包括两项内容：一是美国母公司卖出附属企业收入 168 亿美元，二是从海外附属企业的撤资 390 亿美元。本年度美国跨国公司的权益投资，包含在海外并购和新设子公司投资 421 亿美元，对外国附属企业的权益分配 436 亿美元。2017 年比 2016 年权益增加了 14.0%，而全年对非美国目标企业的并购金额增加了 13.1%。[①] 实际上由于税制改革中制定了有关资本遣返的条款，将美国跨国公司子公司在海外权益出售之后，遣返资金回国，将给予最高税率 8% 的优惠，相当于降税 27 个百分点，这项政策对于跨国公司再投资收益遣返国内产生了一定激励效果。

（3）债务工具投资。2017 年，美国母公司与海外附属企业之间的相互借贷都减少了，其中美国母公司对附属企业的净债权减少 360 亿美元；相比之下，2016 年美国母公司对子公司净债权减少 321 亿美元。而 2017 年美国母公司对海外子公司的净债权增加了 38 亿美元，母公司对子公司的净债务增加了 398 亿美元。

美国跨国公司投资头寸的其他变动情况。2017 年，美国国际投资其他头寸的变动数值是 1 269 亿美元，该数值在 2016 年只有 77 亿美元，其中包括外汇汇率调整 489 亿美元、资本盈亏 211 亿美元、其他数值变化 569 亿美元。所谓汇率调整，是根据美国母公司对外国子公司直接投资的金额，按照 2017 年底的汇率变动进行调整后的数值，其中，本年度美元兑欧元、美元兑英镑贬值幅度最大。其他的金额变化通常反映了美国母公司向子公司销售全部利益时记载的资本盈亏，或者子公司账面价值与本期销售或采购价格之间的差额。为了与历史成本法计算的投资价值保持一致，当美国母公司将外国子公司卖掉时，外国的直接投资头寸将从美国母公司占其外国子公司的账面

[①] Andrew Kelly. *Mergers and Acquisitions Review: Financial Advisors, Full Year 2018.* Thomson Reuters, 2018.

价值份额中减少。一旦当售出外国附属企业的价格超过了账面价值时，BEA 就会对数值进行正向调整，以保持与金融交易和投资头寸的一致性。

（二）美国跨国公司对外直接投资的结构特点

第一，直接投资收益再投资是美国对外直接投资收益的最大来源。根据跨国公司子公司所在国家与来自母公司的直接交易和头寸变化，可大致看清美国对外直接投资情况。按照历史成本法计算，截止到 2017 年底，美国对外直接投资头寸高达 60 133 亿美元，同比增长 7.6%，即 4 273 亿美元，增幅高于 2016 年的 5.6%。2017 年美国对外直接投资继续增加，从结构上看，（1）海外投资收益再投资规模为 3 065 亿美元；（2）资本增值 1 269 亿美元；（3）投资收益的再投资即权益投资增量 857 亿美元。（参见表 1-14）

表 1-14　美国对外直接投资头寸的国别情况，2017 年，历史成本法

单位：10 亿美元

		直接投资	权益投资	美国母公司债务工具		
				净　值	借　入	借　出
全部国家		6 013.3	5 830.5	182.9	829.4	646.6
加拿大		391.2	371.8	19.4	55.3	35.9
欧　洲	合计值	3 553.4	3 434.9	118.5	470.9	352.3
	荷　兰	936.7	903.3	33.6	87.9	54.3
	英　国	747.6	701.0	46.6	111.7	65.2
	卢森堡	676.4	638.2	38.2	99.4	61.2
	爱尔兰	446.4	430.0	16.4	80.7	64.4
	瑞　士	250.0	255.6	−5.7	21.7	27.3
	德　国	136.1	135.0	1.1	26.9	25.8
拉丁美洲与西半球	合计值	1 008.1	1 021.1	−13.1	110.2	123.3
	百慕大	346.8	410.7	−63.8	19.4	83.2

（续表）

		直接投资	权益投资	美国母公司债务工具		
				净 值	借 入	借 出
拉丁美洲 与西半球	英属加勒 比地区	331.4	312.0	19.4	26.1	6.7
	墨西哥	109.7	105.4	4.3	14.1	9.9
非 洲	合计值	50.3	44.2	6.1	11.4	5.4
	埃 及	9.4	9.2	0.1	0.4	0.3
中 东	合计值	69.1	82.5	−13.3	18.9	32.2
	以色列	26.7	27.0	−0.4	2.2	2.6
亚太地区	合计值	941.2	875.9	65.3	162.8	97.5
	新加坡	274.3	267.9	6.4	24.6	18.2
	澳大利亚	168.9	109.3	59.5	70.0	10.5
	日 本	129.1	145.4	−16.4	10.3	26.6
	中 国	107.6	100.8	6.7	17.2	10.5
	中国香港	81.2	77.8	3.5	12.4	8.9
	印 度	44.5	43.5	0.9	7.2	6.2
	韩 国	41.6	38.3	3.3	5.5	2.2

资料来源：Sarah A. Stutzman and Abdul Munasib. "Direct Investment Positions for 2017: Country and Industry Detail." https://apps.bea.gov/scb/2018/08-august/0818-direct-investment-positions.htm, 5 Oct. 2021.

注：权益投资包括资本股票、其他资本支出、留利、累积的换算调整等项目。

第二，美国对外直接投资的重点集中在全球各地税收天堂和离岸金融中心。美国对外直接投资的对象区域与国别差异长期保持稳定。总体来看，2017 年，美国在全球对外直接投资的主要区域呈现了增加趋势。其中，美国母公司在欧洲子公司的投资金额和增幅都最大，其次增幅较大的是在拉丁美洲和西半球地区，本年度非洲是美国直接投资唯一减少的地区。具体从区域结构来看，有如下特征：

（1）欧洲。美国对欧洲的投资头寸增加了 2 435 亿美元，总值达到 35 534 亿美元，其中增加最多的国家依次分别是瑞士、英国、爱尔兰、荷兰以及卢森堡。而这些国家通常均属于低税率国家和地区，被国际组织和一些国家政府界定为离岸金融中心或税收天堂，也有一系列文献对此进行全面研究。

美国在全球跨国直接投资集中度最高的是欧洲。截至 2017 年底，在美国对全球直接投资国家中，对西方的五个东道国投资占全部投资头寸的 50% 以上，分别是荷兰（9 367 亿美元）、英国（7 476 亿美元）、卢森堡（6 764 亿美元）、爱尔兰（4 464 亿美元）、加拿大（3 912 亿美元）。上述国家要么与美国一样同属英美法系国家，要么属于低税国家或离岸金融中心，美国资本通过在此设立子公司，再向其他国家投资，主要是为了享受更低的税率。（参见表 1-15）

（2）拉丁美洲和西半球。2017 年美国在拉美和西半球的直接投资头寸增加了 786 亿美元，达到 10 081 亿美元，其中增加最多的分别是百慕大和英属加勒比地区。这些地区本质上也都属于税收天堂。

（3）亚太地区。美国在亚太地区的直接投资增加了 601 亿美元，总额达到 9 412 亿美元，主要来自新加坡、中国香港和中国大陆，其中新加坡和中国香港被界定为离岸金融中心或税收天堂。

由此可见，在 2017 年美国开始全面税制改革、国际税收体制向参与豁免税制转型开始前，跨国资本仍通过税收天堂和离岸金融中心向海外大笔转移资金和投资收益。

第三，控股公司是美国对外直接投资的重要工具。2017 年，美国对外直接投资头寸的 50% 以上是由控股公司完成的。所谓控股公司，《美国法典》称之为 "受控外国公司"（CFC）。在 20 世纪早期，美国逐渐形成了对跨境利润和所得课税的完整法律制度。通过《1918 税收法》(The Revenue Act of 1918)、《1921 年美国税收法》(The United States Revenue Act of 1921, ch. 136, 42 Stat. 227)两部税法，进一步制定境外税收抵免规则及其限制条款，成为美国法律对境外所得征税的核心内容。

1962年美国国会在税法（The Revenue Act of 1962）中加入了CFC规则，以抑制递延纳税问题，使跨境税收规则体系趋于完善。[1] 由于控股公司在美国对外直接投资中的重要地位，《美国法典》制定了严密的法律规定[2]，中国学者从以下八个方面阐述这项制度的价值所在。[3]

表1-15　美国跨国公司外国附属企业直接投资头寸国别差异，2017年

顺序	国别	占比	顺序	国别	占比
1	荷兰	15.6%	8	新加坡	4.6%
2	英国	12.4%	9	瑞士	4.2%
3	卢森堡	11.2%	10	奥地利	2.8%
4	爱尔兰	7.4%	11	德国	2.3%
5	加拿大	6.5%	12	日本	2.1%
6	百慕大	5.8%	13	墨西哥	1.8%
7	英属加勒比地区	5.5%	14	中国	1.8%

资料来源：U.S. Department of Commerce, Bureau of Economic Analysis.

（1）CFC的定义。对于任何外国公司，在纳税年度内任何一日，如果其50%以上的表决权或股票价值都由一个或多个美国股东拥有，或者视同由美国股东拥有，则该公司就是CFC。

（2）"美国股东"是指拥有或视同拥有外国公司10%以上、有表决权股份的美国个人[4]，其中包括美国公民、居民、国内合伙企业、国内公司，以及直接、间接或视同拥有10%及以上的CFC表决权的国内信托和遗产。[5]

---

[1]　高阳：《国际税收制度国内法部分的形成——以美国所得税跨境税收规则的构建为例》，《国际税收》，2020年第5期，第38—47页。

[2]　26 USC. § 957. Controlled foreign corporations; United States persons.

[3]　叶莉娜：《美国反避税立法之CFC规则研究》，《时代法学》，2013年第11卷第2期，第94—103页。

[4]　26 USC. § 951(b).

[5]　26 USC. § 7701(a) (30).

（3）美国公司收入的范围限于 F 分编收入（Subpart F income）涵盖的收入项目。主要包括五项内容：(3.1) 外国私人控股公司收入。一般是被动收入，主要包括股息、利息、特许权使用费、租金、年金、销售或资产置换产生的被动收入的净财产收入、外汇、视同利息收入、代替股息的支付等。[①] (3.2) 外国基地公司销售收入。(3.3) 外国基地公司服务收入。(3.4) 外国基地公司与石油相关收入。(3.5) 特定保险收入。

（4）收入的归属和计算。美国 CFC 股东需将对 F 分编收入及其在美国投资资产的 CFC 净收入，按照其持股比例，合并在其收入中。其持股比例一般以有资格的美国股东持有的股份计算，而且必须是在纳税年度最后一日拥有该 CFC，且本年至少拥有该 CFC 日数为 30 日。如果 F 分编收入大于当年收入总额的 70%，则全部收入都被作为 F 分编收入计算纳税。

（5）适用范围。美国 CFC 规则适用于取得或收到某些特定类型收入的 CFC，无论该公司是来自避税港的居民还是高税收国居民。

（6）避免重复征税条款。(6.1) 外国税收抵免规定。由 CFC 支付的、可以归属于该 CFC 的 F 分编所得税，可由股东在将该笔收入纳入其美国股东的应税收入之后，在应税税款中予以抵免。(6.2) 相关费用扣除规定。即将可以分配或者分摊给 F 分编收入的费用，从中扣除。(6.3) 亏损结转规定。CFC 在任何一年发生的由 F 分编涵盖的亏损，一般都可以在 F 分编收益与利润（E&P）内予以结转，以降低来年的 F 分编收入。

（7）除外条款。(7.1) 主动收入例外。多指享受豁免的主动营业租金或特许权使用费。(7.2) 同一国家例外。即对设立在同一国家的 CFC 关联方之间的交易收入，对其中的股息和利息等被动收入，可不

---

① 26 USC. § 954(c).

在当期课税。(7.3)高税率例外。如果外国税率是美国联邦最高税率的 90% 及以上，则不受 CFC 规则制约。(7.4)微量豁免条款。如果 CFC 的 F 分编收入小于其总收入的 5%，并小于 100 万美元，则不在当期合并征税，则按照普通所得税纳税。[①]

（8）州税。各州对本州纳税人的 CFC 收入，除联邦所得税以外，均需按本州税率征税。

（三）美国跨国公司投资的空间与产业分布

近二十多年来中国大陆成为美国跨国公司设立附属企业数量增长最快的选址地之一。自 1999 年到 2008 年，美国在全球主要国家和地区成立的 CFC 数量增加了 18.74%，其中在英国增加了 16.88%，墨西哥 8.23%。而在中国设立的美国 CFC 数量，从以往不在排行榜单中而上升到全球排名第七位，多于传统意义上美国设立控股公司较多的澳大利亚、日本、意大利以及其他所有国家和地区，这与中国加入 WTO 后，加大税制改革、积极吸引外资的政策分不开。（参见表 1-16）

表 1-16　美国控股外国附属企业的全球分布，1999—2008 年

单位：家

顺　序	国　别	1999 年	国　别	2008 年
1	英　国	2 535	英　国	2 963
2	加拿大	1 859	加拿大	1 850
3	德　国	1 327	德　国	1 593
4	法　国	1 174	荷　兰	1 541
5	荷　兰	1 117	法　国	1 302
6	墨西哥	802	墨西哥	883
7	澳大利亚	773	中　国	868
8	意大利	680	澳大利亚	814
9	日　本	651	日　本	739

[①]　26 USC. § 954(b) (3).

（续表）

顺　序	国　别	1999 年	国　别	2008 年
10	比利时	542	意大利	703
11	其　他	9 582	其　他	11 729
	总　计	21 042	总　计	24 985

资料来源：U.S. Department of Commerce, Bureau of Economic Analysis. "Selected Data for Foreign Affiliates in All Countries in Which Investment was Reported." 1999 and 2008.
转引自：Lisa Alejandro, Richard Brown, Erick Oh, Joann Peterson, Samantha Brady Pham, Matthew Reisman and Isaac Wohl. "U.S. Multinational Services Companies: Effects of Foreign Affiliate Activity on U.S. Employment." U.S. International Trade Commission.
注：企业总计数据排除了按规定不申报企业。

美国跨国公司对海外高技术产业投资增长高于全部产业谱系的平均值。从 1999 年到 2008 年，美国控股的外国附属机构均获得了一定发展，但是很不均衡，最大的增长部门是来自海外的制造业，发展最快的是采掘业，增长 21.4%，以及不动产及其租售，增长 20%，发展最慢的是除制造业等十大行业之外的其他所有行业，增长只有 0.8%，但全部控股公司平均增长 8.8%，年均增长不足 1 个百分点。（参见表 1-17）

表 1-17　美国控股外国附属机构产业增加值变化，1999—2008 年

产　业	1999	2008	1999—2008 年复合增长率	1999—2008 年增长率
	100 万美元		%	
制造业	316 300	517 133	5.6	63.5
采掘业	38 552	221 006	21.4	473.3
批发业	76 774	157 274	8.3	104.9
零售业	14 499	53 323	15.6	267.8
计算机系统设计与相关服务	16 166	36 824	9.6	127.8
不动产及其租售	5 630	29 041	20.0	415.8
支持与废物管理的行政管理	11 508	28 932	10.8	151.4
承保与相关活动	13 802	28 597	8.4	107.2
交通运输与仓储	4 936	18 841	16.0	281.7

（续表）

产　业	1999	2008	1999—2008年复合增长率	1999—2008年增长率
	100 万美元		%	
除储蓄机构外的金融	11 490	17 885	5.0	55.7
其他全部	56 738	102 996	0.8	81.5
合　计	566 395	1 211 852	8.8	114.0

资料来源：U.S. Department of Commerce, Bureau of Economic Analysis.

由此可见，美国对外直接投资收益的再投资、制造业投资，以及跨国公司的外国控股公司是美国跨国公司管理的重点，如何使海外投资利润回流是美国跨国公司税收政策谋求解决的重点问题之一。而自冷战结束后，尤其是北美自由贸易区成立后，美国跨国公司向海外大量转移制造业工厂，已经冲击到了美国国内的产业结构和就业结构，通过税制改革除了推动海外利润尽快回流，更重要的是吸引海外制造业回流，解决严重的国内及经济问题，进而解决财政空虚问题。

四、2017 年税制改革与美国对外直接投资变化

《2017 年减税与就业法》是一次十分仓促的税制改革。这次税制改革虽号称是 1986 年美国税制改革以来最彻底的一次，然而从 2016 年共和党上台到税制改革全面推开，仅有一年的时间。研究指出，遣返税政策出台从不确定到确定，时间十分仓促，美国企业只有 12 个月时间估算税收、遣返资金，但最终跨国公司都按照要求对税额和纳税效果进行了披露，并完成了风险评估。[①] 自 2018 年 1 月 1 日税改

---

① Yi Ren, Jomo Sankara and Madeline Trimble. "The Impact of the Tax Cuts and Jobs Act's Repatriation Tax on Financial Statements." *TCJA Impact*, Jan. 2020 Issue, Feb. 2020, https://www.cpajournal.com/2020/02/10/the-impact-of-the-tax-cuts-and-jobs-acts-repatriation-tax-on-financial-statements, 5 Oct. 2021.

落地后，是否实现了美国政府实施税改的初衷，也要经过长期的观察，其中资金遣返与税收动态均反映在美国商务部管理的国际投资账户中。我们收集到的数据主要是2018—2019年的。

（一）美国2018年对外直接投资状况

美国税制改革对于跨国投资的最大冲击是短期资本回流。[①]《2017年减税与就业法》废除了1986年税法对于跨国公司海外控股公司的股息税（也叫收益遣返税），前提是将1986年以来美国跨国公司在海外递延的投资收益纳税后，视同遣返。在美国商务部国际投资账户上显示跨国公司部分海外收益不断回流，然而据分析，跨国公司海外投资收益实际上早就回到了美国国内，并投资于财政部债券、股市等任何有利可图的行业和对象。[②]2018年跨国公司遣返递延股息7 665亿美元，多于年度收益，导致对外直接投资收益的再投资头寸成为负值，这是自1982年以来美国直接投资头寸首次出现负值。截至本年度末，美国对外直接投资总头寸为5.95万亿美元，从2017年底的6.01万亿美元下降了623亿美元，这一数值可视为当年净回流资金总量，其表现有三个特点。

第一，美国对外直接投资的回流在全球呈现不同地域特征。目前美国对外直接投资仍集中在五个国家，其中，对荷兰的投资总头寸为8 832亿美元，英国为7 578亿美元，卢森堡为7 138亿美元，爱尔兰为4 422亿美元，加拿大为4 019亿美元。根据美国商务部分析，对拉丁美洲和西半球的投资头寸减少了758亿美元，而制造业控股公司减少的头寸最多。自荷兰和百慕大汇回美国的投资收益占全部汇

---

① "Direct Investment by Country and Industry, 2018." https://www.bea.gov/news/2019/direct-investment-country-and-industry-2018, 5 Oct. 2021.

② Emily Stewart. "Most of the 3 Trillion in Overseas Holdings Is Already in the U.S." 31 Oct. 2017, https://www.thestreet.com/politics/repatriation-tax-economy-14367746, 5 Oct. 2021.

回收益的 50% 以上，其中自百慕大汇回的投资收益为 2 310 亿美元，自荷兰汇回的收益为 1 388 亿美元，第三多是自爱尔兰汇回的。

第二，高技术产业是跨国公司海外盈利大户。从产业来看，2018 年美国的化工行业和计算机与电气件制造业汇回的投资收益最多，分别达 2 091 亿美元和 1 959 亿美元。从这一特点可看出，美国税制改革对投资海外的美国高技术行业公司产生较大冲击。

第三，控股企业是美国对外直接投资的主要形式。2018 年美国对海外控股企业的直接投资占全部投资头寸的 50% 以上，多数控股公司又控股了很多企业，遍布许多行业，其中制造业母公司投资占总头寸的 54%，金融保险跨国公司占 12.1%。美国跨国公司本年度在海外的连续投资盈利达 5 310 亿美元，同比增加了 12.8%。

总之，2017 年美国税改正在带动跨国公司投资遣返资金，然而从遣返速度和数量来看，动力有限；再从美国跨国公司的投资体制来看，仅通过国际税制改革不足以将更多的美国海外跨国企业吸引到国内，重新进行投资布局。

（二）美国 2018 年海外再投资回流与股票回购

税制改革导致美国股市回购规模达到了十年以来的顶点。在 2018 年税制改革的一年内，美国跨国公司实施的股票回购操作总价值高达 1 万亿美元，虽然其中有经济增长的因素，然而税制改革却是最大的原因。首先，股票回购造成了经济波动。据有关统计，2018 年度宣布回购股票的美国企业数量增加了 64%，其中上半年每个月的回购额平均为 1 113 亿美元。但到下半年，股票回购额则下降到 540 亿美元，要解释其中的原因，就是税制改革带动资金回流。从 2009 年到 2018 年末，美国跨国公司的股票回购总额为 4.3 万亿美元。通常一旦股票回购行为停止，美国股市即下跌，而跨国公司往往在年报发布收益状况的前两周停止回购，例如，2018 年 10 月份前两周就是这样。其次，税制改革并没有带来美国实体经济的发展，2018 年第一季度美国企业的真实非居民固定资产投资增加了 11.5%，然而到第三季度就下降到了 2.5%，同比 2017 年第三季度下跌 0.9 个百分点。但是由于税制改革要求跨国公司在八年内遣返海外利润，所以每年跨国公司都会有回购行为，JP 摩根就预计 2019 年的企业股票回购额将高达 8 000 亿美元。[1] 但是联储认为，税制改革后进行股票回购是导致股市波动的主要根源，导致股市波动逐步加大。[2]

税制改革推动跨国公司海外收益再投资下降。2017 年税制改革尤其是资金遣返税条款，对于 2017—2018 年跨国公司的财务报表影响较大，尽管不同企业、不同行业所受影响不同。对一些大企业如耐克和思科，在汇回资金的第一年会出现实质性的影响，其中耐克当年的有效税率达 55.3%，思科当年的有效税率达 99.2%。[3] 实际税率是指个人或公司支付的税收占其收入的百分比。不同有效税率与跨国投资所在的行业关系较大，有效税率的高低还决定于跨国公司能否利用税收优惠抵消税收成本。

由此可见，2017 年税制改革对于美国对外直接投资的国别和重点行业结构、盈利状况未产生根本影响，主要变化就是投资收益短暂回流。

尽管美国实现了由全球税制向参与豁免税制的转换，同时停止

---

[1] "Corporate America gives out a record 1 trillion in stock buybacks." 17 Dec. 2018, https://www.cnn.com/2018/12/17/investing/stock-buybacks-trillion-dollars/index.html, 5 Oct. 2021.

[2] Michael Smolyansky, Gustavo Suarez and Alexandra Tabova. "U.S. Corporations' Repatriation of Offshore Profits: Evidence from 2018." 6 Aug. 2019, https://www.federalreserve.gov/econres/notes/feds-notes/us-corporations-repatriation-of-offshore-profits-20190806.htm, 5 Oct. 2021.

[3] Yi Ren, Jomo Sankara, and Madeline Trimble. "The Impact of the Tax Cuts and Jobs Act's Repatriation Tax on Financial Statements." https://www.cpajournal.com/2020/02/10/the-impact-of-the-tax-cuts-and-jobs-acts-repatriation-tax-on-financial-statements/.

了长期对跨国公司全球来源收益递延纳税政策,带动跨国公司的 CFC 向美国母公司遣返资金,同时缴纳联邦税收,但是税制改革遗留的问题也将长期造成财政和经济问题。(参见图 1-3)

(三)美国 2019 年对外直接投资变化

美国税制改革促进了财政增收。2019 年,从美国国际投资总量中直接投资头寸变化来看,当年净头寸为 -10.99 万亿美元,比 2018 年增长 -1.44 万亿美元。其中,金融交易净头寸增加 -3 959 亿美元,价格变化和外汇汇率变化导致净头寸增加 -1.04 万亿美元。(参见表 1-18)也就是说,由于税制改革因素和贸易关税因素,美国在 2019 年对外直接投资的资金净回流同比增加了 1.44 万亿美元。

表 1-18　美国国际投资净头寸变动情况,2018—2019 年

单位:10 亿美元

指标 / 年份变动		2018 年头寸	2019 年头寸变化			2019 年头寸
			合　计	归属于		
				金融交易	其他头寸变化	
美国投资净头寸	总　值	-9 554.70	-1 436.70	-395.90	-1 040.80	-10 991.40
	包含金融衍生品	-9 592.40	-1 419.10	-357.50	-1 061.60	-11 011.50
	金融衍生品	37.70	-17.50	-38.40	20.80	20.20
美国资产	总　值	25 241.50	4 076.00	—	—	29 317.50
	不含金融衍生品	23 749.20	3 777.90	426.90	3 350.90	27 527.10
	金融衍生品	1 492.30	298.10	—	—	1 790.40
美国负债	总　值	34 796.20	5 512.60	—	—	40 308.80
	不含金融衍生品	33 341.60	5 197.00	784.40	4 412.50	38 538.60
	金融衍生品	1 454.60	315.70	—	—	1 770.30

资料来源: U.S. International Investment Position. "Fourth Quarter and Year 2019." https://www.bea.gov/news/2020/us-international-investment-position-fourth-quarter-and-year-2019, 5 Oct. 2021.

　　美国海外直接投资回流叠加了税改因素和对外贸易摩擦因素。2018 年美国发动了与中国和其他多国的贸易摩擦，其中导致部分美国企业回流本土或由中国等向其他国家或地区转移。

　　美国海外资金回流的一部分增加了制造业就业。据 Reshoring Initiative 2020 Data Report 报告，通常由于制造业工人在接受雇用前有两年滞后期，2010—2020 年全美国共有 78.7 万人接受雇用，相当于自 2010 年 2 月制造业就业降低到 1 145 万人以来，美国制造业就业增长 78.7 万人，或相当于 2010 年 12 月 31 日制造业就业总数 1 150 万人的 7%，这其中包括约一半以上的就业来自外国对美制造业直接投资的增加，包括资本的回流。[①]（参见图 1-4）

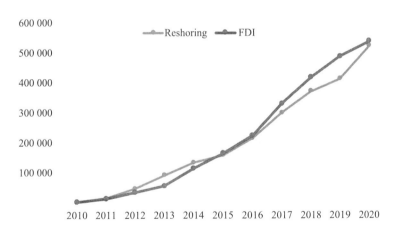

图 1-4　2010—2020 年美国岗位招聘、企业回流以及
外国在美直接投资增加的工作岗位

资料来源："Two Milestones: Reshoring Surges to Record High. Cumulative Jobs Announced Surpasses 1 Million Jobs." https://reshorenow.org/content/pdf/RI_2020_Data_Report.pdf, 14 Sept. 2021.

---

① "Reshoring Reaches New Record in 2020, Plus, COVID Drives Cumulative Jobs Announced Past 1 Million Jobs." https://reshorenow.org/blog/reshoring-initiative-2020-data-report, 14 Sept. 2021.

美国对外直接投资的股市投资收益规模也很大。2019年美国国际投资资产增加了4.08万亿美元，资产总值达到29.32万亿美元，总资产的增加主要来自组合投资（United States Foreign Portfolio Investment）和直接投资，其中组合投资是针对外国证券的投资，当年美国国际组合投资资产增加2.02万亿美元，达到13.51万亿美元，是由于外国股票价格上涨带来的，对外直接投资资产增加1.33万亿美元，达到8.84万亿美元。同期美国负债增加了5.51万亿美元，达到40.31万亿美元，负债增加也是由于组合投资和直接投资增加造成的，其中组合投资增加2.76万亿美元，总值达到21.48万亿美元，直接投资增加2.1万亿美元，达到10.58万亿美元。增加数值主要得益于美国股市上涨，因而提高了美国的负债总额。（参见表1-18）

小结与讨论

第一，跨国公司对外直接投资有如下特征。（1）美国跨国公司的海外投资具有很强的逐利性。因此在投资选址上，既重视一些拥有巨大市场潜力的国家和地区，同时更利用税收天堂和离岸金融中心进行税收筹划。（2）美国对外直接投资的载体是跨国公司的CFC。美国跨国公司的CFC个数和投资最多的国家或地区都来自发达经济体，如英国、加拿大、德国和荷兰等，中国在加入WTO之后吸引了越来越多的美国跨国公司，因此中国税收制度的先进程度如何直接决定跨国企业投资量。（3）美国跨国公司对外直接投资利用了美国税制的弱点进行收益再投资。1986年美国国际税收体制的税收递延纳税和外国税收抵免政策成为跨国公司长期跨国避税的有力工具，这是2017年美国国际税收体制向参与豁免税制转型的基本动因。（4）美国跨国公司的高技术投资成为制造业对外投资增长最快的部门。对于中国来说吸引美国高技术投资，不仅要着眼于增加中国的国际竞争力，还要提升中国的产业高度，通过引进技术，提升中国企业的自主创新能力。

第二，跨国公司对外直接投资对于美国经济具有重要意义。在全球化背景下，国际经济的比较优势理论仍在发挥指导作用，美国作为全球科技创新的制高点国家和跨国公司最集中的国家，通过向全球其他地区投资而获利，同时跨国投资促进技术扩散，跨国公司通过全球组织生产，在不同比较优势地区形成了完善的供应链，并将跨国投资收益作为再投资资本，继续在全球循环投资，为美国提供了巨大经济收益，也推动了美国国内增长和就业。

第三，国际税制对跨国投资的影响是直接的和巨大的。美国作为"霸权国家"，其有关制度包括税制都对其他国家有示范意义，美国税制改革的经验也使通过观察其影响，确定东道国的相应政策成为可能。

第四，不断调整和完善国际税制成为美国调控全球投资布局的重要手段。由于资源禀赋差异难以消除，天然存在经济聚集效应，各国都不可能将税率降到零，因此对于跨国投资来说，往往会根据各国综合税率或边际有效税率的比较，决定初始投资和追加投资。2017年美国税制改革通过降低边际税率吸引资本回流的做法，是符合经济学原理和企业经营的基本法则的。

第二章 公司所得税与资本跨国流动

公司所得税制和税率变化直接影响跨国投资规模和流向。[①]《2017年减税与就业法》改革了1986年税制，这次改革遵循了历次税制变动的基本规律，在经济形势不佳的背景下，通过"降税率，扩税基"措施，为经济发展提供新动力。2017年税改通过税制变革、税率下调对跨国公司的对外直接投资和资本回流产生了拉动，而通常情况下税率变化对跨国投资的流动作用更为直接。

一、美国联邦公司所得税制与改革

美国联邦税收体系以所得税为主体。美国公司所得税税基包括销售收入、利息收入、股息收入、资本利得、版税以及租金。计算应税所得时企业要从总收入中扣除经营费用，其中包括产品销售成本、折旧、广告费、利息支出。利息可扣除，股息通常则不可扣除，某些股息应当缴纳个人所得税。公司所得税实行累进制，公司所得越高，适用税率也越高。虽然美国的名义联邦公司所得税率全球最高，然而考虑抵免和优先税率后，实际税率可能仅仅略高于其他发达国家。

[①] 美国税法常用"公司所得税"（Corporation Tax）概念，这一概念与中国常用的"企业所得税"指同一个对象，在本研究中除非特别指出，否则二者内涵完全相同。

（一）联邦公司所得税体制

美国联邦公司所得税体制对企业投资有重要影响。[①] 联邦公司所得税的税基是企业经营净所得，税法通过确定税基的宽窄、税率的高低、抵免项目多少、扣除项目数量、税收优惠措施数量等，对公司所得税进行管理。联邦所得税税制主要包括以下四个要点。

（1）税基与税率。根据 1986 年美国税法，联邦公司所得税的税基等于营业收入减去采购物资、购买劳动的费用，以及利息和其他费用，还包括公司的其他收入，即利息、股息、租金、版税和已实现的资本利得；税率为 15%～35% 不等。[②]《2017 年减税与就业法》将公司所得税的税率统一降为 21%。（参见表 2-1）

（2）施行选择性最低税（Alternative Minimum Tax，简称 AMT）。对某些最低税收负债超过其正常税收负债的企业，规定了 AMT。[③] 通常 AMT 实行低税率、宽税基税收措施，在计算纳税所得时，要求纳税人将税法规定的特定税收优惠项目加回到税基中来，取消定向扣除和抵免，变相提高纳税人税率 [④]；通过提高限制性所得的边际税率，从纳税人手中收回低于 35% 以下税率的收益。

（3）长期以来，美国国际税收实行全球税制，这种税制针对纳税人来源于全球各国和地区的收入征收赋税。2017 年税制改革前，对国内企业来自全球各种来源的收入征税，同时允许已向外国缴纳的某些税收项目，在美国得到外国税收抵免，但《2017 年减税与就业

[①] United States Government Accountability Office. "Corporate Income Tax: Most Large Profitable U.S. Corporations Paid Tax But Effective Tax Rates Differed Significantly from the Statutory Rate." Report to the Ranking Member, Committee on the Budget, U.S. Senate, Mar. 2016, pp. 4–6.

[②] H.R. 3838（99th）: Tax Reform Act of 1986, https://www.govtrack.us/congress/bills/99/hr3838, 5 Oct. 2021.

[③] 26 USC. § 11.

[④] 26 USC. § 56.

法》已将全球税制改革为参与豁免税制。[1]

（4）应税所得的计算。包含外国来源应税所得在内，用总收入减去工资薪水扣除，减去净经营亏损结转额。企业应缴纳的联邦所得税即用该所得总额乘以适用税率、减去税收抵免，其中税收抵免还包括有资格纳税人的外国税收抵免。

表 2-1　百年来美国公司所得税制变化

年　份	税率级距与免除规定	税　率[a]
1909—1913	5 000 美元以下免除	1%
1913—1915	1913 年 3 月 1 日起不设免除额	1%
1916	无免除	2%
1917	无免除	6%
1918	2 000 美元以下免除	12%
1919—1921	2 000 美元以下免除	10%
1922—1924	2 000 美元以下免除	13%
1925	2 000 美元以下免除	13%
1926—1927	2 000 美元以下免除	14%
1928	3 000 美元以下免除	12%
1929	3 000 美元以下免除	11%
1930—1931	3 000 美元以下免除	12%
1932—1935	无免除	14%
1936—1937	首个 2 000 美元 超出 40 000 美元	8% 15%
1938—1939	首个 25 000 美元 超出 25 000 美元	12.5 ～ 16% 19%[b]
1940	首个 25 000 美元 25 000 ～ 31 964.30 美元 31 964.30 ～ 38 565.89 美元 超出 38 565.89 美元	14.85 ～ 18.7% 38% 37% 24%

---

[1]　26 USC. § 243. Dividends received by corporations.

（续表一）

年　份	税率级距与免除规定	税　率
1941	首个 25 000 美元	21～25%
	25 000～38 461.54 美元	44%
	超出 38 461.54 美元	31%
1942—1945	首个 25 000 美元	25～29%
	25 000～50 000 美元	53%
	超出 50 000 美元	40%
1946—1949	首个 25 000 美元	21～25%
	25 000～50 000 美元	53%
	超出 50 000 美元	38%
1950	首个 25 000 美元（正常税率）	23%
	超出 25 000 美元（附加税率 19%）	42%
	超额利润税	30%
1951	首个 25 000 美元（正常税率）	28.75%
	超出 25 000 美元（附加税率 22%）	50.75%
	超额利润税	30%
1952	首个 25 000 美元（正常税率）	30%
	超出 25 000 美元（附加税率 22%）	52%
	超额利润税	30%
1953—1963	首个 25 000 美元（正常税率）	30%
	超出 25 000 美元（附加税率 22%）	52%
1964	首个 25 000 美元（正常税率）	22%
	超出 25 000 美元（附加税率 28%）	50%
1965—1967	首个 25 000 美元（正常税率）	22%
	超出 25 000 美元（附加税率 26%）	48%
1968—1969	首个 25 000 美元（正常税率）	22%
	超出 25 000 美元（附加税率 26%）	48%
	增加 10% 附加税	
	首个 25 000 美元（正常税率）	24.20%
	超出 25 000 美元（附加税率 26%）	52.80%
1970	首个 25 000 美元（正常税率）	22%
	超出 25 000 美元（附加税率 26%）	48%
	增加 2.5% 附加税[c]	
	首个 25 000 美元（正常税率）	22.55%
	超出 25 000 美元（附加税率 26%）	49.20%

（续表二）

年　份	税率级距与免除规定	税　率
1971—1974	首个 25 000 美元（正常税率）	22%
	超出 25 000 美元（附加税率 26%）	48%
1975—1978	首个 25 000 美元（渐进税率）	20%
	第二个 25 000 美元（渐进税率）	22%
	超出 50 000 美元（附加税率 26%）	48%
1979—1981[d]	首个 25 000 美元	17%
	25 000～50 000 美元	20%
	50 000～75 000 美元	30%
	75 000～100 000 美元	40%
	超出 100 000 美元	46%
1982	首个 25 000 美元	16%
	25 000～50 000 美元	19%
	50000～75000 美元	30%
	75 000～100 000 美元	40%
	超出 100 000 美元	46%
1983—1984	首个 25 000 美元	15%
	25 000～50 000 美元	18%
	50 000～75 000 美元	30%
	75 000～100 000 美元	40%
	超出 100 000 美元	46%
1985—1986	首个 25 000 美元	15%
	25 000～50 000 美元	18%
	50 000～75 000 美元	30%
	75 000～100 000 美元	40%
	100 000～1 000 000 美元	46%
	1 000 000～1 405 000 美元[e]	51%
	超出 1 405 000 美元	46%
1987[f]—1993	首个 50 000 美元	15%
	50 000～75 000 美元	25%
	75 000～100 000 美元	34%
	100 000～335 000 美元[g]	39%
	超出 335 000 美元	34%

（续表三）

年　份	税率级距与免除规定	税　率
1994—2017	首个 50 000 美元	15%
	50 000～75 000 美元	25%
	75 000～100 000 美元	34%
	100 000～335 000 美元^(g)	39%
	335 000～10 000 000 美元	34%
	10 000 000～15 000 000 美元	35%
	15 000 000 美元～18 333 333^(h)	38%
	超出 18 333 333 美元	35%
2018	无免除	21%

资料来源：Federal Corporate Income Tax Rates, https://corporatetax.procon.org/federal-corporate-income-tax-rates, 5 Oct. 2021.

注：（a）在 1917—1921 年、1933—1945 年还增加了对"超额利润"课税措施。（b）微量调整：税率分别为 14.025% 的收到股息税和 2.5% 的支付股息税。（c）《1969 年税制改革法》规定，从 1971 年 1 月 1 日到 6 月 1 日延长 5% 的附加税，附加税年率按 2.5% 征收。（d）《1978 年税收法》废除了公司所得税常规税率和附加税率，设立了五级渐进税制。（e）《1984 年减少赤字法》对于公司所得在 1 000 000～1 405 000 美元之间的公司设立了 5% 的税率。公司所得超过 1 405 000 美元以上，按照 46% 的单一边际税率缴纳。（f）1987 年 7 月 1 日生效。此前的应税所得按照两种税率缴纳。（g）另外按 5% 的税率，对 100 000～335 000 美元所得，征收不超过 11 750 美元税收。（h）对所得范围在 15 000 000～18 333 333 美元按 3% 税率征收，税额不超过 100 000 美元。

　　从美国公司所得税制发展进程看主要有如下特点。（1）税率逐渐实现了从单一税率向复合税率过渡。联邦公司所得税只在 1935 年以前实行过单一税率，突出税制简化特点。（2）联邦税制从设立免除额向无免除额发展。以 1932 年为界，在此前设立了免除额，1932—1935 年为无免除额初期阶段，随后开始实行累进所得税制度。（3）1941—1978 年为美国当代史上的重税时代。即使是最低名义税率都保持在 20% 以上。2017 年美国重回单一税率体制，税率确定为 21%，这与美国政府要求简化国际税制的要求有关。（4）联邦税级距经历了从单一到复杂再到单一的过程。

美国跨国公司处理税收负债（义务）的时间点通常取决于一系列因素。在 1986 年税制下，举例来说：（1）美国联邦税务部门按照公司所得税法，对于跨国企业的外国来源收入，在向国内母公司分配之前不征税，其中包括股息；（2）纳税年度发生亏损的处理。如果企业在纳税年度发生了净经营亏损，可以将这笔亏损额向前结转，连续二十年，也可以向后结转，限两年之内。① 如果净经营亏损向后结转，企业可从今后的应税所得中扣除亏损额，而且企业有资格得到差额退税，差额等于已缴纳的税收和扣除本年度亏损后的那部分。而向前结转的亏损资金用来冲减下年度的应税所得和税收负债，但是应税所得不得等于零。亦即只要企业在某一个纳税年份发生了实质亏损，接下来的几年内，都可以从应税所得中扣除亏损。

《2017 年减税与就业法》取消了递延纳税规则。按照 2017 年新的美国联邦税制，对 1986 年税制改革以来，跨国公司仍在海外进行再投资循环的投资利润与收益（P&E）实施遣返税政策。② 在跨国公司完成纳税后，纯收益视同遣返，不再要求回流本土。同时还规定，全部递延的所得税完成回归本土要等到 2025 年以后，理论上到那时跨国公司对 1986 年之后递延的税收负债处理才能完成。

（二）美国公司分类与所得税申报

1. 联邦公司法关于公司类别规定

公司所得税征收与纳税企业的组织形式有关。③ 美国企业主要类

---

① 26 USC. § 172.

② 《2017 年减税与就业法》第 14103 节 "向参与豁免税制过渡时期的递延外国来源所得处理"。该小节成为 26 USC. Section 965 Treatment of deferred foreign income upon transition to participation exemption system of taxation。

③ "Business Structures." https://www.irs.gov/businesses/small-businesses-self-employed/business-structures, 5 Oct. 2021.

型包括独资经营业主、合伙公司、股份公司（C 公司）和小型企业股份公司（S 公司）等，而有限责任公司（LLC）是由各州立法特许设立的企业结构。企业类型的不同决定了公司在申报所得税时必须适用不同纳税表。所以，美国企业选择何种组织结构，通常需要考虑其中涉及的法律与税务政策。以下是《美国税法典》（The Internal Revenue Code，简称 IRC，亦即 Title 26 of the United States Code，简称 USC.，或 26 USC.）定义的五种不同的企业组织形式。

（1）独资经营业主。指个人独自拥有的非股份公司制企业。独资经营业主需要申报所得税、自雇税、社会保障税、联邦医疗保险税和所得税预扣、联邦失业税（FUTA）、工商税以及预估税。联邦工商税是指购买物品时所扣缴的税收，例如汽油税，通常工商税包含在价格当中，基本上等同于我国的专卖价格税。①

（2）合伙公司。指由两个以上自然人组织起来的贸易或经营企业。每个合伙人提供资金、物业、劳动或技能，并分享利润或分摊亏损。合伙制企业每年必须申报收入、扣除项目以及利得、亏损等财务信息，但是不缴纳所得税，而是将有关的盈利和亏损"穿透"（pass-through）归属到合伙人，再由合伙人根据自己的合伙收入或亏损，按照个人所得照章纳税，其中包括所得税、自雇税、预估税和国际税。

（3）股份公司（C 公司）。指由股东投入资金、财产以换取公司股份的企业。根据《美国税法典》，所有公司制企业除非在注册时声

---

① 所谓工商税（Excise Tax）实际上是一种惩罚性质的税收，针对烟草消费、乙醇饮料等征收，有时译为"消费税"，在我国属于专卖制度。预估税：包括独资经营业主、合伙人和小型企业股份公司股东在内的个人，如果在申报表时预期要缴纳 1 000 或以上的税金，一般要缴付预估税。如果股份公司在申报税表时预期要缴纳 500 或以上的税金，一般要缴付预估税。如果在前一年的税金不为零，可能要缴付预估税。https://www.irs.gov/businesses/small-businesses-self-employed/estimated-taxes, 5 Oct. 2021.

明为小型企业股份公司（S公司），否则都将自动归类于股份公司（C公司）。[1] 股份公司的纳税所得通常与独资经营企业相同，可扣除支出，同时还可申报特别扣除项目，再单独缴纳联邦所得税。股份公司获利需缴纳所得税，向股东分配股息时，股东又会被课税，这属于双重课税，而且股份公司的亏损也无法在股东税单中扣除。股份公司需缴纳所得税、就业税（社会保障税、联邦医疗保险税和所得税预扣、联邦失业税、存缴就业税）和工商税。

（4）小型企业股份公司（S公司）。指可将经营收入、亏损、可扣除的支出和税务优惠分摊给股东的企业。小型企业股份公司须符合下列条件[2]：

（4.1）属于美国国内公司；

（4.2）股东必须符合有关规定；

（4.3）包括个人、某些信托基金和遗产；

（4.4）不包括合伙公司、股份公司或外籍非居民股东；

（4.5）股东人数不超过100人；

（4.6）股票只有一种等级；

（4.7）符合资格的公司。一些特定企业不属于S公司。例如某些金融机构、保险公司以及专营国际销售的美国公司，即为不符合资格要求企业。

小型企业股份公司将股东收入或亏损分摊到个人纳税单上，按个人所得税率申报纳税，能够避免双重课税。小型企业股份公司只需负责缴纳内部收益和未直接参与经营收入的所得税金，包括所得

---

[1]　26 USC. Subchapter C. Corporate Distributions and Adjustments.

[2]　26 USC. §§ 1361-1368.

税、就业税（其中包括社会保障税、联邦医疗保险税和所得税预扣、联邦失业税、存缴就业税等）以及工商税和预估税。

（5）LLC指经由各州法律特许的企业结构。公司成员可以是个人、股份公司、其他LLC或外国单位。公司成员数量不设限，但多数州允许只有一名所有者的一人LLC。银行和保险公司等行业不能是LLC公司，另外《美国税法典》对外国LLC有特别规定。在联邦所得税法中，由两名以上合伙人组成的国内LLC属于合伙经营，只有一名成员的LLC为忽略不计实体。

由此可见，美国税法上的公司组织形式有五种，按照美国联邦税法组织起来的不同的美国企业，适用税率和有关的税收政策不同。

2. 跨国公司境内、境外所得税申报

美国税法要求，跨国公司集团要按照国内分支机构和国外分支机构两种不同类别，分别申报纳税。

第一，跨国公司所得既有来自境内也有来自境外，纳税方式有所不同。国内税收缴纳按照母公司、国内全资控股子公司、部分控股子公司分别填写纳税报表；然后再按照"在所得将进行分配前"和"由特定实体向合并纳税集团进行分配"两种方式分别申报纳税，其中部分控股企业又按控股80%以上、控股20%～80%和控股低于20%三种控股比例独立申报。（参见表2-2）

表2-2　美国跨国公司集团国内分支机构所得税纳税规则

美国跨国公司集团独立法人实体	纳税方式	
	在收入分配前（包括实体直接经营的国内来源收入和外国来源收入）	由特定实体向合并纳税集团进行收入分配
母公司	在本年度对合并利润征税	本条不适用（母公司不向集团分配）

（续表）

美国跨国公司集团独立法人实体		纳税方式	
		在收入分配前（包括实体直接经营的国内来源收入和外国来源收入）	由特定实体向合并纳税集团进行收入分配
国内全资控股子公司[a]		本年度纳税。可以包含在合并利润中，或由子公司申报利润。如果子公司属于合并公司，所有收入和税收都要按照合并利润纳税。如果不纳入，在集团公司合并收入中都不纳入全部收入和税收，除非某集团成员收到了子公司的分配	如果属于合并子公司，则向其他任何集团企业成员支付的股息都不纳税。如果子公司不属于合并企业，则收到分配收入一方在应税所得中要纳入股息，但要扣除收到收入的80%[b]
部分控股国内子公司	拥有80%以上股权	与全资控股的国内子公司一致	与全资控股的国内子公司一致。
	拥有20%~80%股权	本年度纳税。除非成员企业收到了分配收入，否则任何此类收入都不纳入集团公司的合并收入中。相反，实体必须在自己的利润中进行报告	收到收入分配一方在应税所得中要纳入股息，但可根据收到的分配股息扣除80%[b]
	国内组合权益投资（控股在20%以下）	本年度纳税。在母公司集团的合并利润中不报告任何这类所得或税收，除非集团成员收到了股息分配。相反实体必须申报本公司的自有利润，或与另外的母公司进行合并	收到股息分配一方在应税收入中应纳入分配股息，但是可以扣除收到股息的70%[b]
	国内合伙企业股份	本年度纳税。不按合伙企业缴纳所得税；按照持有股份比例合并利润报告，合并到公司成员企业	此条不适用（合伙制不分配；收入在合伙人之间直接分配）

资料来源：根据《美国税法典》有关条文（26 USC. §11. Tax imposed 等）整理。

注：（a）纳税人可选择在合并应税利润中包含的灰色实体。在合并税收申报单中纳入的任何实体都是非灰色实体。但是非合并实体对任何合并集团成员的分配收入应当包含在该集团的应税所得中。（b）（1）收到股息进行扣除需满足一定条件。（2）收到债务融资股息后，允许减少扣除。

第二，对于跨国公司集团国外分支机构的所得税，分为受控外国公司（CFC）、非受控外国公司与合伙企业三类方式分别纳税。（参见表2-3）

表 2-3　美国跨国公司集团国外分支机构所得税纳税规则

美国跨国公司集团的独立法人实体	纳税方式			
	分配前收入		由特定实体向合并纳税集团进行分配	
	国内来源收入	实体在国外直接经营的外国来源收入	国内来源收入支付	外国来源收入支付
CFC	通常与美国贸易或经营"产生有效关联"的收入在本年度纳税。这类收入完全独立于公司集团的合并收入，除非集团成员收到了分配。相反实体必须报告美国应税利润。特定投资收入包括股息和利息，缴纳30%暂扣税。上述规则有例外，根据国际税收公约执行	只有以股息方式遣返美国才纳税。然而如果符合反递延规则，收入需在本期纳税。本规则称F分编规则，包括股息、利息、其他被动投资收入，以及购买特定美国企业关联方个人或实体的货物或劳务收入，不允许递延	收到分配一方需在应税所得中纳入股息红利，但是可从完全控股子公司全额扣除收到的分配，从控股20%以上的子公司中扣除收到分配的80%	通常包含收到分配当年支付的应税所得。然而收到分配方可选择一次性扣除从CFC收到股息的85%，时间是收到方从2004年10月22日之前开始的最后纳税年份，或收到分配方自该日以后开始的纳税年份
非受控外国公司		在以股息向美国股东分配后缴税。F分编不适用，但适用于其他反递延规则，包括被动外国投资公司（PFIC）	收到分配一方可以扣除收到20%控股子公司收入的80%，扣除控股在20%以下公司分配收入的70%	股息应纳入收到一方当年支付的应税所得中
外国合伙制股份公司	当年纳税。如果实体是合伙制企业，则不纳税。税收由拥有股份的公司成员缴纳，并按照合并利润报告		此条不适用（合伙制不分配；收入在合伙人之间直接分配）	

资料来源：根据《美国税法典》有关条文（26 USC. § 11. Tax imposed 等）整理。

3. 公司所得税纳税申报单

纳税申报单是记载、统计和分析企业税收情况的依据。美国公司制企业每年根据税法要求，提交全年收入及含税费用报表，报表依据是《美国税法典》和财政部的有关法规，申报标准有两条：

（1）纳税企业要按照通行会计准则，完成财务报告，向投资人和贷方提供有关信息，报表中的收入和费用项目即账面项目。

（2）企业须填写纳税申报单，包括收入、费用以及税收负债。

根据《美国税法典》，通常企业纳税年份和会计方法与财务报告所用的方法一致，但是允许存在一些差异，即账面税收差异。造成账面税收差异的主要因素之一，是来自投资激励及其他方面的特定活动，美国联邦税法体系对此已经明确。以奖励性折旧补贴政策为例，在财务会计方面，根据有关政策，允许企业对合格资本品进行加速折旧，因此当年应税所得就较账面所得为低，这是"合格投资"政策规定所允许的。然而企业一旦在完成折旧后，账面收入将用大于应税所得的金额减除。对于资产总额在 1 000 万美元以上的大企业，需要填写 M-3 计划表（Schedule M-3，即表 1120），写明所得税申报额，这是自 2004 年以来大企业申报所得税必须填写的报表。

美国公司纳税申报表 M-3 计划表主要回答有关其财务报表的问题，并将公司的财务报表净收入（亏损）与 M-3 计划表中的净收入和应纳税所得进行对账。美国国内公司使用此表格报告其收入、收益、损失、扣除额、信用额。公司还用 M-3 计划表计算所得税负债。[①]

跨国公司财务报表根据财务会计标准局指南进行编制。申报收入即账面收入，与按照联邦税收申报单提交的公司报表不同。

---

① About Schedule M-3 (Form 1120), Net Income (Loss) Reconciliation for Corporations with Total Assets of $10 Million or More, https://www.irs.gov/forms-pubs/about-schedule-m-3-form-1120, 17 Sept. 2021.

（1）账面收入来自所有国内外子公司的全部母公司股份，其中包含 20% 的所有权股（stake）。

（2）纳税申报收入反映了税法要求。例如，通过加速折旧激励投资、打击过度支付的可扣除报酬限制等。在 20 世纪 80 年代初，美国国会联合税收委员会（Joint Committee of Taxation，简称 JCT）针对外国所得征收美国税收、国内所得税，以及对全球所得征税政策，提出用账面收入和纳税额估计有效税率的计算方法。[①] 但是，由于无法区分已缴纳美国国内所得税和外国来源的剩余税，才又制定了联邦纳税申报单 M–3 计划附表。

纳税申报单 M–3 计划附表信息对准确计算纳税所得有所帮助。从 2004 年开始，联邦税务局（Intenal Revenue Service，简称 IRS）要求资产在 1 000 万美元以上的跨国公司，须在纳税申报单中包含 M–3 计划附表，账面收入与应税所得须一一对应。同时允许用 M–3 计划附表实际申报收入和税项，计算有效税率，其中包含外国来源收入及区分国内外收入的详细纳税信息，既避免低估有效税率，又避免重复计算，由此计算得到的有效税率在允许误差范围内。

纳税企业必须按照《美国税法典》所属公司类别分别填报申报单。根据 IRS 收入统计司制定的《公司全部收入纳税申报报告》要求，企业需要填写的主要报表包括：

（1）《美国公司所得税申报单》（1120 表）

（2）《美国生命保险公司所得税申报单》（1120–L 表）

（3）《美国财产保险与灾害保险公司所得税申报单》（1120–PC 表）

（4）《美国外国公司所得税申报单》（1120–F 表）

---

① United States Government Accountability Office. "Tax Policy: 1988 and 1989 Company Effective Tax Rates Higher Than in Prior Years." Washington, D.C.: GAO, 19 Aug. 1992.

（5）《美国房地产投资信托基金所得税申报单》（1120-REIT 表）

（6）《美国受管制投资公司所得税申报单》（1120-RIC 表）

（7）《美国 S 类公司所得税申报单》（1120S 表）。

美国税法对于企业税务严格实行分类管理。（1）《美国公司所得税申报单》（1120 表）只要求非保险企业填写。根据 M-3 计划，该表属于公司所得税申报全部报表之一，但是纳税人在这张报表中必须如实报告实体的全球收入，然后按照规程，先要扣除财报中的外国实体与美国实体收入和亏损，这些数字往往不在合并纳税申报单中出现；然后再在实体的收入和亏损金额中，加上包括在合并纳税申报单中，但不包含在财报中的数字；然后进行全面调整；最后，在联邦纳税申报单中填写实体的账面收入。（2）为了规范对"穿透实体"（pass-through entity）的税务管理，IRS 专门制定了《美国房地产投资信托基金所得税申报单》（1120-REIT 表）、《美国受管制投资公司所得税申报单》（1120-RIC 表）以及《美国 S 类公司所得税申报单》（1120S 表），分别适用于不同纳税人。①

4. 美国公司部门纳税情况

衡量美国企业纳税绩效通常有一系列指标。这些指标包括现有企业的纳税申报数量、总资产、纳税总收入、净收入（即税前利润，要减去赤字）、应税总收入、抵免前总收入、抵免后总收入等。公司所得税是美国联邦政府财政预算收入的一部分，其他税收还有个人所得税等。

长期以来美国联邦公司所得税对于财政收入贡献有限。根据 IRS 数据，2013 年美国共有 590 万家企业，有 440 多万家企业申报纳税。纳税企业总资产 88 万亿美元，其中控股管理公司总资产为 14.5 万亿

---

① "SOI Tax Stats—Corporation Complete Report." https://www.irs.gov/uac/SOI-Tax-Stats-Corporation-Complete-Report, 16 Sept. 2021.

美元，批发企业 2.9 万亿美元。企业所得税税基和纳税情况如下 [1]：

（1）2013 年，企业经营与投资的总收入为 30.2 万亿美元，其中经营收入 27 万亿美元，利息收入 1.1 万亿美元；净资本利得 2 221 亿美元。还有地产收入 4 283 亿美元，教育收入 661 亿美元。

（2）税前扣除总额 28.4 万亿美元，出售商品成本 17.1 万亿美元。

（3）公司税前利润 1.9 万亿美元；扣除穿透实体利润后，税前利润为 1.2 万亿美元。而 S 公司穿透实体税前利润为 3 810 亿美元，受管制投资公司（RIC）税前利润 3 220 亿美元，房地产投资信托公司（REIT）税前利润 650 亿美元。

（4）应税所得（即税基）为 1.3 万亿美元。享受抵免政策前，联邦所得税额为 4 420 亿美元。在享受抵免政策后，联邦所得税额只有 2 930 亿美元，这才是美国企业 2013 年上缴联邦政府的税收部分。尽管这笔税收额对联邦财政直接贡献不大，但是美国企业部门的税收，实际上已经通过个人所得税和其他税收的形式上缴财政部国库。

穿透企业对于联邦所得税贡献也不高。2013 年，美国有 430 万家公司属于穿透实体，穿透实体包括 RIC、房地产 REIT 以及 S 类公司。穿透实体的纳税情况如下。[2]

（1）2013 年 160 万家非穿透实体申报纳税所得 23 万亿美元。其中 81.9 万家企业有盈利。据美国税务部门披露，61% 的应税企业欠税，而全部企业只有 14.0% 有净收入。纳税资产在 25 亿美元以上的申报单虽只占全部申报单的 0.06%，但是总资产却占全部企业资产的 81.3%。由此可见，大企业对企业部门税收来说举足轻重，在美国政

---

[1] 目前美国的企业所得税在联邦财政收入中的重要性非常低，占 GDP 的比重不足 2%，占财政收入的比重徘徊在 15% 上下。参见李超民：《大衰退与美国联邦财政改革》，北京：商务印书馆，2018 年，第 315—316 页。

[2] John A. Koskinen, Alain DuBois, Barry Johnson and Melanie Patrick. "Statistics of Income—2013: Corporation Income Tax Returns." *Internal Revenue Service*, Washington, D.C., Publication 16 (Rev. 4-2016).

治经济中扮演了重要角色。

（2）2013 年的 3 266 份大企业纳税申报单，总收入占全部企业收入的 51%，代表的所得占净所得的 67%（减去亏损），占应税所得的 76%，占抵免后所得税总额的 70%。

（3）2013 年既有净所得、又符合总资产在 25 亿美元以上，需报税的纳税申报单约占 44.4%，如扣除穿透实体，纳税联邦公司所得税的企业百分比上升到 89.0%。

美国的非穿透实体和大企业对财政经济很重要。美国税法规定，穿透企业要将盈利或亏损分摊到股东身上，由股东缴纳个人所得税。然而由于美国企业经营带动的投资、就业效应极大，企业部门实际上又支撑着美国经济。

（三）联邦公司所得税体制与改革动力

美国联邦公司所得税施行级差税率有助于降低税负。[①] 税收是筹措财政收入的主要手段，联邦支出规模决定税收筹措体制和税负轻重，而税负轻重与财政支出计划数量和支出水平有关。除了社会保障、医疗保障支出，军事支出也是最大的联邦支出项目；而联邦政府通过财政支出，支持中小企业发展，美国农业部、商务部与住房和城市开发部、小企业局制定了 52 项中小企业支持计划，而每年的税式支出和转移支付以及税收优惠政策也都耗费大量资金。[②]

第一，公司所得税采用级差税率名义上有助于减轻企业负担。《美国税法典》第 C 章（Subchapter C）规定，C 类企业的所得税按照减让

[①] United States Government Accountability Office. "Corporate Tax Expenditures, Evaluations of Tax Deferrals and Graduated Tax Rates." Report to Congressional Requesters, Sept. 2013, pp. 25-35.

[②] United States Government Accountability Office. "Entrepreneurial Assistance: Opportunities Exist to Improve Programs Collaboration, Data Track, and Performance Management." Washington, D.C., 23 Aug. 2012.

税率（reduced tax rates）征收，如果企业所得超过了级差税率表规定的收入范围，即不再给予企业级差税率优惠。学术界一般认为，对中小企业实行所得税减让征收政策，将激励企业创新、投资，推动中小企业成长，增加就业。而且，由于实行按减让税率征收公司所得税后，企业的税后所得增加，对于投资人更有吸引力，企业就会增加资本投入。但实际上，研究结果发现，对中小企业的税率减让效果比较复杂。[1]

表2-4　美国具有正应税所得企业结构，2010年，按应税所得和企业经营收入划分

公司所得分级（美元）/公司所得税级距	公司所得税率（美元，%）				合　计
	首个 50 000 美元（15%）	50 000～75 000 美元（25%）	75 000～100 000 美元（34%）	>100 000 美元（>34%）	
<25 000	90.50%	3.30%	1.30%	4.90%	100%
25 000～100 000	95.30%	3.30%	0.60%	0.90%	100%
100 000～250 000	89.40%	5.60%	2.60%	2.40%	100%
250 000～500 000	83.60%	6.50%	5.00%	4.90%	100%
500 000～1 000 000	79.50%	10.00%	3.20%	7.20%	100%
1 000 000～2 500 000	68.80%	12.20%	5.90%	13.10%	100%
2 500 000～5 000 000	52.40%	13.00%	6.70%	28.00%	100%
5 000 000～10 000 000	31.00%	13.10%	7.60%	48.20%	100%
10 000 000～50 000 000	16.30%	6.20%	5.20%	72.40%	100%
50 000 000～100 000 000	4.40%	1.70%	2.20%	91.80%	100%
100 000 000～250 000 000	0.90%	0.90%	0.70%	97.50%	100%
250 000 000 及以上	0.20%	0.20%	0.00%	99.70%	100%

资料来源：United States Government Accountability Office. "Corporate Tax Expenditures, Evaluations of Tax Deferrals and Graduated Tax Rates." Report to Congressional Requesters, Sept. 2013, p. 27.

---

[1]　Simeon Djankov, Tim Ganser, Caralee McLiesh, Rita Ramalho, and Andrei Shleifer. "The Effect of Corporate Taxes on Investment and Entrepreneurship." *American Economic Journal: Macroeconomics*, 2, Jul. 2010.

将公司划分为不同类型纳税客观上造成了机会主义。研究发现，一些初创企业在成立之初选择了按照 C 公司纳税，但是一旦企业开始盈利，就想方设法享受公司制企业的较低税率。还有人发现，分级税制负激励过大，在公司所得税率过高时，企业不愿意成立公司，往往会选择以适用于个人所得税的企业形式（如合伙制、S 企业等）经营，以获得更低税率。[①] 还有一种情况，当企业发生亏损时，也不愿意成立公司，更愿意从其他高税率的个人所得中获得亏损扣除。2007 年大部分非公司制小企业适用税率为 10%～25%，与适用级差税率的公司所得税率相当。[②] 根据 IRS 数据显示，数十年来，C 类公司数量在减少，而 S 公司和合伙制企业总数在增加，实际上反映了上述观察结果，可见级差税率的后果并不确定。

第二，实施公司所得税率分级制度背离政策目标。美国国会审计局（Government Accountability Office，简称 GAO）认为，联邦政府期望通过实施分级税率支持中小企业的意图并未实现。[③] 从公司所得税纳税申报单看，首先小企业需从级差税率中选定适用税率，并通过税收减让形式获得政策收益。其中，有正应税所得 23% 的企业的营业收入达 1 000 万～5 000 万美元，应税所得为 7.5 万美元，按照两档最低税率 10%～25% 纳税获得了优惠待遇。但是将应税所得作为企业规模的衡量指标可能包括了有关小企业，但如果按照企业总资产作为标准衡量，上述小企业就变成了大企业，税负也提高了，美国财政部和 IRS 对此都未制定措施对税收绩效进行评价，也未考核过

① Asli Demirguc-Kunt, Inessa Love and Vojislav Maksimovic. "Business Environment and the Incorporation Decision." *Journal of Banking and Finance*, 30, 2006.

② Matthew J. Knittel and Susan C. Nelson. "How Would Small Business Owners Fare Under a Business Entity Tax." *National Tax Journal*, 64, Dec. 2011.

③ United States Government Accountability Office. "Corporate Tax Expenditures, Evaluations of Tax Deferrals and Graduated Tax Rates." Report to Congressional Requesters, Sept. 2013, pp. 27–28.

级差税率表是否产生了较好绩效。(参见表 2-4)

第三,公司所得税制实行级差税率效果不佳。级差税率的实质是向特定企业提供税率救济,而税率救济则意味着低效率。一是企业为了追求低税率,会人为调整生产资源投入取得更高回报。二是导致个别企业变换纳税身份,不当获得 C 类企业的优惠政策,许多企业倾向于从 C 类转换为 S 类。例如上述按照 C 公司初创的企业,一旦开始盈利,就想方设法通过转换身份享受小企业的较低税率。研究发现在《1986 年税制改革法》实施后,许多企业做出了这种选择。可见小企业本来不会选择特定公司组织形式,但税收激励政策恰恰促使它们选择了非效率组织形式,在组成合伙制或 S 类穿透实体后,企业主只缴纳个人所得税,企业股息避免了双重征税。[①] 三是级差税率制不利于企业创新。实际上在支持创新方面,对中小企业进行精准支持,比级差税率政策的效率更高。

第四,实行公司所得税级差税率表效率不确定。只有确定最终受益人才能度量级差税率效益,要确定最终受益人,又需先确定有关政策如何改变了企业行为。企业在享受有关的所得税级差税率优惠政策后,只有向消费者转嫁了优惠、为职工提供了高工资、向投资人给予了更高回报,才能说公司所得税级差税率是有效率的。而通过级差税率表估计谁是受益者比较困难,那么确定政府对企业减让税收、进行支持是否公平就更困难。

第五,实行公司所得税级差税率导致税收筹划行为增加。从美国税收征管政策效果来看,从来没有对级差税率的遵从成本和管理成本进行过单独估计。GAO 发现,美国级差税率表的遵从成本和管理成本都太高,不同纳税人使用哪档税率属于计算问题,确定的税收义务不存在偏差,但是纳税人的应税所得往往集中在税收级距的税

---

① Robert Carroll and David Joulfaian. "Treasury, Taxes and Corporate Choice of Organizational Form." Washington, D.C., 1997. p. 2.

率变化线以下，这不是巧合而是显示了税收筹划活动集中增加。以2004—2008 年为例，如果将 M-3 计划表申报纳税人的应税净所得提高 5%，很多企业将面临更高边际税率。研究指出，2002 年部分资产总值在 1 000 万美元以下的美国企业，固定遵从成本在较低产值阶段即开始升高，然后出现减速递增。[①]

总之，美国公司所得税制实行级差累进税率主观上要为企业纳税提供优惠，但在客观上却造成了机会主义行为，导致企业投资经营背离效率原则，从政府管理的角度看，也没能增加财政收入，这就给改革所得税制带来了动力。

二、有效税率与资本跨国流动

跨国公司税负的高低轻重决定了资本在全球流动的特征。跨国企业投资首先会选用权益融资或债务融资方式，或者合并运用。美国跨国公司进行全球投资决策时，所面临的各国法定税率与实际税负决定了投资国别的选址决策，而跨国公司是否对东道国追加投资，则涉及边际有效税率的高低计算。所以衡量各国税负的税率常用到三个概念，即公司所得税法定税率、平均税率和边际有效税率，跨国公司进行国际投资决策往往需要比较有关的税率高低。

（一）融资结构与公司税率

权益融资是指股东通过向企业投入权益得到投票股权，股东成为法定实体的所有人，对于向实体投入的权益也将不再具有索取权。债务融资即通过公司之间的借贷行为投资进行融资，资本的出借人提供的是债务资本，出借人不属于法定实体的所有人，但有权按照约

---

① 　Donald DeLuca, John Guyton, Wu-Lang Lee, John O'Hare and Scott Stilmar. "Aggregate Estimates of Small Business Taxpayer Compliance Burden." *IRS Research Bulletin*, 2007.

定条件拿回债务资本。

1. 权益融资与公司税负

权益融资与债务融资具有不同的法律特征。投资理论认为，任何企业进行投融资方式有两种，一是权益融资，二是债务融资，不同的融资方式将面临不同的税收规则，从而造成企业税收成本较大的差异。提供权益资本的股东获得股息，资本出借人则获得利息。多数西方国家税法都规定，股息是法定实体不可扣除的成本，投资人不应当扣税以避免双重征税。所以股东可以援引税法获得免除，这样股息所得就不征税。欧盟的母子公司指令规定了避免双重征税的政策。[1]但是大多数国家规定利息费用是可以扣除的，在税收上对于支付方构成税前扣除费用，收到利息一方需要纳税。（参见表2-5）

表 2-5　权益融资与债务融资的投资规则区别

顺序	制度要点	权益融资	债务融资	
			债　券	贷款／银行债
1	资金回报	收益不付利息	到期还款	银行债到期须归还
2	相对成本	高	较低。固定利率	较低。浮动利率
3	信息披露	公开而正式披露	不完全公开；非重要事件公开	比权益融资和债券更隐蔽，经营计划须公开
4	合规要求	无	投资债券限制条件很少，与贷款、银行债相比没有融资规定。次级债券合规要求高	要求高；比起不具名的债券，银行债券条件灵活
5	灵活性	差	相当差	好。金额及借还条件灵活

资料来源："Treasury's role in driving financial and business strategy." https://www.treasurers.org/system/files/Treasury%27s%20role%20in%20driving%20financial%20and%20business%20strategy%20.pdf, 2015, 5 Oct. 2021.

---

[1]　"Implementation of the amended Parent-Subsidiary Directive, A study covering the 27 European Union Member States." https://www.ey.com/Publication/vwLUAssets/EY_study_on_the_PSD_implementation_in_the_EU/FILE/EY-PSD-implementation.pdf, 2009, 5 Oct. 2021.

跨国公司向外国个人分配股息适用 30% 的联邦暂扣税。对于外国暂扣税遇有税收协定可例外。对于股东资本回报的分配通常不征税，但是要调整股东在美国公司企业中的股本。按照股东的股本进行超额分配将产生资本利得问题，外国股东不适用于美国联邦所得税法。如果美国公司资产的多数是不动产，即出现例外。利用权益工具进行分配的公司，不可扣除联邦所得税。美国公司因物业升值后按照公平市价向股东出售物业，向股东进行分配，要求公司必须确认利得。但是物业确认的亏损不允许进行分配。

联邦税法对股票息的分配制定了特别规则。通常美国企业分配的股票息不纳入国外来源总收入中，因而不纳美国所得税收和暂扣税。不过如果股票息导致公司全体股东权益利益发生变化，则所分配的股票息就符合应税股息分配政策，即使股息不支付现金，所分配的股息仍然要缴纳 30% 的美国税收与暂扣税，只有符合税收协定才会例外。另外，销售收入和特定优先股的退款可作为股息看待，并缴纳联邦所得税，条件是由此导致了普通股息收入转换成为资本利得，造成公司收益减少。上述规则只有在股东收到优先股的股票息，或者收到免税重组的优先股，并立刻卖掉股票的情况下才适用。可见，如果外国公司持有美国优先股，处理这笔股票时将被当作股息分配行为，符合 30% 的美国税收和暂扣税规则，但同时并不意味着导致了免税的资本利得。①

2. 债务融资与公司税负

美国税法对公司的债务融资给予优惠待遇。企业可扣除贷款或债券利息，从而降低融资总成本。企业有时甚至可在没有支付任何利息的情况下扣除利息。税法规定，低于市场利率的贷款须支付"估

---

① "Financing options: Debt versus equity: A country overview." PricewaterhouseCoopers Belastingadviseurs N.V. KvK 34180284, www.pwc.nl, pp. 84–86.

算利息"，即 IRS 假定企业已支付的利息，无论借款人是否支付，均须纳税。

第一，美国公司向外国关联公司发行票据对发债人和票据持有人都不构成税收。然而任何一方的票据转让行为都将对持有人造成盈利或亏损，因此将免除对票据发行人的负债。如果对美国公司向外国公司发行的债务工具做出明显修订，双方的修订行为则视为将原有工具与新工具的交换行为，这一行为并不会导致外国公司股东适用美国所得税，然而如果进行交换的回购价格低于原有债务工具的发行价格，美国公司债务发行人需确认取消债务收入。

支付债务本金不构成缴纳美国暂扣税或税收的条件。对债务工具支付利息通常符合 30% 的联邦所得税收和暂扣税要求，定期支付按照美国联邦所得税法可扣除。

利息扣除须符合两项主要限制性规定。《美国税法典》第 163（j）节是关于公司投资的"收益剥离规则"，适用于限制支付利息一方的利息费用扣除规定，其中两个条件分别是：（1）美国联邦税法对于所支付的利息不征所得税；（2）根据所得税协定，这类利息费用符合按照减让的美国税收执行。此外第 163（j）节还适用于向非关联方支付的利息，由有资格的非关联个人对债务提供保证。通常可扣除的利息成本限于债务人纳税年度的"超额利息费用"，并可向前无限制结转。根据美国转让定价规则，还要求关联方利息反映公平价格。[①]

转让定价是跨国公司在其组织内各子公司之间分配利润（息税前利润）的一种方法。转让定价（transfer pricing）是指受到共同控制的公司之间相互交换商品和服务的价格。例如，如果子公司向其控股公司或姐妹公司销售商品或提供服务，则收取的价格称为转让价

---

① 26 USC. § 482. Allocation of income and deductions among taxpayers.

格。共同控制实体是指最终由单一母公司控制的实体。1984 年 12 月
31 日生效的《美国税法典》第 925 节规定了转让定价规则，包括总则，
佣金、租金和边际成本确定，有管理定价使用要求、总收入使用定价
限制、应税所得，以及合作设特别规定。[1]

第二，债务融资受到反导管融资规则管辖。这项规则的管制对
象是寻求从关联公司降低利息支付的美国税收和暂扣税的企业。通
常本规则限制了纳税人通过在税收协定规定可减让征收的司法区设
立穿透企业（中间实体），以减少或取消税收适用税率的能力，IRS 不
承认进行融资安排的中间实体。

第三，组合投资利息的例外规定。美国公司向外国个人支付的
特定来源利息免除美国税收和暂扣税，其中组合投资利息可以免除。
组合投资利息包括正式登记的支付债务利息，银行储蓄利息、短期原
始发行贴息以及"80-20"公司利息。[2]

第四，母公司担保的第三方债务。第三方债务通常由美国公司
发行，但是由外国母公司给予担保，涉及收益剥离规则和第三方直接
向外国母公司贷款的认定。如果有关贷款被 IRS 认定为第三方向美
国公司的贷款，将构成不可扣除的股息分配，从而适用于美国税法和
暂扣税政策，不适用于可扣除的利息支付。[3]

从单一因素看，允许债务融资的利息扣除将降低公司税率，但在
税收实践中则存在较多的条件限制，所以企业进行跨国投资往往结

---

[1]　26 USC. § 925. Transfer pricing rules.

[2]　参见 former IRC Sec. 861(a)(1)(A)。按照 80-20 规则，如果一家国内公司支付的股息
与利息占外国来源总所得 80% 以上，则视为外国来源股息与利息，据此这笔股息和利
息将不适用暂扣税规则，也不能视为可申请外国税收抵免的外国来源所得。规则现已
取消，参见 2010 Education, Jobs and Medicaid Assessment Act (EJMAA, P.L. 111-226)，
或 The Repeal of the 80/20 Regime, https://www.lexisnexis.com/legalnewsroom/tax-law/b/
lexistaxstaffanalyses/posts/the-repeal-of-the-80-20-regime, 5 Oct. 2021。

[3]　"Financing options: Debt versus equity: A country overview." PricewaterhouseCoopers
Belastingadviseurs N.V. KvK 34180284, www.pwc.nl, pp. 86-88.

合二者进行权益/债务混合融资,其目的仍是降低投资成本,由此跨国公司往往必须通过比较不同国家或地区的边际有效税率进行选址。

(二)联邦公司所得税率体系与投资税收

跨国公司进行海外投资选址决策常用的税率有三种。法定公司所得税率、公司所得税平均税率、边际有效税率在公司进行跨国投资的选址中起不同作用,其中法定税率具有较强的长期稳定性,而平均税率和公司边际有效税率则经常变动,所以对于与跨国公司选址和确定投资有很强的指向意义。

1. 公司所得税法定税率

公司所得税一般分为国家和省(州)级两个行政层级征收。以2011年为例,发达国家的公司所得税法定税率从12.5%到39.5%不等,其中既包含每个国家中央层级的税收,也包括省与州层级的税收;以2017年税制改革前美国公司所得税为例,最高税率为39.5%,其中包含了联邦所得税35个百分点,还包含各州公司所得税约6个百分点,并减去有关扣除。再以发达国家为例,公司所得税复合税率平均为29.1%。因此,对于高税率国家来说,那些低税率的发达国家就是税收天堂,既吸引着跨国公司投资,也吸引着跨国公司在这些国家进行纳税申报。在2017年税制改革前,美国施行递延所得纳税和外国税收抵免制度,更激励跨国公司将收益和利润留在东道国进行循环再投资。全球各国法定税率参见附表3。

2. 公司所得税平均税率

计算公司所得税平均税率须首先确定税收负债和所得的项目内容。(1)将税收负债作为分子。但是要区分三个概念,即本期账面税收费用、账面总税收费用、实际缴纳税收;其中本期账面税收费用要么包含联邦税收,要么包含全球税收,全球税收包含联邦税、外国税、美国州税和地方所得税，以上所有税收在纳税申报时，都要填写联邦纳税申报单。账面总税收费用包括了本期税收和递延的税收之和。实际纳税额，指的是经过税收抵免后，纳税企业申报的所得税负债额。计算实体实际缴纳的全球税收应纳入联邦纳税申报单中全部抵免后的联邦税、州与地方税扣除后的部分，以及外国税收抵免之和。（2）将收入作为分母。按照企业的财务报表中的税前净账面收入确定。

公司所得税平均税率等于全部纳税额与应税总收入之比。跨国公司在计算跨国投资税收时，平均所得税率等于企业在东道国缴纳的税收，除以企业在东道国的总收入额（参见式 2.1）。通常公司所得税平均税率要低于法定税率，这是因为各国制定了税率分级差距、扣除、抵免以及其他营业税规则，这些都会对计算结果产生影响。美国2005—2009 年公司所得税平均税率比法定税率低 10%。

$$公司所得税平均税率 = \frac{在东道国已纳税收}{来自东道国总收入} \tag{2.1}$$

平均税率对经济指标波动非常敏感。在一国经济下行时期，向前结转扣除亏损后，将会连续数年降低跨国公司平均所得税率。而且公司平均所得税率与新增投资税率也相关，对折旧的税收补贴往往要先于投资产量增加，这些因素都造成每年平均税率会发生变化。但是通常很难找到综合性的、可靠的数据计算美国跨国公司投资东道国的税率，于是美国国会预算办公室（Congressional Budget Office，简称 CBO）采用了虚拟变量，计算 G20 国家的平均税率，提出对跨国投资的指导建议。

这种方法按照跨国公司在每个投资国的"美国拥有的外国企业"缴纳的全球税收额和全球来源收入额相比较，估计跨国公司在每个东道国的平均所得税率。"美国拥有的外国企业"指的是在美国以外组建、美国纳税人拥有 50% 的股份、被美国公司控股的所有外国公司。[1] 计算美国国内的平均税率时，则采用了外国在美子公司的税收负债与收入进行比较，得出跨国公司的平均税率。

对于这类企业的公司所得税平均税率计算，将其收益与利润等同于总收入对待。每个国家的平均税率等于所有美国企业在一个国家拥有的 CFC 缴纳的全部税收，除以本期的税前利润和盈余（P&E）。

$$\frac{公司所得税}{平均税率} = \frac{\begin{array}{c}在公司成立的东道国已缴纳税收\\ +向别国已缴纳税收\end{array}}{\begin{array}{c}在公司成立的东道国税前收益与利润\\ +来自别国的税前收益与利润\end{array}} \quad (2.2)$$

式 2.2 中的"收益与利润"包括非税和免税收入，但是从中需排除无法从应税收入中扣除的项目，折旧是可以扣除的项目；而对收入和扣除政策，税法差异很大。经济性贬值的扣除与折旧的成本回收津贴不同，后者在美国税法中有明确要求，在计算应税所得时是扣除的。[2]

3. 公司所得税边际有效税率

各国税率的不同通常决定着跨国公司投资的方向和选址地点变化。正是由于税制在投资决策方面的重要性，跨国公司在计算投资的税收负担时，常用"有效公司税率"（ETR）概念，"有效公司税率"等于公司当年缴纳的所得税额与归属某个年份的公司总收入的盈利

---

[1] IRS 所得统计司收集美国拥有的外国企业数据。公开数据只针对单一美国纳税人拥有 50% 以上股份的 CFC，但是在税收意义上，CFC 的概念很宽。美国纳税人包含公民、居民、国内合伙人、公司、基金会以及遗产等。

[2] CBO 估计，2004 年和 2012 年"美国拥有的外国公司"的平均企业所得税率数据来自 IRS 第 5471 表，该表要求股东必须填写。

之比，有效公司税率往往决定跨国公司是否在东道国追加投资，"有效公司税率"也称"边际有效税率"。

（1）"有效公司税率"与成本回收

"有效公司税率"包括三重含义。第一，这个比率是每一单位的公司收入需缴纳的平均税收。第二，指 IRS 管辖下全部企业的税收负担额，还可以指 M-3 计划大企业全部纳税人或有年度收益的 M-3 计划大企业纳税人的税收负担额。第三，指跨年度计算的企业税收总负担。所以，在计算"有效公司税率"的时候，需要分别加总税务费用和税前收益。计算有效公司税率的目的，是为了度量在企业的经济收入中有多大份额成了税收。

边际有效税率通常对于海外企业追加投资的决策起决定性作用。决定跨国公司边际有效税率高低的主要因素有二：一是相对于经济性折旧（即实际折旧）的成本回收津贴，二是海外投资的融资方法。边际有效税率是指企业为最后 1 美元所得缴纳的所得税收额，其中已包含优先税率和法定税率。如果说平均税率决定跨国公司是否在海外建厂，那么企业通常根据边际有效税率变化，决定是否继续追加投资。虽然边际有效税率取决于多个因素，但是折旧政策和融资政策通常决定了平均税率和边际有效税率的差异。

公司进行折旧是为了将投资成本进行回收。公司生产经营用固定资产价值投资在损耗后的残值与原值之差，在其使用年限内进行分摊，即固定资产折旧。在会计上，企业固定资产折旧常用直线法、余额递减法、双倍余额递减法、年数总和法和生产单位法。固定资产折旧具有税收上的重要意义，例如，企业可利用固定资产成本减税，IRS 规定，当资产折旧时，公司必须将成本随时间分摊，还规定公司在何种情况下进行扣除。

《2017 年减税与就业法》对成本回收做出六项新规定。一是企业可以立即增加支出项目；二是某些临时经营资产可进行 100% 费用化处理（第一年实行奖励折旧）；三是对豪华汽车和个人使用财产折旧限制进行改革；四是改革农场财产的折旧处理政策；五是改革适用于不动产的成本回收期；六是农业企业使用替代折旧法。[①] 以 2017 年税法关于增加当期费用项目政策为例：

一是纳税人可选择支付任何《美国税法典》第 179 节财产的费用，并在该财产投入使用的当年扣除；二是可将最高扣除额从 50 万美元增加到 100 万美元；三是财产逐步淘汰的门槛从 200 万美元提高到 250 万美元；四是对于 2018 年后开始的纳税年度，将根据通货膨胀率对 100 万美元到 250 万美元的财产进行金额调整；五是扩展第 179 节财产的定义，允许纳税人选择在财产首次投入使用之日后，对非住宅不动产进行改造。[②] 通过成本回收政策调整企业成本就可以起到降低税收目的，这对于跨国企业来说，实际上就是国内税收补贴。

（2）权益融资的边际有效税率

边际有效税率是按照税法对投资资产在生命周期内的回报计算的。边际有效税率衡量的是边际投资回报的税收效果，企业在决定最佳境外投资地点时，必须考虑税负高低问题。投资人母国的个人所得税率影响着跨国投资的税后回报，虽然个人所得税征收与投资地点无关，在投资收益以股息和资本利得方式支付给投资人后，纳税人个人被二次课税。实际上估计边际有效税率，无须将所有影响公司投资选址决策的因素纳入考虑因素之中，例如跨国税收协定，跨国投资只关注永久性因素。只要算出对边际投资回报课税前后之差额，

① 26 USC. § 179. Election to expense certain depreciable business assets.
② "New rules and limitations for depreciation and expensing under the Tax Cuts and Jobs Act." https://www.irs.gov/newsroom/new-rules-and-limitations-for-depreciation-and-expensing-under-the-tax-cuts-and-jobs-act, 18 Sept. 2021.

就可计算出公司有效税率。再将差值除以税前回报额就得到了边际投资的边际有效税率，即：

$$ETR = \frac{r_p - R}{r_p} \tag{2.3}$$

上式 ETR 是有效公司税率，r_p 表示税前真实投资回报，R 是税后真实回报。

假设投资的税前回报是 5%，由于公司税率将回报降低到 4%，那么有效税率就是 20%。进行权益融资投资的回报率（r_p）计算式如下：

$$r_p = \frac{(R+\delta)(1-\tau_c z)}{1-\tau_c} - \delta \tag{2.4}$$

上式中，R 等于公司的折现率，δ 是经济性折旧率，τ_c 是公司所得税率，z 是成本回收津贴现值。在分子中，式（$R+\delta$）是支付投资人回报的成本，而且这项支付能够从资本价值折旧中得到回收，式（$1-\tau_c z$）是在一个时期内，特定税制下的成本回收津贴额，两式相乘后再除以（$1-\tau_c$），就等于税前利润，其中包含税收、投资回报以及折旧，减去的折旧 δ 限制着利润幅度大小，其中包含投资回报和公司所得税。

在跨国公司决定是否在东道国再增加 1 元投资时，企业就要比较投资的税后回报现值与将这笔投资借贷出去能够获得的收益孰大孰小。通常 R 既代表公司进行决策的折现系数，还代表着由投资产生、以边际有效税率公式计算的税后真实回报。如果上述两种投资方式的税后回报相等，公司投资将停止不动。而跨国公司融资方式的不同直接影响对边际有效税率的估计。上式经常用于衡量公司自有权益融资进行投资的有效税率。

决定资本品投资税后成本的重要条件之一是折旧率。美国税法和其他国家的税法都明确规定投资折旧政策，但是美国企业的投资折旧政策对机器设备折旧更加优惠，其优惠幅度大于对于厂房设施的优惠。美国机器设备权益融资投资政策与其他发达国家相似，平均优惠幅度远远高于对工业厂房的投资，又远远低于对机器设备的债务融资投资的平均值。因此，如果把投资折旧规则与法定税率结合起来，美国的公司所得税政策对边际投资的扭曲程度，显然高于其他发达国家。[①]

（3）债务融资的边际有效税率

如果企业通过债务融资进行跨国投资，则要扣除不计通胀的名义回报。这样公司折现率就必须要考虑名义利息的扣除，以及在税前回报中包括通胀系数 i，那么上式应是：

$$r_p = \frac{\left[(R+i)(1-\tau_c)-i+\delta\right](1-\tau_c z)}{(1-\tau_c)} - \delta \qquad (2.5)$$

目前一些国家已经不再区分债务融资和权益融资的税收待遇。其中，巴西和意大利引入了权益回报的扣除政策。首先，1995 年以来，巴西一直允许企业按净权益向股东支付利息，并从应税所得中扣除，还制定了部分扣除权益回报的政策，但是巴西对于按照标准股息支付的权益投资回报则不允许扣除。[②] 巴西的这项政策至 2021 年还只有部分企业执行，因为在个人所得税优先制度下，股东进行股息分配比收到净权益利息更优惠，而对公司来说，高回报抵消了扣除的收益，如果在巴西投资的企业能够从净权益利息的扣除中获益，那么估

---

① Congressional Budget Office. "Options for Taxing U.S. Multinational Corporations." 8 Jan. 2013, http://www.cbo.gov/publication/43764, pp. 29–31.

② Department of the Treasury. "Report of the Department of the Treasury on Integration of the Individual and Corporate Tax Systems: Taxing Business Income Once(1992)." http://go.usa. gov/x8yJ9, 5 Oct. 2021.

计边际有效税率就更低了。其次，近二十多年来，意大利开始将债务融资与权益融资的税收政策同等对待。在 1997—2003 年，意大利降低了权益回报的税率，而自 2012 年开始，采用公司权益津贴政策，其目的是将债务融资和权益融资税率拉平，方法是允许企业扣除新的权益投资的名义回报，税率按照意大利国库券的平均回报 3% 计算，随后在 2014 年提高到 4%，2015 年提高到了 4.5%。但是在计算时，对名义回报按照全额扣除处理。利用上式确定债务融资和权益融资的税前回报，也就是债务融资投资和权益融资投资的边际有效税率相等（−23.5%），这是意大利 2012 年的边际有效税率，但是如果真实回报率提高，该负值将减小。（参见表 2-12）

（三）跨国公司的有效税率问题

长期以来美国跨国公司在其国内税收体制不断健全和遵从压力下，面对海外市场的发展与投资机会，不断加大跨国直接投资规模和速度，获得了远远高于国内的低税收待遇，而且跨国公司通过运用联邦税制有关规则，利用境外收入的计算、亏损扣除、国外税收抵免规则，降低了公司有效税率，更加激励对外投资。

1. 全球所得税率与跨国公司海外投资

美国跨国公司平均有效税率大大低于法定税率。以 2010—2012 年为例，在跨国公司排除上年度亏损扣除部分后，平均有效税率依然低于法定税率。在 2012 年纳税年度，按照 M-3 计划表申报纳税的有盈利的美国跨国公司的实际税率仅为 16.1%，这个数字比美国的名义税率低了近 20 个百分点；而 2008—2012 年平均税率则更低，只有 14%。在 2012 年纳税年度，不但跨国公司平均税率低于按照联邦税收本期账面费用计算的税率 17.3%，也低于按照联邦账面全部税收费用计算的税率 18.5%，还低于 2008 年、2012 年两个纳税年度 15.3% 和 18.6% 的平均税率。如果按照应税所得计算,跨国公司的实际税率应达到24.6%。[1]

美国跨国公司有效税率较低是受多重因素影响的结果。如果不考虑上下年度亏损结转,盈利的跨国公司税负有很大不同。经过对跨国公司2012年净经营亏损调整后,联邦有效税率将提高到19.5%,而对跨国公司2008—2012年净经营亏损进行调整后,平均有效税率则进一步降低为16.5%。调整后税率低于未经调整的税率2.6个百分点。这意味着即使对有关会计准则只做微小调整,对于减轻企业负担意义也较大。

GAO分别制定了两种会计调整方法:(1)将盈利的跨国公司在M-3计划表中申报的经营净亏损扣除额(NOLD)乘以最高法定税率35%,将乘积加进分子中。(2)将分母中的NOLD剔除,这样得到的有效税率就不受上年度亏损结转影响了。计算结果是,2012年联邦"有效缴纳税率"为17.8%,2008—2012年为15.1%。可见,即使剔除了企业经营亏损数字不计,美国跨国公司的实际税负仍旧很低;其中外国税收抵免、奖励性折旧补贴、财务报表和税务会计的差异等因素都不可忽略。

美国跨国公司如果不计境外所得税则联邦税率升高。以美国M-3计划纳税申报表中实体的全球有效税率为例,在2008—2012年,美国有盈利的跨国公司的全球有效税率比联邦有效税率平均高3.5～8.8个百分点,这些企业实际上缴纳的全球税收为平均财务收入的22.2%,在财务收入中不含外国子公司的收益或外国子公司缴纳的税收,除非跨国企业的海外收入已以股息形式遣返回国,并已按照联邦所得税法纳入特定税收类别。

---

[1] United States Government Accountability Office. "Corporate Income Tax: Most Large Profitable U.S. Corporations Paid Tax but Effective Tax Rates Differed Significantly from the Statutory Rate." Report to the Ranking Member, Committee on the Budget, U.S. Senate, Mar. 2016, p. 13.

这个数据说明,跨国企业的国内税率高于全球税率。所以跨国公司如果要降低全球税率,就面临投资境外的压力,而遍布各大洲的"税收天堂""离岸金融中心"和转轨国家都满足了美国跨国资本的投资要求。据 IRS 纳税申报单统计,在美国经济"大衰退"时期,2008—2009 年约有 56%～57% 的跨国公司是赢利的,在 2010—2012 年更有 64%～65% 的跨国公司赢利,这与当时美国国内企业的巨大亏损面形成强烈对比。

2. 亏损处理与公司所得税有效税率

第一,公司亏损的不同处理方法会扭曲企业有效税率。(参见表 2-6)假设有两家美国企业 A 和 B。企业 A 在三年经营期内,所有年份都有盈利(200 美元、100 美元、100 美元),企业 B 在经营期的前两年出现亏损,并用第三年的营业收入进行冲销(-100 美元、-100 美元、400 美元)。以两家企业的所得数据为基础,合并计算三年内的加权平均有效税率,以衡量该企业三年内税负均值水平,如果不限制时间段而统一计算,得到的企业长期税率更精确。其中前两年的均值会增加税负,因为税负中未包括企业 B 在两年内的亏损,且收益实际上已冲销完全不同的营业收入。反过来,前两年 26.3% 的平均税率导致三年内平均税负变小,因为在两年之外的亏损被用于减少同期纳税额。可见报告期起止年份不同产生了税负扭曲。

表 2-6 企业亏损处理与有效税率扭曲的关系

		加权平均有效税率计算					
		第 1 年	第 2 年	第 3 年	3 年	头 2 年	后 2 年
A 企业	本年度净所得 / 亏损	200	200	100	500	400	300
	向前结转亏损	—	—	—	—	—	—
	应税所得	200	200	100	500	400	300
	35% 税率	70	70	35	175	140	105

（续表）

		加权平均有效税率计算					
		第 1 年	第 2 年	第 3 年	3 年	头 2 年	后 2 年
A 企业	有效税率	35.0%	35.0%	35.0%	35.0%	35.0%	35.0%
B 企业	本年度净所得/亏损	（100）	（100）	400	200	（200）	300
	向前结转亏损	—	—	（200）	—	—	
	应税所得	—	—	200	200		300
	35% 税率	—	—	70	70	—	70
	有效税率	无意义	无意义	17.5%	35%	无意义	23.3%
A、B 企业合并	本年度净所得/亏损	100	100	500	700	200	600
	缴税额	70	70	105	245	140	175
	有效税率	70.0%	70.0%	21.0%	35.0%	70.0%	29.2%

资料来源：James A. Wozny. "GAO Official Defends Agency Report Numbers." *Tax Notes*, 25 Nov. 2013.

第二，在纳税额中排除亏损影响有效税率。盈利的跨国公司有效税率指的是这些企业实际申报纳税额占年度账面净收益的比例。另外，要消除上年度的亏损对纳税额的影响，可采用另外的两种方法：（1）将纳税时已扣除的上年度亏损额乘以法定税率，然后加到有效税率的分子上。这个结果就是在本年度的没有可抵消收益的经营净亏损扣除后的真实有效税率。（2）将分子中的经营净亏损扣除，以降低税前账面净收益，这个结果就是在冲销上年度亏损前，本年度所得税的有效税率。

可见有效税率在计入经营净亏损额后得到了提高。按照账面收入缴纳的联邦税率，从 14% 分别提高到 16.5% 和 15.1%；按照账面收入缴纳全球税率，从 22.2% 提高到了 24.6% 和 23.8%。因此盈利跨国公司在特定年份的有效税率高低，并不意味着所有企业的平均税负。所以对所有企业采用有效税率的计算方法，更有利于制定税

收政策。（参见表 2-7）

表 2-7　美国有盈利大公司的有效税率，2008—2012 年

	企业税率（%）		
	GAO 估计的 有效税率	将 NOLD 乘以 35% 加到分子	从分母中剔除 净经营亏损额
按账面收入缴纳联邦税额	14	16.5	15.1
按账面收入缴纳全球税额	22.2	24.6	23.8

资料来源：United States Government Accountability Office. "Corporate Income Tax: Most Large Profitable U.S. Corporations Paid Tax but Effective Tax Rates Differed Significantly from the Statutory Rate." Report to the Ranking Member, Committee on the Budget, U.S. Senate, Mar. 2016, p. 22.
注：包含净经营亏损。

3. 外国税收抵免与公司有效税率

外国税收抵免旨在减少美国和营业收入来源国对外国来源收益征税时可能产生的双重税收负担。美国税法规定，外国税收必须满足四个条件才能获得抵免：（1）税收必须是合法的和实际的外国纳税义务；（2）必须是向纳税人的征税；（3）纳税人已确定纳税额或进行了纳税汇算；（4）税收必须是所得税（或所得税的替代税收）。一般而言，只有向外国或美国属地（也称为美国领土）支付或应计的所得税，或向外国或美国属地支付或应计的代替所得税的所得税，才有资格获得外国税收抵免。[①]

《美国税法典》允许抵免的税收规则如下：

如果纳税人选择享受本子编（subpart）规定的利益，根据第904 节的限制，本章（chapter）征收的税款应计入（b）小节适用段落中规定的金额，如果是公司，则应计入根据第 960 节视为已

---

① Topic No. 856 Foreign Tax Credit, https://www.irs.gov/taxtopics/tc856, 18 Sept. 2021.

缴纳的税款。任何纳税年度的选择可在本章规定的该纳税年度税收抵免或退税申请期限届满前的任何时间做出或更改。根据第 26（b）条，本章未征收的任何税项不得允许抵免。①

《2017 年减税与就业法》对于外国税收抵免政策进行了五点改革：（1）关于收到的外国税收抵免 / 股息，废除第 902 节；新增了第 245A 节。该规则适用于持有外国公司 10% 或以上表决权股份的国内公司。（2）修订第 904 节关于计算外国税收抵免限额的营业收入类别（篮子）。（3）修订第 904 节，选择在 2018 年之前增加第 904（g）节国内经营亏损总额（ODL）再捕获规则。（4）修订了第 863（b）节关于自制库存的采购规则。②

实施外国税收抵免降低了跨国公司的全球有效税率。计算跨国公司的有效税率，仅靠 M-3 计划纳税申报单和 1120 表仍显不足。GAO 在估计跨国公司全球有效税率时，利用了实体缴纳的税收与实体在联邦税申报单中营业收入之比，但不纳入外国子公司所得收益，也不纳入外国子公司所得税收，除非跨国公司收益以股息形式遭返美国，或者符合美国联邦税法规定并须立即纳税的特定所得条件。在掌握美国有盈利的跨国公司的外国抵免数据后，对此类企业外国税收抵免即可进行推算，即利用 IRS 税前抵免、一般经营抵免、不含抵免税收三个指标来计算。亦即：

$$\text{不含抵免税收} = \text{税前抵免} - \text{一般经营抵免} - \text{外国税收抵免} - \text{其他税收抵免} \tag{2.6}$$

① 26 USC. § 901. Taxes of foreign countries and of possessions of United States.

② "Tax Cuts and Jobs Act: A comparison for large businesses and international taxpayers." https://www.irs.gov/newsroom/tax-cuts-and-jobs-act-a-comparison-for-large-businesses-and-international-taxpayers, 18 Sept. 2021.

其中，"其他税收抵免"的数值等于全部 M-3 计划申报数，且实际数额每年很小，最小值为零。如果取最大值与最小值的中值，对"一般经营抵免"就能进行估计。再利用两个年份本期外国税收费用与外国暂扣税收费用之和，按照《美国税法典》第 78 节规定的方法相加，即可估算外国税收抵免。[1]（参见表 2-8）

表 2-8　对外国税收抵免后无所得税负债企业统计，2006—2012 年

企业分类		2006	2007	2008	2009	2010	2011	2012
所有存续企业	企业数量（100 万家）	1.96	1.87	1.78	1.72	1.67	1.65	1.62
	抵免后不缴所得税企业（100 万家）	1.31	1.25	1.25	1.24	1.20	1.17	1.13
	抵免后不缴所得税企业（%）	67.0	67.1	69.9	72.0	72.0	71.1	70.1
排除 M-3 计划纳税人后存续企业	企业数量（100 万家）	1.91	1.82	1.74	1.68	1.63	1.61	1.58
	抵免后不缴所得税企业（100 万家）	1.30	1.23	1.23	1.22	1.18	1.15	1.12
	抵免后不缴所得税企业（%）	67.7	67.7	70.4	72.6	72.7	71.8	70.9

资料来源：United States Government Accountability Office. "Corporate Income Tax: Most Large Profitable U.S. Corporations Paid Tax but Effective Tax Rates Differed Significantly from the Statutory Rate." Report to the Ranking Member, Committee on the Budget, U.S. Senate, Mar. 2016, p. 31.

注：全部数据来自 1120 表、1120-L 表、1120-PC 表和 1120-F 表。但不含 1120-REIT 表、1120-RIC 表和 1120S 表。

（四）美国公司所得税率的基准意义

美国税率无论高低，一旦降税或加税都将在全球产生连锁反应。目前没有准确数据能够衡量美国公司集团在全球的全部所得税以及实际缴纳的税收，所以，实际税率既可能高于，也可能低于官方数值。

---

[1]　26 USC. § 78. Gross up for deemed paid foreign tax credit. 根据联邦税法，要求美国企业选择申报外国税收抵免以增加股息所得，股息所得数额等于与已收到股息有关的可抵免外国所得税，而且 F 分编所得也适用第 78 节规定。

受控 CFC 已缴纳的遣返收入适用外国所得税率, 可能高于未遣返的适用外国所得税率。按照 1986 年税法, 由于美国对于跨国公司国外子公司遣返收入给予税收抵免, 所以 CFC 从高税率国家遣返海外收入就获得了一定激励。但是一旦外国降低税率, CFC 向美国遣返收入的到期税收即会提高, 这样就不利于跨国公司从低税率国家向美国遣返收益, 因此美国有降低税率以推动跨国企业遣返国外利润的压力, 但美国降低跨国公司税率, 对跨国公司的东道国吸引资本形成了压力。由此看出, 美国的公司所得税率在全球具有基础税率地位。

表 2-9　美国有盈利的跨国公司的平均有效税率, 2008—2012 年（%）

税　率	税收指标	2008	2009	2010	2011	2012	2008—2012 年均
联邦有效税率	全部账面税收	20.7	17.5	17.0	19.8	18.5	18.6
	本期账面税收	17.6	13.8	13.1	15.2	17.3	15.3
	实际缴税额	15.3	13.0	12.6	13.1	16.1	14.0
	扣除净经营亏损后调整的实缴税额	17.3	15.5	15.0	15.4	19.5	16.5
联邦所得税纳税表中全球实体的有效税率	全部账面税收	26.2	22.0	21.5	25.2	22.0	23.3
	本期账面税收	22.8	18.0	17.4	20.2	21.1	19.8
	实际缴税额	24.0	21.2	21.1	21.8	23.0	22.2
	扣除净经营亏损后调整的实缴税额	26.0	23.6	23.4	24.1	26.3	24.6

资料来源: United States Government Accountability Office. "Corporate Income Tax: Most Large Profitable U.S. Corporations Paid Tax but Effective Tax Rates Differed Significantly from the Statutory Rate." Report to the Ranking Member, Committee on the Budget, U.S. Senate, Mar. 2016, p. 33.

注: 全球有效税率按照联邦纳税申报单中实体的所得和税收计算, 其中包括联邦、外国以及州和地方税收之和。税前账面净所得等于全球账面净所得再加上全部税收费用。有盈利的跨国公司 2008、2009 纳税年度外国税收抵免等于本期外国税收费用与外国暂扣税费用加上美国联邦税法第 78 节规定费用内容之和。

　　美国公司所得税率的全球基础税率地位决定了跨国资本的流动

方向和规模。所谓美国税率的全球基准意义，实际上是指，尽管目前
各国税率根据本国财政经济和国家治理的需要综合考量并确定，然
而所谓"基准"指出了各国在全球化深入发展的背景下，必须考虑到
资本的全球流动，那么美国的税率就是要被其他国家盯住的基准，所
以在美国 2017 年改革税制前后，各国纷纷降低税率，目的就是稳定
投资和继续吸引国际投资。

表 2-10　美国跨国公司平均有效税率，2006—2012 年（%）

税　率		2006	2007	2008	2009	2010	2011	2012	2006—2012年均	2008—2012年均
联邦有效税率	全部账面税额	25.5	29.9	n.a.	24.2	19.9	28.5	22.3	27.5	27.6
	本期账面税额	25.0	30.6	n.a.	22.1	16.4	22.4	21.8	25.7	24.7
	实际纳税额	22.4	29.3	n.a.	28.4	16.6	19.9	21.2	25.7	25.9
联邦所得税表中全球实体有效税率	全部账面税额	31.0	36.9	n.a.	34.1	26.2	36.8	27.1	35.2	36.2
	本期账面税额	30.7	37.8	n.a.	31.9	22.3	30.3	27.1	33.5	33.4
	实际纳税额	30.3	39.9	n.a.	44.9	27.7	32.6	30.3	38.1	40.1

资料来源：United States Government Accountability Office. "Corporate Income Tax: Most Large Profitable U.S. Corporations Paid Tax but Effective Tax Rates Differed Significantly from the Statutory Rate." Report to the Ranking Member, Committee on the Budget, U.S. Senate, Mar. 2016, p. 34.
注：全球有效税率按照联邦纳税申报单中实体的所得和税收额计算，其中包括联邦、外国以及州和地方税收之和。税前账面净营业收入等于全球账面净营业收入再加上全部税收费用。2008 年因税前净营业收入为负值，没有有效税率。

　　确定全球有效税率为美国税制改革提供了较为可靠依据。对于
有盈利的美国企业来说，根据外国税收抵免计算的 2010—2012 年全

球有效税率，分别为 21.1%、21.8%、23%。按照外国税率计算的有效税率则为 21.1%、21.6%、23.6%。由于这种计算方法得出的结果最接近真实税负情况，《2017 年减税与就业法》将美国的公司所得税也直接从 35% 降到了 21%。（参见表 2-9、表 2-10）也就是说，美国 2017 年税制改革将公司所得税率降为 21%，基本等于全球长期均衡税率水平。

三、跨国公司有效税率变化规律

影响跨国公司投资决策的因素既有物质的也有制度性的。物质因素是跨国公司有效税率变化的基础，而制度因素从外部改变着跨国公司的有效税率，制度因素即使对税率调节，也在相当程度上人为给跨国公司提供了侵蚀税基（base erosion）的机会。

（一）影响有效税率变动的实质因素

有效税率往往受到公司资产配置结构、投资成本回收津贴政策以及通胀因素的影响。尽管这三个因素会导致一些国家的资产价格结构与美国发生较大差异，但是美国的税率依旧高于几乎所有其他国家，因而决定了美国跨国企业投资向外流动的趋势和格局。

1. 企业资产配置结构的差异

跨国公司对各国资本品投资的实际配置差异很大。首先，各国的资源禀赋决定着跨国公司投资本国资产的类型，不同国家的税法对投资决策产生不同影响。有的国家税制对无形资产要么准予完全费用化，允许企业扣除纳税年度应税所得中的广告费，要么以研发实验抵免方式提供投资补贴。投资优惠政策保证了对无形资产投资有效税率极低，甚至是负值。但对于存货等则按最高税率征税。欧洲企业的厂房投资、设备投资、无形资产投资和存货投资结构与美国不同，四项指标的结构是 24.0%∶25.6%∶8.7%∶41.7%，而美国仅厂房建筑资产占比就达近 50%。又据 OECD 的数据，2012 年企业存货投资占总投资的比重为企业非金融资产的 5%～15%。① 可见虽然各国的资本品投资结构千差万别，但是从 OECD 国家整体来看，存货投资占比还较高。（参见表 2-11）

表 2-11　美欧企业投资资产配置结构比较（%）

项　目	厂　房	设　备	无形资产	存　货
欧　洲	24.0	25.6	8.7	41.7
美　国	48.1	22.9	18.6	10.5

资料来源：Congressional Budget Office. "International Comparisons of Corporate Income Tax Rates." CBO, Mar. 2017, pp. 16, 33.

跨国公司的债务融资和权益融资受不同税收待遇影响。跨国公司向银行支付的利息可以在税前扣除，但是向股东支付的股息则无法扣除。由于不同国家的资本市场状况差别很大，如前所述，不同融资方式（债务融资、权益融资）影响到跨国投资决策。以欧盟为例，2007 年成员国公司资产负债率最高的是意大利的 68%，最低的是卢森堡的 40%；其他国家如德国为 63%，法国为 58%，英国为 66%。由于意大利并不区分债务融资和权益融资的税收政策，所以除了意大利外，如果将 G20 国家的公司资产负债率提高 35 个百分点，将导致有效税率下降 10 个百分点，但是却导致美国的有效税率下降了 21 个百分点。

美国跨国公司债务融资比例越高，公司有效税率就越低。公司所得税法定税率最高的国家往往是有效税率差异最大的，表明在提高税率时扣除名义利息的能力带来了收益。对于包括美国在内的

① Katarzyna Bilicka and Michael Devereux. "CBT Corporate Tax Ranking 2012." Oxford University Centre for Business Taxation, Jun. 2012, http://tinyurl.com/ j9dlyjl, 5 Oct. 2021.

大多数 G20 国家来说，在债务融资比率为 70% 时，有效税率均为
负值。①

2. 成本回收津贴与边际有效税率

边际有效税率是衡量跨国公司进行全球投资的税负分析工具。
跨国公司的边际有效税率决定了在投资东道国的经营活动是否还将
持续进行下去。计算企业边际有效税率通常要采用假设方法，这种
假设法对经济条件的敏感度低于平均有效税率。不过将美国税法和
经济环境限制条件纳入计算过程后，与其他发达国家各国边际有效
税率的差异就淡化了，而平均有效税率则无法消除税率的国别差异。
如果美国企业要在 G20 国家进行投资，根据企业的有效税率和成本
回收津贴政策即可估计边际有效税率。成本回收津贴的计算原理是，
从应税所得中扣除归属于资产折旧的价值亏损，不考虑国别差异，也
不考虑影响跨国投资的税制差异。

美国税法对权益融资投资的回报按法定所得税率课税。此时
经济折旧的现值等于成本回收津贴的现值，现值代表了当前和未来
某个时点的现金流。现值较小的成本回收津贴将边际有效税率提
高到了法定税率以上，而现值越大，则边际有效税率低于法定税率
越多。

成本回收津贴存在国别差异和资产类别差异。决定跨国投资赢
利的重要因素主要是融资类型和通胀因素。（1）美国与大多数 G20
国家对厂房建筑高于对机械设备给予补贴的政策相反。企业投资的
融资方式直接影响边际有效税率，原因是多数国家都不会从应税所
得中扣除已分配股息或资本利得，但是银行利息是可以扣除的，而
扣除随法定税率上升而增加，企业可以扣除支付的名义利息，这样

---

① Congressional Budget Office. "International Comparisons of Corporate Income Tax Rates."
Washington, D.C.: CBO, Mar. 2017, p. 37.

对应同一个折旧表,债务融资投资的边际有效税率就低于权益融资投资。(2)通货膨胀往往导致债务融资投资的边际有效税率下跌到零以下,问题的实质就是,政府对于债务融资投资提供了补贴,即使是那些法定税率较高的国家,也会出现债务融资投资的边际有效税率很低的情况,这就是利息扣除和成本回收制度不同带来的结果。

不同国家的成本回收津贴决定着有效税率的高低。确定不同国家成本回收津贴之差的方法,可利用资产补贴的现值与经济折旧的现值进行比较。(1)在2012年,有14个G20国家对于现值高于经济折旧现值的厂房,给予了经营成本回收津贴。以印度为例,这类成本回收补贴政策的现值高于经济折旧现值的60%,另有7个国家的成本回收补贴现值高于经济折旧现值40%。而英国税制对于折旧的补贴最小,而且在2011年英国就已经废除了针对厂房的成本回收津贴。(2)有11个G20国家的成本回收津贴的现值大于经济折旧的现值,其中加拿大允许企业扣除当年设备采购成本的50%,这项政策最为优惠。另有8个国家对设备的成本回收津贴现值低于经济折旧现值。印度尼西亚和印度是两个厂房现值最低的国家,对厂房的成本回收津贴政策最优惠。而尽管阿根廷的有效税率总体较高,但该国厂房和设备的成本回收津贴低于经济折旧的现值。①

税前扣除债务融资利息是对投资的最好补贴。企业以债务融资方式进行投资,导致所有G20国家的有效税率降为负值,但是具体来看又有以下四种情况:

(1)美国对于厂房的债务融资税收优惠比权益融资税收优惠更大。2012年,由于美国的厂房成本回收津贴现值低于经济折旧的现

---

① Congressional Budget Office. "International Comparisons of Corporate Income Tax Rates." Washington, D.C.: CBO, Mar. 2017, p. 21.

值，厂房的权益融资投资的有效税率略高于企业最高法定税率。企业单纯依靠债务融资进行投资，按照最高法定税率扣除利息，抵消了较低的成本回收津贴现值，导致有效税率降为负值。所以，美国在 G20 国家中，厂房的成本回收津贴现值居第四位，但是对厂房的债务融资有效税率则为第七位。

（2）意大利对企业权益融资实行补贴政策，导致实际上权益融资的厂房投资有效税率是负值，可见意大利对企业通过权益投资厂房建筑补贴力度最大。

（3）俄罗斯和土耳其法定税率本来就低，但是成本回收津贴的现值较高，因此两国权益融资的厂房投资有效税率较低。

（4）其他国家除了英国，采用债务融资进行厂房投资的有效税率均为负值。印度、南非和法国等国的法定税率和成本回收津贴现值都较高，因而有效税率都更低，甚至为负值。在两种融资方式下，英国的厂房投资有效税率都是最高的。

美国对设备投资采用了加速成本回收津贴政策。[①]2012 年，美国权益融资对设备投资的有效税率低于最高法定税率 11 个百分点。在全部 G20 国家中，有 7 个国家的权益融资对设备投资有效税率高于最高法定税率，而英国的有效税率则等于最高法定税率。但是据计算，如果全面采用债务融资进行设备投资，所有 G20 国家的有效税率均将降为负值，究其原因几乎都是扣除了利息。美国的设备成本回收津贴居最优惠国家的第五位，但是债务融资设备投资的有效税率则居最低国家的第二位，其原因是法定税率较高，并加大了利息的扣除政策。意大利对于债务融资和权益融资采用了一视同仁的政策，因而厂房和设备的有效税率相等。

---

① Congressional Budget Office. "International Comparisons of Corporate Income Tax Rates." Washington, D.C.: CBO, Mar. 2017, p. 23.

3. 通货膨胀因素对有效税率的影响

价格因素直接影响利息扣除价值和成本回收津贴。通常通胀率上升会导致法定最高税率要么提高要么降低，因为通胀提高了实际利率，导致名义利息价值增加。如果允许企业从应税所得中扣除利息成本，在发生通货膨胀、价格上升的条件下，企业的税收负债和有效税率就下降了。因为扣除价值会随着法定税率提高，高税收国家的债务融资投资比低税率国家的有效税率下降更快。发生通货膨胀还将降低成本回收津贴，因为非现价的资产价格发生了变化；而且通货膨胀导致成本回收津贴数值下跌，导致有效税率升高。在 G20 国家中，2012 年边际有效税率最低的是日本的-0.9%，最高是阿根廷的 18.7%，如果排除这两个国家，则最低与最高有效税率介于 1.0% 和 7.6% 之间。

通货膨胀是衡量各国有效税率的共同指标。由于通胀率越高，大多数国家的有效税率就越低，增加名义利息扣除起码会抵消成本回收津贴价值的损失。有效税率通常变化很小，但是通货膨胀率上升后，就将影响有效税率。以美国为例，当通货膨胀率为 2.5% 时，有效税率保持 G20 国家在第四位。在通胀率上升到 6% 时，有效税率则下降到第五位，因为美国的法定税率较高，名义利息扣除就比实际数值要高。再假定美国与 G20 国家的经济因素和非税收因素相等。不同国家的税收政策反映不同的期望值，其中也包含通货膨胀率。计算通胀影响时，由于要考虑影响跨国投资的多种因素，而实际通货膨胀率存在国别差异，所以围绕通货膨胀指标，一国就能制定有效税率政策目标。通货膨胀率上升后，贷款需求和权益就都增加了，因为利息扣除增加了。

各国不同的通货膨胀率直接影响跨国投资的融资模型。通货膨胀与信贷需求的关系表明，如果要构筑调整债务融资与权益融资比例的综合模型,并在其中包含对增加的债务需求的真实利率效果,如果特定国家的通货膨胀率包含在有效税率的估算中,有关的情境就应当反映各国债务与权益的混合状况。但实际上这方面的数据很缺乏,而且由于通胀的上升往往伴随着投资风险的增加,如果投资者喜爱更高投资回报,而不喜爱高风险,那么在设计国别投资模型时,由于通货膨胀因素就要求对各国真实收益率是否一致进行重新评估。

计算有效税率要设定四个前提条件或参数。(1)假设各国的通货膨胀率、利率和经济折旧等条件一致。(2)以有效税率的决定因素来看归属于厂房、设备、无形资产、存货的总资产份额。根据美国企业投资经验数据,厂房投资占 48.1%、设备投资 22.9%、无形资产投入 18.6%、存货投资占 10.5%。(参见表 2-11)(3)债务与权益融资之比大致为 35%∶65%。(4)假设无形资产支出立刻从购入当年的应税所得中扣除,因此不产生补贴问题。在计算有效税率时,假设各国税率为已知,而企业的边际投资税收负担按照上述资产比例,则企业收益和税收仅限于投资国,这一点与平均税率的计算方法不同。[①]

美国预算部门估计有效税率往往用各国的实际通货膨胀率代替预期通货膨胀率。CBO 使用了 2012 年简化模型,以测试各国期望的通货膨胀率变量效果,对于包括美国在内的多数国家而言,这种变化对有效税率的影响效果很小。使用各国真实通货膨胀率将导致有效税率发生变化,因为通货膨胀对于各国税后名义投资回报带来的变化不同。以阿根廷为例,当通货膨胀率为 2.5% 时,有效税率最高,但是一旦使用 18.7% 的通货膨胀率计算,有效税率就下降到 G20 国家的第 9 位。再以日本为例,一旦通胀率从 2.5% 降低到-0.9%,则有效税率即从 21.7% 下降 1.2 个百分点。

---

① Congressional Budget Office. "International Comparisons of Corporate Income Tax Rates." Washington, D.C., Mar. 2017, pp. 15-16.

（二）影响有效税率变动的制度因素

1．"打勾规则""看穿规则"与混合实体现象

美国大型跨国公司都是结构复杂的独立纳税实体。[①] 跨国公司的母公司通常由很多子公司组成，而子公司除了拥有孙公司，同时可能还有合伙人。美国国内母公司按照公司法组成，国内外子公司都属于附属企业，不同实体何时申报、缴纳美国所得税，取决于实体所在地点及母公司的选择，这些都与有效税率有关。特别是 CFC 的美国利润未申报、未纳税，在根据 F 分编确认遣返股息前，以所得税申报为目的对有效税率进行估值，无法合理反映跨国公司所得税待遇，因为分析所得使用的是财务报表，应该使用的却是税务报表。

创建企业实体时，必须要确定其在美国所得税中的分类。一些实体被视为穿透实体；他们的收入、损失和信贷流入其所有者，并在所有者一级缴纳税款，无论是否实际分配。其他实体，如公司、协会在实体一级缴纳所得税，向实体所有者实际分配收入时，在所有者（股东）一级缴纳所得税。在有实体分类方法之前，实体作为公司或穿透实体按照公司企业六个税务特征分类。在理论上分类方法的适用很简单，但实际上很复杂，因为任何实体的特征有不确定性，而 LLC 和有限责任合伙企业（LLP）的兴起缩小了各种因素的区别。

IRS 简化了实体分类流程。《美国税法典》第 7701 节最终实体分类法则（即打勾规则［Check-the-Box Rule］）允许符合条件的国内外实体选择归类为公司。[②] 如果实体是根据联邦或州公司法成立的则

---

① United States Government Accountability Office. "U.S. Multinational Corporations: Effective Tax Rates Are Correlated with Where Income Is Reported." Report to the Committee on Finance, U.S. Senate, Aug. 2008, pp. 6–9.

② LB&I Concept Unit, Knowledge Base—International, https://www.irs.gov/pub/int_practice_units/ore_c_19_02_01.pdf, 18 Jun. 2021.

视同公司，或属于财政部条例第 301.7701-2（b）（8）条规则规定的外国实体类型（"本身"为外国公司）。实体自动分类为公司后，就不再有资格选择其分类。所有其他商业实体都有资格选择其分类。如果未进行选择，则将适用默认分类，具体取决于所有者数量，对于外国实体，则适用于所有者的有限责任或无限责任。[①]

打勾规则可能造成意想不到的税务后果。出于美国税收目的，外国实体可能受到与外国法律对待实体的不同待遇。实体在美国税务方面可被归类为穿透实体，但在外国税务方面可被归类为公司（通常称为"混合实体"），反之亦然（"反向混合实体"）。

打勾规则曾造成跨国投资经营活动选址行为的改变。美国企业往往根据外国有效税率的高低选择投资地点，CFC 的母公司居民所在地不同，其全球所得税平均有效税率也不同。1997 年 1 月 1 日美国财政部开始采用新的打勾规则估计企业有效税率，根据打勾规则，美国企业可以从独立子公司、合伙人或穿透实体[②] 中任选一种，以界定企业的纳税性质。从美国税法的角度上看，经过打勾之后，跨国公司就能将在海外成立的全资子公司剔除在美国税法管辖之外，或者将其作为合伙人看待。[③]

制定打勾规则的初衷是简化实体分类。打勾规则允许跨国公司通过确认自身的归属，确立缴纳所得税形式。但弊端是，导致美国跨国公司母公司既强化了利用不同税制的差异性抵消政策的效力，又提高了规避被动所得的美国所得税的能力。于是美国财政部在 2006 年制定了"看穿规则"（The CFC Look-Through Rule），规定了特定的

---

①   26 CFR. § 301.7701-2. Business entities; definitions.

②   Limited Liability Company (LLC), https://www.irs.gov/businesses/small-businesses-self-employed/limited-liability-company-llc, 18 Jun. 2021.

③   26 CFR. 301.7701-1 ～ 26 CFR 301.77014.

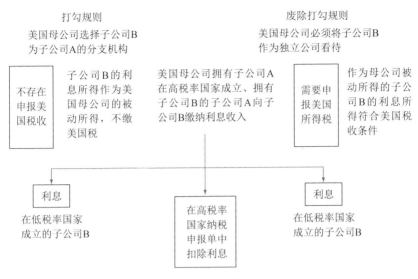

图 2-1 打勾规则及其废除效应

资料来源: Congressional Budget Office. "Options for Taxing U.S. Multinational Corporations." Washington, D.C.: CBO, Jan. 2013, p. 27.

CFC 相互支付的具体分类。然而看穿规则导致公司之间通过相互支付达到避税目的, 进一步加大了跨国公司利用打勾规则的优势。[①] 这项看穿规则直到 2013 年才被废除。(参见图 2-1)

打勾规则造成对美国的税基侵蚀。允许跨国公司集团以独立公司身份看待 100% 的控股实体, 对非跨国公司分支机构则不以实体看待, 此后便产生了"混合实体"现象。这种混合实体纯粹属于美国企业凭空创造的实体, 这种实体在一国税收体制下属于公司, 在其他国家税收体制下却可能是跨国公司的非公司分支机构。通过设立混合实体, 美国跨国公司就能通过低税率国家的财务子公司, 向高税率国家的附属企业发放贷款, 然后再通过在税收中扣除利息的方式实现避税。在打勾规则出现之前, 财务子公司的利息收入按照 F 分编规则, 在本期缴纳美国税收, 然而在打勾规则实施后, 利息支付就不再

---

① 26 USC. 954(c)(6).

视为为美国税收目的而安排的交易了。①

随着数字经济的兴起,跨国公司利用知识产权避税的手法越来越多,其中就有打勾规则和混合实体泛滥,这是制定看穿规则的原因,"微软公司避税案"即为典型案例。②

2. 混合实体的影响及其法制

混合实体是导致美国企业向海外转移投资并在海外申报纳税的重要原因。通常在所谓标准的混合实体结构下,属于 CFC 的子公司将被外国税务辖区视为一家公司,但在美国税法中却属于穿透实体,实际上就是子公司的分支机构。这种公司架构导致外国税务辖区允许这类企业进行收益扣除,同时也允许子公司的营业收入归属到 CFC,这种现象在美国税法中称为"穿透"。那么通过这两个不同实体的交易,在计算美国税收时,收益均不再纳入其中,这样就避免了有关交易的美国税收。

混合实体的出现影响了投资东道国对跨国公司有效税率的计算。实际上利用 CFC 数据估计不同国家的平均有效税率并不完美,虽然 CFC 数据可以按主要经营地进行汇总,但收入分配和纳税额与 CFC 实际获得的收入和纳税地不完全相关,因为一些 CFC 的经营收入、纳税地点不止一个,而且混合实体的涌现减少了其中的相关性,特别是在那些有利于 CFC 通过选址汇集收入的国家。有的混合实体曾是独立申报美国税收的 CFC,主要经营地点是确定的。那么这类受控企业在变身混合实体后,其收入与税收数据就不再独立了,也就是说为了美国税收目的,它们被吸收了。因此这类混合实体与 CFC 主要经营地点相互关联,而与混合实体经营脱离了关系。

---

① Melissa Redmiles. "The One-Time Received Dividend Deduction." *Statistics of Income Bulletin*, 27(4), 2008, pp. 102-114.
② 《"美国微软公司避税案"评析及启示》,http://old.chinataxlaw.org/caishuifaanliku/20162122.html, 2021 年 10 月 5 日。

美国母公司通常将公司的形式转换为混合实体进行避税。混合实体可以规避美国的税收，也可以规避投资东道国的税收。在实际的投资操作过程中，一般是由设在低税率国家的实体，向一家设在高税率国家的实体发放贷款，这样就会出现从高税率国家向低税率国家转让利息收入，这种两个公司之间的交易带来的是利润转让。高税率的借方子公司扣除了支付给贷方子公司的利息。按照美国的税法，借方子公司属于贷方子公司的分支机构，借方子公司的收入仍被视为合法的向外贷款收入，那么美国母公司也就规避了被动收入的所得税，但是实际上这笔利息收入是必须上税的。基于合法的理由，跨国公司的混合实体的当年被动收入不再纳入，同时根据税法，这笔收入也得到有效递延、滞留海外，跨国公司在美国始终保持欠税状态。

打勾规则列举了必须被认定为"实质性公司"的国内商业实体。所谓"实质性公司"无论何时都应被视为公司，且不能更改。[①] 美国税法规定：

（1）此类公司包括依据联邦或各州法律成立的实体或公司、保险公司，以及在美国和其他辖区注册的实体，且其外国注册实体已列入外国实体"实质性公司"列表，或列入国内实体"实质性公司"列表。

（2）不在"实质性公司"列表上的国内商业实体，如果有两个或以上的所有者，即视为合伙企业；如果只有一个所有者，则视为"穿透实体"。合伙企业与穿透企业都被视为税收穿透企业。

（3）无论实体选择作为税收穿透企业，或是取消已有的税收穿透企业身份，该实体及其所有者将被视作发生了特定交易。[②]

（4）根据规定，在特定条件下，商业实体可以将其类型由公司变

---

① 　26 CFR. § 301.7701-2.

② 　26 CFR. § 301.7701-3(c).

更为税收穿透企业（反之亦然），这个选择过程称为"打勾"。[1]

（5）合伙企业都属于税收穿透企业。除了在公开市场上交易的合伙企业以外，依据美国联邦、各州或者哥伦比亚特区法律创立或组织的合伙企业，应视为国内合伙企业。因此，合伙企业的税收居民身份与其取得的所得是否需要在美国缴税无关。税收由合伙人负担，每个合伙人根据分配到的收入及其税收居民身份（例如非居民外籍个人、美国公民、外国公司或国内公司等）承担相应的纳税义务。

（6）不在"实质性公司"列表上，但仍被视为公司的实体，在《美国税法典》中主要包括五种：

① 第 7704 节：在公开市场交易的合伙企业（有部分例外）；

② 第 501（c）节：慈善组织或免税组织（以公司或信托形式成立的）；

③ 第 851 节：受监管的投资公司；

④ 第 856 节：不动产投资信托（以公司、信托或协会形式成立的）；

⑤ 第 860D 节：不动产抵押投资穿透公司。

同样，因为穿透实体也是税收穿透企业，穿透实体的税收居民身份与其取得的所得是否在美国缴税无关，税收由穿透实体的所有者负担，在所有者所在州缴纳。[2]

（三）跨国公司总有效税率的变动

计算美国跨国投资的总有效税率要利用一定条件和指标。（1）跨国公司的税后真实收益 R。无论是债务融资还是权益融资，都要用到税后真实收益概念，可统一按照 5% 恒定值计算。企业边际投资的税

---

[1] 26 CFR. § 301.7701-3.

[2] 《美国税收居民认定规则》，http://www.chinatax.gov.cn/download/ssxxjhzt/99.pdf，2021 年 10 月 5 日。

后真实收益等于企业向其他投资人出借资金的收益，大致等于真实借贷利率。（2）通货膨胀率 i。统一设定为 2.5% 不变。（3）经济折旧率 δ。不同资产类型折旧率也不同，通常厂房的经济折旧年率为 3.1%，设备为 17.5%，无形资产为 15.3%。[①]（4）公司所得税率 τ_c。采用联邦和地方公司所得税综合税率。（5）成本回收津贴现值 z。所有 G20 国家都允许企业申请投资厂房和设备的成本回收津贴以弥补亏损。任何现值扣除的未来税收、弥补资产成本都包含在投资回报中，对建筑厂房投资的回收年限为 25 年，设备为 7 年，通过费用摊销政策抵消投资企业的税收负债，其中无形资产一年之内费用化，存货不实行费用化政策。（6）融资方式。用于厂房设备和无形资产的 35% 为债务融资，其余的 65% 存货融资全部采用权益融资方法。[②]

无形资产投资、存货投资与厂房设备的边际有效税率不同。其中一是无形资产包括注册权、专利、商誉，价值很难确定。美国税法对不同无形资产投资的处理政策不同，有些项目如广告费可在本期扣除，对研发抵免则用于冲减投资成本，二是对存货则作为投入对待，存货不享受成本回收津贴。

计算无形资产投资有效税率的前提是投资在本期费用化。加拿大财政部曾制定过一种计算方法，在计算有关研发与实验投资的税前收益 r_p 时，不再区分费用化、税收抵免及其他税收补贴，而是将补贴政策合在一起计算。[③] 可采用下式：

① Katarzyna Bilicka and Michael Devereux, CBT Corporate Tax Ranking 2012, Oxford University Centre for Business Taxation, Jun. 2012, http://tinyurl.com/ j9dlyjl, 5 Oct. 2021.

② 据联储统计，2000—2012 年美国金融账户中，全部资本投资的 48.1% 为厂房，22.9% 为设备，18.6% 为无形资产，10.5% 为存货。参见 Federal Reserve Board, Financial Accounts of the United States-Z.1, Data Download Program, Table B.103(A) Balance Sheet of Nonfinancial Corporate Business, http://go.usa.gov/x9grh, 5 Oct. 2021。

③ Department of Finance Canada. "An International Comparison of Tax Assistance for Investment in Research and Development." *Tax Expenditures and Evaluations*, December 2009, pp. 33–58, http://tinyurl.com/zj3wywu, 5 Oct. 2021.

$$r_p = (R + \delta)(1 - s) - \delta \qquad (2.7)$$

其中 R 代表税后折旧率或经济折旧率；s 代表研发与实验投资补贴值；投资补贴等于成本回收津贴加抵免。

经调整后，计算税前权益融资收益率的公式可反映投资税收抵免和成本回收津贴。

$$r_p = \frac{(R + \delta)(1 - \tau_c v - k)}{1 - \tau_c} - \delta \qquad (2.8)$$

其中 v 代表研发与实验投资补贴成本回收率；k 代表投资抵免。投资抵免为零，即没有税收抵免；全面实施费用化政策，$v=1$。

对研发和实验室投资的有效税率进行估算。先假定研发和实验室投资占无形资产投资的 50%；无形资产投资全部费用化，不考虑各国税率差异，也不考虑成本回收津贴。计算结果，美国的有效税率为13.3%，比没有投资抵免政策条件下低 5 个百分点。

美国允许企业扣除一定的国内应税收入。2012 年美国实行扣除政策后，有效税率从 18.6% 下降到 17.1%，而且还准予企业享受"奖励性折旧"政策，即允许从一些投资类别中立即扣除费用，这样就导致美国的有效税率降低到了 16.1%。这与"大衰退"发生后联邦政府为激励投资所做的努力分不开，实质上降低税率只是其中的一种政策。

美国跨国公司在国内外经营的有效所得税率差异很大。据有关数据分析[1]，拥有有效正营业收入的跨国公司外国来源所得税国内加权平均有效税率为 25.2%，中位数为 31.8%。但是，将跨国公司之间

---

[1] United States Government Accountability Office. "U.S. Multinational Corporations: Effective Tax Rates Are Correlated with Where Income Is Reported." Report to the Committee on Finance, U.S. Senate, Aug. 2008, pp. 12, 13–16.

相比较，有效税率差异很大，其中有 32.9% 的纳税人，其收入占全部纳税所得的 37.5%，平均有效税率不足 10%，而占纳税所得 14.8% 的 25.6% 的纳税人，有效税率却高达 50% 以上，其他纳税人的平均有效税率居于 10% ～ 50% 之间。

跨国公司的外国所得税率低于国内税率有两个原因。一是递延的 CFC 所得税通常在遣返后才纳税；二是实行外国税收抵免政策。实际上，美国对外国所得征税的条件是美国税率高于外国税率，并以高出幅度为限。如果跨国公司的外国税率等于或者高于美国税率，美国就收不到所得税了。

在美国缴纳外国剩余所得税的跨国公司平均有效税率极低。[1] 外国剩余所得税（residual U.S. tax rate）是指如果跨国公司投资东道国的税率低于美国的税率，美国会按照联邦所得税率，征收两国税率的差额，根据有关统计，美国大企业的外国来源所得剩余税平均有效税率在 3.9%～4.2% 之间，真实加权平均有效税率基本也都在此区间内。与美国跨国公司的国内所得税率相比，外国来源所得税差异较大：

（1）大型跨国公司利用在美国的外国税收抵免，抵消了外国来源所得税的大部分或全部负债；

（2）美国跨国公司的外国来源所得大部分在遣返美国前并未纳税。

从有效税率分布看，占全部外国来源所得 30% 的大型跨国公司中，有 80% 未在美国缴纳外国所得税。还有 8.5% 的美国大型跨国公司的外国来源收入占全部外国来源所得的 52%，在美国的有效平均税率为 5% 以下。10% 的大型跨国公司的美国外国来源所得税率则高于 10%。可见大型跨国 CFC 本年度遣返收入占比越高，或遣返股息主要来自低税率国家或地区，在美国的有效税率也就越高。

---

[1]　Treas. Reg. Section 1.951A-2(c)(5)(ii)(B), Residual CFC gross income.

税收抵免政策对于平均有效税率影响有限。据对跨国公司平均有效税率计算发现，税收抵免政策降低了抵免前的国内所得税收负债1.7个百分点；降低了抵免前外国来源所得税收负债0.8个百分点，所以税收抵免政策的减税效果大致等于0.8～1.7个百分点。

采用多重方法才能保证外国有效税率计算的准确性。(1)利用IRS数据。通常CFC所得只是跨国公司全部外国来源所得的一部分。利用美国2004年全部营业收入为正值的CFC数据，计算合并后的平均有效税率，结果为16.1%。如果计算中排除控股公司，美国制造业CFC有效税率为15.4%。据Altshuler和Grubert计算，1980年美国制造业CFC的有效税率为33%，2001年为21%，虽然外国税率在下降，但美国并未降税，所以有效税率下降的真实原因，是打勾规则造成大型跨国公司税收筹划增加了。因为一旦美国跨国公司将股息分配给CFC，则支付股息的企业有可能是混合实体，没有单独申报纳税。由此可见，外国有效税率的非正常下降对美国投资形成了巨大引力。(2)利用美国商务部经济分析局(BEA)数据。BEA数据包含了跨国公司外国附属机构净所得和外国缴纳的税收[1]，在计算净所得时包含附属企业亏损将造成结果失真，夸大盈利企业的支付能力。以2004年BEA的税收数据计算，外国附属企业的平均有效税率为28.7%，明显高于以CFC数据为计算依据得到的结果。[2]

数据的准确性是计算税率的基础。由于BEA数据将无关混合实体视为跨国公司的独立附属机构，数据与物理上的资产所在国或基本经营活动所在国相关。而控股公司则存在例外，如果在不止一个国家拥有物理上的资产或经营活动时，将作为控股公司看待，资产将

---

[1]　Martin A. Sullivan. "U.S. Multinationals Paying Less Foreign Tax." *Tax Notes*, 17 Mar. 2008.

[2]　United States Government Accountability Office. "U.S. Multinational Corporations: Effective Tax Rates Are Correlated with Where Income Is Reported." Report to the Committee on Finance, U.S. Senate, Aug. 2008, p. 17.

配属到这类公司成立的东道国，包括在其他国家成立的实体和控股活动，在外国经营需单独申报为外国附属机构，可见 BEA 数据中含有重复计算因素。[1]

总之，影响跨国公司投资决策的核心因素是有效税率。跨国公司的上期的资产配置结构属于影响投资决策的根本因素，在此基础上，成本回收津贴、通货膨胀因素都在发挥影响力；然而从影响跨国公司海外投资税率的制度因素看，打勾规则、看穿规则以及混合实体的产生，都决定着跨国公司的有效税率，进而影响到投资策略。反过来也是一样的，一旦美国联邦政府改变税率，就会导致美国跨国公司的海外资本回流或者加速流出。

四、投资税率弹性与跨境资本流动规律

（一）有效税率与跨国公司选址特征

1. G20 国家税率体系结构与税率水平

美国经济大衰退后 G20 国家公司所得税率普遍下调降低了有效税率。其中自 2012 年以来，日本、南非、英国和印度四国修订了公司所得税率表，直接导致有效税率下降。日本、南非和英国降低了公司所得税法定税率，截至 2015 年，日本的最高法定税率从 37.1% 下调到 32.1%，有效税率从 2012 年的 21.7% 下降到了 18%。南非的最高法定税率从 2012 年的 34.6% 下调到了 2015 年的 28%，有效税率从 9.0% 下调到了 6.2%。英国的最高法定税率从 2012 年的 24% 下调到了 2015 年的 20%，同时提高了机器设备折旧标准；有效净税率估值也从 2012 年的 18.7% 下调到了 2015 年的 15.7%。印度调整了附加

---

[1] Melissa Redmiles. "The One-Time Received Dividend Deduction." *Statistics of Income Bulletin*, 27(4), 2008, pp. 102–114.

税，从 2012 年的 32.5% 提高到了 2015 年的 34.6%，有效税率估值也从 2012 年的 13.6% 提高到了 2015 年的 15%。[①]（参见表 2-12）

表 2-12　G20 国家公司所得税率比较，2012 年

顺序	法定最高税率（%）		顺序	平均税率（%）		顺序	有效税率（%）[(a)]	
1	美　国	39.1	1	阿根廷	37.3	1	阿根廷	22.6
2	日　本	37.0	2	印　尼	36.4[(b)]	2	日　本	21.7
3	阿根廷	35.0	3	美　国[(c)]	29.0	3	英　国	18.7
4	南　非	34.6	4	日　本	27.9	4	美　国	18.6
5	法　国	34.4	5	意大利	26.8	5	巴　西	17.0
6	巴　西	34.0	6	印　度	25.6	6	德　国	15.5
7	印　度	32.5	7	南　非	23.5[(b)]	7	印　度	13.6
8	意大利	31.4	8	巴　西	22.3	8	墨西哥	11.9
9	德　国	30.2	9	俄罗斯	21.3	9	印　尼	11.8
10	澳大利亚	30.0	10	韩　国	20.4	10	法　国	11.2
11	墨西哥	30.0	11	墨西哥	20.3	11	澳大利亚	10.4
12	加拿大	26.1	12	法　国	20.0	12	中　国	10.0
13	中　国	25.0	13	土耳其	19.5	13	南　非	9.0
14	印　尼	25.0	14	中　国	19.1	14	加拿大	8.5
15	韩　国	24.2	15	澳大利亚	17.0	15	沙特阿拉伯	8.4
16	英　国	24.0	16	加拿大	16.2	16	土耳其	5.1
17	俄罗斯	20.0	17	德　国	14.5	17	俄罗斯	4.4
18	沙特阿拉伯	20.0	18	英　国	10.1	18	韩　国	4.1
19	土耳其	20.0				19	意大利	−23.5

资料来源：Congressional Budget Office. "International Comparisons of Corporate Income Tax Rates." Mar. 2017, p. 2.
注：(a) 有效企业税率等于边际投资利得缴纳公司所得税的百分比。(b) 2010 数值。(c) 美国计算平均税率的方法不同，因此与其他国家的数据不可直接比较。

---

① 除特别注明外，本小节数据参见 Congressional Budget Office. "International Comparisons of Corporate Income Tax Rates." Washington, D.C.: CBO, Mar. 2017, pp. 5, 17–21。

主要国家有效税率普遍下降有利于吸引美国跨国投资。为应对2007—2009年经济大衰退冲击，各国都通过税制改革调整了税收政策，按国别分，税制改革主要分三类：

（1）G20国家除印度、英国、美国、阿根廷和巴西外，均下调了税率；

（2）印度和英国实际提高了有效税率；

（3）美国有效税率变化很小，有效税率为18.6%。如阿根廷和巴西法定税率未变，有效税率也未变化。

厂房和建筑投资与设备投资的有效税率拉开了差距。其中，2012年美国等11个国家厂房建筑投资的有效税率比设备投资的有效税率提高了，例如，加拿大对厂房投资有效税率高于设备投资有效税率25个百分点；但是，沙特的厂房建筑投资和设备投资有效税率差别最小；意大利、加拿大、韩国和南非的设备投资有效税率低于零，财政补贴大。据估计，2012年美国厂房的权益融资投资的有效税率比债务融资投资有效税率高出14个百分点，比设备投资的税率高出28个百分点。因此采用权益融资对厂房和设备投资的税率之差稍有所缩小。但总的来看，对于法定税率较高的国家来说，对待国内资产越优惠，权益融资的有效税率提高越大。

美国跨国公司在全球投资活动较为集中的17个国家和地区税率差异很大。以BEA数据计算美国控股企业的有效税率，一般情况下高于以IRS的CFC数据计算的数值。从IRS的纳税数据发现，以上国家的有效税率水平与美国相比分成低、高和不确定三类情况。（参见表2-13）

值得注意的是，中国位列美国投资集中的17个低税率国家，与中国同列的百慕大、爱尔兰、英属加勒比地区、新加坡、瑞士均为税收天堂或离岸金融中心。中国2012年的法定税率为25.0%，但是平

表 2-13　美国跨国投资集中的东道国税率水平结构

顺序	与美国税率相比	国家和地区（17 个）
1	低	百慕大、爱尔兰、英属加勒比地区、新加坡、瑞士、中国（6 个）
2	高	法国、加拿大、墨西哥、巴西、德国、日本、意大利（7 个）
3	不确定	卢森堡、荷兰、澳大利亚、英国（4 个）

资料来源：United States Government Accountability Office. "U.S. Multinational Corporations: Effective Tax Rates Are Correlated with Where Income Is Reported." Report to the Committee on Finance, U.S. Senate, Aug. 2008, p. 21.

均税率远低于同属发展中国家的印度尼西亚、印度、南非、巴西，还略低于墨西哥和土耳其。而同样值得注意的是，中国的平均税率却高于澳大利亚、加拿大、德国和英国等发达国家。这一点充分表明上述四国的公司税收制度为企业投资提供了大量补贴，主要补贴方式是税率分级、扣除、抵免以及营业税规则。

改革开放以来，中国吸引外资所取得的成就，是与税制的设计和总体低税负的确定分不开的。图 2-2 是中国、印度、南非、巴西、俄罗斯 50 年来的外国直接投资流入趋势，中国的外资流入大幅增加发生在 1992 年前后，这个趋势恰好与《中华人民共和国外商投资企业和外国企业所得税法实施细则》（1991 年 6 月 30 日国务院发布）颁布时间相吻合，这绝不是偶然现象。而且在此之后，跨国公司对华投资高速增长时间长达 18 年，直到 2007 年美国爆发"大衰退"才开始下跌。可见中国外商投资税制的确立对于外国直接对华投资带动能力极强，弹性极大。

我们在本研究第一章还发现，美国跨国公司对于中国的税收体制不敏感问题，到此可以有一个初步的解释，其原因在于中国的边际有效税率之低，与世界上的知名税收天堂和离岸金融中心等量齐观，这才是跨国公司蜂拥中国的主要动因之一。

税率高低不确定的国家是卢森堡、荷兰、澳大利亚和英国。计算还发现，无论是全部按照 CFC 数据，还是按照制造业 CFC 数据，或者按照不含权益所得的 BEA 数据，澳大利亚的有效税率要么接近最高，要么接近最低；而根据 CFC 数据计算，荷兰和英国的有效税率都很低，但是按照 BEA 数据计算后，英国的有效税率变得很高，而卢森堡总体有效税率很低，制造业数据差异不定。[①]

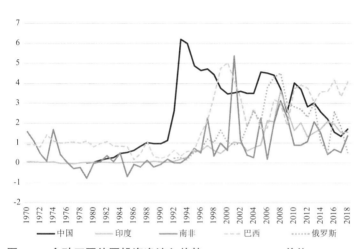

图 2-2　金砖五国外国投资净流入趋势，1970—2018，单位：% GDP

资料来源：Foreign direct investment, net inflows (% of GDP)，https://data.worldbank.org/indicator/BX.KLT.DINV.WD.GD.ZS, 5 Oct. 2021.

美国跨国投资选址受外国税率高低影响较大。税制差异决定了企业在何地开展经营，同时也激励企业在何地申报纳税。影响跨国投资不同选址活动的因素很多，主要包括税收、工资、熟练劳动力、选址地区资源丰沛情况、销售市场等。不过低工资对于劳动密集型低端企业具有吸引力，高素质劳动力则跟研发企业有关，其他因素大多跟税收有关，如所得的转移、销售额和增加值变化。而企业的物理资产、就业和报酬则与税收因素关联不大。

[①]　United States Government Accountability Office. "U.S. Multinational Corporations: Effective Tax Rates Are Correlated with Where Income Is Reported." Report to the Committee on Finance, U.S. Senate, GAO, Aug. 2008, pp. 19–21.

2. 当前美国对外直接投资的主要特征

一是 2017 年美国联邦国际税收体制改革前，大部分投资活动仍集中在美国，但是海外份额不断扩大。据统计，2004 年美国跨国公司 60% 的投资活动留在美国。从 1989—2004 年衡量美国跨国公司经营状况的增加值、销售额、物理资产、员工报酬、员工数量、排除权益投资收益的税前所得六项指标来看，尽管美国跨国公司在国内绝对数值都在扩大，但是国外的相对份额却在增加。

二是美国跨国公司的海外投资活动存在产业差异。以制造业、金融保险服务业和零售行业来看，以增加值、销售额、物理资产、员工报酬、员工数量、排除权益投资收益的税前收益六项指标衡量，金融和保险服务业在排除储蓄业务后，在海外投资占比最低，而零售业在海外投资占比最高。以 2004 年美国跨国公司海外就业指标为例，金融保险业占 19%，制造业占 36.2%，批发业占 42.9%。再将有关结果与 1999 年的数值比较发现：（1）美国制造业全部国内增加值、物理资产和排除权益收益的税前所得全面下降了 4～5 个百分点；（2）海外制造业指标如增加值、物理资产和税前收益从 25% 左右上升到了 30% 左右；（4）金融和保险业变化不显著；（3）批发贸易行业变化仅体现在海外全部税前收益，排除权益所得后增加了 6 个百分点。

三是税率变化明显对跨国公司的国际所得来源地有影响。根据对 2004 年美国跨国公司增加值、销售额、物理资产、报酬、就业和税前收益、排除权益投资的税前收益、CFC 的税前收益等八项指标计算发现：（1）除中国以外，在所有有效税率较美国为低的国家和地区，收益份额显著高于受收益转移行为影响较少的三个指标的份额，即物理资产、报酬和就业数量。（2）除日本外，所有有效税率较高国家的收益份额，小于其物理资产、报酬和就业量所占份额。（3）在与美国相比税率不确定的四个国家中，英国与高税率国家特征相似，卢森堡与低税率国家特征相似，澳大利亚则在八项指标中比较平衡。（4）以 BEA 数据剔除权益收益后计算，荷兰比较平衡；然而荷兰的权益投资利得相对于其他收益的份额很大。（5）卢森堡、英属加勒比群岛的权益投资利得份额也较显著。（6）IRS 数据显示，荷兰、瑞士及百慕大是遣返股息总额居前三的国家，卢森堡、开曼群岛也位列遣返资金前八位。但是，1989 年前述的 17 个国家和地区权益投资并不突出。可见冷战的结束为跨境资本流动提供了广阔的空间。

四是打勾规则明显增加了美国跨国公司的税收筹划行为。这一论断与对 1989—2004 年有关的数据研究结果吻合。[1] 其中，除了收益指标外，英国和加拿大的其他七项活动指标数值都最高，德国占非收益指标 5% 的份额。由于墨西哥、中国和巴西属于三个低收入国家，就业份额与其他活动的份额指标不成比例。与 1989 年相比，美国在加拿大的投资活动，尤其是有形资本活动明显下降，美国资本在德国的活动也在下降。

五是研发活动受到有效税率变化的影响。（1）美国跨国公司 2004 年在英国的研发投入占英国跨国公司外国附属机构份额的 20.7%，选址地点效应特别突出，德国占 16.2%，加拿大占 10.6%。（2）在日本的研发活动从 1989 年的 12.6% 下跌到 2004 年的 6.3%。（3）美国研发活动增长最快的是瑞典，从 0.4% 增加到了 5.6%，以色列从 0.4% 增加到了 3.4%。[2]

---

[1]　Rosanne Altshuler and Harry Grubert. "Governments and Multinational Corporations in the Race to the Bottom." *Tax Notes*, 27 Feb. 2006, pp. 979–992; Paul W. Oosterhuis. "The Evolution of U.S. International Tax Policy—What Would Larry Say." *Tax Notes*, 27 Feb. 2006, pp. 1119–1128.

[2]　United States Government Accountability Office. "U.S. Multinational Corporations: Effective Tax Rates Are Correlated with Where Income Is Reported." Report to the Committee on Finance, U.S. Senate, GAO, Aug. 2008, p. 31.

（二）投资税率弹性与跨国公司选址

一国的国际税收体制直接影响跨国公司投资行为。跨国投资活动与很多因素有关，除了技术进步状况、劳动力质量、基础设施状况、法律与政治制度，主要的决定因素是国际税收体制。美国 1986 年税制实施后，由于投资收益遣返有利于母公司发展，跨国公司扩大向国外投资开拓了市场。但是从美国的产业结构特征来看，货币金融与科技是美国民用部门最大的竞争优势，因此单纯从美国的立场出发，除了上述的优点，跨国公司投资海外意味着资本向海外转移，还带来了就业的海外转移，可能会影响美国工资水平和国内居民收入水平。

投资税率弹性指投资激励政策引发的投资对资本使用成本下降的反应敏感程度。用弹性系数乘以隐含的资本使用成本百分比降幅，即可得到税收激励政策推动投资水平变化的幅度。如果弹性系数为 2，那么即意味着资本使用成本每降低 1%，投资就会增加 2%。假设在美国实施降税政策后，跨国企业向使用寿命为 10 年的资产进行投资，1 美元资本的使用成本从 15.1% 下降到 14%。那么，资本成本降幅即约为 7%（100 × 1.1 ÷ 15.1）。如果弹性系数为 2，则预计该投资在短期内将提高 14%。

表 2-14　美国国际税收体制改革的政策效应

改革选项		可能的新规则	新规则的影响	
			投　资	利润转让
继续维持全球税制	废除递延规则	美国子公司的所有外国所得应适用于美国税收，保留外国税收抵免	减少在低税率国家投资，刺激在高税率国家投资	减少向低税率国家转让利润
	废除针对某些国家税收递延的规则	废除低税率国家或零税率国家收入递延	跨国公司对该国投资减少；将继续向实行递延规则的国家转移投资	跨国公司向该国所得转移减少；将继续向实行递延规则的国家转移投资

（续表）

改革选项	可能的新规则	新规则的影响	
		投　资	利润转让
推动向参与豁免税制转型	废除海外产品税递延规则	废除某些海外生产销售收入递延	在相应国家的投资将减少	对于利润转让影响较小
	免除主动收入的美国税收	免除海外投资股息的美国公司所得税；废除外国经营所分配费用的扣除	激励向低税率国家的投资	激励向低税率国家转让收入；激励外国子公司收益转变为主动收入
改革外国税收抵免规则	运用公式分摊美国和外国来源收益	在美国和其他国家之间，按照资产、销售额、雇用人数以及工资单分配总收益	激励向低税率国家的投资；效果较小	减少企业转让收入的激励
	合并确定外国税收抵免	按照每个国家遣返的总收益份额确定外国税收抵免总额	激励向低税率国家的投资；效果较小	降低将利润保留在海外避税的激励，减少转让收入
	税收抵免实行一国一制	通过限制每个国家的外国税收抵免额，杜绝交叉抵免	激励向低税率国家的投资；效果较小	增加从高税率国家向低税率国家的收入转移
改革实体和所得规则，并保持一致	废除打勾规则	允许外国实体所得免税，但该实体为唯一所有人依法在同一个国家成立公司	减少跨国投资	减少从高税率国家向低税率国家的收入转移
	关联收入的递延利息扣除	递延利息费扣除，使全部扣除费用的份额与遣返收入占全部外国所得之比相等	间接增加海外投资激励，效果不大	减少收入转移

资料来源：Congressional Budget Office. "Options for Taxing U.S. Multinational Corporations." Jan. 2013, https://www.cbo.gov/sites/default/files/113th-congress-2013-2014/reports/43764 multinationaltaxesrev02-28-2013.pdf, pp. 18–19, 5 Oct. 2021.

　　美国 2001—2004 年及 2008—2010 年两次采用临时性奖励折旧政策都产生了较强税收激励。对这两次联邦税收政策改革的研究发现，美国的投资弹性系数为 7.2。[1] 另一项研究发现，弹性系数为 6 ～ 14。[2] 研究表明，短期内企业投资对临时性奖励折旧和费用扣除政策反应较强，且反应持续数年。还有人专门研究了永久或临时减税对投资的影响，发现在政策开始实施后的 10 个季度内，每降低 1% 税负，投资将增长约 10%，然后投资增长则迅速减速。从美国降税率、缩小税基两项措施综合研究发现，均有降低资本使用成本的激励效果，这些弹性效应的出现，原因可能是资本设施的成本调整。[3]

跨国公司投资选址与美国税率与外国税率之差存在弹性关系。如果美国抛弃全球税制，由于不同国家和地区税率存在差异，投资流动将产生差异。Kimberly A. Clausing 认为，如果美国税率相对于外国税率增加 1 个百分点，美国跨国公司在东道国的职工人数和销售额将分别增加 1.6 和 2.9 个百分点，资产和营业收入增加更多。在东道国税率相对于美国的税率下调时，跨国公司通常将增加投资并在东道国申报纳税。美国跨国公司所得税率每提高 1 个百分点，即意味着跨国公司在该国的资产增加 4.8 个百分点，营业总收入增加 5.2 个百分点，但雇用人数和销售额增加不大。[4] 这意味着，相对提高税率后，利润转移的增量高于投资的增量。Johannes Voget 指出，资本母国的遣返税收越高，意味着跨国公司就越倾向于向外迁移，

---

[1] Eric Zwick and James Mahon. "Tax Policy and Heterogeneous Investment Behavior." *The American Economic Review*, 107(1), Jan. 2017.

[2] Christopher L. House and Matthew D. Shapiro. "Temporary Investment Incentives: Theory with Evidence from Bonus Depreciation." *The American Economic Review*, 98(3), Jun. 2008.

[3] Karel Mertens and Morten O. Ravn. "Empirical Evidence on the Aggregate Effects of Anticipated and Unanticipated US Tax Policy Shocks." *American Economic Journal: Economic Policy*, 4 (2), May 2012.

[4] 参见 Kimberly A. Clausing. "Multinational Firm Tax Avoidance and Tax Policy." *National Tax Journal*, 62(4), Dec. 2009, pp. 703–725。

以增加海外投资和利润申报。① 正是由于美国税法的漏洞，所以导致了跨国公司在低税率税务辖区通过虚设机构避税。因此，美国税率过高的直接后果是，跨国公司开始大量转让利润，转让数额增幅高于投资移动。

但如果投资转移水平较高，跨国公司将选择进行利润转移。因为投资转移意味着熟练劳动力必须从高税收税务辖区向低税收辖区转移，产品也不得不从产地向市场运输。而跨国公司通过利润转移方式，重新进行投资选址，就能享受到税收优惠政策，一方面企业将投资继续保持在高税收国家，一方面在低税率国家或地区申报纳税。

2017 年美国税制改革改变了对国际投资的激励方向。美国 1986 年国际税收体制有三大特点，即限制外国税收抵免、外国所得递延和交叉抵免。在全球化时代，美国企业要么投资国内项目，要么向其他低税率国家进行投资，以获得更多的税收总收益。因此，美国国际税收体制对于跨国公司选址是直接的激励与推动因素。首先，限制外国税收抵免政策激励企业投资于低税率国家。其次，允许跨国公司递延外国收益政策，激励企业在低税率国家投资，并将投资留在低税率国家。最后，跨国公司投资选址时，将利用交叉抵免政策，按照潜在的税收负债额选址，而不是按照投资经营的收益选址，这样就产生了三大效应。一是影响美国跨国公司对外投资量和投资区域；二是激励在海外申报税收，并选择在不同国家申报税收；三是向海外转移投资或申报收入以减少美国税收收入为代价。②

① Johannes Voget. "Headquarter Relocations and International Taxation." Working Paper 1008, Oxford University Centre for Business Taxation, Apr. 2010.
② Congressional Budget Office. "Options for Taxing U.S. Multinational Corporations." Jan. 2013, https://www.cbo.gov/sites/default/files/113th-congress-2013-2014/reports/43764multi nationaltaxesrev02-28-2013.pdf, 5 Oct. 2021.

五、公司所得税与联邦财政收入变动

美国经济大衰退导致联邦公司所得税收入损失巨大。据有关统计和研究，多数美国公司自 2006—2012 年未纳联邦所得税。(1) 在美国存续企业中，有多达三分之二(67%～72%)的公司，抵免后未缴纳任何联邦所得税，2009 年免税企业最多，到 2012 年下降到 70.1%。对于大企业，2012 年经过抵免后无须缴纳联邦税收的企业占 42.3%。(2) 当年共 5 359 份纳税申报单，占大企业总数 19.5% 的盈利大企业无须缴纳联邦所得税；当年拥有联邦所得税收负债的企业欠税 2 675 亿美元。①

美国国内企业对联邦所得税贡献较小有两个主要原因。(1) 自 2008—2012 年，美国存续企业的 49%～54% 处于亏损状态，按照联邦税务会计方法计算，应税净所得为负值；每年 M-3 计划申报纳税人有 34.9%～44.2% 的净纳税所得为负值，无论是按照账面会计规则，还是按照税务会计规则，纳税人均处于亏损状态。也有一些企业按照账面会计方法处于盈利状态，但是按照税务会计核算规则，则处于亏损状态，比如按照奖励折旧补贴方法计算的结果就是如此。这是由于采用奖励折旧补贴法，既可减去任何正的净应税所得，又不影响净账面所得。(2) 有些公司正的净应税所得，被从上年向前结转的净经营亏损冲销了。统计显示，自 2008—2012 年，大约 15%～19% 的存续企业营业收入完全以这种方式被抵消了。一些没有应税所得的企业虽然无须缴纳正常所得税，但需要以 AMT 缴纳所得税；同时在这段时间内，盈利的大企业也有相当一部分企业，收益被 NOLD 抵消了。使用联邦税收抵免似乎对于每年无须缴纳联邦所得税企业的

---

① John A. Koskinen, Alain DuBois, Barry Johnson, Melanie Patrick. "Statistics of Income-2013: Corporation Income Tax Returns." Internal Revenue Service, Washington, D.C., Publication 16 (Rev. 4-2016).

数量影响效应很小。联邦税收抵免政策使每年无须纳税的企业数量增加了不足 1 个百分点，无论所有企业还是盈利大企业都是这样。

美国大型跨国公司在海外投资对联邦财政税收贡献大于国内投资。大公司纳入本年度亏损后，提高了平均有效税率。在 2012 年纳税年度，所有申报 M-3 计划纳税表的美国大企业都包含了年度亏损，按实际申报所得税率为 21.2%。按照本期账面税收费用和全部税收费用计算，公司有效税率分别为 21.8% 和 22.3%。以 2008—2012 年平均值计算，所有跨国公司实际缴纳的税前净所得税率达 25.9%，包含跨国公司亏损后，联邦有效税率提高了 3～15 个百分点。这是由于本期亏损的企业纳税减少，对于计算有效税率的分子影响不大，但是亏损出现却会降低作为分母的税前净账面收入。以 2009 年纳税年度看，产生盈利的跨国公司账面净收入为 1.187 万亿美元，无盈利跨国公司亏损 6 190 亿美元，税前账面净收入为 5 680 亿美元。在纳入亏损后，按照实际缴纳联邦所得税计算的有效税率，比只按照有盈利跨国公司计算的税率翻了一番多。在 2008 年纳税年度，未盈利跨国公司亏损比盈利跨国公司营业收入完全冲销后还多，造成税前账面净收入为负值。自 2008—2012 年纳税年份，跨国公司全球有效税率与所有跨国公司的联邦有效税率相比，高出 5～16 个百分点。全球有效税率通常包含实体缴纳的联邦、外国、州和地方全部税收，如果包含外国税收以及美国的各州和地方税收之后，有效税率将高达 40%。美国跨国公司剥离利润后减少了财政收入。据估计，跨国公司剥离利润后每年造成联邦财政收入减少的幅度在 100 亿美元到 900 亿美元之间。①

---

① United States Government Accountability Office. "Corporate Income Tax: Most Large Profitable U.S. Corporations Paid Tax but Effective Tax Rates Differed Significantly from the Statutory Rate." Report to the Ranking Member, Committee on the Budget, U.S. Senate, Mar. 2016, pp. 14–16.

小结与讨论

有效税率直接影响跨国公司的投资流动。影响跨国公司有效税率的主要因素来自资产配置的结构，由于全球主要国家（G20 或者 OECD）的资源禀赋天然不同，就决定了美国与其他国家的公司资产配置在厂房、设备、无形资产、存货等主要投入的差异，最终的有效税率就存在差异，因而决定了跨国公司投资必然发生全球范围内的流动。而作为税制重要规则之一的成本回收津贴，以及通货膨胀因素都成为有效税率的影响因素。在此基础上打勾规则、看穿规则导致跨国公司通过构筑混合实体避税，也影响到跨国公司有效税率。而跨国公司对外投资对于各国税率的变动十分敏感，这一投资弹性原理对于投资流动的规模幅度和持续时间则产生长期影响。以中国 1993 年外商投资企业法修订来看，跨国公司连续十五六年加速将投资布局中国，同时从另一个方面来看，在近几年上海美国商会对成员企业的调查问卷中，发现跨国公司对于中国的税制敏感度不高，其实质是由于中国的公司有效税率之低，略高于一些主要的税收天堂和离岸金融中心，因此未来中国的税制改革重点不应是降低税率，应当是稳定税制和监管，保持跨国公司资本的流入，同时进行综合改革，降低其他方面的投资成本。

第三章　外国来源所得税与 F 分编规则

　　美国对跨国公司外国来源所得税管理体制决定了跨国资本的流动。传统国际投资理论认为，资本输出国对跨国公司实施扣除外国来源所得税收政策，促进了国家中性和本国国内收益最大化，但外国税收抵免政策则促进了资本出口中性和全球收益最大化。然而美国财政学家 Martin Feldstein 指出，国家中性并不必然使本国国内收益最大化，所以从国家利益出发，对外国来源收入应减轻税负，尤其是对于那些通过国际信用市场进行高杠杆借贷的外国投资，更应当实行低税率。[1]这一理论提出的主要背景是，当美国在冷战时期成为国际资本净流入国后，跨国公司的利润来源越来越多向海外转移。可见，理论发展为美国外国税收抵免体制改革提供了思想支撑，进而推动着国际投资的发展。

一、母子公司体制与外国来源所得税

　　全球税制对外国来源所得征税体制有三个主要特点。按照

---

[1]　Martin Feldstein. "Tax Rules and the Effect of Foreign Direct Investment on U.S. National Income." *Taxing Multi-national Corporations*, edited by Martin S. Feldstein, James R. Hines, Jr. and R. Glenn Hubbard. Washington, D.C.: National Bureau of Economic Research, 1994.

《1986 年税制改革法》，美国国际税收体制属于"全球税制"①，"全球税制"具有三项主要特征，即第一，对外国来源所得实行税收抵免，外国税收抵免金额仅限于该所得应在美国缴纳的税收额，即跨国公司在美国使用的外国抵免不得高于在美国的应税负债。第二，实行税收递延，即外国来源收入只有在遭返回国时才缴纳美国赋税。第三，美国跨国公司的纳税规则受公司结构影响。对于跨国公司的海外分支机构，实行境内外所得按集团公司所得总额合并申报纳税；作为"受控外国公司"（CFC）的海外子公司，则作为跨国公司控制的独立企业看待，独立申报纳税。CFC 是美国对外直接投资的主要模式，对 CFC 进行管理的税法是 F 分编规则。

（一）最优税制、资本中性与外国来源所得税

美国国际税收理论界长期就国家中性和最优税制争论不休。最优税制理论涉及所谓"国家中性""资本出口中性""资本进口中性"等几个概念。而资本中性通常可从出口和进口两个角度论述。第一，资本出口中性原则要求国家对跨国公司采用同一个税率，无论跨国公司投资全世界何处，都要求享受均等税率，以保证对外投资不因税率影响而改变。第二，资本进口中性要求对于所有国家在同一个投资地点的投资，实行相等的税率，这是参与豁免税制或资本来源国税制的主要特点。

最优税制的实现前提是国家中性。国家中性是指无论跨国投资投向哪个外国辖区，国家对同一笔投资都要求税收和投资回报相等。国家实现投资中性的手段包括按照外国来源收入征收税收，并允许扣除外国税收，而能够实现国家中性的税制也被视为最优税制。但实现国家中性的前提，是国家只针对移动投资征税，而且一国的国际

---

① 一译"属人税制"。

税收不遭到其他国家报复。对于外来投资存在选择最优税率问题，选择条件是外来投资对投资回报的弹性。无论国家是采用参与豁免税制或采用来源国税制，没有任何国家会单纯征收居民税。

国家中性就是资本出口中性。对投资征收居民税的结果是资本出口中性，对投资征收居民税对任何国家的跨国公司投资选址都不产生影响；然而投资来源地税制则导致跨国公司从低税率国家获得更高回报，其资本流动的后果就是跨国公司往往从高税率辖区向低税率辖区流动，提高了投资回报，拉低了来源国的工资收入。跨国公司投资流入对于低税率国家的影响取决于东道国国家的规模以及东道国的劳动力资源禀赋。

全球税制与国家中性是兼容的，而来源地税制与国家中性不兼容。现举例证明如下。假设某高税率国家的税收收入和跨国公司利润分别按照 5% 分割、投资来源国的投资回报在每个辖区都相等，那么低税率国家的税收为 2.5%、跨国公司利润是 7.5%，来源地税制的就无法满足国家中性要求；而且在投资发生跨国转移之前，除开低税率国家的税收后，高税率国家从低税率国家获得的回报是 7.5%。反过来低税率国家对于高税率国家的投资税收也一样。在日趋复杂的全球化背景下，国家中性离资本出口中性越来越远，这样就提出了对于外国来源所得征税，减少跨国公司选址国家税收的要求，这不像在现实中的美国那样，通过抵免外国税收实现国家中性。如果外国政府对跨国投资征税，税收的国家中性不必然带来税收的全球中性，因为东道国的税收不利于跨国投资的流入。所以国家中性是一种理想税制，带来的是居民国福利最大化。只有在资本高度流动情况下是最优税制。（参见表 3-1）

美国施行的"全球税制"实际上只是名义上的。《1986 年税制改革法》虽然以居民税为基础，但是实际上混合了投资居民税制和投资

表 3-1　纯粹全球税制与纯粹参与豁免税制的税负与投资回报

跨国公司居民性质		不同选址投资回报（%）		
		高税率国家	低税率国家	零税率国家
无税收	高税率国家	10	10	10
	低税率国家	10	10	10
全球税制	高税率国家	5	5	5
	低税率国家	7.5	7.5	7.5
参与豁免税制	高税率国家	5	7.5	10
	低税率国家	5	7.5	10

资料来源：Jane G. Gravelle. "Reform of U.S. International Taxation: Alternatives." Washington, D.C.: CRS, 1 Aug. 2017.

来源税制的两种特征。美国对于在美投资的外国企业征税，属于投资来源地税制；对于要求对外投资遣返外国来源收入，这一点又与投资居民税制类似，如果考虑到美国的全球税制对外国税收抵免设限的话，则不属于投资来源地税制，而税收递延是投资来源地税制的特点。

美国《1986 年税制改革法》的全球税制属于改进型全球税制。有如下主要特点：

（1）对美国跨国公司的全球投资收益、外国公司在美国的投资收益进行征税。直接收益在本期纳税，包括美国企业在外国辖区设立的分支机构投资收益，但不含在外国依法成立的独立实体，或类似合伙制的穿透实体投资收益。国内母公司间接获得的外国来源收益，在通过外国子公司以股息形式向母公司分配之前，通常不缴纳美国所得税。

（2）所有美国企业在美国境内的全部所得，按照 35% 税率在当年纳税，在美国境外的所得也要缴纳美国税收。

（3）美国可以推迟对外国子公司国外来源所得征税，直到将其作为股息支付或汇回母公司。跨国公司分支机构所得和直接取得的利息、特许权使用费等被动所得都要纳税。

（4）实施税收抵免政策。为了避免双重征税，要求跨国公司将汇回的应纳美国所得税部分，减去已经支付的外国税款。[①]

（5）F 分编反递延法则，外国子公司被动收入或高流动性收入在本期纳税。

总之，资本出口中性能够推动跨国投资，国家中性只有利于资本来源国的福利最大，资本进口中性实质上并不存在。各国税制都是根据本国投资资源禀赋自主确定的。

（二）跨国公司外国来源收入类别

美国税法中的外国税收抵免规则直接影响跨国投资收益。美国立法实施企业所得税制度已逾百年，在美国从 1909 年开始制定企业税法初期，是允许跨国公司扣除在外国已纳税收的，同时要求扣除的外国来源所得税收，只能用于冲减外国税收所占份额，但这项扣除政策后来演变为税收抵免政策，并且对跨国公司的外国投资税收不设抵免限制，以保证不发生所谓"双重课税"，即跨国公司的同一笔投资收益在投资东道国和美国被征了两遍税。但是正是由于没有设置外国税收抵免上限，跨国公司从税率高于美国的国家或地区取得的所得税抵免额，往往会超出美国对这部分外国来源收入的税收，因此跨国公司就能用超额抵免额抵消美国国内所得税，进而获得财政补贴。但在低税率国家投资经营的美国跨国公司，则需要为其国内所得全额缴纳所得税，这种体制对于美国跨国资本的流动负面影响很大，而且对于美国财政产生不利影响。

---

① Donald J. Marples and Jane G. Gravelle. "Tax Cuts on Repatriation Earnings as Economic Stimulus: An Economic Analysis." Washington, D.C.: CRS, 2 Dec. 2011.

　　财政理论指出，对税收抵免不加限制，实际上就是对外国政府进行补贴，因为跨国公司向外国政府缴纳的投资税收，会以增加外国财政收入的形式，将税负转嫁给资本来源国政府。于是在 1921 年，美国国会开始修订税法，对外国税收抵免进行限制。按照 1986 年税法，税收抵免不能超出美国跨国公司按照美国税法必须缴纳的税收额。(参见表 3-2)

表 3-2　跨国公司外国来源收入主要类型

收入类型	一般规定
资本利得	指通过买卖价差实现的利得，如公司股份买卖。如果投资在售出后产生了利润，即称为实现了资本利得
股　　息	公司向股东分配的付款行为。股息通常以现金形式分配，或者以其他股份形式支付
利　　息	收到的放贷资金报酬
租　　金	使用或占用物业的报酬
版　　税	物业使用权许可，包括知识产权许可收入

资料来源：26 USC. § 862. Income from sources without the United States.

　　《美国税法典》将公司经营收入分为四个类：

　　第 1 类：被动收入，即子公司收到的利息、版权、租金和年金。

　　第 2 类：金融业务收入，包括银行、保险和财务收入。

　　第 3 类：运输收入，包括国际航运收入。

　　第 4 类：一般限制性收入，主要包括除了上述三种收入之外的主动贸易与经营收入。①

　　美国公司所得税法按照主动收入和被动收入分别制定规则。《2004 年美国创造就业法》调整了跨国公司的海外收入类别，将之合并为两大类，将金融服务收入等归入一般收入之列。所以，现在美国

---

① 　26 CFR. § 1.952-1-Subpart F income defined. 文献也常译为 "积极收入 (所得)" "消极收入 (所得)"。

税法中有关跨国公司收入，又主要分成主动收入和被动收入两大类。

美国税收抵免政策经过了长期改革演变已经定型。先前的法律允许外国税收的交叉抵免，这一概念是指：当外国税收抵免额超过美国对高税率外国来源收入的税收时，就会发生交叉抵免，以减少美国对低税率或零税率外国来源收入的剩余税。[①]因此，跨国公司在其他国家支付的高税收，可以抵免形式（credit）抵消美国对来自低税收国家的收入的税收，减少对外国来源收入的税收。起初从 1932—1976 年，美国税务部门根据国别不同，分别计算跨国公司的外国税收抵免额，限制企业进行交叉抵免的能力。后来又将对跨国公司的国别抵免限制改革为按收入类别抵免限制（简称"一篮子"抵免），要求跨国公司对来自所有国家的同类收入进行合并计算。（参见表 3-2）

美国对跨国公司所有外国来源收入分别对应不同税收抵免上限。每种外国来源收入可申请的最大税收抵免及外国税收抵免上限，等于应缴纳的美国税收。任何可用的超额抵免允许用于抵消此前两年（向后结转），或者今后五年的外国来源收入的美国剩余所得税（向前结转）；但是如果抵免不能在此期间用尽，就不再有效了。从 2007 年开始，美国税法要求跨国公司按照九大类收入分别计算抵免限额。独立设立的收入类别有利于美国将移动性特别强的国际投资保留在国内，例如国际航运、金融服务和组合贷款等，这样国际投资就会减缓流向低税率国家了。《美国税法典》的 F 分编对此类投资收益不允许获得递延资格，但是一旦允许将收入、高流动性投资的外国税收与低流动性的经营活动产生的超额外国税收抵免合并，美国跨国公司将重新获得向海外转移投资的更大激励。可见，正是对收入划分为

---

① 联邦国税局将其称为所谓的 "cross-crediting regime"。参见 "Foreign Tax Credit Abuse." p. 3, https://www.irs.gov/pub/irs-drop/not98-5.pdf。"cross-crediting regime" 十分复杂，其中国会预算局的解释较为全面。参见 "Options for Taxing U.S. Multinational Corporations." Jan. 2013, https://www.cbo.gov/publication/43764.

不同类别, 才有助于压制跨国公司加速向外投资。上述因素都成为美国改革国际税制的动力。

(三)《1986 年税制改革法》与美国国际税制特征

美国联邦实行改进型的国际税制以满足对跨国投资的管理要求。《1986 年税制改革法》确立的美国国际税收体制, 一是包含了全球税制的因素, 即美国企业无论投资何处均需向美国纳税; 二是包含了参与豁免税制的因素。美国对于本国企业和外国企业来自美国境内的收入都要求征税。可见尽管美国国际税收体制被称作全球税制, 却混合了属于参与豁免税制的外国分支企业的税收递延(Deferral)和对外国税收给予的交叉抵免待遇政策。1986 年美国税制具有五大特征:

第一, 延期纳税主要针对 CFC 的主动所得税。根据美国税法的递延纳税政策, 允许跨国公司在外国投资组建的子公司延迟向美国缴纳所得税, 直到该子公司对美国母公司进行股息分配为止。然而, 美国税法要求特定收入立刻纳税, 其中包括不属于企业利润的版税和支付的利息、外国分支机构之营业收入等, 都需要立刻纳税。另外, 一些归于 F 分编的易转移收入, 需要在本期纳税。[①]

第二, 允许跨国公司利用在外国已纳税收抵免美国的外国来源所得税。实施外国税收抵免的目的, 是帮助美国跨国公司的海外子公司规避双重征税。(1)如果跨国公司收入发生在美国, 由跨国公司缴纳的美国税收和外国税收之和, 就不应超过外国税收或美国税收两者中较多的税收额。(2)美国对于跨国公司的外国税收抵免不设限。而在全球税制之下, 本期纳税和外国税收抵免政策的后果与在参与豁免税制一样。(3)美国为了保护来自高税率国家的应税所得,

---

①   26 U.S. Code Subpart F. Controlled Foreign Corporations.

给予跨国公司的税收抵免待遇仅限于应缴美国税收。然而由于参与豁免税制的国际税收效率更高，在税率高于美国的其他国家，跨国投资企业会得到退税，在税率低于美国的其他国家，跨国企业则需补税。

第三，交叉抵免政策允许适用低税率的外国来源收入用于抵免美国的高所得税。当给予跨国公司在某个国家已经缴纳的税收抵免待遇超过应缴的美国所得税时，剩余部分可用于抵免的所得税很少，或用于抵免其他不课税国家的应缴美国税，这项政策称为交叉抵免。如果按照国别不同，对跨国公司的税收抵免设限，则跨国公司缴纳的美国税，或者在每个东道国缴纳的税收会更多。所以，外国税收抵免上限适用于不同类别的收入或一篮子收入。主要收入篮子包括主动收入和被动收入两类。从具体项目来看，一是版税属于业务经营收入，应归入主动收入篮子，而且通常由于版税在其来源国家得到扣除，这类主动收入会因过度利用美国税收抵免外国税收而获益。二是石油与天然气的开采适用的过度抵免也有限制，石油和天然气通常适用相对较高的税率。

总之，美国国际税收的递延纳税政策使跨国公司得以为适用税率选择不同类别的收入，而且递延纳税政策与交叉抵免政策相结合后，导致跨国公司缴纳的美国税收更少。据 Costa 与 Gravelle 估计，美国跨国公司的剩余税平均有效税率只有 3.3%。[①]

第四，跨国公司收入是否属于外国来源影响到过度抵免企业的税收负债。这是由于外国税收抵免上限政策在起作用，因为：（1）跨

[①]　参见 Melissa Costa and Jennifer Gravelle. "Taxing Multinational Corporations: Average Tax Rates." *Tax Law Review*, 65(3), Spring 2012, pp. 391-414. 同时参见 Melissa Costa and Jennifer Gravelle. "U.S. Multinationals Business Activity: Effective Tax Rates and Location Decisions." Proceedings of the National Tax Association 103rd Conference, 2010, http://www.ntanet.org/images/stories/pdf/proceedings/10/13.pdf, 5 Oct. 2021.

国公司的外国来源收入在总收入中所占比重越大，获得的外国税收抵免就越多；（2）外国税收抵免受到扣除政策影响。个别扣除可指定归属外国来源或者国内来源的收入，但是有些由美国母公司发生的一般支出，如利息与研发成本，则按照外国与国内资产的比重进行分配。《2017年减税与就业法》规定，从2020年12月31日开始，由外国子公司支付的利息也将进行类似分配；财政部将目前仅包含美国利息在内的扣除政策，扩大到包含全球利息，从而将对某些外国利息的扣除分配到美国，提高了外国来源所得享受外国税收抵免政策的上限。

第五，允许跨国公司利用所有权转移规则。为确认外国税收抵免额，美国税法要区分销售产品或服务的收入，第一种收入是美国公司从其他企业购买，用于销售的收入；第二种收入是美国企业自身生产并销售的收入。其中，第一种收入应符合"所有权转移规则"①，这种收入指明了其收益来源于发生销售行为的国家。②（1）对于在美国生产、在外国销售产品收入的一半，归属发生转移收入的来源国。因此为出口安排外国转让地点相对更容易，则出口收入的一半符合拥有超额抵免的外国税收可用抵免进行冲减的条件。（2）根据外国税收抵免上限要求，与海外主动经营关联的版税支出，被视作外国来源收入，对于处于过度抵免地位的跨国公司就能有效地规避税收，因为按照外国来源规则，版税通常能够以成本名义获得扣除。

---

① 所有权转移概念的核心是改变财产的有益用途。美国密歇根州法的"所有权转移"定义是，财产所有权或当前权益的让渡，包括财产的有益使用，其价值实质上等于用费利息的价值。MCL 211.27a(6)(a)-(j) 提供了各种不同的例子，说明为了不限制应税价值的目的而构成的所有权转移。如果财产（或所有权利益）的转移符合上述定义之一，并且不属于法律中注明的例外或豁免之一，该转移就是所有权的转移。参见 The Michigan State Tax Commission. Transfer of Ownership Guidelines, 30 Oct. 2017. p. 4. 而《美国税法典》中的有关概念是不清晰的。参见 17 USC. Ch. 2: Copyright Ownership and Transfer。

② "Modify the Rules for the Sourcing of Income From Exports." 13 Nov. 2013, https://www.cbo.gov/budget-options/2013/44851, 5 Oct. 2021.

（四）CFC 与 F 分编规则

F 分编适用于跨国公司的 CFC 特定所得。CFC 是美国对外直接投资的主要工具,《美国税法典》第 951—965 节的 F 分编对有关 CFC 的纳税政策制定了详细规定。

1. F 分编规则内容

《美国法典》第 26 编称作《美国税法典》。在"所得税"分编,第一章"常规税收和附加税"中包括了"美国国内外来源所得的税基"规定,在"美国国内外来源所得的税基"的第三部分"美国国外来源收入"中,F 分编是其中的核心政策。F 分编有关 CFC 税收共有 17 项政策规定如下[①]:

第 951 节　计入美国股东总收入的金额

第 951A 节　包括在美国股东总收入中的全球无形低税收入

第 952 节　F 分编收入定义

第 953 节　保险收入

第 954 节　外国基地公司收入

第 956 节　美国房地产收益

第 957 节　受控外国公司;美国人

第 958 节　确定股权的规则

第 959 节　以前纳税的收入和利润从总收入中排除

第 960 节　F 分编包含的视同已付款信用证

第 961 节　受控外国公司和其他财产的股份基数调整

第 962 节　个人选择按公司所得税率纳税

[①] 另有三项规定已先后废除。分别是 § 955. Repealed. Pub. L. 115–97, title I, § 14212(a), Dec. 22, 2017, 131 Stat. 2217; § 956A. Repealed. Pub. L. 104–188, title I, § 1501(a)(2), Aug. 20, 1996, 110 Stat. 1825, 以及 § 963. Repealed. Pub. L. 94–12, title VI, § 602(a)(1), Mar. 29, 1975, 89 Stat. 58 等。

第 964 节　杂项规定

第 965 节　在过渡到参与豁免制度时，递延外国来源收入的处理

CFC 的 50% 以上投票权或者价值被美国个人持有，美国个人拥有 10% 或以上的公司投票权（"美国股东"）。[1]"美国个人"包括美国公民、居民、公司、合伙人、信托基金和遗产。[2] 如果一家 CFC 拥有 F 分编所得，每位美国股东都要在本期视同股息的总收入中纳入等比例的收入。[3]F 分编体制具有如下八项主要的法律特征。（参见图 3-1）

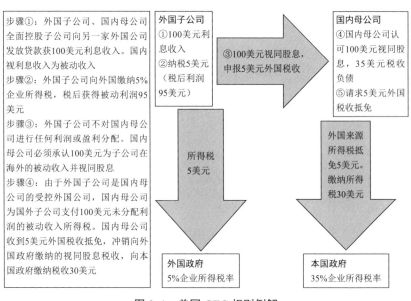

图 3-1　美国 CFC 规则例解

资料来源：United States Government Accountability Office. "International Taxation Study Countries That Exempt Foreign-Source Income Face Compliance Risks and Burdens Similar to Those in the United States." Report to the Committee on Finance, U.S. Senate, Sept. 2009, p. 15.

————————————

① 26 USC. § 957, § 951(b).

② 26 USC. § 957(c), § 7701(a)(30).

③ 26 USC. § 951(a).

第一，制定 F 分编税收规则目的是避免收入转移或否定收入转移的税收优惠。跨国公司收益既可以是从美国，也可以是从外国来源获得的，但转向了其他属于税收天堂或对于特定类别收入执行有限税收制度的辖区。所以，F 分编一般针对被动所得以及从产生所得的产品生产或服务提供的行动中分拆的收入。反过来，F 分编对于主动经营收入，一般不要求在本期纳税，除非这笔收入属于从"税收天堂"转移收入，如运输收入，或者从关联方获得的特定收入。在关联方交易中，收入转移更容易，这是由于在同一个公司集团内部，跨国公司可以通过转让定价、利润转让等手段，引导收入在不同辖区的实体之间流动。

第二，F 分编收入的主干是外国个人控股公司所得税（FPHCI）。[1] 其中包括利息、股息、租金和版税。[2]F 分编收入还包括出售物业产生的被动收入，或资本利得，投资农产品交易利得、外汇交易利得，也包括其他特定收入，实际上这部分收入属于利息或股息的等价物。正是由于外国个人控股公司收入的被动性质，这类收入通常属于高度移动性的，容易发生转移。

第三，外国个人控股公司收入规则包括从关联个人获得用于 CFC 的特定收入的特殊规则。[3] 税法对待与关联个人交易的特定主动收入有一系列规则，例如外国个人控股公司收入。[4] 然而如果 CFC 的租金或版税来自关联个人，则不适用例外规定。据此而言，从关联方收到的租金和版税通常作为外国个人控股公司收入对待，不以产生租金或版税的 CFC 经营活动的性质看待。

然而"同一国家例外"规则将被动收入从外国个人控股公司收入中排除，条件是这笔外国个人控股公司收入来自与关联个人的交易。

---

[1] 26 USC. § 954(c).
[2] 26 USC. § 954(h) and (i), 26 USC. § 953.
[3] 26 USC. § 954(d)(3).
[4] 26 USC. § 954(c)(2)(A).

根据"同一国家例外"规则，如果 CFC 收到在同一国家以 CFC 成立的公司股息或利息，关联方拥有的实质性资产用于在该国的贸易或经营，那么股息或利息则不归属于外国个人控股公司收入。[①]进而言之，作为 CFC 收益的被动租金和版税要从外国个人控股公司收入中排除，条件是从关联方收到的租金和版税是用于 CFC 成立的国家被出租或许可的物业的。[②]

第四，F 分编的其他规则要解决主动收入以外其他收入转移的可能性。例如销售收入为主动收入，F 分编通常不适用于主动收入。然而，属于"外国基地公司销售收入"（FBCSI）等特定销售收入符合纳入本期 F 分编条件，因为当制造功能与销售功能分离之后，销售收入就能从通常属于生产产品、价值发生的主要经济活动的高税收辖区向销售活动发生的低税辖区转移。[③]这在关联方交易中尤其真实。所以，"外国基地公司销售收入"规则要求，在本期纳入 CFC 销售物业收入，（1）销售活动要发生在对关联个人的购买、代理或售予；（2）制造是用于向 CFC 成立的辖区之外销售，以用于使用、消费和占有的。[④]

第五，CFC 生产并用于销售的产品要从"外国基地公司销售收入"规则中排除。[⑤]执行这一例外规定是因为当 CFC 进行生产时，通常销售功能并未与制造功能发生分离。然而在独立辖区成立的分支企业能促进收入反转。"外国基地公司销售收入"规则中包含一条附属规则，在某些情况下，当销售和生产经营在不同税务辖区间发生了分离，以求获得销售收入的低税率，在这种情况下，CFC 销售产品收

---

① 26 USC. § 954(c)(3)(A)(i).
② 26 USC. § 954(c)(3)(A)(ii).
③ H.R. Rep. No.1447, 87th Cong., 2d Sess. 62 (1962) (1962 House Report); S. Rep. No.1881, 87th Cong., 2d Sess. 84 (1962) (1962 Senate Report).
④ 26 USC. § 954(d).
⑤ Treas. Reg. § 1.954−3(a)(4).

入将作为"外国基地公司销售收入",并适用税收规则。[1]

第六，F 分编的税基为外国基地公司收入。（1）主要包括海外子公司的股息红利、利息、租金和版权等被动收入。（2）包括两种特定业务经营收入：（2.1）设在外国的销售与服务子公司的外国基地企业收入，外国是指这些产品和服务的生产和消费所发生的国家；（2.2）有关外国石油收入，即从事加工、运输或石油天然气销售的收入。（3）包括国外风险保险收入，还包括国内收到的来自国外的同类收入。跨国公司海外子公司投资美国不动产、收到的母公司支付的租金在本期缴税，避免了不分配的股息遭返。

外国基地公司收入能够通过关联方交易向低税辖区转移。[2]外国基地公司服务收入包括从 CFC 成立国家以外，为关联个人或代表关联个人提供的服务收入。[3]制定上述规则是为了解决服务活动从其他业务活动中分离后，用于位于其他辖区、为服务活动取得低税率的、独立的子公司情况。[4]这种情况不仅在 CFC 为关联个人提供服务时发生，而且发生在关联个人辅助 CFC 为非关联个人进行服务提供时。所以规则中包含了"实质援助"规则，如果关联个人向 CFC 提供实质性帮助，并提高了服务绩效，这项服务即属于代表关联方发生的绩效。[5]

第七，外国基地公司的运输收入属于 F 分编收入。[6]从主动业务及从与关联个人交易中的收益都属于 F 分编收入，这是由于运输收入移动性极高，容易偷逃全球税收。外国基地公司燃油关联收入规则[7]将最"下游"石油关联收入（如提炼收入）视为 F 分编收入，尽管

---

[1]　26 USC. § 954(d)(2).

[2]　26 USC. § 954(e)(2).

[3]　26 USC. § 954(e).

[4]　1962 Senate Report, supra note 28, at 84.

[5]　Treas. Reg. § 1.954-4(b)(1)(iv).

[6]　26 USC. § 954(f).

[7]　26 USC. § 954(g).

这类收入可能来自主动经营，而且可能完全来自非关联个人。[①]

第八，F 分编规则不允许外国收入通过投资美国物业免税遣返。[②] 例如，如果 CFC 通过购买物业或项目公司贷款方式，将经营收入在美国进行投资，这笔收入就会以一种偷逃本期税收的方式有效遣返。所以一般来说，在 CFC 对美国物业投资情形下，美国股东必须将一笔相当于投资美国物业的收入额计算后包括在总收入中。

区分跨国公司的主动收入和被动收入有利于反税法滥用。美国国际税法要求，主动收入可以递延纳税，而被动收入则必须在当期纳税。但是由于税务部门很难尽快区分主动收入和被动收入，导致跨国公司往往利用有关的所得税漏洞，透过外国实体递延所有投资的外国来源所得税。但是根据《美国税法典》F 分编规则，向美国物业的投资需缴纳美国税收，限制了跨国公司逃避美国被动所得税收的可能性，其中包括持有股份的股息。而区分主动收入和被动收入这两种收入的外国税收抵免上限政策，降低了跨国公司利用符合较高外国税收的主动股息进行抵免以保护低税收辖区被动收入的动力。

2. F 分编规则的分配与反滥用功能

反滥用规则主要针对跨国公司的海外投资税收而制定。美国等国通过反滥用规则要求容易发生转移的所得在本期课税。反递延规则与非受控外国公司中的被动外国投资公司（Passive Foreign Investment Company，简称 PFIC）的被动所得税税基有关。

打勾规则导致美国税法出现混乱。正如第二章所述，打勾规则在 20 世纪 90 年代后期扩充后，成为看穿规则。（1）作为过渡性的看穿规则，允许美国母公司的外国子公司选择性承认在不同国家组建、作为独立实体的（二级）子公司。如果二级子公司从一级子公司进行

---

① S. Rep. No. 494, 97th Cong., 2nd Sess. 149–150 (1982).

② 26 USC. § 956.

借贷，则可扣除二级子公司在组建国家的利息；支付的利息通常可按照 F 分编收入对待，并在本期纳税。（2）按照打勾规则，这种利息支付是不合规的，因为不存在独立的二级子公司。如果一级子公司位于非税辖区，则利息可以扣除，但允许不在本期纳税。由于这种安排导致在不同的税务辖区产生了形形色色的混合实体。消除混合实体避税需修改税法。

　　向下归属规则明确了 CFC 纳税的主体责任和税基。为了确定 10% 的美国股东是否属于 CFC 并满足关联性测试，《2017 年减税与就业法》扩大了推定所有权规则。具体而言，将外国人拥有的股票视为可归属于外国人拥有的美国实体（即所谓的"向下归属"）。因此，外国人士拥有的股票通常可归属于：（1）一家美国公司，该公司股票价值的 10% 由该外国人士直接或间接拥有；（2）该外国人士为合伙人的美国合伙企业；（3）特定美国信托人，如果该外国人士是受益人，或在某些情况下该外国人士是让与人或实质所有人。

　　例如：外国母公司（FP）属于广泛控股的外国公司，其中并没有 10% 的直接或间接控股美国股东。外国母公司（FP）100% 拥有美国公司（USC1）以及外国公司（FC）90% 的股份。外国公司剩余的 10% 股份由非关联美国股东控制。（参见图 3–2）在《2017 年减税与就业法》实施前，外国公司（FC）不属于美国的 CFC，现在外国公司（FC）则视作美国的 CFC。

　　向下归属规则的修改使美国所得税税基更为清晰。通常在跨国公司倒置案[①]中，如果原美国母公司的子公司向新的外国母公司出售足够多的股票，从而使美国母公司不再拥有多数股权，那么该子公司在没有向下归属的情况下，可能会失去 CFC 地位。在向下归属的情

---

① 　Congressional Budget Office. "An Analysis of Corporate Inversions", 18 Sept. 2017, https://www.cbo.gov/publication/53093.

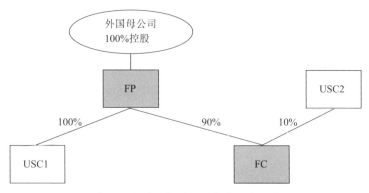

图 3-2 《2017 年减税与就业法》向下归属规则图示

资料来源: "Tax Reform Changes to International Tax Provisions." https://www.irs.gov/pub/newsroom/Topic-II-Post-TCJA-HO.pdf, 20 Sept. 2021.

况下，新外国母公司在 CFC 中的股份所有权归属于美国母公司，因此子公司继续享有 CFC 地位，仍适用于 CFC 税收规则，包括《1986年税制改革法》的 F 分编和遣返税，以及《2017 年减税与就业法》的 F 分编和 GILTI 规则。

F 分编规则是美国管理国际资本流动的有效手段。CFC 体制是美国国际资本对外直接投资的主要模式，当代美国税制在相当大程度上促进了跨国投资发展，而且通过 F 分编规则，美国税务部门对于跨国公司向海外的投资收益权牢牢控制在政府手中，极大服务了美国全球治理战略的制定与实施。

二、外国来源所得税递延与跨国投资

"递延"的基本意思是对纳税人经济上的净收入或净收益税收在本期延期征收。① 但是为了反避税，美国制定了反税收递延规则（anti-deferral rule），以确保 CFC 在美国境外产生的 F 分编收入在其

---

① Congressional Budget Office. "Options for Taxing U.S. Multinational Corporations." Jan. 2013, p. 7.

美国股东手中可能需要缴纳美国税。《美国税法典》包含两种主要反税收递延规则,分别是:(1)《美国税法典》第 951—964 节的受控外国公司(CFC),即 F 分编体制;(2)《美国税法典》第 1291—1298 节 PFIC。根据美国税法,递延在法律条文中会明确指定,不过有些条文中并不明确指定,递延纳税是美国税制的基本规则之一。

(一)外国来源所得税递延规则与国家竞争力

美国跨国投资所得税收递延政策实施一个多世纪以来充满矛盾。[1]在美国海外投资收益纳税递延体制实施后,废除或限制税收递延规则的建议此起彼伏。由于投资税收属于对资本利得实现后的征税,所以只有当纳税人可以使用这部分收入时才应当征税,这是美国对海外跨国投资税收实行递延纳税的初衷。但维护海外所得税收递延政策一方认为,要保护美国跨国公司与来自低税率国家和实施参与豁免税制国家的跨国公司进行竞争,必须通过递延纳税规则,限制美国母公司使用海外收益,将受益进行再投资。如果限制了外国税收抵免,美国跨国公司就不再青睐在高税率国家投资,但是,一旦跨国公司具有了递延所得税的能力,往往会更青睐在低税率辖区投资。

美国施行税收递延规则变化引发了一系列争论。[2]2017 年税制改革前,美国政学界都认为,由于实施外国盈利递延纳税政策是为了激励竞争,递延纳税是否会产生激励效果,关键要看如何定义竞争对象。如果竞争是指海外市场竞争力,那么递延纳税确实会强化美国跨国公司子公司在国际市场上的竞争力。因为美国跨国公司在海外投资经营所面对的竞争者是那些只缴纳本国税收的对手,而由于美

---

①　Office of Tax Policy Department of the Treasury. "The Deferral of Income Earned Through U.S. Controlled Foreign Corporations: A Policy Study." Dec. 2000, ix.

②　United States Government Accountability Office. "Corporate Tax Expenditures, Evaluations of Tax Deferrals and Graduated Tax Rates." Report to Congressional Requesters, Sept. 2013, pp. 9–16.

国施行全球税制，跨国公司既必须缴纳外国来源所得税，又要缴纳美国所得税，如果递延了缴纳美国税收，客观上将促使跨国公司与外国竞争对手进行公平竞争。（参见图 3-3）

但是税收递延规则是否产生正税收收益却无法确定。对此主要有几种观点，第一种观点认为，美国跨国公司的海外投资部分受到递延纳税政策的正面影响，进而对于国内就业和工资产生了推动的效果。

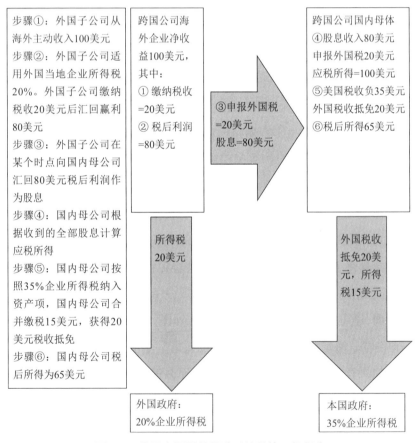

图 3-3　外国来源所得税递延纳税的一般程序

资料来源：United States Government Accountability Office. "International Taxation Study Countries That Exempt Foreign-Source Income Face Compliance Risks and Burdens Similar to Those in the United States." Report to the Committee on Finance, U.S. Senate, Sept. 2009, p. 8.

　　第二种观点质疑对跨国公司递延纳税的效果。美国财政部认为，跨国公司的海外投资与国内投资额增加和减少都有关，因此对跨国公司实行递延纳税，对于就业和工资的影响效果是不确定的。如果将美国跨国公司的竞争力定义为在国内的竞争力和向外国出口产品的能力，那么递延纳税对美国国内或出口型企业不会带来任何好处，而且还人为提高了跨国公司的优势。经验事实和研究结果都表明，税收递延规则造成跨国公司缴纳的美国所得税越来越少。[1] 如果跨国公司的外国来源收入来自平均税率低于美国的国家，那么跨国公司就具有税收优势，因为跨国公司全球来源收入的平均有效税率低于美国国内企业净所得税率。

　　第三种认为，无论是国内企业还是跨国公司实际税率差不多。例如 Eric Toder 认为，竞争力不应在公司层面定义，而应当根据产业，或者国家目标进行定义。[2] 如果美国产业有竞争力，那它一定会吸引更多投资和资源。也有人认为，竞争力的概念应当更平实，实际上指的是制度、政策、人力禀赋或者资源禀赋，因而竞争带来国民总产量更高。所以有竞争力的税收政策意味着，税收制度不会阻碍全国资源被用于最佳用途，那么只有满足这个标准的国家，在国际贸易中才能实现互惠，而认为税收优惠只能提高某个企业的竞争力的看法，显然不符合这一思想。

（二）跨国投资所得税递延的税收效应

　　跨国投资递延纳税政策将产生多重税收效应。[3] 第一是递延纳

---

[1]　United States Government Accountability Office. "U.S. Multinational Corporations: Effective Tax Rates Are Correlated with Where Income Is Reported." Washington, D.C., 12 Aug. 2008.

[2]　Eric Toder. "International Competitiveness: Who Competes Against Whom and for What?" *Tax Law Review*, 65, Spring 2012.

[3]　United States Government Accountability Office. "Corporate Tax Expenditures, Evaluations of Tax Deferrals and Graduated Tax Rates." Report to Congressional Requesters, Sept. 2013, pp. 9–16.

税增加了跨国公司避税的机会。假设美国跨国公司在税率为 15% 的东道国投资 1 亿美元。跨国公司在获得盈利后，再次将 50% 收益投入外国子公司，而将另外 50% 收入遣返回美国。如果不存在递延纳税政策，那么全部收入都须及时纳税。然而由于实行了递延纳税政策，跨国公司实际上只有 5 000 万外国收入需要纳税，而另外 5 000 万美元不加遣返，意味着跨国公司没有实现收益。所以这部分收入则不纳税。如果对 5 000 万美元遣返的收入按照 15% 纳税，美国 35% 的税率则高于外国。可见由于实行递延政策，跨国公司的美国税收负债只有 1 000 万美元。如果美国跨国公司将来遣返剩余收入，才会对美国产生税收负债，即欠税。而跨国公司在境外的再投资将继续受益，直到未来遣返这部分收入，才会缴纳税收。（参见表 3-3）

表 3-3　美国跨国公司税收负债递延效果示例

单位：100 万美元

			纳税无递延情景	1986 年税法：递延
税前所得	美国收入		100	100
	外国税前收入	遣返母公司应税所得	50	50
		海外再投资收益	50	50
	总收入		200	200
	美国税法管辖收入		200	150
美国与外国税收负债、税收抵免	使用外国抵免前的美国税收	税率（%）	35	35
		负债	70	52.5
	外国税收	税率（%）	15	15
		负债	15	15
	外国税收抵免		15	7.5[a]

（续表）

		纳税无递延 情景	1986 年 税法：递延
使用税收抵免后 美国与外国税收 负债	美国税收	55	45
	外国税收	15	15
	税收总额	70	60

资料来源：United States Government Accountability Office. "US Multinational Corporations: Effective Tax Rates Are Correlated with Where Income Is Reported." Report to the Committee on Finance, U.S. Senate, Aug. 2008, p. 7.

注：（a）对于归属于遣返的外国来源所得税，允许使用抵免。

　　第二，跨国公司常通过递延应遣返收入与超额抵免相结合的手段避税。[1]美国允许跨国公司将收益继续留在海外低税率国家、使用高税率国家的超额抵免，保护从低税率国家遣返的收入，以增加财政收入。这样，跨国公司就能免去从低税收国家应缴纳的美国税收。

　　假设有一家美国跨国公司的国内收益是 1 亿美元，从税率为 15% 的国家获得的收益也是 1 亿美元。如果该企业的收入不递延，而是在本期遣返，需要缴纳的美国税收就是 7 000 万美元，如果减去外国税收抵免 1 500 万美元，美国税收则只剩下 5 500 万美元。（参见表 3-3）由于递延遣返收入，应纳税额将减少到 1 000 万美元。但是企业还有其他选项，例如进行再投资、运用递延和交叉抵免，这样就能减少美国的税负，甚至完全无须缴纳美国欠税。假设该跨国公司将国内投资和海外投资集中在两个国家，一个国家的税收高于美国（40% 税率），另一个税率低于美国（10%）。如果从高税率国家遣返 1 亿美元，从低税率国家遣返 2 000 万美元，该企业将可能利用交叉抵免 4 000 万美元，这笔税款等于向高税收国家缴纳的税收额，可以抵消

---

[1]　Congressional Budget Office. "Options for Taxing U.S. Multinational Corporations." Jan. 2013, p. 9.

从低税率国家遣返资金的欠税额。可见通过向海外投资、将投资收益继续保留在海外、运用交叉抵免方法，该跨国公司的美国欠税额就从 5 500 万美元减少到了 0，全部欠税额从 7 000 万美元降低到了 5 500 万美元。

第三，实施递延纳税体制导致国际税收体制破烂不堪。[1]长期以来，美国学界一致认为，对跨国公司实施的纳税递延规则加剧了联邦税制的复杂程度，并导致纳税程序越来越冗长、跨国公司避税越来越严重。这是因为，一是递延纳税激励了跨国公司向海外转移投资以适用更低税率，导致跨国税收管理难度不断增加；二是税法不断"打补丁"，通过更新规定限制跨国转移收入，进一步导致税制复杂化。最典型的是打勾规则[2]和看穿规则的制定和实施。1997 年制定了打勾规则，允许全资外国实体纳税人在独立企业或非公司企业两类实体中选择归类，导致美国跨国"混合实体"急剧增加。到了 2006 年，又制定了看穿规则，允许 CFC 从关联企业收到的或归属于关联企业的 CFC 的股息、租金和版税以非 F 分编收入对待。[3]而 F 分编规则对于有关纳税递延例外的措施，利息、版税和易于操纵的有关被动收入不得递延纳税，导致跨国公司减税操作的空间更大，可见美国国际税制规则的前后矛盾，都导致确定递延收入规则更加不确定。

第四，递延纳税因外国税收抵免和反滥用的转让定价问题而愈发复杂。[4]联邦税务局对于转移定价的定义如下：《美国税法典》第

---

[1]　United States Government Accountability Office. "Corporate Tax Expenditures, Evaluations of Tax Deferrals and Graduated Tax Rates." Report to Congressional Requesters, Sept. 2013, pp. 18–19.

[2]　26 CFR. §§ 301.7701–1 to 4.

[3]　26 USC. § 954(c)(6).

[4]　United States Government Accountability Office. "International Taxation: Study Countries That Exempt Foreign-Source Income Face Compliance Risks and Burdens Similar to Those in the United States." Washington, D.C., 15 Sept. 2009.

482 条规定,在涉及货物、服务或无形资产转移的公司间交易中,一个关联公司从另一个关联公司所收到价格的结果,与在相同情况下非受控纳税人从事同一笔交易所产生的结果相一致。[①](1)纳税递延规则允许跨国公司根据超额外国抵免确定外国来源收入的遣返时间,以降低实际税负。但是抵免前首先要确定跨国公司归属于外国来源收入的全球应税所得,跨国公司希望能够抵免的外国来源收入越多越好,所以增加了税法体系的复杂性。交叉抵免、被动收入抵免主动收入等规则,也都导致美国国际税收体制越来越复杂,因此构成恶性循环。(2)转让定价问题更加导致税收递延规则趋于复杂。转让定价目的是促使关联方按照公平交易规则销售货物或服务,限制转移收入,但是如何确定并评价转让价格,对税务部门和纳税人造成更大困难,而且如何评价无形资产转让定价的公平性,有关的可比市场信息极其稀少。

实际上要求企业制定假定转让价格根本难以全面实现。而转让价格的确定则要求与非关联方进行公平交易的两个公司之间要统一达成估价,而价格通常很难确定。当存在可观察到的非关联方可比交易时,建立公平交易价格相对要直接得多。但对很多交易来说,特别是进行与诸如发明、配方和商标等无形资产或特许无形资产的许可权相关交易时,建立无形资产转让价格就困难得多。

第五,跨国公司递延纳税产生的投资效应不确定。[②]纳税递延政策有助于推动美国中小企业增加出口,对于大跨国公司来说就显得不十分必要,可见,递延纳税影响跨国公司的投资决策。尤其是由于

---

① Internal Revenue Service. "Transfer Pricing." https://www.irs.gov/businesses/international-businesses/transfer-pricing.

② United States Government Accountability Office. "Corporate Tax Expenditures, Evaluations of Tax Deferrals and Graduated Tax Rates." Report to Congressional Requesters, Sept. 2013, pp. 19–20.

不同国别的国际税收体制不同，递延纳税直接影响投资决策，同时还将影响跨国公司选择居民国家，影响子公司遣返税，还影响到跨国公司是否利用收益进行再投资。如果跨国公司受税率影响，为降低税负将资源投入产出较低的经营活动进行税收筹划，这样的决策就是扭曲的。

《2017年减税与就业法》改革美国国际税制和向参与豁免税制转型，激发了美国政学界彻底解决投资激励难题的愿望，但究竟会对资本回流和跨国投资产生何种影响，还有待事实检验。①

（三）跨国公司递延纳税的财政效应

改革跨国公司递延纳税规则有利于增加联邦财政收入。美国国会认为，税制改革的路径有两条，一是国际税收体制改革后，对跨国公司的全球来源收入在报告期全面纳入。二是采用股息豁免体制。国会联合税收委员会（JCT）和国会预算办公室（CBO）都曾经要求联邦国际税收应废除递延纳税规则，全面转向全球纳入体制，跨国公司全部收入无论是否遣返都要纳入本期税基征税。以2012年美国跨国公司投资收益为例，经JCT计算，如果向全球纳入体制转型，可增加47亿美元财政收入；如果豁免属于主动收入的外国股息，改革间接成本纳入税收政策，还将再增加33亿美元财政收入。以2012—2016年五个纳税年份为例，对跨国公司的本期收入全面纳入税基后，联邦税收收入将增加497亿美元，相比之下，如果向参与豁免税制转型，同期只能增收317亿美元。② 但是这一测算建立在理论上，而且不顾OECD国家等大多已采用参与豁免税制的潮流。实际上在数字

---

① 26 USC. § 243. Dividends received by corporations.
② Congressional Budget Office. "Reducing the Deficit: Spending and Revenue Options." Washington, D.C., 10 Mar. 2011.

经济不断发达的时代，跨国投资收益的转移极其普遍，已经造成了无论是全球税制还是参与豁免税制都难以解决，却不得不思考解决办法的难题。

美国豁免外国股息后对增加财政收入有一定的推动。这是因为成本分配规则的变化减少了美国收入的成本扣除，扩大了税基。利息成本属于美国母公司的间接成本，可在国内投资活动和在海外投资活动之间进行分配。采用股息豁免体制以后，联邦财政收入将会增加，因为豁免的美国主动股息税后，增加的税收收入低于向豁免的外国收入分配间接成本增加的税收，这种分配要求导致有关费用无法在美国税基中扣除。如果不改革间接成本政策，美国向股息豁免体制转型将导致企业所得税收入减少。但是，实施完全纳入税制和参与豁免税制的财政收入效果如何，还将取决于税制改革对美国所得税向海外转移的激励、税务部门监管的严厉程度，以及转型的具体设计。

美国政府和跨国企业对于改革国际税制有不同诉求。美国国会审计局（GAO）认为，实施纳入全球所得税，对于跨国公司向低税率国家和地区转移所得税的激励将变小。但是如果向参与豁免税制转型，对跨国公司向低税率国家转移投资的激励更大。[1] 从具体的转型设计考虑，可以增加对跨国公司外国来源收入的最低税政策。但是，《2004 年美国创造就业法》一次性豁免了大型跨国公司的股息，给所有的大企业发出了强烈信号，利用税收递延政策将投资收益在海外进行循环投资，未来还能再次享受税收豁免的好处。

准确衡量所得税递延政策的财政效果难度较大。据美国商务部

---

① United States Government Accountability Office. "International Taxation: Study Countries That Exempt Foreign-Source Income Face Compliance Risks and Burdens Similar to Those in the United States." Washington, D.C., 15 Sept. 2009.

经济分析局（BEA）披露，2009 年美国企业外国子公司的净收益为 9 000 亿美元，其中不包括美国母公司的外国分支机构收益。[1] 根据一项对 880 家企业财务数据的研究发现，截至 2011 年 5 月份，尚未遣返的外国所得高达 1.4 万亿美元。[2] 而 JCT 则估计，美国跨国公司递延所得税在 2012 年产生的欠税高达 160 亿美元，如果合并 2011—2015 年数字将可能高达 870 亿美元。[3]

由此可见，1986 年税制促进了美国跨国公司包括制造业跨国公司向海外投资，而 2017 年美国税制改革后，实施了更加严格的反避税政策，客观上不利于跨国公司包括制造业对海外的投资，然而新政策在多大程度上将对跨国资本的跨国流动产生影响，还取决于投资东道国的税制变化等国际因素。

三、外国来源所得税抵免与跨国投资

美国实施外国税收抵免政策是为了避免对跨国投资双重征税，外国所得税抵免也是美国对跨国公司外国来源所得税收管理重点之一，CFC 符合税收抵免的资格。实施外国税收抵免政策促进了美国制造业对海外投资，而设置税收抵免上限规则、交叉抵免与超额抵免的处理规则、费用扣除规则，客观上有助于增加联邦财政收入。

（一）外国税收抵免与抵免限制政策

外国税收抵免政策的基本目的是避免对跨国投资双重征税。

---

[1] U.S. Department of Commerce, Bureau of Economic Analysis. "U.S. Direct Investment Abroad: Financial and Operating Data for U.S. Multinational Companies." 19 Nov. 2012, http://go.usa.gov/fTf, 5 Oct. 2021.

[2] Dane Mott and Amy Schmidt. "Accounting Issues: Show Us the Foreign Cash!" North American Equity Research, 12 Sept. 2011.

[3] Joint Committee on Taxation. "Estimates of Federal Tax Expenditures for Fiscal Years 2011–2015." 17 Jan. 2012, http://go.usa.gov/flW, 5 Oct. 2021.

《1986 年税制改革法》施行全球税制，按照居民原则对于美国居民企业的外国来源收入征税。但是投资东道国按照来源地原则，要求美国跨国企业的外国来源收入还要在当地缴纳税收。为了避免对外国来源收入双重征税，美国对外国来源所得税规定了抵免政策，纳税人可在美国的税收中扣除外国来源所得税，将美国应纳税收部分减去（抵免）外国已缴纳的所得税，剩余部分再缴纳美国所得税，这部分称美国剩余税。外国来源所得税抵免只限于美国税收额以内，如果外国来源所得税收额超过了美国所得税，也不会发生退税。诸如房产税、工商税、工薪税和增值税等外国税收，可从应税外国来源收入中扣除，不能抵免美国税收。全部外国来源所得税都能对美国税收进行抵免，其中包括省州税。美国的州所得税不得抵免联邦所得税，但是州税在联邦所得税的应税所得中可以扣除。

外国所得税抵免是美国对跨国公司外国来源所得税收管理重点之一。美国跨国公司的外国来源收入来自企业经营或直接投资。（1）假如美国跨国公司的外国来源收入是通过外国分支机构取得的，就要在取得收入当年缴纳美国所得税。应纳美国税收额等于美国税率乘以跨国公司分支机构的收入额，当跨国公司海外分支机构向母公司汇款时，对于外国来源所得税和外国暂扣税即给予抵免。跨国公司外国分支机构的亏损也能从国内来源收入中扣除，以减少美国所得税。在以后的年份，如果海外子公司盈利了，跨国投资利得将按照美国来源收入看待，这部分收入将不能再申请美国税收抵免，直到美国财政部在税收收入中恢复了美国跨国企业的外国子公司的亏损扣除部分为止。（2）如果外国来源收入是通过在外国成立的独立附属机构赢利产生的，这笔外国来源收入以股息形式向母公司分配时，通常就符合缴纳美国税收的要求。跨国公司没有向美国汇回投资收益的美国税收即得到递延了，直到跨国公司汇回收益为止。

美国的 CFC 符合税收抵免的资格。美国跨国公司的 CFC 即子公司利用收益与利润（E&P），在缴纳外国来源所得税后，向母公司分配股息。要确定汇回股息的应纳美国税收，就要确定外国来源收入，那么外国来源收入的美国税收额（T_{us}）计算如下式：

$$T_{us} = t_{us} D / (1 - t_f) \qquad (3.1)$$

式中 D 为股息，t_{us} 等于美国税率，t_f 是用来计算外国税收抵免的外国来源所得税率，即已缴纳的外国来源所得税除以作为应税收入衡量指标的子公司收益与利润。然后，美国公司从应税美国收入中减去在外国缴纳的股息所得税，再加上股息的外国暂扣税。如果两者的差为正值，美国公司即需缴纳美国剩余税；如果差为负值，美国公司处于超额抵免地位。通常美国母公司在计算外国税收抵免和外国剩余税时，允许将所有在外国的经营企业，无论是分支机构，还是子公司的所有外国来源收入和外国税收进行相加，并进行美国税务处理。[1]可见税收抵免有利于推动美国跨国公司海外投资，也能增加联邦财政收入。（参见表 3-4）

表 3-4　限制外国税收抵免对跨国公司税收负债的影响

单位：100 万美元

		不设置税收抵免上限	1986 年税法：对符合美国税收的外国收入限制抵免
税前收入	美国收入	100	100
	遭返外国收入	100	100
	总收入	200	200

---

[1] Donald J. Rousslang. "Foreign tax credit." https://www.urban.org/sites/default/files/publication/71091/1000531-Foreign-Tax-Credit.PDF, 5 Oct. 2021.

（续表）

		不设置税收抵免上限	1986 年税法：对符合美国税收的外国收入限制抵免
美国与外国税收负债、外国税收抵免	外国税收抵免前的美国税率（%）	35	35
	税收负债额	70	70
	外国税率（%）	40	40
	税收负债额	40	40
	外国税收抵免	40	35
抵免后的美国与外国税收负债	美国税收	30	35
	外国税收	40	40
税收总额		70	75

资料来源：Congressional Budget Office. "Options for Taxing U.S. Multinational Corporations." Washington, D.C.: CBO, Jan. 2013, p. 38.

外国税收抵免政策有利于美国制造业对海外投资。根据有关统计，2008 年美国 7 424 家跨国公司占全部企业的 0.4%，但是应税收入占全部企业所得税的 70%。美国跨国公司的 7 000 亿美元全球收入申报税收抵免 1 000 亿美元，税收抵免将美国跨国公司的税收负债水平降低了 40%；其中的四分之三是制造业企业的抵免，这类企业的税收负债降低了 55%，海外遣返收入占申请外国税收抵免企业的全球应税收入的 60%。（参见表 3-6）从英国、加拿大两国遣返的收入分别占 10% 和 8%，而从税收天堂地区遣返的收入占 9%，其中包括百慕大、卢森堡、开曼群岛以及巴哈马地区。[1] 由此可见，税收抵免规则既促进了美国跨国公司对外投资，却也导致美国企业的跨国避税，如何解决这一矛盾成果为美国进行国际税收管理的难题，其中一项

---

[1] Congressional Budget Office. "Options for Taxing U.S. Multinational Corporations." Jan. 2013, pp. 41–42.

缺失的规则就是设置税收抵免上限。

通过设置税收抵免上限规则有助于增加联邦财政收入。但是如果不设置外国税收抵免规则，那么跨国公司的超额税收抵免将导致联邦税务局（IRS）有可能从跨国公司投资中无法取得税收，并且在客观上使用了美国财政资金对外国政府和企业进行补贴。（参见表3-4）美国《1986年税制改革法》对符合美国税收的外国收入限制抵免政策后，有500万美元的外国税收抵免无法在美国联邦税收中使用，因而联邦财政收入增加了相应的数额。

（二）交叉抵免与超额抵免的处理规则

交叉抵免规则允许外国所得税抵免用于在美国抵免所得税。当给予跨国公司在某个国家已经缴纳的税收抵免待遇超过了来自该国收入应缴的美国所得税时，剩余部分可用于抵免对所得课税很少或不课税的其他国家应缴美国税，这就是交叉抵免政策。如果对税收抵免按国别设限，则跨国公司缴纳的美国所得税或者每个外国的所得税会更多。所以，对主动收入和被动收入来说，外国税收抵免适用于不同类别的美国税收抵免上限。从一些具体项目来看，（1）版税属于经营收入，应归入主动收入一类。由于版税在收入来源国会被扣除，这样跨国公司的主动收入就可因过度利用美国税收抵免外国税收而获益。（2）石油与天然气开采适用相对较高税率，因此适用过度抵免会受到限制。

跨国公司因税收抵免政策和纳税递延政策的结合而大获超额收益。美国国际税收的递延纳税政策使跨国公司得以为适用税率选择所得，而且将递延纳税政策与交叉抵免政策合起来，使跨国公司缴

税更少，估计跨国公司的美国平均有效剩余税率只有 3.3%。[①]（参见表 3-5）

表 3-5 美国跨国公司税收交叉抵免效果示例

单位：100 万美元

所得税抵免政策			高税率国家	低税率国家	合计
税前收入		外国收入	100	100	200
		向美国遣返的应税外国收入	100	20	120
美国与外国税收负债：税收抵免	美国	税率（%）	35	35	35
		税收负债	35	7	42
	外国	税率（%）	40	10	n.a.
		税收负债	40	10	50
使用外国税收抵免后，美国和外国税收负债：不允许交叉抵免		潜在[(a)]外国税收抵免[(b)]	40	2	42
		允许外国税收抵免[(c)]	35	2	37
		美国税收	0	5	5
		外国税收	40	10	50
		总税收	40	15	55
		潜在[(a)]外国税收抵免[(b)]	40	2	42
		允许外国税收抵免[(c)]	35	7	42
		美国税收	0	0	0
		外国税收	40	10	50
		总税收	40	10	50

资料来源：Congressional Budget Office. "Options for Taxing U.S. Multinational Corporations." Washington, D.C.: CBO, Jan. 2013, p. 40.

注：n.a.= 不适用。（a）遣返所得缴纳的外国税收。（b）每个国家的抵免不进行单独计算。（c）潜在抵免或遣返外国所得的美国税收负债两者中较小的一个。

[①] Melissa Costa and Jennifer Gravelle. "Taxing Multinational Corporations: Average Tax Rates." *Tax Law Review*, 65(3), Spring 2012, pp. 391–414. 同时参见 Melissa Costa and Jennifer Gravelle. "U.S. Multinationals Business Activity: Effective Tax Rates and Location Decisions." Proceedings of the National Tax Association 103rd Conference, 2010, http://www.ntanet.org/images/stories/pdf/proceedings/10/13.pdf, 5 Oct. 2021。

　　跨国公司保护从低税率国家遣返收入的主要手段之一是使用超额抵免。[1] 根据美国税法有关规定，外国税收抵免政策只限于美国税收负债，从税率高于美国税率的国家遣返的收入产生超额抵免，是因为抵免纳税额超过了所欠美国税收，所以外国税收负债无法抵免。而从一个税率低于美国的国家遣返的收入享受的外国税收抵免，将不足以冲销所欠美国的所得税，企业面临着剩余税。根据美国税法，企业允许分别合并从低税率国家和高税率国家所得和抵免。归属于高税率国家的超额抵免可交叉使用于从低税率国家遣返的收入，有效冲销部分或全部从低税率国家汇回的收入的美国税收负债。

　　交叉抵免政策对跨国公司纳税更加优惠。假设美国某跨国公司从一个所得税率为 40% 的国家遣返 1 亿美元收入，从另一个所得税率为 10% 的国家遣返 2 000 万美元收入。（参见表 3-5）首先，在不存在交叉抵免的情况下，跨国公司申请从高税收国家抵免 3 500 万美元，这是跨国公司所欠的 1 亿美元收益的税收，申请从低税率国家抵免税收 200 万美元，这是遣返 2 000 万美元的抵免额。然而，按照《1986 年美国税制改革法》，跨国公司将产生 500 万美元的超额抵免，这是因为 4 000 万美元的潜在抵免和 3 500 万美元允许抵免的差额。跨国公司可将剩余的 500 万美元用于冲减在低税国家应缴纳的所得税。由于对于外国税收抵免的限制减少，交叉抵免的好处就增加了。根据美国国际税制规则，跨国公司可以交叉使用抵免，导致使用这种抵免方式避税的企业越来越多。

---

[1]　Congressional Budget Office. "Options for Taxing U.S. Multinational Corporations." Washington, D.C.: CBO, Jan. 2013, p. 13.

表 3-6　美国针对不同产业的税收抵免，2008 年

单位：10 亿美元

产　业	申报数量	全球应税收入[a]	美国所得税前抵免	抵免额		美国所得税后抵免
				外国来源所得税	一般营业税[b]	
制造业	1 268	384.0	134.4	73.5	4.4	56.1
服务业	2 600	68.2	23.9	7.3	2.1	14.3
采掘业	109	38.7	13.6	6.8	*	6.5
信息业	253	52.4	18.3	4.8	0.8	12.5
金融、保险、不动产租售	1 769	66.7	24.1	4.3	0.3	19.2
批发与零售贸易	570	73.1	25.6	2.9	0.6	22.0
其　他	673	13.4	4.7	0.7	0.1	3.8
合　计	7 242	696.4	244.6	100.4	8.4	134.4

资料来源：Congressional Budget Office. "Options for Taxing U.S. Multinational Corporations." Washington, D.C.: CBO, Jan. 2013, p. 11.

注：* 低于 5 000 万美元；（a）包括跨国公司的国内收入和外国遣返的美国应税收入；（b）一般营业税抵免包括经营抵免（研发抵免、投资抵免等），确定抵免上限要求对抵免进行合并。

从表 3-6 看出，在 2008 年，仅美国的制造业、服务业以及金融、保险、不动产租售三大行业，就有 5 637 家企业得到税收抵免，占美国跨国公司对外投资年度税收抵免总额的 77.84%，总额达 5 949 亿美元。其中制造业税收抵免占了当年全部税收抵免金额的 41.74%。由此可见，美国制造业的对外投资冲动，很大程度上与美国国际税收体制的规则有关联。

来自跨国投资的外国税收抵免抵消了跨国公司应纳美国外国来源所得税的大部分。以 1990 年为例，美国跨国公司的全部应税外国来源收入为 897 亿美元，包括外国来源所得税和暂扣税在内的外国税收为 274 亿美元，用于抵消美国应税额的外国税收抵免额达 250 亿美元，所以本年度的外国来源收入的美国剩余税只有 47 亿美元。2008

年美国跨国公司的税收抵免总和超过 1 344 亿美元。(参见表 3-6)跨国公司适用税收抵免规则极大地降低了跨国投资的有效税率,跨国公司倾向于加大海外投资。那么反过来也是一样的,即税率的改变将改变跨国投资在国际上的流动方向。

(三)费用扣除与抵免政策效果

跨国公司母公司对一般经营活动的费用扣除影响到超额抵免。通常一般经营费用包括贷款利息、研发支出、企业营运费用等。外国税收抵免只限用于遣返的国外来源收入的美国欠税,并减去产生收入的费用。扣除费用将减少企业允许的抵免。但是由于抵免使用的规则限制比较严格,跨国公司往往通过增加费用的方法减少应纳税额。在进行税收抵免前,一旦确定了税收负债数额,企业就需要区分国内外费用。全部外国费用可以一次性从美国应税收入中扣除,这样就能减少美国欠税。可见跨国公司通过扣除外国来源收入,就减少了美国的税收负债,甚至可将这个扣除过程提前到使用外国税收抵免之前。而且母公司还可在纳税年度从外国经营项目中扣除费用,将关联收入的遣返时间拖到今后某个年份,其目的都是为了减少美国欠税。

税前扣除政策不同于对外国税收进行抵免政策。与扣除政策相比,外国税收抵免政策对跨国公司更有利,甚至在外国税率高于美国税率的情况下,跨国公司仍宁愿使用外国税收抵免规则。假设外国来源收入为 Y,美国税率为 t_{us},外国税率为 t_f,外国来源所得税在扣除时,跨国公司的美国税收额就等于 $t_{us}(1-t_f)Y$。在跨国公司拥有外国税收抵免时,美国剩余税收等于 $(t_{us}-t_f)Y$。如果对外国来源所得税进行扣除,美国所得税的税率等于 $t_{us}(1-t_f)$,这个税率超过外国税收抵免后的美国剩余税税率 $(t_{us}-t_f)$。如果 t_f 大于 t_{us},跨国公司在进行抵免后，就不存在美国剩余税了，但是如果是扣除外国来源所得税，仍将缴纳美国剩余税。[1]

四、反递延税规则与跨国投资

跨国公司海外收益的税收递延规则推动跨国投资。但是美国跨国公司税收递延也可被加速对其美国股东进行征税的规则所否定，也就是在特定情形下，在进行股息分配之前，税法要求美国股东立即纳税，这一规则即为反递延规则（anti-deferral rule）。实行反递延规则的目的，是制止跨国公司无限期递延美国税收，特别是避免对某种外国收入漏征税收情况。

（一）"污染收入"与"幻觉收入"

F 分编是《美国税法典》管辖美国股东未分配收入的规则。《美国税法典》第 957（a）节规定，一家外国公司的"美国股东"在纳税年度的任何一天，直接或间接或通过归属，代表了 50% 的投票权，或者全部股票价值，那么该外国公司即属于 CFC。根据前述定义扩展后的所有权规则，外国公司的美国股东是指代表外国公司股票全部 10% 以上投票权、具有投票权的"美国个人"。[2] "美国个人"既可包括美国公民或居民、美国公司、美国合伙人，又可包括美国信托人以及国内遗产。[3] 股票所有权包括《美国税法典》第 958 节涵盖的间接所有权和推定所有权。同时，除此之外，所有权可由外国公司归属于个人，从一名家庭成员归属于另一名成员，还能从信托人以及遗产向受益人、被遗赠者以及继承人归属。

---

① Donald J. Rousslang. "Foreign tax credit." https://www.urban.org/sites/default/files/publication/71091/1000531-Foreign-Tax-Credit.PDF, 21 Sept. 2021.

② Treas. Reg. § 1.951-1(g)(1).

③ 26 USC. § 7701(a)(30).

　　F 分编有关跨国公司收入的基本规则是"污染收入"和"幻觉收入"两个概念。第一种是"污染收入"。《美国税法典》第 951（a）节特别指出，如果一家外国公司在一个纳税年份中，属于不间断持续 30 天以上存续的 CFC，如果每个人都既是美国股东，又在美国税法第 951（a）节包含的范围内，在当年的最后一天拥有 CFC 的股票，那么在总收入中，就必须包括同等比例的 CFC 的特定级别收入中的污染收入，以及 CFC 投资"美国财产"的特定级别收入中的污染收入。

　　污染收入包括股息、利息、版税以及特定的利得。污染收入主要是指被动收入和移动收入两类 FPHCI。[①]具体而言，是指股息、利息、版税以及某些利得。FPHCI 的特点是易于在不同国家之间的母公司和附属企业之间转移，同时寻求向低税收国家进行避税，其中包括应纳入受控外国公司纳税年份结束当年的美国股东纳税年份的收入。

　　一旦 F 分编规则确认 CFC 的特定收入属于"污染"收入，即要求美国股东自动将这类收益纳入美国所得税申报表中。当这类收益以股息进行分配后，美国股东通常将其视为已经纳税，不应二次课税。F 分编反递延规则生效须符合三大必要条件，即（1）外国公司必须属于 CFC；（2）股东必须属于美国股东；（3）CFC 必须产生特定类别的收入，或者将其收益投资于特定资产。

　　《2017 年减税与就业法》强化了对污染收入做管理。2017 年美国税制改革的 GILTI 税 [②] 按不同类别，为 CFC 收益中的污染收入规定了"安全区"。安全区主要以 CFC 税前的"合格经营资产投资"（QBAI）的假设收益为基础。在计算安全区后，所有符合 F 分编税

---

① IRS. "Concepts of Foreign Personal Holding Company Income." in *LB&I International Practice Service Concept Unit*, DPL/CU/P_2.3_13(2016), 29 Feb. 2016.

② IRS. "Concepts of Global Intangible Low-Taxed Income Under IRC 951A." in *LB&I Concept Unit*, INT-C-236, 9 Jun. 2021.

收，或被列入例外情形的 CFC 超额收益，就需要归属到 GILTI 税中，因而强化了税收的管理。

第二种是"幻觉收入"。如果跨国公司的有关收入适用 F 分编规则，即使美国个人没有分配任何股息，也必须缴纳所得税收。这种股息称为幻觉收入。一家 CFC 的 F 分编收入包括保险收入和外国基地公司（foreign based company）收入。外国基地公司收入等于四种总收入之和，即（1）外国个人控股公司收入；（2）外国基地公司销售收入；（3）外国基地公司服务收入；（4）外国基地公司与燃油有关的收入。①

所谓外国基地公司收入应符合如下三项条件：（1）收入的产生与技术类、管理类、工程类、建筑类、科学类、技能类、工业类、商业类以及类似的 CFC 有关；（2）业务涉及或代表关联方，或由关联方经营；（3）业务发生在 CFC 成立的国家之外。对于大多数 CFC 和美国股东而言，只有外国基地公司才属于关联公司。

具体来说，外国基地公司收入（包括报酬、佣金、收费）主要包括：

（1）FPHCI 由受控外国公司的收入构成，即股息、利息、年金、租金、版税，处理财产产生的上述各种类型的收入的净收益；不产生收入的物业净收益，包括休耕土地、收藏品、闲置设备和办公室，条件是财产在交易中，或者受控外国公司经营中附带，处于未使用状态；农产品交易的净收益、外国通货交易的净收益、名义主合同收入；根据个人业务合同取得的、与合同明确的实质股东完成的业务关联的收入。②

（2）所谓 CFC 个人业务收入是指例如有一名股东演员根据演出合同要求，必须在节目中出场，或允许顾客根据合同确认，演员必须

---

① 26 USC. § 954(a).

② 26 USC. § 954(c).

根据贷星公司合同参与表演产生的收入。外国基地公司销售收入属于产品交易收入，交易方可以是关联的买方或卖方个人。外国基地公司购入或销售个人财产的收入必须符合关于该财产的如下三个条件：第一，必须是不在 CFC 组建的国家生产的[1]；第二，必须是不在该国销售用于使用、消费或处理的；第三，必须是不在 CFC 制造的，除非产品是在某国制造，但通过另外的国家的分支机构销售的。[2]

（3）如果 CFC 对于第三国的合同生产商的产品生产有实质贡献，就不存在外国基地公司销售收入，条件是该业务属于所得税规则所涵盖的业务中的一种，以及 CFC 的分支机构并非根据合同在生产经营的国家成立的条件。[3]

（4）税法将四种情形确定为个人经营或者代表个人经营：(4.1) 受控外国公司从经营业务的关联个人收到的报酬或收益[4]；(4.2) 关联个人就是或有义务经营 CFC 业务的[5]；(4.3) CFC 经营的业务与关联方销售的物业有关，而且这类业务的绩效构成了这类销售的条件或者实质条件[6]；(4.4) CFC 代表个人经营业务，条件是关联个人提供了业务的"贡献绩效的实质帮助"。[7] 根据 2007 年 IRS 通知，外国基地公司业务收入存在的条件是，关联公司提供了实质性帮助。可见外国关联方的实质性帮助不能触发 CFC 的外国基地公司业务收入条款。[8]

（5）实质性帮助包括直接或间接利用美国关联方对于 CFC 的救济，条件是救济满足目标性成本检验。如果利用美国关联个人的

---

① Treas. Regs. § 1.954–3(a)(3)(i).
② Treas. Regs. § 1.954–3(b).
③ Treas. Regs. § 1.954–3(a)(4)(iv).
④ Treas. Regs. § 1.954–4(b)(1)(i).
⑤ Treas. Regs. § 1.954–4(b)(1)(ii).
⑥ Treas. Regs. § 1.954–4(b)(1)(iii).
⑦ Treas. Regs. § 1.954–4(b)(1)(iv).
⑧ Internal Revenue Bulletin: 2007–3, Jan. 16, 2007, https://www.irs.gov/irb/2007-03_IRB, 21 Sept. 2021.

CFC 业务成本等于或大于受控外国公司经营这类业务总成本的 80%，即满足此类成本检验。"成本"一词要按照《美国行政法典》第 482.13 节定义调整后确定。①

CFC 股东的美国投资人需提供有关这类外国公司的特定财务信息，按照 IRS 关于 CFC 股东的第 5471 表申报纳税。②

（二）被动外国投资公司税收规则

PFIC 属性成立的前提条件包括收入和资产两项。（1）收入。按照收入检验条件，如果外国公司 75% 及以上的收入属于某种被动收入之一，这类外国个人控股公司收入适用 F 分编规则。（2）资产。如果外国公司 50% 及以上的资产平均价值（或总值）由通常产生被动收入的资产构成，该外国公司即属于 PFIC。③ 一旦外国公司满足以上检验条件，美国股东即须受《美国税法典》有关 PFIC 规定管辖，无论企业规模大小，这一点与 CFC 的有关管理规定不一致。假设 PFIC 并非 CFC，或者 PFIC 是 CFC，但是其股东却非美国股东，则无论美国个人拥有的股份数量多少，PFIC 规则都将对之生效。

在外国成立的投资基金更有可能属于 PFIC。PFIC 的概念内涵过宽，通常会涵盖美国之外的个人业务公司，美国个人在个人经营的公司中居于少数。典型的是在确认的日期，实体资产的现金余额超过总资产的 50%，IRS 即可认定投资基金的资产性质属于被动资产。而事务所等企业在资产负债表上很少拥有硬资产，这类纳税人在实体中拥有 10% 以上的投票权。因此如果 CFC 没有产生 F 分编收入，美国股东就不必关注 PFIC 规则。而持有股份低于 10% 的美国个人，

---

① Rev. Proc. 2007−9, page 278. https://www.irs.gov/pub/irs-irbs/irb07-03.pdf, 21 Sept. 2021, 5 Oct. 2021.

② 26 USC. §§ 1298(f), 964(c)(1); Treas. Regs. § 1.964−3.

③ 26 USC. § 1297(a).

则将全面接受 PFIC 规则管辖。如果美国股东是国内合伙人，所有合伙人都将被视为从 CFC 获得收益者，甚至包括在 CFC 或 PFIC 拥有10% 以下间接利益的投资人。

"超额分配"或 PFIC 被出售或因收购产生的收益适用罚税机制。[1] 超额分配以及收益将摊入持有 PFIC 股份期间的每一天，这项规则称为"回摊规则"。[2] 就外国公司属于更早摊销年份的 PFIC 来说，向该年度分配的资金按照本期普通所得税最高税率罚税，税收视同在今后缴纳。以后年份发生的滞纳金加收利息。[3] 如果在摊销年份外国公司不属于 PFIC，即不征收利息，但是分配或收益按照普通所得纳税。本年度分配的收入或者收益适用统一规则。

根据"回摊规则"征收的税收和利息有可能超过分配总额。这种处理方式鼓励美国纳税人自愿取消外国来源收入递延、并纳入这类收入类别中，如同 PFIC 是穿透实体，通过选择将被动投资公司作为合格的选择资金（QEF）看待。[4] 股东需按等比例原则，在收入中纳入一般收益的股份以及 PFIC 的资本利得净值，不缴纳递延税。

PFIC 必须及时向美国投资人提供计税信息。[5] 很多外国投资基金拒绝承担这类义务，所以选择 QEF 难以做到。然而当外国基金公开交易后，美国投资人即可根据公平市场原则纳入收入，在收入中包含每年按照市场价值计算的股份增值。[6] 一旦做出这种选择，减值就将要求确认亏损，直至达到最初购入价格。不允许将亏损的最低值降低到最初购入价格以下。PFIC 的美国投资人需提供这类外国公司

---

[1]　26 USC. § 1291(b).

[2]　26 USC. § 1297(a)(1)(A).

[3]　26 USC. § 1297(c)(3).

[4]　26 USC. § 1295.

[5]　Treas. Regs. § 1.1295-1(f).

[6]　26 USC. § 1296.

有关的特定财务信息, 按照 PFIC 股东第 8621 表申报。[①]

反递延税收有利于对美国股东的国外来源收入进行管理。一旦实体具有 CFC 的法律地位, 其收入即归类于 F 分编收入中。对于 PFIC 的投资人, 实行类似政策, 即按照 PFIC 有关法律规定, 选择 QEF 以避免罚税。以上两类情况下, 在现金股息实际分配之前都需要纳税。

(三) 2017 年 GILTI 税

《2017 年减税与就业法》制定了限制跨国公司对海外投资的新税收规则。[②] 制定 GILTI 税的目的是减少美国企业将无形资产及其所得税收净值减除, 进而将收入免税遣返美国。GILTI 税政策加速了 CFC 股东的外国收益纳税要求。GILTI 税包含的内容非常宽泛, 不只是包括跨国公司在低税辖区的经营收益税收。而 C 类企业的股东是避免将高收入纳入本期美国税基而受益的唯一一类股东。(参见表 3-7) GILTI 税的特点和计算过程如下。

表 3-7　GILTI 税相关规则

节号	标题	税法节号	对应 1986 年税法	2017 年减税与就业法
第 14201 节	美国股东全球无形资产低税收入本期纳入 (GILTI)	§§ 951A, 960 (d)	在收入向美国个人分配之前, 该个人通常不符合美国对外国公司征收所得税条件。特定收入 (F 分编收入) 针对美国股东征收	美国所有 CFC 在纳税年度必须在应税总收入中, 纳入其 GILTI, 其方式与纳入 F 分编收入类似。全球无形资产低税收入等于减去 CFC 有形资产, 再减去视同回报后剩余的美国跨国公司外国附属机构的剩余收入部分

资料来源: 根据《2017 年减税与就业法》内容整理。

---

① 　26 USC. §§ 1298(f), 964(c)(1); Treas. Regs. § 1.964–3.
② 　本小节与第七、八章相互参见。

第一，GILTI 税直接影响三种纳税人。（1）影响个人股东；（2）影响 CFC 穿透股东；（3）在低税辖区股东或者股东固定资产税基很小的 CFC 股东。

第二，GILTI 税直接影响通过其他外国公司、外国合伙人、外国信托基金和外国遗产，直接或间接拥有 CFC 股份的美国股东。在纳税年度内，GILTI 规则适用于任何属于 CFC 的外国公司。GILTI 税的外国股东是指直接拥有或者推动拥有外国公司全部投票股 10% 及以上的个人，或者拥有外国公司所有级别的全部股份 10% 以上的个人。美国个人股东包括美国公民、居民、国内合伙人、公司、遗产和信托基金。

第三，GILTI 税的计算涉及合格收入、合格经营资产投资额和利息费用。

$$GILTI = CFC 检验净收入 - [（10\% \times QBAI）- 利息费用]　　　（3.2）$$

式中：（1）CFC 检验收入是指 CFC 的总收入。CFC 检验收入经过调整后，包括分配费用。而 CFC 净检验收入等于美国 CFC 的检验收入之和，减去每个 CFC 的检验亏损。（2）QBAI 是每个季度末在经营中使用的无形资产经调整后的总税基，或经营与折旧物业的平均值。（3）利息费用调整与股东 CFC 检验净收入相关的最终净收入费用纳入有关，如果确定检验收入扣除的利息费超过了纳入的利息费，就需要进行调整。

上式在计算之前，首先需要确定 CFC 检验净收入，亦即 QBAI 和应当归属的利息费。如果 CFC 检验净收入超过了 QBAI 的 10%，美国股东则可能需要将调整后的利息费用纳入收入中。如果结果为正值，则需要纳入美国股东的应税收入中。在美国应税收入中，个人股东和属于穿透实体的非公司投资人，要纳入各自的 GILTI 份额，股东适用于普通税率。

对于 C 公司股东来说，要减少 GILTI 收入纳入后最终的美国税收，需要考虑两个条件：（1）根据《2017 年减税与就业法》第 250 节规定，C 公司符合特别扣除资格要求，等于 GILTI 纳入收入的 50%，按照应税收入加以限制；那么 C 公司的美国有效税率就等于 10.5%。（2）C 公司有资格申请对净收入进行间接外国税收抵免，抵免等于按标准允许的视同支付抵免的 80%。GILTI 本身也有单独的税收抵免限制篮子，超额抵免不得向前结转。如果 CFC 在本国辖区纳税超过 10.5% 的 80%，C 公司就有可能不再缴纳 GILTI 收入的美国所得税。

《2017 年减税与就业法》通过强化对幻觉收入管理推动资本回流。GILTI 是指 CFC 的经营收入，但是尚未缴纳美国税收。从税收规则的类型上看，"全球无形资产低税所得" GILTI 税属于一种新型反递延税，美国纳税人需要将 GILTI 填入纳税申报单，并在收益进行分配之前缴税，这笔收入同样属于幻觉收入范畴。[①]

假设美国公司 A 拥有一家生产文创产品的小企业 ABC_{us}（S 类公司），ABC_{us} 拥有在中国的全资子公司 ABC_{cn}。美国 ABC_{us} 与其他购买文创产品的企业签约，并将部分合同外包给 ABC_{cn}，ABC_{cn} 的经营收入全部来自在华的主营业务即文创生产，ABC_{cn} 全部收入不被视为 F 分编所得。

（1）在 2017 年税制改革前，除非 ABC_{cn} 向美国母公司 ABC_{us} 进行股息分配，否则 ABC_{cn} 的全部收入不适用美国税法。

（2）在美国税制改革后，ABC_{us} 必须将 ABC_{cn} 的 GILTI 纳入美国

---

① John Samtoy. "Managing GILTI: New Regulations Present an Opportunity for Individual Taxpayers to Mitigate the U.S. Taxation of GILTI." 25 Mar. 2019, https://www.hcvt.com/insights-alerts-New-Guidance-GILTI.html, 21 Sept. 2021.

纳税申报单中，无论 ABC_{cn} 是否将受益进行分配。ABC_{cn} 的 GILTI 等于其收益与利润减去 ABC_{cn} 固定资产折旧的 10%。

（3）根据美国税法，S 类企业的税收申报通过个人所得税表进行。因此这笔收入在 ABC_{us} 股东申报纳税时，须按普通收入，依照相应的税率进行申报，最高税率为 37%。

案例：有一个美国股东拥有 100% 的 CFC 股份。[①] 该 CFC 从事服务业经营。总收入为 100 万美元。根据《美国税法典》第 954（b）（5）节规定，分配的可扣除费用为 75 万美元。无形资产价值平均为每季度 10 万美元，不存在利息费用。因此：

CFC 净检验收入：　　　250 000　　　　（10 000 000−750 000）

QBAI：　　　　　　　100 000

GILTI = 250 000−（100 000 × 0.1）= 240 000（美元）

如果该美国股东为个人，上述金额包含在股东个人应税收入中，不存在其他抵扣或抵免。如果美国股东是 C 公司，将允许扣除 12 万美元；假设股东无亏损，经纳入金额为 12 万美元（24 万美元 × 50%=12 万美元），另外，外国税收抵免允许幅度为向 CFC 的支付额。

总之，GILTI 税不利于美国跨国公司继续对外直接投资。从跨国公司直接投资的观点看，由于美国跨国公司在海外的收益与利润往往是循环投资的，所以，对幻觉收入征收高额税收，就构成了对美国纳税人的负担，直接打击了美国海外投资企业。反递延税本来属于制约美国跨国投资避税的条款，但在 2017 年美国税制改革后，增加了新的政策功能，即利用这套本来已经长期实施的税收调节机制，对

---

① Julie A. Helms. "The GILTI Tax | New anti-deferral rules for shareholders of controlled foreign corporations." Aug. 2018, https://www.luriellp.com/news/tax-and-accounting/2018/the-gilti-tax-new-anti-deferral-rules-for-shareholders-of-controlled-foreign-corporations/, 21 Sept. 2021.

海外投资施加更严厉的税收管理，可能使海外投资经营收益相对减少，可见 2017 年税制改革对于美国资本在海外投资不利，客观上有利于推动资本回流。

五、利息分配规则改革与跨国投资

（一）《2017 年减税与就业法》之前的利息分配规则演化

《1986 年税制改革法》是美国国际税制改革的重要里程碑。[①] 在此之前，美国跨国公司的利息费用一直以公司营业收入为基础，在母公司和外国子公司之间进行分配，不论是否提交了合并报表。实际上，附属集团可将债务放在仅拥有美国资产的附属公司，通过减少分配给外国来源收入的利息实现避税。合并集团的美国母公司通过借入资金，将其分配给拥有外国资产的美国全资子公司，由于母公司利息支出只减少美国营业收入，因此子公司的外国税收可完全抵减其自身未减少的外国来源收入。子公司也可向母公司支付构成美国营业收入的股息而规避美国税收。1986 年美国国会决定改变附属集团公司利息成本分配法。

1986 年税法第 864（e）节要求将利息和某些费用分配给附属集团成员。第 864（e）节关于"审查"美国集团成员资产性质的规则将集团视为单一公司，集团成员的资产分配与利息分配保持一致。然而，这种利息费用分配并未重视 CFC 的独特性，一旦集团 CFC 成员产生债务，则集团的外国税收抵免将减少。

IRS 在 1987 年颁布了"净额结算规则"。此规则认定，美国集团成员向外国集团成员借入资金，应视为外国集团成员直接借入资金。

[①]　Kim Blanchard. "Worldwide Interest Allocation: § 864(f) Is Near at Hand." *Management International Journal*, 49 TMIJ 12, 12 Apr. 2020.

但这项规则在 1992 年"最终条例"放宽了标准，因此，大多数美国集团继续在美国母公司借款后，将资金转给其外国子公司，实现了转让定价企图。于是 2004 年制定的税法第 864（f）节，将被视为单一纳税人的集团扩大到包括全球附属集团的外国成员，其中第 864（f）（1）（C）节将全球集团定义为包括所有 80% 或以上的外国子公司，以及至少 80% 由集团成员投资持有的 CFC。第 864（f）（1）（B）节仅在集团的外国成员与集团的美国成员相比杠杆过高的情况下，才将美国集团成员的外国收入减少一部分外国利息。然而第 864（f）节仅在进行选择时适用。

2017 年税制对跨国公司利息分配制度进行了改革。2018 年 1 月 1 日起，美国联邦国际税收从全球税制向参与豁免税制转型，第 864（f）节将在 2020 年 12 月 31 日后开始的纳税年度生效。但实际上在美国一些州仍然使用了全球税制对待跨国公司税收。跨国公司集团必须在集团拥有适用外国子公司的第一年进行一次性不可撤销的选择，在 2022 年到期的 2021 年申报表中进行选择。该选择必须由国内附属集团的普通美国母公司进行，并且只能在 2020 年 12 月 31 日之后开始的第一个纳税年度进行，其中全球附属集团至少包括一家外国公司。集团必须在提交选择适用的第一个纳税年度进行选择。但是 2017 年税制改革后，美国有一半的州实行合并申报体制，跨国公司要按照全球集团依据"水域"利息分配规则申报，一旦做出选择，不经 IRS 同意则不可撤销。因此跨国公司仍需要从两种方法中慎重选择，进而影响跨国投资。"水域集团"指的是，例如根据加利福尼亚州《税收与税法》第 25110 条，在计算个人纳税人当年来源于或归属于州收入时，其收入和分摊因素所涉及的所有公司或其他实体。可见《2017 年减税与就业法》改革利息分配规则可能进一步限制跨国公司对外投资。

（二）利息在全球集团统一分配的政策后果

美国改革利息分配规则的目的是矫正外国税收抵免规则的可能偏差。长期以来，美国国内有一种论调认为，为了限制对跨国公司收益的双重课税，应当制定新的利息分配规则。从《2004 年美国创造就业法》开始，美国财政部开始着手解决这个问题。[①]

2004 年税制改革涉及的利息分配规则的途径有两个。[②]（1）美国财政部针对跨国公司利息费用分配的外国税收抵免政策制定了利息"全球"分配规则。由于美国对外国税收抵免设置了上限，所以跨国公司纳税申报时，需要按照国内（境内）、国外（境外）来源对利息和其他费用进行区分。按照相关规则，国内利息费用分担越多，美国企业申报纳税时的税收抵免越多，企业应缴纳的美国税收负债就越低，可见以往的跨国投资利息分配政策造成美国财政收入减少，对外国税收抵免政策进行改革，能够提高国内财政收入。（2）该法针对利息分配制定了新规则，提高了跨国公司抵免的税收额。具体来说，有关规则扩大了银行类企业选择权，允许纳入保险公司等其他金融中介机构，分别对利息进行计算和分配，但这项规则却导致其他企业可能无法享受新的利息分配规则的好处，并与相关规则产生了适用冲突。[③]

银行服务的外国所得税规则有一定特殊性。《2004 年美国创造就业法》扩大了分组选择的适用范围，将财务公司和保险公司纳入其中，以减少向外国来源收入分配的全球利息占比。有关立法试图通过扩大分组规则，避免利息分配规则适用。例如，限制成员企业向母公司分配股息以增加收益的范围，限制子公司利用借贷手段将债务

[①]　U.S. Congress, Joint Committee on Taxation. "General Explanation of Tax Legislation Enacted in the 108th Congress." May 2005 (Washington: GPO, 2005).

[②]　26 USC. § 864. Definitions and special rules.

[③]　Sec. 401. Interest expense allocation rules.

转嫁给母公司。如果子公司是新成立的企业,平均股息的计算则仅限于子公司成立以后的年数,这样就能避免限制性规定约束。如果跨国公司成立财务公司真正从事金融中介业务,并对外国子公司借贷的非财务部分重新进行安排,如果财务公司资产主要是在美国,通过子公司发生的借贷行为就使得外国利息部分最小化,然而有关法律并没有制定反滥用法则。从货币替代性原理[①]看,《2004年美国创造就业法》的分组选择条款,为跨国公司避免适用利息分配规则提供了机会。[②]

跨国公司税收效果取决于利息费用从外国所得中扣除还是从美国所得中扣除。1986年美国税法采用了所谓"水域"利息分配规则,不将跨国公司的外国子公司包含在利息分配范围内。[③]以往美国税法对于在外国和本国跨国公司之间如何分配费用扣除项目有明确规定,而通常根据货币替代性原理对利息成本进行分配;在所有经营活动中按照纳税人资产对利息费进行分配,不论支付的利息属于何种用途。

例如,一家美国母公司可在美国借款,通过增加在外国子公司的资产进行海外投资。美国母公司也可以将这笔借款用于国内投资业务。实际上,由于存在货币的替代性原理,从国内借款既可进行国内

---

① 可替代性(fungibility)有三重意思:(1)从税收角度出发,增量定期贷款应当与现有定期贷款视为同等的"发行";(2)按照贷款文件,增量定期贷款应当视为与现有增量贷款一样的贷款的一部分;(3)增量定期贷款的期限与现有定期贷款的期限是一致的。"Leveraged Finance Group Client Alert: Implementing 'Fungible' Incremental Term Loans." https://www.milbank.com/images/content/2/3/v6/23476/Implementing-Fungible-Incremental-TLs.pdf, 27 Sept. 2021.

② Sec. 237. Exclusion of investment securities income from passive income test forbank S corporations.

③ Barbara Rollinson, Margie Rollinson. "Allocation Rules, Multinational Corporation." in Joseph J. Cordes, Robert D. Ebel, Jane Gravelle. *The Encyclopedia of Taxation & Tax Policy*, Washington, D.C.: The Urban Institute Press, 2005, p. 8.

投资，也可投资海外业务。而同一投资行为还可以利用海外投资的收益进行。

　　但在现实中，由于不同国家（税务辖区）存在利差，所以难以维持不同辖区的替代性。第一，只有国内母实体在外国子公司的投资才算作资产，其中要扣除外国子公司借贷形成的资产。而对母公司资产，则不考虑是权益融资还是债务融资，要求合并计算。第二，将子公司的利息成本自动分配到外国来源。这是由于子公司的利息费减少了向母公司分配的股息，所以全部分配为外国来源。[①]

　　对利息进行"全球"分配将外国子公司的借款纳入了会计核算范围。"全球"分配法在 2009 年才生效，提高了跨国公司外国税收抵免的上限，进而降低美国税收抵免后的税收收入。[②]抵免上限政策会产生两重效果，第一重是将部分外国债务分配到国内用途后，就减少了外国来源收入的扣除，增加了外国来源收入，提高了外国税收抵免上限，最后降低了美国税收负债。第二重包括外国补贴、作为美国母公司全球资产税基的债务融资资产的计算。如果孤立计算，将导致更多利息分配到外国来源，增加美国跨国公司的税收负债。但第一重效应更大，因此在全球分配利息体制下，跨国公司的税收负债实际是减少的。

　　对跨国公司贷款利息实行"全球"分配有一定优点。尽管借贷资金具有可替代性，但在全球分配跨国公司的借贷利息，比较精确

---

① Staff of the Joint Committee on Taxation. "Description of Revenue Provisions Contained in the President's Fiscal Year 2012 Budget Proposal." Jun. 2011, U.S. Government Printing Office, Washington, D.C., 2011, p. 178.

② 但是 P.L.110–289 随后将这项规则实施推迟到 2011 年。2009 年《工人、房屋所有权和商业援助法》第 111—92 节将全球分配规则的实施推迟到 2018 年，而《恢复就业的雇用激励法》第 111—147 条将实施进一步推迟到 2021 年。第 111 届国会《2009 年美国平价医疗法》则提出废除全球分配规则。The Foreign Tax Credit's Interest Allocation Rules, Washington, D.C.: CRS, 19 Mar. 2010. Summary.

地限制了归属于外国收入的税收抵免。假设从某个地点借入资金，在其他所有地点的投资金额相等，那么无论是从国内还是从国外借入资金，都不改变国内来源与国外来源收入份额。因为限制外国税收抵免是为了保护美国税基，使针对外国来源收入的双重课税降低到最小，那么借贷资金的地点就不影响最大外国税收负债，而在2004年改革前，由于实行税收抵免限制，结果则受到借贷地点转移的影响。

实行"全球"分配利息却会对跨国投资的全球流动产生扭曲。如果债务存在可替代性，那么全球利息分配规则就是精确确定美国外国税收抵免的办法。这种办法允许外国税收抵免抵消在进行美国抵免操作前的外国来源所得税。然而在以前没有制定这项规则时，由于存在税收筹划，就限制了这种目的。但是在实行全球利息分配规则之后，却会扭曲美国向海外的投资，进而减少了美国税收收入。尤其是分组选择条款与外国税收抵免上限规则以及全球分配利息规则相抵触，减少了本期利息分配成本，导致跨国公司通过外国利息分配获得不当收益。所以，美国有一种观点认为，"全球"利息分配法还不是最佳的跨国公司外国来源所得税收管理政策。[①]

（1）利息费"全球"分配增加了美国国际税收管理难度。国际税收体制调整不能脱离主权国家存在现实，实施全球分配利息规则后，跨国公司将按照借贷发生地点申报纳税，区分资产和借贷发生地点将加大跨国公司纳税申报和税务部门的管理难度。

（2）利息费"全球"分配导致跨国公司的税务筹划更多。跨国公司可能通过增加外国总资产的方式抵消利息分配负担，如果外国子

[①] Daniel Sieburg and Jon Cesaretti, Worldwide combined reporting: An underutilized opportunity. https://www.thetaxadviser.com/issues/2019/sep/worldwide-combined-reporting.html, 1 Sept. 2019.

公司的资产负债率高于母公司，外国税收抵免就不会降低。然而如果企业进行借贷，并重新储备资金，就提高了资产负债率。借贷投资是约束通过分配减少美国税收的途径，否则将会使美国税收负债大幅减少，导致外国税收抵免上限空如无物。

（3）利息费"全球"分配降低经济效率。限制外国税收抵免的目的是为了保护美国税基，在全球分配利息对债务和权益资本的分配可能造成更大扭曲。在跨国公司不需按照国别分别计算外国税收抵免额的情况下，就能利用高税率国家的超额抵免，规避从低税国家汇回的美国所得税。从国际投资的流向来看，跨国公司将把超额抵免头寸和利息分配政策加以结合，加大向低税率国家的投资，而且由于美国国际税收体制允许递延纳税，税收效率更是大大降低。

（4）利息费"全球"分配不能解决国内外的利息差问题。如果外国利率高于美国，即使国内外利率相等，在全球分配利息提高外国税收抵免上限的效果就更大。利差对于利息的分配结果影响很大，而利差的存在则否定了资本的可替代性原理，反过来也就是说，即使是母公司与海外子公司的资产负债率相等，调整利息分配的政策也是无效的。

小结与讨论

国际税制的先进与否对跨国投资流动和联邦财政都产生重要影响。美国的全球税制在经历了数十年的运行之后，随着《2017 年减税与就业法》的实施已经完成了使命，新的参与豁免税制将在未来管理美国的跨国公司投资和为联邦政府筹措财政收入方面发挥作用。从历史上看，全球税制在推动美国和全球的跨国投资流动方面发挥了较大作用，但也对美国的财政制度起到了破坏性作用，那么新的参与豁免税制是否起到赋予它的使命还有待检验。

《1986 年税制改革法》确立的全球税制的理论基础是资本出口中性。由于美国实行资本出口中性政策，当跨国公司的国外来源收入和国内来源收入负担的税率相同时，资本在世界范围内的配置最有效。美国的全球税制一是越来越助推和加剧美国资本净流入地位。1985 年以来，美国的国际直接投资开始呈现净流入状态，到 2019 年第四季度末，美国对外投资净头寸为-10.99 万亿美元。[①] 二是推动跨国公司对外出口资本和技术。美国跨国公司通过倒置方式大规模在全球投资，又通过对海外收益的体外循环，递延收益分配。截至 2017 年税制改革前，海外递延的未税收益与利润高达 3 万亿~4 万亿美元。与此同时，由于美国跨国公司投资在占领东道国市场的同时将大量商品返销美国，在海外形成了牢固的供应链，进一步推动了美国贸易的失衡。

美国意图改革国际税制解决财政资金筹措和跨国避税以及跨国企业倒置难题。从奥巴马政府时期开始，美国采取了多种手段，引导海外投资回流，但收效甚微。随着数字经济的兴起，跨国公司利用知识产权在全球转让定价中的有利地位，利用专利、版权等知识产品定价的模糊性，向海外转移定价、转让利润，更加剧了对 1986 年国际税制的破坏，公司部门税收占比越来越小，跨国公司外流越来越严重，全球税制对联邦财政造成的负面影响巨大，那么从财政效率的角度而言，联邦国际税制到了改革的时候。

---

① 参见第一章有关内容。

第四章　公司倒置与跨国投资收益剥离

美国国际税制转型限制了跨国公司通过倒置剥离收益。1986 年美国联邦国际税制采用了全球税制，到 2017 年，在 35 个经济合作与发展组织（OECD）成员国中，仍有 6 个国家采用这种税制为主体的国际税收体制。实际上在冷战结束后，不但美国跨国公司在全球的投资规模迅速扩大，而且多数跨国公司在越来越多的税务辖区投资经营。世界其他国家的跨国公司也在不断兴起，大规模投资美国，因而美国的税务管理和遵从要求法规越来越复杂。从微观主体看，跨国公司投资选址行为的主要目的之一，就是通过降低有效税率，减少在美国和东道国投资的纳税义务。随着公司倒置交易的普遍化，1986 年国际税制的漏洞，已经到了不得不填补的时候，《2017 年减税与就业法》开始增加反倒置法律规则。

一、跨国公司并购与税收归属

跨国（境）并购（M&A）是跨国公司进行海外投资选址和避税的手段之一。公司倒置（也称"公司外派"）是指将原来属于美国居民的跨国公司母公司改换为母公司在外国的企业，同时保持美国股东控股地位不变，进而实现规避美国全球税收规则的目的，跨国公司在全球配置投资的策略包括并购、公司倒置。① 无论并购和公司倒置两种交易方式有何差异，现已成为跨国公司进行跨国避税的流行手段，跨国收购工具可以选择本地企业、外国母公司、非居民中间控股公司、合资公司等各种形式。跨国公司通过跨国并购活动既可以实现避税目的，也能实现利用部分收入纳税的目的。

（一）跨国并购的税收归属规则

美国税法为跨国公司的并购交易提供了税收规范。纳税人选定的特定并购结构与税收有关，但是联邦税务局（IRS）根据并购交易是否反映实质，对交易的税收特征有决定权。美国企业并购法律法规的涉及范围广泛而复杂，按照《1986 年税法典》修正案关于税收的指南，联邦政府通过税收裁定、税收程序私人信件判例、公告、通知，以及财政部法规和法庭文书，对跨国企业并购实行税收管辖。

1. 跨国并购资产的税收归属

美国公司法允许企业购买方以被并购实体的资产为基础进行转让。② 对于企业免税重组或者组建公司，美国税法允许企业购入方就购入资产的升值部分纳税完成交易，不进行转让。应税资产收购或股份收购行为要根据收购资产或股份的升值情况完税并完成交易。如果选择股份收购，税法允许纳税人将股份收购视为资产收购，并以购入资产的升值部分纳税后交易，跨国公司收购外国资产须符合税法如下四项要求，其中各州有独立的税收体系，因此公司购并须同时遵从联邦税法和州税法。

---

① 在本研究中跨国公司的"外派"和"公司倒置"含义一致。Arjen H. L. Slangen, Marc Baaij and Riccardo Valboni. "Disaggregating the Corporate Headquarters: Investor Reactions to Inversion Announcements by US Firms." *Journal of Management Studies*, 3 Jul. 2017.

② 26 USC. §§ 338, 336(e).

（1）在涉税的资产收购交易中，卖出一方的净经营亏损、资本亏损、税收抵免以及其他的税收归属并不向收购方转移；而在特定情况下，当目标企业存在实质性税收归属时，对于资产售出的结构是有益的，这样经确认的收益就会被目标企业的税收归属抵消。这种结构同样有助于减少目标企业股东的潜在税负，但税法可视跨国股权收购为资产收购行为。

（2）美国联邦不征增值税。但是对于是否征收销售和使用税、营业税和转让税，不同的州有不同规定。

（3）美国联邦对于资产转让不征印花税，其中免印花税资产既包括有形资产，也包括无形资产，如股票、合伙利益，以及有限责任公司合伙人的无形资产等。各州规定不一样，但是收购一方会从收购目标资产的销售与使用税豁免规则中受益。

（4）对于无形资产的转让，州与地方不征转让税，包括股票、合伙利益以及有限责任公司（LLC）的成员利益。但是，美国多数州政府和一些地方政府，针对不动产的转让收益或控制利益征收不动产转让税。

2. 跨国收购股份的税收归属

《2017年减税与就业法》改革了跨国收购股份的税务处理规则。[①]（1）在股份收购交易中，被收购企业的税收负债将降低收购方投资价值。（2）被收购企业的资产税基不变。（3）被收购企业按照原有方法继续折旧并摊销资产。（4）股票收购中的税收归属不变。因所有权属的变更，购并企业运用净经营亏损和其他有利的税收归属手段将受到限制。（5）与收购成本以及收购股份成本的关联成本一般不得扣除。

企业在对目标股票进行涉税收购时可选择将股票视为资产。在涉及关联方股票交易的税收时，可以按照条件要求将出售股票视作

---

① 　26 USC. §§ 338(g), 338(g) election, 338(h)(10), 338(h)(10) election.

赎回交易，销售收入可视作给予售方的股息。① 对于赎回交易的税收处理是反向的还是受益的要看具体事实。如果税收协定对受益没有规定，股息将按照美国购入方向出售方支付的 30% 的销售收入暂扣税处理。事实上，当交易双方均由美国母公司控制时，以股息看待美国向外国出售股份收入，在税法上有利可图。《2017 年减税与就业法》新的参与豁免税制规定，在这种情形下，外国购买方视同股息，通常会免除联邦所得税。

3. 公司亏损与其他税收归属

《2017 年减税与就业法》修订了利用净经营亏损的税务规则。1986 年税法的两年内向后结转和 20 年内向前结转规定已经修订，对于 2017 年纳税年度内的净经营亏损，扣除的总额以公司应税所得的 80% 为限，不再结转；2017 年 12 月 31 日后的净经营亏损，可以无限制结转。②

《2017 年减税与就业法》不再限制资本亏损向后结转年限。2017 年税法出台了非常严格的有关净经营亏损、资本亏损和抵免的规定，以适用于"所有权变更"中的亏损企业。

（1）所谓"所有权变更"，通常是指 50% 的受益股份所有权在约定时间内发生转手，时间是三年。用所有权变更前的净经营亏损冲销发生变更后的利润，年度应税所得等于亏损企业调整后的权益价值，乘以长期免税率。

（2）用于计算纳税年度调整后权益价值的上限，通常是指亏损企业最靠近所有权发生转移之前的权益价值，符合特定的向下调整要求。通常这类调整包括归属于亏损公司的债务收购，以及在所有权属变更前两年内向亏损企业的资本分配。③

---

① 26 USC. § 304.
② "Net operating losses." https://www.irs.gov/newsroom/net-operating-losses, 23 Sept. 2021.
③ 26 USC. § 382.

（3）2017年税法规定，限制其他盈利企业向亏损企业进行货币化税收归属处理。[1]

4. 集团企业并购与税收归属

跨国公司成员企业并购后离开集团适用于复杂的税收法规。

（1）并购交易后离开的企业与其他成员企业间的递延事项将会加速，根据合并申报规则，集团公司 A 成员向其他集团成员 B 出售资产项目的利得可递延，直到资产转移出集团之外。然而如果 A 或 B 离开集团，A 递延的利得将加速并包含在应税所得中；如果 A 是离开集团的成员，要提前考虑纳入该项利得。但允许并购案之后继续递延的，是拥有递延项的集团整体上被其他集团收购。

（2）集团公司附属企业可选择联合申报联邦所得税。通常一家附属集团包括直接或间接拥有 80% 投票权或价值的连锁企业，即为拥有共同的母公司。一家成员企业的利润可用于冲销另一家成员企业的亏损。通常交易无论是赢利还是亏损，都将一直递延到售出企业退出集团为止。统一亏损规则则限制成员企业向非关联企业通过交易出售股权。

（3）在合并报表集团内部，一家公司 A 拥有的其他公司 B 股票税基可为负值。这种情形属于超额亏损账户，其原因属于债务杠杆分配或利用债务杠杆制造亏损，前者如 B 为进行股息分配而进行借贷融资，后者如 B 为经营投资进行借贷和支出销售收入。任何超额亏损账户在 B 或 A 离开合并集团的那一刻，应承认为应税收入。承认超额亏损账户的例外情形，是拥有超额亏损账户的整个合并集团被其他合并集团收购。

（4）公司离开合并集团会引起法律问题。例如，如果公司在某纳税年份离开合并集团企业后，公司的营业收入、利得、亏损、扣除、

抵免以及其他的税收归属问题通常都需要重新计算。而有可能减少或者免除亏损的合并纳税规则也很复杂，离开合并集团的公司需分摊整年的税收负债。

（5）企业并购须遵守公平交易规则。关联交易需遵守公平交易规则，IRS 有权对售买双方的营业总收入、抵免、扣除或津贴进行重新分配，反映交易盈利状况并防止避税发生。

5. 企业被出售前的股息税归属

（1）公司股息和利得都要按照 21% 的税率纳税。在跨国公司并购业务中，有时出售股份一方更愿意在出售前分配股息。跨国公司提前分配股息可尽早实现投资价值，例如在股息税低于资本利得税时即可提前分配。根据在子公司拥有的所有权益不同，有时出售方符合对从美国子公司汇回的收到股息扣除（DRD）政策。[①] 然而，特定股息有可能导致目标企业的 DRD 等比例减少。

（2）个人资本利得与国内企业股息及全部外国来源收入都要纳税。个人股息不符合 DRD，因而在出售前分配股息的税收后果与收到股息方情况有关。在出售企业前，目标企业股份的赎回行为可视为收到股份的持股股东股息。资本利得税率，参见表 4-1。

（3）美国联邦不征印花税。但是一些州对企业转让或公司控股利益征税，例如不动产或不动产租金。

表 4-1　美国企业并购的资本利得税与股息税规则

纳税级距	长期资本利得税率与股息税率
10%、12%	0%
22%、24%、32%、35%	15%
37%	20%

资料来源：26 USC. § 1. Tax imposed, https://www.law.cornell.edu/uscode/text/26/1, 23 Sept. 2021.

---

① "Post TCJA Internal Revenue Code Provisions." https://www.irs.gov/pub/newsroom/lbi-training-post-TCJA-internal-revenue-code-provisions.pdf, 5 Oct. 2021.

反避税是制约跨国投资遵从的主要任务之一,可见将跨国公司的并购行为加以细分,制定适用规则,起到了反滥用作用。

(二)跨国公司并购融资与税收规则

跨国并购资本的结构决定了债务利息扣除。跨国公司进行跨境并购的资金来源通常有两种。一般情况下,跨国收购方使用现金收购目标企业,既可以是债务收购、权益收购,还可以是债务与权益结合的混合工具。对于外国收购美国企业的融资结构,美国税法对未来企业的税收负债进行了规范。[①] 主要规则分三类,即利用债务融资收购企业税收规则、利用权益融资收购企业税收规则和利用混合融资收购企业税收规则。

1. 债务融资跨国收购的税收处理

第一,纳税人为真实负债支付的利息或产生的利息可在本期税前扣除。美国税法对于跨国公司用于归还债务的遣返现金免税,而对一些股份的赎回视为股息分配,必须按照股东的一般所得额纳税。股息是不可扣除的,利息与股息类似,都需缴纳美国暂扣税。对债务与附带证券的配置应有助于将债息冲销未来利润的权益。债务应当合理抵押,而且美国债务人应确认购买受控外国公司(CFC)股份或资产本期收益发生的债务。

第二,只有收购工具属于债务才可在税前扣除利息。确认跨国并购的债务工具要依据事实、司法原则和 IRS 政策指南,主要把握四项原则:(1)审视双方构成债务与债权关系的意图;(2)掌握债务人按照到期日无条件归还发行总额的义务;(3)债权人强制还款的权利;(4)审查债务人资本结构对于总债务的弱化情况。

第三,股东贷款应反映公平交易原则,以避免贷款被视为权益。

[①]　26 USC. § 385.

一旦债务人不能全面履行归还银行债务义务时，担保方将成为第一借贷方。那么对于担保人来说，借贷方的利息将是不可扣除的股息。如果担保方是外国个人，将另外缴纳美国暂扣税。

第四，特定负债收购产生的利息可扣除。但经调整后，在纳税年份的扣除不超过 500 万美元；如果债务为非付款承诺或可转换债务，则扣除条款无效。

第五，对跨国收购的收益剥离行为严加限制。

（1）按照收益剥离规则，美国债务人的利息扣除能力，在得到外国关联个人展期或担保后，将进一步受限制。自 2017 年 12 月 31 日之后的纳税年度开始，不再允许扣除超过 30% 业务"调整所得税"（ATI）的"全部"净经营利息费用。在一定条件下，无论纳税人的业务属于何种类型，或利息是否属于对关联方债务，都不允许扣除利息费用。[①]

（2）公司营业利息包括因债务而支付，或者产生且可分配到贸易或经营上的利息。利息费用不得无限制向下一个纳税年度结转。但根据《1986 年税制改革法》，第 163（j）节收益剥离规则只适用于因外国关联方借贷或担保的利息扣除在 50% 以内 EBITDA 的限制。[②] 对 2018 年之前成立的债务不再追溯。[③]

（3）根据第 163（j）节，美国目标企业的应税收入是否增加取决于目标企业的实际状况。一般来看，外国公司在美国投资经营具有高杠杆，应看是否存在利息过重问题。如果确实存在，外国公司就将

---

① 26 USC. § 163(j).

② EBITDA 指"税前息前折旧摊销前获利"，指的是未计利息、税项、折旧及摊销前的利益。EBITDA 是 Earnings Before Interest, Tax, Depreciation and Amortisation 缩写，为反映跨国企业经营业绩、获利能力和流动资金的会计资料。EBITDA 未按公认会计原则编制。计算公式：净销售营业费用＝除税及利息前盈利。除税及利息前盈利＋折旧费用＋摊销＝税前息前折旧摊销前之获利。

③ 即 Grandfather clause。指相对于追溯法令的特例，即允许在传统制度下不受新制度约束的特例（"老人老办法，新人新办法"），亦即不溯及既往原则。

会寻找将债务负担从美国转到符合东道国偿债能力规定的海外附属机构。

第六，消除跨国公司通过扣除公司内部贷款利息侵蚀税基。2016 年 4 月 4 日，美国财政部和 IRS 根据《美国法典》第 385 条提出了全面监管政策[①]，第 385 节规则与反反转暂行条例对外国实体并购美国公司交易的债务税收收益加以限制，将极大影响美国对大型跨国公司的交易结构、税务尽职调查、一般的税收筹划。[②]

（1）自 2016 年 4 月 4 日开始，如果美国公司向关联方发行债务工具符合三个条件，即（1.1）该债务工具作为资产分配；（1.2）用于销售方购买关联方股份；（1.3）用于资产重组时交换关联方资产，这类工具被视作权益。

（2）自 2016 年 4 月 4 日开始，如果美国公司向关联方发行的债务工具符合三个条件，即（2.1）获得收益与利润（E&P）总额的分配；（2.2）从第三方购买股份；（2.3）从事了其他第三方交易，则这类工具将被视为股份。

第七，企业债务融资收购的暂扣税有两项规定。（1）美国对向外国公司支付的债务利息征收 30% 的暂扣税；（2）对于组合投资利息不征美国暂扣税。组合投资利息是外国个人债务利息，非银行利息。

2. 权益融资跨国收购的税收处理

第一，跨国收购可通过发行普通权益或者优先权益方式实现。（1）以本期或积存的收益与利润构成的股息进行分配时，超额分配可视为按免税股份的税基进行的追税；（2）超过收益与利润和基础股份的分配行为将被视为股东的资本利得；（3）股票息不享有扣除资格，通常来自美国并购企业个人股东的美国股息，应全额缴纳 21% 的

---

① Federal Register/Vol. 81, No. 204/Friday, 21 October, 2016/Rules and Regulations.

② 26 USC. § 385. Recast Rule.

股息税, 但是从美国公司收到的应得所有权利息, 适用于收到 DRD 规则。

第二, 向外国股东支付的股息通常应缴纳 30% 的美国暂扣税。通常除非股票发行人宣布股息或各方增加本期股票的赎回溢价不会产生股息。(1) 跨国公司在纳税年份进行分配时, 可对不存在本期或累积收益与利润的发行人提供有限救济, 但美国发行人可合理估计, 并选择是否以收益与利润进行分配。(2) 暂扣税要按照美国来源的主动股息进行分配, 即视同支付。例如, 当跨国公司子公司按照低于市场公平价格向母公司出售资产时, 由母公司支付的价格如果超过市场公平价格以上, 即为主动股息。(3) 通常包括赎回在内的股票销售利得视为资本利得, 不缴纳美国暂扣税。某些股票赎回可视为分配, 有可能会被视为股息对待, 在此种情形下, 股东通常仍持有公司赎回后的大笔股票, 股票不分等级。股东据此赎回行为将会收到普通收益, 需缴纳暂扣税。

3. 混合工具与混合实体的税收处理

混合错配是跨国收购中常见的税务难题。在跨国收购案中, 收购工具或因交易而收到的权益被视为美国发行人的债务或权益。美国税法可将收购工具视为权益, 外国法律则可视之为债务。这类跨国收购将产生混合错配, 其收入构成 "无国界收入"。债务与权益的不同待遇导致美国一方的利息得以扣除, 而外国一方则从参与豁免或者外国税收抵免中受益。

第一, 2017 年税法不承认 "无国界收入"。某些实体若根据美国税法被视为公司, 根据外国税法被视为透明实体 (即穿透实体), 将产生 "无国界收入"。具体来说, "混合错配规则" 不承认关联方利息、版税扣除, 无论属于与混合交易、混合实体有关的支付, 还是属于收到的利息、版税, 具体主要包括: (1) 关联方根据本地立法没有纳入的相应收入;(2)关联方按照本地法律对支付的扣除。[①]

第二,2017年税法加大了对混合错配规则的实施力度。一是区分两种混合实体。(1)混合实体称为非独立实体或合伙人,属于美国财务透明实体,但根据实体居民国家纳税要求,不属于财务透明实体。(2)根据外国税法属于财务透明实体,但根据美国税法又不属于财务透明实体,此实体称为倒混合实体。二是修订有关混合交易的规则。混合交易包括任何被视为利息或版税的单一或多种交易,但是根据利息或版税收到方税法,并不被视为利息或版税交易。(1)废除了某些混合结构的美国税收收益,外国跨国公司经常利用混合结构对美国业务融资。(2)从合格的DRD中排除了CFC混合股息。混合股息是指CFC收到的外国扣除或其他税收收益支付。不同层次的CFC的混合股息被视为F分编所得,不许从混合股息中使用外国税收抵免。

第三,明晰美国发行人贴现发行的债务工具(贴现证券)规则。(1)债务发行人和持有人可提高原始发行折扣(OID)的本期扣除和收入,但不需要扣除由外国关联个人持有的债务工具的原始发行折扣,除非发行人实际支付了原始发行折扣。(2)公司债务发行人应限制提高原始发行折扣的扣除。债务工具收益如果超过了适用联邦利率加600个基点,将被视为高收益贴现义务,将不允许扣除原始发行折扣,只有剩余的原始发行折扣才允许扣除。

第四,出售方欠税情况影响交易结构。对跨国公司的欠税即税收头寸规定如下:(1)通常公司出售方都希望按DRD规则,以普通收入收到并购企业出售之前的部分股息;而出售企业股份将产生资本利得,除非进行关联交易或出售CFC股份。(2)美国房地产控股公司的外国出售方须按《外国投资人房地产税法》(FIRPTA)纳税和

---

① Internal Revenue Service (IRS), Treasury. Rules Regarding Certain Hybrid Arrangements, A Rule by the Internal Revenue Service on 04/08/2020, https://www.federalregister.gov/documents/2020/04/08/2020-05924/rules-regarding-certain-hybrid-arrangements, 23 Sept. 2021.

缴纳暂扣税。①（3）出售资产将产生资本利得，若是折旧回收，只按普通所得税征收。当出售方不通过税收归属吸收出售资产的利得时，在交易符合同类交换条件下，可递延该项利得。税法规定出售资产并将收益再投资合格折旧有形资产的 C 类公司，将收到现金税收优惠。②（4）母公司收回子公司全部股本并使之脱离的交易免税，但公司需存续经营五年以上。（5）双重居民公司的净经营亏损（NOL），以及向独立机构分配的净亏损，不能用于抵消拥有单独机构的美国附属企业或国内公司的应税收入，这类亏损属于双重合并亏损。③

跨国收购税收处理的主要思想遵循两条原则。一是债务融资投资产生的利息进行税前扣除，权益融资投资收益税前不得扣除。二是对于混合工具收购，应避免混合实体产生的"无国界收入"，打击混合错配。

（三）跨国公司收购方式与税收规则

第一，收购方企业是否继承被收购企业的欠税决定采用收购资产或收购股票方式。收购方通常不愿继承被收购对象的美国欠税，除非是州税、地方税或特许税。（1）收购资产或业务交易构成的美国商誉要纳税，但也存在反向征税的情况，例如，在售出企业后，通过向外国股东分配导致资产贬值和双重征税。（2）通常股权收购导致被收购企业的美国欠税随被收购企业发生转移。所以企业在收购前，要进行税收尽职调查，主要包括：查看被收购方是否有充足的纳税资金，确认应纳税的年数，是否能通过所得税审查，收购前账面与税收平衡表差

① "Withholding of Tax on Dispositions of United States Real Property Interests." https://www.irs.gov/individuals/international-taxpayers/firpta-withholding, 23 Sept. 2021.
② "New rules and limitations for depreciation and expensing under the Tax Cuts and Jobs Act,." https://www.irs.gov/newsroom/new-rules-and-limitations-for-depreciation-and-expensing-under-the-tax-cuts-and-jobs-act, 23 Sept. 2021.
③ 根据《联邦行政法典》第 1.1503（d）-1-8 节，双重居民公司（DRC）属于国内公司，包括被视为国内公司的任何实体，例如根据《美国法典》第 26 条，第 953（d）节或 1504（d）（election），其全球收入或居住地应缴纳外国所得税。

额，经营净亏损等项目的税收归属，以及收购前后的税收筹划等。

第二，企业的无税重组收购通常不涉及被收购企业的税收。例如利用股权收购，或利用一家公司控制被收购企业。但是一般公司控股收购，可使用现金和非股份交易，对股票处理有限制，收购方通常将继承被出售企业的税基及税收归属，那么潜在亏损就转移到了美国收购企业，被收购资产的税基也将按照公平价值减值。如果涉及税收，收购方将在资产或股票上按成本接收，导致应税资产收购折旧扣除增加。如果是进行股票收购，收购方可将此类收购活动视作资产收购。1982年美国修订了税法，增加了第338节，允许纳税人将合格的特定合格股票收购视为资产收购计算税收。[1]

第三，进行跨境收购的美国企业尤其应注意反向税收后果。根据联邦所得税法的公司倒置规则，某些交易可能产生反向税收后果，外国收购企业是否被视为美国企业，跟外国收购企业针对美国目标企业股东发行的股份数量有关。有时美国公司将失去减少与涉及美国目标企业税收归属进行倒置交易收益的能力。[2]

第四，进行涉税资产并购的资产构成收购方成本。资产销售方根据收购资产的价格超过税基以上部分确认收益，收购方对收购的资产有决定权，如果收购行为属于资产收购，也不一定是对于目标资产的选择性收购或避免负债。当目标企业拥有潜在负债，或者交易结构有助于在收购后建立有效率税收结构时，可进行资产收购。例如通常条件下，交易后按照资产处理，增加的税基有助于减少向前结转的全球无形资产低税所得（GILTI）税。

由此可见，跨国公司跨境收购通常应当尽量避免税收问题，同时需注意倒置规则遵从要求。

---

[1]　26 USC. § 338. Certain stock purchases treated as asset acquisitions.

[2]　26 USC. § 7874. Rules relating to expatriated entities and their foreign parents.

二、跨国公司倒置交易现象与理论解释

跨国公司的倒置过程就是改变其居民国的过程。[①]"公司倒置"是指美国跨国公司进行海外投资避税的现象，也称"企业倒置"或"公司重组"，通常指公司交易过程中，美国母公司集团发生重组，变成外国企业，并搬出美国，因此也称公司外派。跨国公司在发生倒置后，原美国母公司通常就变成了外国母公司的子公司。跨国公司倒置有三种不同发生路径：（1）跨国公司搬出美国境内成为外国居民企业；（2）美国跨国公司与较大的外国跨国公司合并；（3）美国跨国公司与较小外国公司合并。发生公司倒置的一般结果是新的外国母公司税率更低，跨国公司的外国来源收入获得所得税免税待遇。[②]

（一）跨国公司倒置现象及其背景

冷战后初期是美国跨国公司对外投资呈现出"倒置"现象的十多年。跨国公司进行倒置的目标是获得减税，使企业"经营变得灵活"，改进现金管理，增强跨国公司在国际资本市场上的竞争。[③]但是美国跨国公司倒置后，实际经济活动很少从美国转移到国外，倒置的跨国公司通常继续维持在美国设立的总部，资本或就业并没有系统地转移到国外。[④]百慕大和开曼群岛具有高度发达的公司所得税管理法

[①] Office of Tax Policy, Department of the Treasury. "Corporate Inversion Transactions: Tax Policy Implications." May 2002, pp.4–15. https://www.treasury.gov/resource-center/tax-policy/Documents/Report-Preliminary-Inversion-2002.pdf, 23 Sept. 2021.

[②] William McBride, "Corporate Exits Accelerating, Taking Jobs with Them." Tax Foundation, 25 Apr. 2014, http://taxfoundation.org/blog/corporate-exits-accelerating-taking-jobs-them, 5 Oct. 2021.

[③] Securities and Exchange Commission on 21 Jun. 2002, Registration No. 333-89200, http://www.sec.gov/Archives/edgar/data/93556/000095013002004501/0000950130-02-004501.txt, 5 Oct. 2021.

[④] U.S. Government Accountability Office. "Cayman Islands: Business and Tax Advantages Attract U.S. Persons and Enforcement Challenges Exist." GAO-88-778, 24 Jul. 2008.

律、机构和通信基础设施，这里不用缴纳公司所得税，是许多新的美
国母公司在法律上的所在地。

美国跨国公司倒置直接侵蚀了联邦税基。如同跨国公司在低税
率辖区进行投资一样，通过公司倒置手段避税是跨国投资的类型之
一。通常公司倒置是由多家公司组成新公司并重组结构，使集团"母
公司"成为外国企业。例如英格索兰、泰科、PXRE集团、福斯特惠
勒、纳博斯工业公司和库珀工业公司都是这样实现倒置的。[1]冷战结
束后的三十余年来，美国大规模"公司倒置"屡见不鲜。而自1980年
到2016年，美国共发生了77起跨国公司倒置案。[2]（参见图4-1）其
中1999—2003年、2012—2016年是美国跨国企业导致的两个高峰时
间段，对此美国财政部加强了监管。

图4-1　美国跨国公司倒置案频数，1980—2016年

资料来源：https://www.stlouisfed.org/publications/regional-economist/first_quarter_2017/
a-look-at-corporate-inversions-inside-and-out#fig2, 23 Sept. 2021.

[1]　"While Companies Shift Addresses to Tax Havens, CEO's Stay Put." Bloomberg Visual
　　 Data, 4 May 2014, http://www.bloomberg.com/infographics/2014-05-04/companies-shift-
　　 addresses-abroad.html, 5 Oct. 2021.
[2]　Willard B. Taylor. "Corporate Expatriations—Why Not?" 78 TAXES 146 (Mar. 2000),
　　 pp. 146–152.

跨国公司倒置避税活动在 20 世纪 90 年代末以来达到高潮。而公司倒置的目的地大多是百慕大、开曼群岛等所谓税收天堂，通常税收天堂的公司所得税率接近于零或等于零。1982 年美国发生了第一起跨国公司倒置案，当时 McDermott Inc. 油气公司通过倒置交易，将公司总部搬到了巴拿马；第二、第三和第四起发生在 1990 年和 1994 年，1997 年泰科国际公司通过倒置交易，将公司总部搬到了百慕大，后来 Fruit of the Loom 也通过公司倒置交易搬到了开曼群岛。① 随后在 1999 年增加到六起。在《2017 年减税与就业法》通过前，美国通过的三项立法和法规曾短暂遏制了美国跨国公司向外倒置，即《2004 年美国创造就业法》和 2014 年及 2016 年财政部颁布治理跨国倒置的规则。在跨国公司倒置受到初步抑制 10 年后，又一次大幅增加，2014 年一些医疗器械或药厂宣布合并后，总部也随之转移，其中包括 Medtronics、Salix、AbbVie、Mylan 和 Hospira。2014 年 8 月，Burger King 与加拿大 Tim Hortons 公司合并后，公司总部搬到了加拿大。②

2014 年辉瑞药厂收购英国阿斯利康药厂引起美国财政部震惊。辉瑞药厂的税收能力惊人，根据《2004 年美国创造就业法》遣返税政策，辉瑞药厂曾一次性遣返资金 370 亿美元，获得 85% 的减税幅度。③2009 年，辉瑞药厂为收购惠氏提供资金，再次缴税后遣返 340 亿美元。但辉瑞药厂海外递延的未税利润，仍从 2009 年的 420 亿美

① David Gelles. "New Corporate Tax Shelter: A Merger Abroad." 8 Oct. 2013, https://dealbook.nytimes.com/2013/10/08/to-cut-corporate-taxes-a-merger-abroad-and-a-new-home, 5 Oct. 2021.

② Liz Hoffman and Dana Mattioli. "Burger King in Talks to Buy Tim Hortons in Canada Tax Deal: Tie-Up Would Be Structured as Tax Inversion With a Combined Market Value of About 18 Billion." *Wall Street Journal*, 25 Aug. 2014.

③ Martin A. Sullivan. "Economic Analysis: Pfizer's Tax Picture Dominated by U.S. Losses, Repatriation." *Tax Notes*, 8 Jul. 2013.

元增长到 2012 年的 730 亿美元。① "反杀手 B 法规" 和 "特洛伊海伦反倒置法规" 堵住了通过两套法规并用规避资本利得税漏洞，以图实现倒置避税的辉瑞合并案最终没能得逞。②

2014 年 9 月财政部下发监管变更通知限制公司倒置交易。③2015年 11 月，财政部宣布新的监管限制。④ 但仍有企业试图通过将所有权减少到 60% 以下逃避监管。美国商务部经济分析局（BEA）数据显示，2015 年外国并购美国企业大幅增长，但 2016 年下降 15%，2017 年再度下降 32%。下降幅度最大的是爱尔兰，企业收购额从2015 年的 1 760 亿美元下降到 2016 年的 350 亿美元，到 2017 年进一步下降到 70 亿美元。⑤

跨国公司通常利用交易手段推动公司倒置实现逃税目的。（1）美国跨国公司的外国业务被当作实行参与豁免税制的居民国家母公司的子公司，其外国来源收入免税。（2）美国跨国公司的外国子公司累计盈利和外国来源收入，可通过借贷或投资外国关联公司，有效地免

---

① Kevin Drawbaugh. "Pfizer Move to Join Tax-Driven Deal-Making Raises Red Flags in U.S." *Reuters*, 14 Apr. 2014, http://www.reuters.com/article/2014/04/28/us-usa-tax-pfizer-analysis-idUSBREA3R1FL20140428, 5 Oct. 2021.

② Laura Saunders and Jonathan D. Rockoff. "Pfizer Holders Could Face Tax Hit in a Deal for AstraZeneca." *Wall Street Journal*, 8 May 2014.

③ U.S. Department of Treasury. "Rules Regarding Inversions and Related Transactions." Treasury Notice 2014-52, 22 Sept. 2014.

④ Treasury Notice 2015-79. https://www.treasury.gov/press-center/press-releases/Pages/jl0282.aspx, 5 Oct. 2021. and U.S. Department of the Treasury. "Fact Sheet: Treasury Issues Inversion Regulations and Proposed Earnings Stripping Regulations." https://www.treasury.gov/press-center/press-releases/Pages/jl0404.aspx, 5 Oct. 2021. Final regulations on debt-equity were issued on 21 Oct. 2016, T. D. 9790, https://www.irs.gov/ irb/2016-45_IRB/ar09.html, 5 Oct. 2021.

⑤ U.S. Department of Commerce, Bureau of Economic Analysis. "New Foreign Direct Investment in the United States: 2017." news release, Jul. 11, 2018, https://www.bea.gov/news/2018/new-foreign-direct-investment-united-states-2017, 5 Oct. 2021. 同时参见 Andrew Velarde and Zoe Sagalow. "As Inversions Dried Up, Foreign Direct Investment Fell in 2016." *Tax Notes*, 24 Jul. 2017, pp. 430-431。

税汇回。(3)跨国公司的借入资金向股东派息或向美国公司发放贷款。(4)合并后的跨国公司可进行"收益剥离",即通过向美国公司借款,增加利息扣除减少应税所得。[1] 例如,外国母公司可向其美国子公司贷款,这样公司内部的债务流动并不会改变跨国公司的整体债务,但所得增加的部分在美国境外"记账",导致美国利息支出增加,减少了美国的应税收入。(5)特许权使用费、管理费和转让定价安排也是利润剥离的途径,但公司通过内部债务逃税更普遍。[2]

在跨国公司进行倒置避税的同时将业务和债务债权关系进行跨境转移。任何公司倒置都是通过多种交易方式完成的,而且都是以减少美国的税基为代价的。这种企业交易主要包括两种方式:(1)如果伴随着跨国公司倒置,其国外业务的所有权转移到了外国实体,其税收效果就是,跨国公司未来的国外业务营业收入中的美国税基移出了美国,实现了收益剥离目的。(2)如果伴随着跨国公司倒置,美国的业务通过公司内部债权债务关系或无形资产转移到外国实体中,其效果将是减少国内业务的美国应税所得,这种方式即为转让定价或利润转让。[3]

中国吸引美国跨国企业投资与税收天堂具有不可比性。据美国国会预算办公室(CBO)的数据,中国2012年的有效税率为10%;国会审计局(GAO)将中国的有效税率与百慕大、爱尔兰、英属加勒比群岛、新加坡和瑞士列为同一水平,显示了中国在吸引跨国投资方面

[1] U.S. Department of Treasury, Report to Congress on Earnings Stripping, Transfer Pricing and U.S. Income Tax Treaties, Nov. 2007.

[2] U.S. Congress, House Committee on Ways and Means. "Statement of Pamela F. Olson, Acting Assistant Secretary for Tax Policy." Hearing on Corporate Inversions, 107th Cong., 2nd sess., 6 Jun. 2002.

[3] Office of Tax Policy, Department of the Treasury. "Corporate Inversion Transactions: Tax Policy Implications." May 2002, pp. 4-15, https://www.treasury.gov/resource-center/tax-policy/Documents/Report-Preliminary-Inversion-2002.pdf, 25 Sept. 2021.

的税率竞争力，而中国作为工业产量大国，与税收天堂不同，因为跨国该公司到中国投资是通过实体建设进行的，通常税收天堂和离岸金融中心吸引的只是跨国公司在此地进行总部注册，公司不具有实质上的生产或经营设施。跨国公司到中国投资并非为了倒置目的，而是看中了中国强大的制造业基础、庞大的受教育劳动人口、广阔的市场与发展潜力，而且结合了税制和税率优势。而税收天堂和离岸金融中心则不同，税收天堂倒置方便的是跨国避税，税收天堂企业多数是空壳企业。

（二）跨国公司倒置原理

反向合并是跨国公司倒置的基本形式。由于跨国公司自身通过倒置在境外成立新企业通常会遭遇很多难题，所以意欲实现倒置的跨国公司必须以独立的第三方公司为跳板，通过股权交易，实现公司倒置目的。在此过程中，就会发生国际资本的流动。

参见图4-2、图4-3、图4-4。假设公司A是一家美国企业，希望通过反向合并方式与爱尔兰公司合并，并在成为爱尔兰居民企业后，

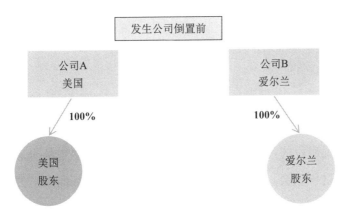

图4-2　跨国公司倒置前的市场结构

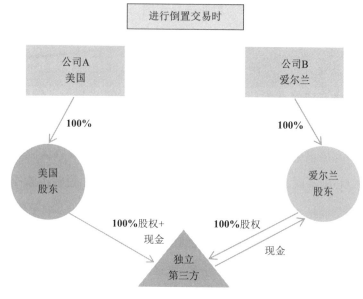

图 4-3　跨国公司倒置交易实例

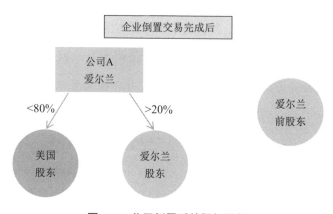

图 4-4　公司倒置后的股权结构

实现倒置避税的目的。这项交易的目的是为美国企业的全球所得税收寻找避税机会。在进行交易时，双方公司股东都向第三方公司缴出股份，股份的数量取决于两家公司的规模，例如可用现金买断一家公司的股权。

交易完成后，每家公司只就美国产生的收入缴纳美国税收。要达到这一目的，公司 A 的原有股东必须收到低于 80% 的新公司的投票权和价值。如果归属于原公司 A 股东的投票权或价值高于 80%，那么美国税法将视新公司为国内公司。[①] 这意味着公司 A 并没能达到增值的目的，如果要实现增值的目的，可通过公司倒置的方式完成同一个交易。

跨国公司倒置交易涉及一系列税法条款。如果公司 A 的前股东收到了 60%～80% 以下的价值和投票权，此时交易收入将适用于"倒置收入"条款。[②] 那么美国税法未来将要求新的倒置公司的任何应税收入不得低于倒置利得，通常应税收入等于转让股份的交易利得。美国税法将使由公司 A 向公司 B 分配的任何资产适用不同得利的确认条件。[③]

以上交易假设公司 B 并非美国公司，所以不能对同一笔收益征税。[④] 同时适用于这类情形的税法将对特定股权报酬征收消费税。[⑤] 尽管这种交易适用税法条款很多，但是与发生在美国国内企业的并购交易相比，仍然是节税的。

跨国公司进行倒置交易的目的是在对新的外国母公司交易后仍保持控股地位。如果原公司 A 的股东拥有小于 60% 的股份，要想维持对新公司的控股地位并不容易，但是仍会产生税收后果。假设原公司 A 的股东拥有倒置后的新公司 50%～60% 以下的股份，那么就适用税法第 367（a）节；如果前公司 A 的股东拥有新公司 50% 以内的股份，则第 367（a）节适用与否，取决于购并发生的事实与其他条

① 26 USC. §§ 7874(b), 7874(c).
② 26 USC. § 7874. inversion gain.
③ 26 USC. § 367(a).
④ 26 USC. §§ 332, 351, 354, 356, or 361.
⑤ 26 USC. § 4985.

件。在现实中，公司反向合并后绝不会失去对原美国公司 60% 的控股权，以防止失去对公司的控制和管理权。

（三）跨国公司倒置的资产交易模式

美国母公司通常采用多种交易方式完成倒置交易。从跨国公司经营战略上看，公司倒置属于跨国企业对全球资产重组的重要方式之一，美国财政部税政司在《公司倒置交易：税收政策含义》一书中，将跨国公司倒置避税的手法总结为三种基本模式，包括股权交易、资产交易以及抛售交易三种基本类型。①

第一种公司倒置交易模式称为"股权交易"。跨国公司无须通过在境外税务辖区开展实质性经营活动就可实现公司倒置。在境外公司有大量业务活动的美国公司，通常通过创建外国子公司、交换股票相互持股。在股票交换后，外国子公司作为新实体，就属于在美国设有子公司的外国母公司，因为证券交换通常与公司各自的估值成比例。这种形式的公司倒置不需要改变有效控制权，因此也被称为"裸倒置"。

这种倒置方式也会称为"反向子公司合并"。是指新的外国母公司的过渡美国子公司与美国母公司合并的过程。通常按照这种倒置交易方式，首先美国母公司 C 会选择在百慕大等税收天堂注册成立新的控股子公司 A，与美国母公司及其股东建立过渡关联，新的外国母公司 A 通过直接收购或"反向子公司合并"，收购美国母公司 C 股票，这样美国母公司就成了新的外国母公司的子公司，美国母公司 C 的股东与外国新的母公司 A 进行了股权交换。在上述交易完成后，除非先前的美国母公司 C 的股权被新的外国母公司 A 控股，美国公

---

① Office of Tax Policy, Department of the Treasury. "Corporate Inversion Transactions: Tax Policy Implications." May 2002, pp. 4–15. https://www.treasury.gov/resource-center/tax-policy/Documents/Report-Preliminary-Inversion-2002.pdf, 25 Sept. 2021.

司集团通常并不会发生任何变化。这样原先的股东就控股了新的外国母公司 A，而不再控股原先的美国母公司 C。通过这类交易完成的公司倒置称为"股权交易"式公司倒置。[1]

第二种公司倒置交易模式称为"资产交易"。按照这种公司倒置方式，跨国公司经由外国税务辖区，直接对美国母公司进行公司重组。要么通过美国母公司与新组建的外国公司合并，现有的美国母公司股东接受新成立公司的股权，要么按照州公司法完成公司转换程序或完成公司存续程序。在交易完成后，新的外国母公司就控制了原来的美国母公司控股的公司集团，股东则控制了新的外国母公司，而不再控股原来的美国母公司。[2]"资产交易"式倒置又有两种方式。

一是美国公司被外国大公司收购。为了加强海外业务，并降低美国税收，美国跨国公司通过被外国公司收购的形式即可实现倒置。美国跨国公司通过与较大的外国公司合并后，美国股东拥有的新公司的少数股权，于是新公司在美国境外受到有效控制，实现商业目的或满足税收目的。例如 2011 年，美国企业普莱德公司与英国企业恩斯科公司合并，合并后的公司总部仍然留在英国。当时公司董事会认为，将公司总部留在英国将享受税务管辖方面的优惠制度，享受广泛的税收协定税率，降低美国企业的全球有效税率。[3]

二是由外国小公司收购美国大公司。希望加强其海外业务并降低美国税收的跨国公司，往往会借助这种公司倒置途径。美国跨国公司与外国的小公司合并后将成立新公司，美国股东将拥有倒置后新公

---

[1] Consolidation Treated as Merger in Reverse Triangular Merger, Revenue Ruling 84-104, https://www.andrewmitchel.com/charts/rr_84_104.pdf, 25 Sept. 2021.

[2] 26 USC. § 368. Definitions relating to corporate reorganizations.

[3] Ensco-Pride International Inc. Joint Proxy Statement. "Recommendation of the Pride Board of Directors and Its Reasons for the Merger." 25 Apr. 2011, http://www.sec.gov/Archives/edgar/data/314808/000095012311039244/d80026b3e424b3.htm, 25 Sept. 2021.

司的多数股份，有效控制权仍会留在美国股东手中，进而实现提高税收竞争力的目的。例如，2016 年美国伊顿公司收购了爱尔兰的库博公司，美国股东将控制 73% 的股份，爱尔兰股东控制 27% 的股份。由于爱尔兰实行参与豁免税制，税率只有 12.5%，伊顿公司和库博公司合并后将节省成本支出 5.35 亿美元，其中税收优惠 1.65 亿美元。①

第三种公司倒置交易模式称为"抛售交易"。这种交易方式集中了"股权交易"和"资产交易"两种方式，通常先由美国母公司向新的外国公司转让资产，并立刻向新的外国母公司的美国子公司进行部分资产分配，分配的资产仍留在美国公司，其结果与股权交易相同。而外国公司直接控制的美国前母公司的那部分资产则如同资产交易。抛售交易式公司倒置的步骤对于公司的运行不产生影响，而由交易的美国股东或公司纳税，公司重组不会对美国税收地位做出改变，除非在公司重组过程中改变未来经营业务。

可见无论跨国公司采用哪种手段，进行倒置交易的目的就是将美国母公司资产转移到其他的税务辖区，剥离美国税基，同时跨国公司利用有利的纳税地位，获得税收收益，而发生这类倒置案件的地点往往是在税收天堂和离岸金融中心。

由此可见，美国的全球税制对于跨国公司加快全球投资起到了推动作用。但是对于美国来说，公司倒置案件频发导致要求修订 1986 年税制的呼声越来越高，以杜绝跨国公司向税收天堂进行资产转移避税，阻止跨国公司向中国等工业化地区正常的投资活动，《2017 年减税与就业法》就是美国试图改变企业倒置趋势的重要一步。有一项报告披露，如果美国早点施行《减税与就业法》，在

---

① Eaton Corporation. "Eaton to Acquire Cooper Industries to Form Premier Global Power." press release, 21 May 2012, http://www.eaton.com/ecm/groups/public/@pub/@eaton/@corp/documents/content/pct_361385.pdf, 25 Sept. 2021.

2004—2016 年间将吸引 4 700 家企业留在美国。[①] 从《2017 年减税与就业法》实施的实际效果看，2018 年、2019 年两年与前两年相比，美国对外国公司的收购数量增加了 50%，而外国对美国公司的收购数量则减少了 25%。[②]

三、税收天堂与跨国公司投资收益剥离

（一）税收天堂和离岸金融中心性质

税收天堂的国际税收功能集中在它强大的收益剥离能力上。美国跨国公司倒置的地区集中在税收天堂或离岸金融中心，全球公认的税收天堂主要集中在加勒比群岛和西印度群岛、欧洲与地中海、太平洋和南太平洋三大地区。（参见表 4-2 和表 4-3）

美国实施全球税制最明显的后果是造成跨国公司倒置。Hines,Jr. 和 Rice 指出，美国跨国公司在税收天堂的投资和利润水平都明显高于一般国家。[③] Hines, Jr. 还发现，税收天堂通过超低税率以及其他税收政策吸引着跨国投资活动。而实际上税收天堂国家和地区的总人口只有全球人口总数的 1% 以下，只占全世界 GDP 的 2.3%，却拥有美国在全世界就业岗位的 5.7%、美国在外国的厂房和资产以及机器设备总量的 8.4%。自 1982—1999 年，税收天堂的人均 GDP 增长率为 3.3%，而世界平均增长率只有 1.4%。税收天堂地区的政府财政充裕，财政收入占 GDP 的比重为 25%，而世界平均水平相比只有

---

① "Buying & Selling: Cross-Border Mergers and Acquisitions and the U.S. Corporate Income Tax." https://www.businessroundtable.org/buying-selling-cross-border-mergers-and-acquisitions-and-the-us-corporate-income-tax, 25 Sept. 2021.

② Andrew Lyon. "Insights on Trends in U.S. Cross-Border Mergers and Acquisitions after the Tax Cuts and Jobs Act." *Tax Notes*, 2 Oct. 2020, pp. 497–507.

③ J. Hines and E. Rice. "Fiscal Paradise: Foreign Tax Heavens and American Business." *Quarterly Journal of Economics*, 109, 1994, pp. 149–182.

20%。但 Hines, Jr. 却还认为，税收天堂国家和地区的经济繁荣是否是以高税收国家为代价的目前并无定论。[1] Blouin 认为，投资对本地税率是极其敏感的，尽管税收天堂税率极低，而美国跨国公司却并不在税收天堂建设工厂，也不购买设备，实际上只是将税收天堂当作从高税率税务辖区转入利润的地点，通过转移利润，跨国公司增加了遣返税收负债的能力。也就是子公司向母公司转嫁了债务以剥离利润，变相减少了美国税基。因此，税收天堂对于美国财政产生了负面影响。然而他也认为，税收天堂的存在是否有利于增加或减少美国福利并无定论。[2] 全球税制对跨国公司产生了巨大的动力，它们利用税收天堂永久性地减少了税收。但是无论是参与豁免税制还是全球税制，所有的跨国公司都在利用低税辖区试图降低税负，只是它们的作用有大小不同罢了。

国际税务学界对于何为"税收天堂"或"离岸金融中心"并无严格定义。对税收天堂的定义最早来自发达国家，OECD 认为，被列为税收天堂的地区具有四项共同特征：（1）地区政府无税收或税率极低；（2）缺少有效的信息交换；（3）投资监管不透明；（4）对跨国公司没有实质活动要求。[3] 同样国际税务学界对于"离岸金融中心"也没有公认的定义。"金融稳定论坛"在 2000 年提出了税收天堂这一概念，指的是吸引高水平非居民活动的司法辖区，税收天堂的主要特征是，经营活动和投资活动免税或低税率、不缴暂扣税、公司注册灵活，且许可证容易签发、监管松懈、组建信托基金和成立公司简单、金融机构和公司无须设置地址、为用户高度保密、对居民无激励

① James R., Hines, Jr. "Do Tax Havens Flourish?" NBER Working Papers 10936, National Bureau of Economic Research, Inc., 2004.

② J. L. Blouin. "Taxation of Multinational Corporations. Foundations and Trends." *Accounting*, 6(1), 2012, pp. 1-64. http://dx.doi.org/10.1561/1400000017, 5 Oct. 2021.

③ Organization for Economic Development and Cooperation. "Harmful Tax Competition: An Emerging Global Issue." 1998, p. 23.

等。[①] 离岸金融中心则是指设在某国境内，但与该国金融制度无甚联系，且不受该国金融法规管制的金融机构所进行的资金融通活动集中地。IMF 和世界银行还建立了离岸金融中心名单。[②]

（二）全球税收天堂的分布

已有文献采用相似特征确认税收天堂。迄今为止，既并无普遍公认的税收天堂名单，也无任何统一的税收天堂辖区，然而文献采用了相似的特征描述离岸金融中心或金融隐私辖区。可见税收天堂、离岸金融中心和金融隐私辖区完全可能等同看待。据 GAO 报告，美国 100 家营业收入最多的公司，大多在税收天堂或金融中心设立了子公司，联邦政府最大的 100 家承包商也都纷纷在税收天堂设立了子公司。[③]GAO 认定的税收天堂有 50 个，研究机构国会研究局（Congressional Research Service，简称 CRS）认定的税收天堂共有 49 个。（参见表 4-2）

表 4-2　美国政府认定的全球税收天堂和金融隐私辖区

顺序	税务辖区	GAO 报告			CRS 报告
		OECD	NBER	美国地方法院传票	
1	Andorra	√ [(a)]	√		√
2	Anguilla	√	√	√	√
3	Antigua and Barbuda	√	√	√ [(b)]	√
4	Aruba	√		√ [(b)]	√
5	Bahamas	√	√	√ [(b)]	√
6	Bahrain	√	√		√

---

① *FSF 2000 Report of the Working Group on Offshore Financial Centres.* Basel: Financial Stability Forum, 9.

② "Identifying Tax Havens and Offshore Finance Centres." https://www.taxjustice.net/cms/upload/pdf/Identifying_Tax_Havens_Jul_07.pdf, 5 Oct. 2021.

③ 参见附表 9。

（续表一）

顺序	税务辖区	GAO 报告			CRS 报告
		OECD	NBER	美国地方法院传票	
7	Barbados		√	√ (b)	√
8	Belize	√	√	√	√
9	Bermuda	√	√	√ (b) (c)	√
10	British Virgin Islands	√	√	√ (d)	√
11	Cayman Islands	√	√	√ (b)	√
12	Cook Islands	√	√	√	√
13	Costa Rica			√ (b)	√
14	Cyprus	√	√	√ (c)	√
15	Dominica	√	√	√ (b)	√
16	Gibraltar	√	√	√	√
17	Grenada	√	√	√ (b)	√
18	Guernsey	√	√ (d)	√ (b) (e)	√
19	Hong Kong, China		√	√	√
20	Ireland		√		√
21	Isle of Man	√	√	√ (b)	√
22	Jersey	√	√ (d)	√ (b)	√
23	Jordan		√		√
24	Latvia			√ (c)	
25	Lebanon		√		√
26	Liberia	√	√		√
27	Liechtenstein	√ (a)	√	√	√
28	Luxembourg		√	√ (c)	√
29	Macao, China		√		√
30	Maldives		√		√
31	Malta	√	√	√	√
32	Marshall Islands	√	√		√
33	Mauritius	√			√

（续表二）

顺序	税务辖区	GAO 报告			CRS 报告
		OECD	NBER	美国地方法院传票	
34	Monaco		√		√
35	Montserrat	√	√		√
36	Nauru	√		√	√
37	Netherlands Antilles	√	√	√ (b)	√
38	Niue	√			√
39	Panama	√	√	√	√
40	Samoa	√		√	√
41	San Marino	√			√
42	Seychelles	√			√
43	Singapore		√	√	√
44	St. Kitts and Nevis	√	√	√	√
45	St. Lucia	√	√	√ (f)	√
46	St. Vincent and the Grenadines	√	√	√	√
47	Switzerland		√	√ (c)	√
48	Tonga				√
49	Turks and Caicos Islands	√	√	√	√
50	U.S. Virgin Islands	√			√
51	Vanuatu	√	√	√	√

资料来源：（1）OECD 有关辖区和不合作税收天堂名单；（2）美国全国经济研究局（NBER）税收天堂名单；（3）美国地方法院认定的税收天堂名单；（4）Jane G. Gravelle. "Tax Havens: International Tax Avoidance and Evasion." 15 Jan. 2015, p. 3.

注：（a）属于非合作税收天堂，其他属于分别认定的税务辖区。（b）与美国签订了《税务信息交换协定》（TIEA）的税务辖区。（c）与美国签订的双重征税协定中包含交换信息条款。瑞士签订的双重征税协定只针对避免税务滥用。（d）NBER 名单中包含 Channel Islands, Jersey 和 Guernsey 都属于 Channel Islands。OECD 和美国地方法院传票中列出的 Jersey、Guernsey 为独立辖区，与 Channel Islands 相互不隶属。（e）美国法院传票为 Sark/Alderney；OECD 包含 Guernsey。（f）美国和 St. Lucia 签订的 1987 年 1 月 30 日 TIEA，因后者未执行，不包含在《美国国内税法典》第 274（h）（6）（A）（i）节中。

（三）税收天堂与美国跨国公司投资

GAO 根据 2008 年 Fortune 500 名单、USASpending.gov 网站、新一代联邦采办数据库（FPDS-NG），并运用美国证监会的电子数据采集系统，对美国跨国公司的海外子公司情况进行了调查和验证，找到了跨国公司在税收天堂税收的大量数据。[①] 跨国公司在税收天堂避税主要有如下特征。

第一，美国大型跨国公司普遍在税收天堂设立分支机构。据 2007 财年对美国 100 家跨国公司统计：（1）有 83 家美国跨国公司在税收天堂设立了子公司；有 4 家跨国公司在税收天堂共设立子公司 100 家，9 家跨国公司设立了 1 家子公司，1 家跨国公司竟设立了 427 家子公司。（2）其中 86 家跨国公司在国外设有子公司，83 家跨国公司在非税收天堂设立了子公司。（3）12 家跨国公司拥有税收天堂子公司的 50% 股份；3 家大公司分别只在税收天堂设立了 1 家子公司，在全球 50 个税收天堂中的 36 个税收天堂设立了子公司。（4）跨国公司在 8 个税收天堂拥有 100 个以上的子公司，每个跨国公司在税收天堂子公司数量从 123 个到 569 个不等。

第二，税收天堂的美国跨国公司是联邦政府合同的重要承包商。（1）2007 财年，在 100 家跨国公司中，有 34 家同时属于 100 家联邦合同承包商之一；（2）在税收天堂设立子公司的 83 家跨国公司中，又有 74 家承包了联邦政府合同，合同标的从 1.2 万美元到 230 亿美元不等；（3）在承包联邦政府合同的前 100 家跨国公司中，有 63 家跨国公司在税收天堂设立了子公司，34 家未设立税收天堂子公司，3 家

---

① United States Government Accountability Office. "International Taxation: Large U.S. Corporations and Federal Contractors with Subsidiaries in Jurisdictions Listed as Tax Havens or Financial Privacy Jurisdictions." Report to Congressional Requesters, Dec. 2008.

未提供子公司地点。

第三，美国联邦政府合同承包商普遍在税收天堂设立了分支企业。（1）其中72家合同承包商在税收天堂设立了外国子公司。72家企业在税收天堂之外设立了子公司。（2）其中63家合同承包商在税收天堂设立了子公司，其中又有11个合同承包商分别设立了1家子公司，另有1个合同承包商设立了83家子公司。（3）其中有4个联邦合同承包商在税收天堂拥有子公司50%以上股份，其中又有3个合同承包商分别拥有子公司全部股份。（4）联邦合同承包商在50个税收天堂中的34个设立了子公司。（5）联邦合同承包商在其中50个税收天堂共设立了100个以上子公司，最少111个，最多156个。在100个联邦合同承包商中，有34个合同承包商同时也是100家最大的美国上市公司。

第四，美国跨国公司超过一半的利润隐藏在少数几个税收天堂。据《纽约时报》披露，全球最小的7个税收天堂目前占全球利润总额的比例越来越大。（参见图4-5）例如，以美国直接投资收益与GDP的占比衡量，英属加勒比群岛（包括英属维京群岛、开曼群岛、蒙特塞拉特、特克斯和凯科斯）与美国之比为1 056.4∶1，百慕大群岛为859∶1。而美国跨国公司在作为工业制造大国的日本、印度、德国、法国、中国、意大利这些国家的直接投资所得与GDP指标与各国该指标之比最高只有0.5∶1，最低则只有0.1∶1，中国为0.2∶1。英属加勒比群岛创造的外国利润相对于其经济规模竟然是中国的同一指标的5 200多倍。①

---

① Brad Setser. "The Global Con Hidden in Trump's Tax Reform Law, Revealed." https://www.nytimes.com/2019/02/06/opinion/business-economics/trump-tax-reform-state-of-the-union-2019.html, 25 Sept. 2021.

表4-3　美国对外直接投资收益的 GDP 占比指标

投资类别	税务辖区	（直接投资收益/GDP）/（美国投资收益/GDP）
税收天堂 投资收益	英属加勒比群岛*	1 056.4∶1
	百慕大	859∶1
	卢森堡	100.1∶1
	爱尔兰	26.6∶1
	荷　兰	15.5∶1
	新加坡	12.9∶1
	瑞　士	7.6∶1
主要工业 产量大国 投资利得	日　本	0.5∶1
	印　度	0.3∶1
	德　国	0.3∶1
	法　国	0.2∶1
	中　国	0.2∶1
	意大利	0.1∶1

资料来源：Brad Setser. "The Global Con Hidden in Trump's Tax Reform Law, Revealed." https://www.nytimes.com/2019/02/06/opinion/business-economics/trump-tax-reform-state-of-the-union-2019.html, 25 Sept. 2021.

注：* 包括英属维京群岛、开曼群岛、蒙特塞拉特、特克斯和凯科斯。

　　美国跨国公司在税收天堂的利润集聚能力巨大。由图4-5可见，世界上7个低税率税务辖区荷兰、爱尔兰、百慕大、卢森堡、瑞典、英属加勒比群岛和新加坡，为美国跨国公司创造的利润占美国公司利润总额的比例越来越大，远远超过了日本、印度、德国、法国、中国、意大利6个制造业大国。其主要原因就是避税的结果。以荷兰为例，1995—2003年美国跨国公司投资荷兰创造的利润只占美国跨国公司总利润的0.4%，但随后即急剧增加，在2013年超过1.4%，目前稳定在1.5%左右。而同期美国在华投资所创造的利润占全部跨国投资利润之和也才只有0.2%，并长期保持在同一水平波动。

　　第五，高技术公司和化学制药公司是美国最大的两个利润转移

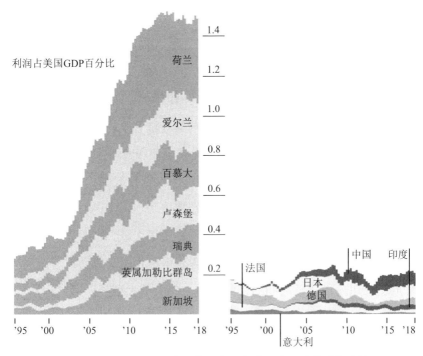

图 4-5　美国跨国公司在税收天堂和制造业大国隐藏利润比较，
1995—2018 年（%）

资料来源：Brad Setser. "The Global Con Hidden in Trump's Tax Reform Law, Revealed." https://www.nytimes.com/2019/02/06/opinion/business-economics/trump-tax-reform-state-of-the-union-2019.html, 25 Sept. 2021.

实体行业。《1986 年税制改革法》客观上起到了激励跨国公司倒置作用，跨国公司的母公司将知识产权出口到税收天堂的子公司，获得超额利润。由于大多数高技术公司的全球利润要缴纳联邦所得税，于是美国的高技术跨国公司就通过转让定价手段，将外国来源收入所得税降到接近于零。

美国药厂通常会把国内的部分利润转移到国外。美国 80% 的药物活性成分自中国进口，低税收是主要因素之一。[①] 再看芯片企业，

───────────

① Yanzhong Huang. "U.S. Dependence on Pharmaceutical Products from China." 14 Aug. 2019, https://www.cfr.org/blog/us-dependence-pharmaceutical-products-china, 25 Sept. 2021.

通常大型芯片设计公司通过将芯片设计出口到离岸子公司，子公司委托海外的大型合同制造商生产芯片，然后获得利润。这种母子公司之间的转让定价体制增加了海外产量，但减少了美国出口。据统计美国设计的芯片占全球 50% 以上，但只有 12% 的芯片是在美国制造的。[①] 由此可见，在《2017 年减税与就业法》开始实施后，跨国公司海外资金的遣返和回流，重点将是科技企业和大型药厂。

第六，美国跨国公司通过复杂的跨国投资控股结构实现倒置并避税。美对华投资除了直接投资，还经常采用"美国—英属维尔京群岛 / 开曼群岛—荷兰 / 英国—中国香港—中国大陆"的投资模式，实际上就是一种公司倒置，进而通过倒置获得税收协定的税收好处，进而实现长期在华递延利润的目的。而一些美国大型药厂通常采取的避税通道是，首先通过爱尔兰进行全球销售，再向荷兰子公司支付特许权使用费，然后将收入转移到零税率的百慕大子公司。《2017 年减税与就业法》实施以后，这种投资结构也将随之简化，因为维持这种复杂的投资架构代价高昂。据有关分析，自《2017 年减税与就业法》开始实施，即未再有重大的公司倒置报告，而且该法的实施还导致之前未能完成的跨国倒置案终止，如 Assurant Inc. 早在《2017 年减税与就业法》实施之前已宣布了倒置计划，然而，该公司后来重组了交易，并将其总部仍旧设在美国。[②]

税收天堂是吸引美国跨国公司的最大税务辖区。美国大型高技术公司的税收结构允许其全球利润大部分在海外记账，各大制药公

---

① 《美国芯片制造领先在哪里》，2020 年 9 月 21 日，https://finance.sina.com.cn/chanjing/cyxw/2020-09-21/doc-iivhuipp5630802.shtml?cre=tianyi&mod=pchp&loc=26&r=0&rfunc=100&tj=none&tr=98，2021 年 9 月 25 日。

② Assurant and the Warranty Group Amend Deal Structure. https://www.businesswire.com/news/home/20180109005906/en/Assurant-and-The-Warranty-Group-Amend-Deal-Structure, 25 Sept. 2021.

司在爱尔兰生产利润率极高的药物，百事可乐在新加坡生产浓缩苏打水，这些地方都是美国企业的税收天堂。这些税收天堂的作用不是为大部分跨国公司业务提供便利的客户、工人和纳税居民的住地，而是进行避税。

四、跨国公司倒置交易税收处理

（一）普通倒置交易的税收规则

跨国公司倒置交易的税收后果取决于倒置交易的结构。[①] 公司倒置税收反映了资本投资利得对股东和公司的影响，有关税收规则分四种不同情况加以处理。

1. 通过公司重组实现倒置的税务处理

跨国公司通过重组实现倒置后将涉及税收后果，分三种情况缴税。一是转让外国子公司股权完成倒置。跨国公司进行股权交易倒置改变了企业结构，将产生纳税事项，除非满足例外条件。[②] 通常由外国公司发起的并购属于无实质资产的新设立实体，股东应承认存在交换利得。[③] 应税利得等于股权的公平市场价值调整后超过股东税基的多出部分。税法不承认交易股东亏损，因此亏损在外国母公司收到股权的税基中保留下来。股票交易利得却无须申报，这与其他股票要求不同。[④] 原美国母公司股权倒置交易无须纳税，而美国母公司或子公司资产关联交易须纳税。

二是进行资产交易式公司倒置涉及美国母公司向新的外国母公

---

① Gregg D. LeMein and John D. McDonald. "Taxable Inversion Transactions." 80 TAXES 7, Mar. 2002.

② Treas. Reg. § 1.367(a)–3(c)(3).

③ Treas. Reg. § 1.367(a)–3(a),(c).

④ Treas. Reg. § 1.6045–1(c)(2).

司的资产转让。从税收上必须承认有利得而没有亏损，计算依据是在发生资产交易时，按照公平市场价值出售。[①] 按照公司重组税收规定，公司股东不符合第二层纳税资格。[②] 如果属于公司重组，股东将控股新的外国母公司股权，与原美国母公司具有等同的持股税基和持股时间。[③]

三是在抛售式倒置交易中，外国子公司的股票不作为公司重组后向美国公司分配的部分资产。跨国公司抛售交易倒置对于向新的国外母公司转让资产，以及向新的国外母公司的美国子公司的分配，要求美国母公司股东承认存在交换利得而没有亏损。美国母公司无须承认向美国公司的资产分配存在应税利得。但向新的外国母公司转让资产后，留在美国公司内部的剩余部分，要按照资产交易倒置看待，跨国公司需确认转让给外国公司的资产产生了利得，而且没有发生亏损，股东通常则无须确认存在应税利得。[④]

2. 通过转让股票的倒置税务处理

美国集团公司以变动所有权对国外业务进行重组涉及税收处理。转让外国子公司是将其国外业务转移出美国税务辖区，甚至不转让子公司，未来公司业务也会直接转到新的外国母公司及其附属机构，而不再属于美国集团公司的外国子公司。在这种倒置方式中，股票可以股息方式向新的外国母公司进行分配，也可以转让给新的外国母公司及其附属机构，既可以通过销售也可通过交换完成。

美国母公司或集团公司的美国成员企业可向外国母公司或外国附属企业转让国外子公司股份，外国子公司的美国母公司需确认外国子公司向外国公司转让股权的得利，这项转让利得以归属于外

---

① 26 USC. 367(a)(5).
② Treas. Reg. § 1.367(a)–3(a), (d)(3)(Example 12).
③ 26 USC. § 358(a), 1223(1).
④ Treas. Reg. § 1.367(a)–3(d)(2)(vi).

国子公司被转让股份的收益与利润为限，从税收角度不承认任何亏损。[1] 按照税收政策。被视为美国税收目的的美国母公司股息符合间接税收抵免资格。[2] 美国母公司或转让方可向外国母公司或外国附属机构转让外国子公司股权，外国子公司任何股权利得将得到全额承认。以归属于股权的任何累计收益与利润为限，将以股息对待此类利得[3]，并进行间接外国税收抵免。[4] 关联方交易中的外国子公司亏损都将不被承认。[5] 这类交易既取决于参与外国子公司股权双方的关系，也取决于交换类型。[6] 转让外国子公司股权必须符合公平交易原则。如果此前拥有外国子公司股权的美国集团公司成员通过交换获得资产，而资产价值又低于交换股权，差额部分则视同向外国母公司分配的股息，符合美国暂扣税缴纳条件。

3. 通过内部债务倒置的税务处理

如何免掉母子公司之间通过设立债务而产生的利息税是避税手段之一。美国成员企业与外国母公司之间，或与外国附属公司之间的这种债务，可以在重组交易完成之前设立；既可以通过美国母公司向外国母公司发行债务，交换外国母公司的二级股权，也可以通过债务股息或交换等值资产方式，成立公司之间的债务。公司内部债务关系对在何地配置资产没有影响，然而将产生利息成本，最终会扣除美国税收，但这本身就是公司倒置的真实目的之一。[7]

---

[1] Treas. Reg. §§ 1.367(a)–3(b)(2), 1.367(b)–4(b).

[2] Treas. Reg. § 1.367(b)–4(b).

[3] 26 USC. § 1248. Gain from certain sales or exchanges of stock in certain foreign corporations.

[4] 26 USC. § 902. Unannotated Title 26. Internal Revenue Code § 902. Deemed paid credit where domestic corporation owns 10 percent or more of voting stock of foreign corporation.

[5] 26 USC. § 267. Losses, expenses, and interest with respect to transactions between related taxpayers.

[6] 26 USC. § 304. Redemption through use of related corporations.

[7] Office of Tax Policy, Department of the Treasury. "Corporate Inversion Transactions: Tax Policy Implications." May 2002, pp. 4–15. https://www.treasury.gov/resource-center/tax-policy/Documents/Report-Preliminary-Inversion-2002.pdf, 5 Oct. 2021.

债务倒置交易的税收后果与交易事实本身有关。(1)债务可以是美国公司向外国母公司的分配,构成发起分配的公司股息,以收益与利润为限。如果股息符合美国暂扣税政策,根据税收协定可获减让。(2)债务可由美国母公司发行,用于等价交换外国母公司财产,在美国税收上不产生后果。如果重构是交易的一部分,无形资产向外转让被视为应税交易。[①] 根据转让定价规则,交易要按公平交易标准进行,交易收入应和归属于无形资产转让的收入相称。[②]

4. 通过关联交易倒置的税务处理

新的外国母公司通过与美国集团的关联交易也可完成公司倒置。跨国公司内部的关联交易倒置往往伴随着所有权出售,或无形资产所有权从美国母公司转到外国母公司或外国母公司的附属机构,其中再保险公司与保险公司的倒置就属于这类交易。通常保险集团的美国成员企业将当前或未来的部分业务,向新的外国母公司的外国附属机构再投保。转让无形资产的效果或建立新的再保险关系的效果,是将收入转到了美国的税务辖区之外。

《2017年减税与就业法》的目的是制定更具竞争力的公司税制,降低公司税率,并对外国来源收入实行部分参与豁免,从而降低此类交易及外国控股公司结构的吸引力。在以往的美国反倒置立法中,只要跨国公司的倒置交易不大于80%即符合税法要求,《2017年减税与就业法》的反倒置规则更加严厉,只要参与60%以上的倒置交易就将适用新的法规:一是按照35%的税率重新征收对外国收入过渡税,并不得使用15.5%税率的外国税收抵免;二是新增税基侵蚀与反滥用税(BEAT税);三是股东按普通所得税率(相对于合格股息)分配缴纳所得税。[③]

---

① 26 USC. § 367(d)(2)(C).
② Treas. Reg. § 1.482-1(b)(1).
③ 26 USC. § 7874. Rules relating to expatriated entities and their foreign parents.

（二）集团公司倒置的税收规则

美国对跨国公司的全球所得征税的规则不断完善。通常在纳税环节，美国公司在外国的收益只有进行股息分配在返回美国后才会缴税，然而根据 F 分编规定，美国母公司的外国子公司的特定收入纳入美国本期税收，无论是否向母公司进行分配。[①] 为了避免双重征税，允许纳税人以外国税收抵免美国税收义务（负债）。[②] 但是外国税收抵免额仅限于就外国来源净收入征收的美国税收。[③] 由于外国税收抵免额上限决定于外国来源收入大小，外国税收抵免对美国来源收入与外国来源收入分配与分摊的费用很重要。大部分费用要分配到与费用关联的收入上。[④] 利息成本要按照美国和外国资产的比例进行扣除，并在美国和外国来源收入之间进行分配。[⑤] 跨国公司集团倒置的税收规则分两项内容。

1. 反公司倒置规则：税法第 7874 节

《美国税法典》第 7874 节的目的是解决跨国公司倒置难题。《2004 年美国创造就业法》创立第 7874 节后，联邦税务部门除了对跨国倒置企业进行反向征税，还不断减少或取消税收优惠政策。根据第 7874 节规定，对待倒置企业实施两种不同政策，即美国股东拥有倒置企业 60%，还是拥有 80% 股份的政策。（1）如果美国跨国公司公司的前股东拥有外国母公司 60% 以上的股权，那么在计算美国所得税时，将限制该美国子公司或关联的个人申报从特定收入中抵免和扣除税收的能力。（2）如果达到 80% 的门槛，外国母公司在税法上将符合美国国内企业条件，需缴纳全球所得税。在 2003 年 3 月 4 日

---

① 　26 USC. §§ 951–964.
② 　26 USC. § 901.
③ 　26 USC. § 904.
④ 　Treas. Reg. § 1.861–8.
⑤ 　26 USC. § 864(e).

以后，跨国倒置企业如果在实现倒置的税务辖区满足实质经营条件，美国税法将会把这类情况排除在倒置企业之外。不按美国税法征税的倒置企业称为代理公司。

倒置企业的避税行为自 2004 年起开始受到美国财政部重点打击。2012 年 6 月 12 日，美国财政部发布第 T.D.9592 号部规，增加了安全港条款，将实质性经营活动门槛从 10% 提高到 25%。[①]2014 年第 52 号文[②] 和 2015 年第 79 号文[③] 限制美国的外国子公司取得利润，解决了美国股东人为减少计算份额的问题。2016 年财政部出台针对跨国公司集团的反倒置法规，包括涉及倒置和购并交易，限制倒置后资产稀释行为，限制外国母公司集团通过分配股息，或其他与交易类似的经济手段，将收益转出美国的行为。[④]

2. 利息扣除与资本弱化规则

跨国公司转移利润的方法之一是在高税率国家申报利润扣除。尽管分配外国来源利息能够限制外国税收抵免，但无论属于美国母公司或者属于外国母公司，在美国企业和在其他国家组建的关联企业之间不存在分配利息的方法。

资本弱化规则限制了跨国公司对利息扣除政策的滥用。限制企业可扣除利息总额有规则可循，有关规则适用于所有企业，即《美国税法典》第 163（j）节规则，也称资本弱化规则。[⑤] 净利息扣除限制在企业可调整应税收入的 50% 以内，企业债务股本比大于 1.5。这里

---

① Internal Revenue Bulletin: 2012–28, 9 Jul. 2012, https://www.irs.gov/irb/2012-28_IRB, 5 Oct. 2021.

② Rules Regarding Inversions and Related Transactions, Notice 2014–52, https://www.irs.gov/pub/irs-drop/N-14-52.pdf, 5 Oct. 2021.

③ Additional Rules Regarding Inversions and Related Transactions, Notice 2015–79, https://www.irs.gov/pub/irs-drop/n-15-79.pdf, 5 Oct. 2021.

④ Treasury Announces Additional Action to Curb Inversions, Address Earnings Stripping, 4 Apr. 2016, https://www.treasury.gov/press-center/press-releases/Pages/jl0405.aspx, 5 Oct. 2021.

⑤ 26 USC. § 163. Interest.

的应税收入指税前收入，包括利息扣除以及折旧、分期摊销扣除或者损耗扣除。此项所得计算的措施叫作利息、税收、摊销、折旧和损耗法（简称"息税折旧及摊销"，EBITDA），等于在利息、税金、折旧和摊销成本扣除之前的收益。超出限额以上支付的利息可无限期向前结转，特别是在制定 60% 债务股本比的安全港规则后，大多数企业不受规则限制。另外由于允许利息扣除的上限非常高，还制定了折旧扣除前的所得比例，大多数有形资产占比很高的企业似乎不受这种限制的影响，即使没有安全港规则也一样。

3. 集团公司国内业务倒置与税收

倒置的跨国公司集团的美国国内业务继续受联邦所得税法管辖。由于倒置交易在美国母公司和股东之间增加了一个外国公司，对于集团公司的美国成员企业向新的外国母公司的收益分配，将另外缴纳美国 30% 的暂扣税，但此暂扣税可根据税收协定获税率减让。①由美国公司向外国母公司分配的美国股息暂扣税，也可按税收协定减让，通常降低到 5%。

集团公司倒置将增加美国成员企业向外国成员企业付款的机会。如果付款可以扣除税收，通过减少净收入就降低了美国国内业务的联邦税收。债务重组倒置往往是外国母公司或集团公司的美国子公司与外国母公司或外国附属机构设立债务实现的，债务利息通常由不必纳税或很少纳税的税务辖区收到并在美国扣除利息。②尽管美国税法对向关联方支付的债息征收 30% 的暂扣税，但是这笔暂扣税会得到实质性减让，或根据税收协定减免。例如，保险公司通过在集团公司的美国成员企业与税收天堂的外国附属机构之间签订

---

① U.S. Treasury Department, U.S. Model Income Tax Convention of September 20, 1996, Article 10 (Dividends).

② 26 USC. § 163(j).

再保险协定转嫁保险风险，保费即可在美国获得扣除，外国附属机构的保费和再保险合同中的其他关联收入也豁免了美国税收。除非根据税收协定的免除规定，否则保险费适用于美国工商税。[①] 再保险与公司内部债不同，前者通过有关合同事先转移利润或转移亏损。关联方签订的再保险合同必须根据公平交易准则，按照转让定价方案进行。[②]

4. 集团公司国外业务倒置的税务处理

如果外国子公司的所有权已从原美国集团公司转移到了新的外国母公司或其外国子公司，则通过倒置交易就消除了美国对这些外国公司业务的所得税。那么由于公司集团的外国来源收入不符合美国税收要求，针对倒置公司集团的外国税收抵免限制、有关利息等的成本分配关联规则，要么减让，要么免除。倒置交易后未向海外转移的国外业务仍适用美国税法。甚至即使跨国公司集团的外国业务没有重构，或未发生无形资产转让，未来跨国公司海外业务的增长也可以通过外国母公司推动，有关收入不再纳入美国税基。

（三）公司倒置与股东税务处理

美国公司倒置后股东税收是否变化取决于持股情况。（1）非公司企业的美国股东纳税方式不变，除非收到的股息属于外国来源收入；公司制企业的美国股东，从新的外国母公司收到的股息，不再符合扣除资格。（2）外国股东的股息不再缴纳暂扣税，任何直接受非居民外国人控制的美国公司股权包含在其遗产中，而非居民外国人控股的新外国母公司股权不再缴纳美国遗产税。[③]

---

① U.S. Treasury Department. "Report to Congress on the Effect on U.S. Reinsurance Corporations of the Waiver by Treaty of the Excise Tax on Certain Reinsurance Premiums." Mar. 1990.
② 26 USC. §§ 482, 859.
③ 26 USC. § 7874. Rules relating to expatriated entities and their foreign parents.

五、跨国公司倒置的税收治理与改革

（一）《2004 年美国创造就业法》及其效力

《2004 年美国创造就业法》开创了反倒置立法大门。美国财政部认为，跨国公司倒置产生了三大危害：一是侵蚀美国税基；二是 CFC 获得不公平的成本优势；三是降低了美国税收制度的公平性。[①]《2004 年美国创造就业法》增加了第 7874 节"反公司倒置条款"，其中重要的内容是三项：（1）对于在 2003 年 3 月 4 日后发生倒置的企业，如果外国母公司被美国前母公司股东至少拥有 80% 的股份，则税务部门仍将其视为美国公司，不能享受税收优惠。（2）对于拥有前美国母公司 60%～80% 的所有权的倒置企业，美国收益税不允许用外国税收抵免或净经营亏损抵消。（3）在外国新组建公司发生重大经营活动，但对何为"重大经营活动"则没有界定。[②]

《美国税法典》正是基于跨国公司倒置避税的复杂性而未指定"重大经营活动"的具体范围。在美国联邦税务局关于第 7874 节外派实体及其母公司指引[③] 中，对于"扩大后的附属集团的实质性业务活动"，给出了一段原则的提示：

> 如果扩大的附属集团（EAG）在外国有业务活动，而与扩大的附属集团的全部业务活动相比，收购的外国实体是在该国创建或组织的，或根据该国的法律，那么第 7874 节不适用。美国联邦税

---

① U.S. Department of the Treasury, Office of Tax Policy. "Corporate Inversion Transactions: Tax Policy Implications." May 2002, p. 21.

② 26 USC. § 7874. Rules relating to expatriated entities and their foreign parents.

③ Guidance Under Section 7874 Regarding Expatriated Entities and Their Foreign Parents, A Rule by the Internal Revenue Service on 06/06/2006, https://www.federalregister.gov/documents/2006/06/06/E6-8699/guidance-under-section-7874-regarding-expatriated-entities-and-their-foreign-parents.

务局和财政部认为，如果新的外国母公司注册在某个国家，而扩大后的附属集团在该国没有真正的业务存在，这对集团的整体业务没有意义，而国会会对此感到担忧。[①]美国联邦税务局和财政部认为，有必要进行指导，以确保实质性业务活动规则的适当应用。

但是，仅仅做出这样的原则性提示，仍不足以对于联邦税收管理提供明确的法律依据，于是，联邦税务局又提供了一个"案例"如下：

（d）扩大后的附属集团的重大业务活动—（1）一般规则—（i）事实和情况检验。在符合本条第（d）款第（2）段规定的情况下，与扩大的附属集团的全部业务活动相比，应根据所有事实和情况，确定扩大的附属集团在收购的所在国或根据该国的法律创建或组织的外国实体是否有实质性的业务活动。但是，在做出决定时，不得考虑到本条（d）（1）（iii）段所述的因素。与扩大后的附属集团的全部业务活动相比，扩大后的附属集团在外国有实质性的业务活动，没有必须在外国的业务活动占其全部业务活动的最低百分比（无论如何衡量）。但是，有必要在对扩大的附属集团的全部业务活动进行比较的基础上确定实质性，并相应地评估本节第（d）（1）（ii）段所述的因素。因此，与扩大后的附属集团的全部业务活动相比，在某一特定国家扩大后的附属集团的业务活动可能相当可观。但是，在同一国家，另一个扩大的附属集团的相同业务活动与该扩大的附属集团的总业务活动相比并不显著，因为第二个扩大的附属集团的总业务活动比第一个扩大的附属集团的总业务活动要广泛得多。

---

① 参见 S. Rep. No. 108-192, 108th Cong., 2d Sess., at 142 (Nov. 7, 2003) ("The Committee believes that inversion transactions resulting in minimal presence in a foreign country of incorporation are a means of avoiding U.S. tax and should be curtailed.")。

《2004 年美国创造就业法》限制了跨国公司裸倒置交易。（1）如果公司发生倒置后的所有权与发生倒置之前没有实质差异，企业就不能获得税收优惠。（2）只有跨国公司在新总部居民国拥有大量业务活动，才属于法律认定的非倒置交易。但仍有企业通过在海外配置业务或进行合并实现倒置。①（3）允许跨国公司通过转移总部，保留对业务控制权。

但是美国跨国公司仍滥用重大经营活动规则漏洞进行倒置避税。在 2004 年以后，美国跨国公司倒置越来越少涉及诸如百慕大群岛和开曼群岛这样的"税收天堂"，而是向英国、加拿大和爱尔兰这样有着巨大经济活动的大国搬迁避税。尤其是英国已经成为更具吸引力的总部国家，由于英国没有制定反倾销法，而且税率很低，对吸引外国总部起到了一定作用。据彭博社统计的数据，2005—2016 年，共有 54 家美国企业迁往海外，其中 37 家为倒置交易，所有企业中有 11 家迁往百慕大群岛等地，更多企业前往英国和其他西欧、北欧国家。而 1990—2003 年期间，有 30 家美国跨国公司迁往海外，其中有 15 家是迁往百慕大群岛等税收天堂的。② 所以像 Aon、ENSCO 和 Rowan 在该法实施后，通过在英国开展重大经营活动，都搬到了英国，免税实现了公司倒置。③ 其他如 Cikia 与 Actavis 和 Prigo 的两个药厂合并后搬到了爱尔兰；ValeAt 药厂和 Endo 医疗服务公司搬到了加拿大；自由环球有线公司搬到了英国，新爱尔兰公司 Actavis 与森林实

①　John D. McKinnon and Scott Thurm, "U.S. Firms Move Abroad to Cut Taxes: Despite '04 Law, Companies Incorporate Overseas, Saving Big Sums on Taxes." *Wall Street Journal*, 28 Aug. 2012.

②　"Tracking Tax Runaways." 18 Sept. 2014, Updated 1 Mar. 2017, https://www.bloomberg.com/graphics/tax-inversion-tracker, 27 Sept. 2021.

③　Bret Wells. "Cant and the Inconvenient Truth about Corporate Inversions." *Tax Notes*, 23 Jul. 2012, pp. 429–439.

验室合并。[1] 美国广告公司 OMNICOM 计划与法国公司合并后创建荷兰持股公司，将英国作为居民国。[2]

以上美国跨国公司意欲实现倒置的企业数量暴增，导致美国财政部于 2012 年出台第 9592 号部令，将跨国公司需在税收天堂进行重大经营活动门槛从 10% 提高到 25%。[3]

（二）财政部第 2014-52 号和第 2015-79 号公告的反倒置效果

美国财政部第 2014-52 号公告是一项限制跨国公司倒置的监管通知。[4] 监管通知涉及两项法规，一是限制跨国公司获取外国子公司累积收益继续递延纳税能力；二是限制跨国公司通过 80% 以下所有权进行倒置。[5]

第一，美国财政部制定了三种应对跨国公司倒置避税的规则。（1）禁止美国跨国公司的外国子公司以贷款方式，向新的外国母公司提供资金（称为"跳槽"），美国跨国公司获得的外国关联方债务（如贷款）或股票均被视为美国财产，需要纳税。而在第 2014-52 号监管公告出台前，这类资金通常借助向个人股东派息进行分配，实现避税。（2）如果美国跨国公司的子公司获得了大部分股份，则将"解除

---

[1]　Zachary R. Mider. "Companies Flee U.S. Tax System by Reincorporating Abroad." Bloomberg, 27 Jan. 2014, http://www.bloomberg.com/infographics/2014-01-27/companies-flee-u-s-tax-system-by-reincorporating-abroad.html, 27 Sept. 2021.

[2]　Tom Fairless. "Publicis, Omnicom Merger Tangled in Tax Red-Tape." *Wall Street Journal*, Apr. 25, 2014, http://www.marketwatch.com/story/publicis-omnicom-merger-tangled-in-tax-red-tape-2014-04-25, 27 Sept. 2021.

[3]　Bret Wells. "Cant and the Inconvenient Truth about Corporate Inversions." *Tax Notes*, 23 Jul. 2012, pp. 429–439; Kristen A. Parillo. "Government Defends Business Activities Test in New Regs." *Tax Notes*, 23 Jul. 2012, pp. 370–371.

[4]　U.S. Department of the Treasury. "Fact Sheet: Treasury Actions to Rein in Corporate Tax Inversions." press release, http://www.treasury.gov/press-center/press-releases/Pages/jl2645.aspx, 27 Sept. 2021.

[5]　Andrew Velarde. "Next Inversion Guidance May Affect Interest Deductions and Debt." *Tax Notes*, 3 Nov. 2014, pp. 490–491.

受控"，不再具有 CFC 身份，于是也就不受 F 分编约束了，即外国发起收购的企业，通过发行票据或转让财产，用于在美国公司的外国子公司进行股票交易。第 2014-52 号公告将对外国子公司股票收购视为对美国母公司股票收购加以制止。目前 F 分编规则维持着对某些被动收入和转移收入征税要求。然而，美国控股公司即使达不到多数股权，也可以获得部分递延收益，从而无须缴纳美国税。（3）第 2014-52 号公告阻止外国收购方将原美国母公司的股票出售给美国母公司的 CFC，以换取财产或现金的交易，不允许对这类交易收入免税。①

第二，跨国公司倒置后如果股东拥有新公司 80% 所有权则不享受税收优惠。第 2014-52 号公告规定，限制通过某些技术避税，包括使外国公司膨胀、缩小美国公司规模，以及将美国公司部分倒置。（1）跨国公司往往利用被动资产扩大外国子公司规模，防止触及 80% 的指标要求。如果外国公司的被动资产超过其价值的 50%，将涉及税收问题。（2）为防止跨国公司通过支付特别股息，在合并前缩小美国公司的规模，财政部不认可合并前的企业减值。（3）将新成立的外国公司视为美国公司，从而防止通过旋转倒置剥离收益，实现倒置目的。只有当跨国公司原股东保留合并新公司 80% 以下所有权时，才能实现税收利益。

第三，2015 年财政部第 2015-79 号公告又进行了三项监管改革。②（1）如果外国母公司是第三国税务居民，母公司向当前外国公司发行的股票将不予考虑，以阻止美国企业倒置后将第三国作为总部实现避税。（2）澄清所谓"反填充"规则，即限制因向外国公司增加资产而致使该公司规模膨胀。本规则适用于包括被动资产在内的任何资

① "Rules Regarding Inversions and Related Transactions, Notice 2014-52." https://www.irs.gov/pub/irs-drop/N-14-52.pdf, 27 Sept. 2021.

② Treasury Notice 2015-79. https://www.treasury.gov/press-center/press-releases/Pages/jl0282.aspx, 5 Oct. 2021.

产。（3）要求有关业务必须是外国母公司从事的业务活动，防止基于商业活动的倒置，因为外国母公司通过在其他国家设置没有重大经营活动的税务住所就能避税。

第 2014-52 号公告颁布后跨国公司倒置并未停止，第 2015-79 号公告监管威力依然有限。但一些公司宣布取消合并计划，例如 Medtronic 就不再使用海外收益融资支付收购资金的计划。① 但是像 Waste Connections Inc. 在与加拿大公司 Progressive Waste Solutions Ltd. 合并后，拥有了 70% 的所有权，将总部搬到了加拿大。②

其他并购案还有很多。例如，加拿大公司 Valeant 收购萨利克斯药厂；Endo 收购 Auxilium 公司；意大利 Sorin 公司合并网络电子公司后将总部设在英国；芯片制造商 Broadcom 和新加坡 Avago 公司合并案。③ 英国信息与分析提供商 HIS 宣布与 Markit Ltd. 合并，将总部设在英国，但其所有权份额低于 60%。④ 2015 年 11 月 23 日，辉瑞药厂宣布与爱尔兰 Allergan 公司合并并占有新公司 56% 的股权，将总部迁至爱尔兰，目的是不受美国反倒置规则约束。⑤ 在财政部颁布 2016 年 4 月 4 日通告 ⑥ 后，辉瑞药厂终止了与 Allergen 的合并。

---

① Kevin Drawbaugh. "Factbox: Another U.S. Tax 'Inversion' Implodes, Pending Deals Dwindle." Reuters, 24 Oct. 2014, 13 Oct., pp. 178–179.

② Anne Steel. "Waste Connections, Progressive Waste Strike 2.7 Billion Inversion Deal." *Wall Street Journal*, 19 Jan. 2016, https://www.wsj.com/articles/waste-connections-progressive-waste-strike-inversion-deal-1453211211, 27 Sept. 2021.

③ Amanda Athanasiou. "Is the Anti-Inversion Notice Doing Its Job?" *Tax Notes*, 9 Mar. 2015, pp. 1185–1186.

④ Anne Steele and Shayndi Raice, "HIS and Market to Merge in an Inversion Deal, Creating Data Heavyweight." 21 Mar. 2016*, Wall Street Journal*, https://www.marketwatch.com/story/ihs-and-markit-to-merge-in-an-inversion-deal-creating-data-heavyweight-2016-03-21, 27 Sept. 2021.

⑤ Jackie Wattles and Heather Long. "Avoiding U.S. Corporate Taxes." *CNN Money*, 23 Nov. 2013, http://money.cnn.com/2015/11/23/investing/pfizer-allergan-merger, 27 Sept. 2021.

⑥ U.S. Department of the Treasury. "Fact Sheet: Treasury Issues Inversion Regulations and Proposed Earnings Stripping Regulations." 4 Apr. 2016, https://www.treasury.gov/press-center/press-releases/pages/jl0404.aspx, 27 Sept. 2021.

（三）财政部 2016 年反跨国公司倒置的临时建议

美国财政部于 2016 年发布临时建议，公告第 2014–52 号和 2015–79 号通知中增加限制公司倒置的规则，并增加了处理公司倒置和收益剥离交易的新规则。[①] 临时建议在 2017 年 7 月 "最终规则" 出台后废止，但有关的规则被保留下来了。临时建议的主要思想是，否认外国母公司股票向倒置前或收购前的美国公司归属，限制公司倒置。[②]

1. 2016 年反倒置规则

第一，主要针对跨国收购多家国内实体的规则。如果外国母公司通过倒置或发行股票收购一个或多个美国实体并成为外国母公司，就将增大外国实体的价值，使其随后与更大的美国跨国公司进行倒置，同时还能保持低于 60% ～ 80% 的所有权门槛。2016 年 4 月 4 日临时建议将公司股票的价值归因于其在过去三年内对美国实体的收购行为，不考虑新成立的外国母公司股票。这一规则实施后，辉瑞药厂在与外国公司合并时，就将控股份额从 56% 增加到了 70%，以回避相关的要求。[③]

第二，主要针对外国发起的多步骤连续收购规则。财政部要求外国公司在实质性收购美国实体的全部资产后，第二家外国公司实质收购含有美国实体资产的前一家外国公司的所有资产，那么，每次收购都视为对美国实体的收购，要求遵守反倒置规则。多步骤收购规则适用于同一收购计划中的所有收购，无论时间长短，与只具有三年回溯期的多个国内实体收购规则不同。

---

① U.S. Department of the Treasury. "Fact Sheet: Treasury Issues Inversion Regulations and Proposed Earnings Stripping Regulations." 4 Apr. 2016, https://www.treasury.gov/press-center/press-releases/Pages/jl0404.aspx, 27 Sept. 2021.

② 26 USC. § 7874.

③ Frank Clemente. "New Treasury Dept. Anti-Inversion Rule Would Prevent Pfizer's Estimated 35 Billion Tax Break." Americans for Tax Fairness, 5 Apr. 2016.

第三，关于资产稀释规则。主要限制倒置公司通过向 CFC 进行转让①，逃避未实现利得的纳税能力②。资产稀释规则要解决的问题是美国公司的 CFC 通过倒置交易，稀释美国股东的间接权益，从而允许美国股东对转让时未确认资产中已实现的收益免征美国税。资产稀释规则要求美国倒置集团的 CFC 确认第 351 节与倒置交易后所有已实现相关收益。

2. 反倒置和反收益剥离条例

反收益剥离条例旨在限制外国母公司集团通过股息等交易将收益转移出美国的能力。③（1）将关联方的某些债务定性为税收权益，不允许扣除利息，并可能产生 30% 的暂扣税义务。（2）不适用于投资实际经营业务产生的关联方债务，如建造工厂或安装装备。（3）要求确认集团的某些扩大成员发行和持有的债务工具被恰当地定性为债务。（4）允许 IRS 在审计时将发行给关联方的票据部分视为债务、部分视为权益。2016 年 10 月 21 日最终条例允许将债务工具分为部分债务和部分股权，并免除外国发行人债务的规定，还豁免了现金池、短期贷款、受监管的金融实体和穿透实体。④

财政部反倒置和反收益剥离条例打击了跨国公司。辉瑞药厂因为被财政部多重实体规则认定为"连续倒置"而退出了与爱尔兰 Allergen 公司的合并。⑤CF Industries 与荷兰 OCI N.V. 的合并也被取消。⑥ 但同时还是发生了几例美国企业跨国倒置案例，如 Konecranes

---

① 26 USC. § 351.
② 26 USC. § 965.
③ 26 USC. § 385.
④ T. D. 9790, https://www.irs.gov/irb/2016-45_IRB/ar09.html, 27 Sept. 2021.
⑤ Andrew Velarde. "Treasury Finally KOs Pfizer Inversion." *Tax Notes Today*, 7 Apr. 2016.
⑥ Andrew Velarde. "Year in Review: Immense Change, Contentious Talk in Debt-Equity Classification." *Tax Notes*, 2 Jan. 2017, pp. 15–17.

和 Terex 合并后缩小了规模，美国公司拥有 25% 的股份。①ATM 运营商 Cardtronics Inc. 宣布将在英国开展商业活动。②石油天然气工业服务和技术公司宣布与法国 Technip SA 合并成立英国公司，双方分别持有一半股份，并在第三国建立新总部。③2017 年，美国工业天然气公司 Praxaire 宣布与德国天然气和技术公司 Linde AG 合并，双方各持有新公司一半股权。④

3.《2017 年减税与就业法》与公司倒置

《2017 年减税与就业法》制定了限制跨国公司倒置的具体规则。2018 年 7 月 11 日，美国财政部和 IRS 共同发布了打击跨国公司倒置交易的实施细则，规则内容涵盖了违反美国税法典第 7874 和第 367 节的跨国公司倒置交易规则的行为。⑤《2017 年减税和就业法》反跨国倒置实施细则包含两项新规则。

（1）跨国公司连续倒置的"最终条例"。（1.1）不再用"计划概念"⑥确定外国公司收购美国公司是否属于倒置交易，与外国公司在 36 个月内发行的与收购其他美国公司有关的股票无关。（1.2）禁止美国公司和外国公司转移到与倒置交易有关的第三个司法管辖区。规则适用于（1.2.1）美国公司和外国公司被合并到新的外国母公司内，或（1.2.2）现有的外国母公司收购一家大型外国公司和一家大型美国

① Andrew Velarde. "Terex-Konecranes Merger Downsized after Lost Tax Benefits." *Tax Notes*, 23 May 2016, pp. 1032−1033.

② Amanda Athanasiou. "ATM Operator Cardtronics Seeks Friendlier Tax Regime in U.K." *Tax Notes Today*, 29 Apr. 2016.

③ Amanda Athanasiou. "U.S. Company FMC Technologies to Merge with France's Technip." *Tax Notes*, 30 May 2016, pp. 1181−1182.

④ Amanda Althanasiou. "Praxair to Merge with Germany's Linde." *Tax Notes*, 2 Jan. 2017, pp. 62−63.

⑤ Part I. Rulings and Decisions Under the Internal Revenue Code of 1986, T.D. 9834, Inversions and Related Transactions, in Internal Revenue Bulletin: 2018-31, 30 Jul. 2018, https://www.irs.gov/irb/2018-31_IRB, 27 Sept. 2021.

⑥ 其中含有为了规避美国税收，进行"恶意收购"的意思。

公司。（1.3）如果外国母公司在收购美国公司前变更税务居民国籍，则不考虑其现有股东持有的外国母公司股票。

（2）第三国规则。（2.1）如果发起收购的外国公司和被动收购的外国公司均属在免征企业所得税的外国管辖区或根据有关法律组成的，而且发起收购的外国公司和被动收购的外国公司均不是税务居民，则第三国规则不适用。（2.2）如果发起收购的外国公司集团基于25%的外国管辖区内的员工、资产和收入测试，有大量业务活动，则不适用第三国规则。[①]

此外，"最终条例"还有一项新规则，即如果被收购外国公司以不导致新的外国公司成立（例如，改变管理和控制地）的方式改变其税务居民国，被收购的外国公司将既被视为外国发起收购的公司，又被视为被外国收购的公司。

《2017年减税与就业法》的反倒置立法起到了一定作用。如Assurant Inc. 不得不在修订倒置计划进行反向收购后，仍然保留在美国的总部。[②]而俄亥俄州的Dana Inc.准备通过合并将总部迁至英国，将美国股东拥有的所有权降低到60%以下，以规避美国的反倒置立法处罚。[③]

小结与讨论

冷战末期跨国投资大规模流动是开启全球化的重要环节之一。跨国投资的流动与来源国（居民国）和东道国的税制都有重要关系，其中

[①] Treas. Regs. 1.7874–3.

[②] 参见 "Assurant and The Warranty Group Amend Deal Structure." *Business Wire*, 9 Jan. 2018, https://www.businesswire.com/news/home/20180109005906/en/Assurant-Warranty-Group-Amend-Deal-Structure, 27 Sept. 2021。

[③] Chester Dawson and Theo Francis. "Despite U.S. Tax Overhaul, Ohio-Based Dana Considers a Move Abroad." *Wall Street Journal*, 9 Mar. 2018, https://www.wsj.com/articles/dana-to-take-over-gkns-automotive-driveline-business1520614366, 27 Sept. 2021.

来源国国际税收体制尤其重要，美国在这方面是个典型。2017 年之前美国是采用全球税制的少数几个国家之一，这一税制与多数发达国家税制存在一定差异，不但跨国公司东道国的收益与利润可以递延纳税，而且跨国公司在其他东道国已缴纳的收益与利润税收在美国可以得到抵免，因此倒置的跨国公司获得了跨国投资与税收的数重收益。

美国跨国投资在全球形成的两个三角关系具有内在稳定性。对美国来说，首先，跨国公司在其他东道国的投资，形成了两个聚集的地区，一是类似中国等东亚国家和欧洲爱尔兰等国家的全球供应链基地，二是类似西印度群岛、地中海地区、加勒比地区等避税天堂。美国—供应链基地—税收天堂之间的三角循环，与跨国投资流动—制造品流动—避税资金流动三角循环，一明一暗、相互依赖，最终目的就是成功剥离跨国投资收益，既获得海外东道国的低税率投资收益，又获得美国全球税制下税收抵免收益。其次，跨国投资收益的剥离导致美国税收收入不断减少。最后，跨国公司采用税收筹划等手段，将海外收益与利润的美国税率，几乎降到了一般公司所得税率的十分之一。虽然《2017 年减税与就业法》的通过与实施将冲击这两个三角关系的稳定性，但是能否导致美国资本大规模回流，答案是否定的。

《2017 年减税与就业法》不能完全切断两个三角关系。2017 年的美国税制改革，在国际税收体制方面，推动全球税制向参与豁免税制转型，原则上废除了跨国公司海外收益与利润税收体制，同时增加了一些推动跨国公司将资产移回美国的条款，然而由于自 130 多年以前形成的国际投资结构的稳固性，成本收益因素决定着美国是商品进口大国和资本输出大国的特征，只要税收天堂还存在，只要全球的供应链基地还存在，就难以避免资本流动的格局，所以美国资本在新的税制下，很可能仍旧无法大规模回流。

第五章　美国全球税制与跨国投资收益遣返

国际税收制度的本质，是一国政府当局为实现国家治理的目的，对外向经济增加值进行分割的税收体系。美国的全球税制要求对居民的海外投资收益进行征税，但是在冷战后期，由于国际投资快速发展，金融衍生品越来越多，如何通过财政改革保证税收主权，打击转让定价、税基侵蚀和滥用行为泛滥，提升税制公平性、简化纳税程序，同时又能使跨国公司在海外提升竞争力，这些都推动了联邦政府改革国际税制，提升税收效率，以满足联邦财政要求。在美国《2017年减税与就业法》改革之前，有两次重要的税制改革立法，即《1986年税制改革法》和《2004年美国创造就业法》，都对此做出了努力，然而随着21世纪全球化加速，跨国投资向海外转移、产业外包活动愈加普遍，美国认为其已危及制造业根基和就业发展，于是再次修订立法，推动跨国公司遣返外国收益成为朝野争论的焦点之一。

一、全球税制与跨国投资税收

国际税收理论基础是资本中性理论。资本中性包括资本出口中性和资本进口中性。（1）以全球税制为主体，按照居民国征税，由国家（政府）对领土（税务辖区）内的居民及公司征税，税基与收入来源的地理因素无关的税收体制即属于全球税制。理论意义上的全球税制是资本出口中性的，资本出口中性意味着资本无论在哪里都面临同样的税率。（2）国际税收体制以参与豁免税制为主体，按照领土或者税基来源划分，总称为参与豁免税制，国家只对在本国领土（税务辖区）内的收入征税。参与豁免税制保证了资本进口中性，资本税与资本来源地无关。

（一）美国国际税收管理的混合体制

美国国际税收是以全球税制为主体的混合体制。理论上，资本进口中性或资本出口中性并无绝对的优缺点。而纯粹的全球税制或参与豁免税制只在理论上存在，而且在现实中也找不到纯粹的参与豁免税制。例如，加拿大名义上实行参与豁免税制，但是实际上只针对和本国签署税收协定的国家实行。比利时只对来自非税收天堂税务辖区的投资收益免税。美国名义上属于全球税制国家，但实行所得税递延与资本出口中性理论是相互抵触的，跨国公司获得纳税的递延待遇，实际上将导致海外投资收益继续在低税率东道国投资，往往到迫不得已才会遣返资金。但是《美国税法典》F 分编要求跨国投资加速遣返被动收入，这只是与资本出口中性理论较为相近。实行参与豁免税制的国家往往将被动收入排除在总收入之外，然而这又与资本进口中性理论产生了抵牾。因此美国的国际税收体制本质上属于混合型的全球税制。

美国混合型的全球税制对跨国投资税收产生了独特影响。Hartman 在研究税收政策与对外直接投资关系时提出了三个观点[1]：

第一，在一国实施抵免与递延所得税条件下，跨国公司对外国来

---

[1] D. Hartman. "Tax Policy and Foreign Direct Investment." *Journal of Public Economics*, 26, 1985, pp. 107–121.

源收入征收遣返税，跟那些利用保留收益的外国子公司的投资与股息支付决策无关。

第二，对于利用借贷资本进行投资的外国子公司来说，遣返税将影响初始投资水平。所以，如果外国来源收入遣返税水平越高，初始的对外直接投资数值就会越低。

第三，只有外国附属企业按照固定股息支付方案进行分配，才符合上述结论。也就是说，一旦美国跨国公司母公司向外国附属企业投入资本，则该附属企业即立刻向国内母公司汇出股息。跨国公司附属企业实行固定分配方案的目的是保持最佳资本结构，同时又不引起监管机构的注意。

Hartman 还认为，跨国公司由于受母公司控制，其海外附属企业不需要遵守"借贷纪律"，所以进行权益分配以及支付股息都徒增税收成本，这种手法无非是"循环剥离资金"戏法而已。这类投资决策也属于利用国内国外税率差别，进行税后收益风险调整的手段。但只是由于市场完善程度不同，各国的风险调整收益存在差异。

（二）美国国际税收体制改革动力

《美国宪法》第 16 修正案要求国会可从"任何税源"征收所得税。虽然美国联邦所得税体制开始酝酿很早，《1861 年岁入法》《1894 年联邦单一所得税法》都含有所得税政策，但是实际上直到 1909 年，《美国宪法》第 16 修正案才标志着正式建立所得税体制。1913 年，国会批准自 1919—1928 年对个人和公司的净所得征税。1918 年美国根据《税收法》首次对世界各地的美国公民、居民的境外收入征税，并对向他国缴纳的税款在美国所得税中扣除，避免双重征税。[1]《1921

---

[1] Revenue Act of 1918, ch. 18. §§ 222(a)(1), 238(a), 240(c), 40 Stat. 1057, 1073, 1080-1082 (1919).

年税收法》规定，限制以外国税收抵免美国应税收入，以确保纳税人的外国税收抵免总额不超过其外国来源收入的应税美国义务。[1] 至今美国实行的外国税收抵免规则，限制外国税收抵免仍是美国对本国公民、居民的外国来源收入征税的关键条件，直到《2017 年减税与就业法》通过后实施。[2]

美国建立所得税制度与国际资本流动加剧引起了各国的重视。1928 年，西方各国为避免双重征税，通过国际联盟颁布了双边所得税《模范条约》草案，后来成为经济合作与发展组织（OECD）、联合国和美国所得税模范条约的基础[3]，该条约载明的国际所得税结构至今仍是全球 1 200 多项双边税收条约的共同规范，其中发达国家都依此为基础签订了双边税收条约。[4]

国际联盟《模范条约》和美国国际税法的基本结构决定了当代跨国公司所得税框架。但长期以来，一些国家如美国和荷兰都保留了传统的公司所得税，而另一些国家如英国、法国、德国和澳大利亚取消了公司所得税。美国的公司所得税制导致企业营业收入实质上需两次纳税，第一次是就企业所得纳税，第二次是对股息分配纳税，这与冷战后世界国际税收体制消除或大幅减少双重征税的趋势不兼容。[5]

---

[1]　Revenue Act of 1921, ch. 136, §§ 222(a)(5), 238(a), 42 Stat. 227, 249, 258.

[2]　Michael M. O'Hear and Michael J. Graetz. "The 'Original Intent' of U.S. International Taxation." Faculty Publications, Paper 614, 1997, http://scholarship.law.marquette.edu/facpub/614, 5 Oct. 2021.

[3]　Mitchell B. Carroll. "Double Taxation Relief, Discussion of Conventions Drafted at the International Conference of Experts, 1927 and Other Measures 1." *Department of Commerce Trade Information Bulletin*, No. 523, 1927.

[4]　Reuven S. Avi-Yonah. "The Structure of International Taxation: A Proposal for Simplification." 74 TEX. L. REV. 1301, 1303 (1996).

[5]　U.S. Department of the Treasury. "Report of Department on Integration of Individual and Corporate Tax Systems: Taxing Business Income Once." Jan. 1992, pp. 159–184, https://home.treasury.gov/system/files/131/Report-Integration-1992.pdf, 27 Sept. 2021.

表 5-1　发达国家的两种国际税收体制

国　别	税制	2009 年有效公司税率	2010 年最高法定税率	国　别	税制	2009 年有效公司税率	2010 年最高法定税率
澳大利亚[a]		31.5%	30%	智　利		14.0%	17%
奥地利		20.1%	25%	希　腊		30.5%	24%
比利时[c][d]		20.6%	34%	爱尔兰	全球税制	24.7%	12.5%
加拿大[a]		19.8%	29.5%	以色列		22.4%	25%
捷　克		20.2%	19%	墨西哥		24.9%	30%
丹　麦[d]		28.8%	25%	波　兰		20.1%	19%
爱沙尼亚		n.a.	21%	韩　国		22.0%	24.2%
芬　兰		37.0%	26%	美　国		25.7%	39.1%
法　国[c]		26.5%	34.4%				
德　国[c]		28.5%	30.2%				
匈牙利		11.9%	19%				
爱尔兰	参与豁免税制	n.a.	18%				
意大利[c][d]		30.7%	27.5%				
日　本[c]		38.8%	39.5%				
卢森堡[d]		25.4%	28.6%				
荷　兰[d]		18.0%	25.5%				
新西兰		n.a.	30%				
挪　威[b]		24.2%	28%				
葡萄牙[a]		22.2%	26.5%				
斯洛伐克		n.a.	19%				
斯洛文尼亚[c]		n.a.	20%				
西班牙[d]		19.3%	30%				
瑞　典		19.8%	26.3%				
瑞　士[c]		20.6%	21.2%				
土耳其		19.9%	20%				
英　国		21.3%	28%				

（续表）

国　别	税制	2009 年有效公司税率	2010 年最高法定税率	国　别	税制	2009 年有效公司税率	2010 年最高法定税率
两种税制平均税率		24%	26%	两种税制、不含美国平均税率		23.7%	25%
参与豁免税制国家平均税率		24%	26%	全球税制不含美国平均税率		23%	21.7%

资料来源：Peter Mullins. "Moving to Territoriality? Implications for the U.S. and the Rest of the World." *Tax Notes International*, 43(10), 4 Sept. 2006, pp. 839–853; "The President's Advisory Panel on Federal Tax Reform." 2005; "The Business Roundtable's 2011 Global Effective Tax Rates"; Carroll. "The Economic Effects of the Lower Tax Rate on Dividends" in *Tax Foundation*, June 2010, and the OECD website.

注：（a）根据国际税收协定免除；（b）免除 97%；（c）免除 95%；（d）限制从低税率国家支付的股息免除。

　　各国纷纷豁免外国来源所得税逐渐成为国际性潮流。冷战结束后几十年来，由于国际资本流动加剧，特别是组合投资全球泛滥，新金融工具特别是金融衍生品越来越多，大型跨国公司的跨国避税愈加疯狂，改革国际税收制度成为美国财政经济的内在要求。但是，一个国家不可能单方面决定取消企业所得税或个人所得税，如何改革调整国际税收制度需要各国的协调。在此背景下，国际政学界对于全球国际税收体制改革提出了不少建议。

　　有些人呼吁对跨国收入按照来源地征税，也有的国家只要求根据投资居民国征税。还有许多国家提出了折中方案。美国国内长期以来一直呼吁对跨国公司所得税制进行重大改革，欧盟也要求对国际所得征税政策进行重大改革。[1] 而且，美国跨国公司要求免除对外国来源收入的征税制度，简化对资本利得的征税条件，提高国际竞争力。[2]

---

[1]　Colloquium on NAFTA and Taxation, 49 TAX L. REV. 525, 525–820 (1994).

[2]　Gary Clyde Hufbauer and Joanna M. van Rooij, U.S. *Taxation of International Income*: *Blueprint for Reform*. Institute for International Economics, 1992.

于是在冷战结束后早期，由美国前国会议员 Jack Kemp 领导的税收改革委员会就提出，要对美国国际税制进行改革。[①] 但是直到 2017 年，美国国际税法才开始真正进行改革，在最终出台了《2017 年减税与就业法》的第四篇中，实现了国际税收制度向参与豁免体制的转型。[②] 而 2017 年美国国际税收体制从全球税制向参与豁免税制转型是以 1986 年税法为基础的。[③] 在此有必要全面介绍 1986 年美国国际税收体制的由来、结构以及对跨国投资的影响。

二、《1986 年税制改革法》与跨国投资

美国从提出对所得税制进行全面改革到完成改革经历了三十多年历史。美国所得税制度建立后，随着全球化和国际投资发展，跨国投资流动的流量和流向在发生巨变，跨国投资税收问题层出不穷，诸如转让定价问题、税基侵蚀与滥用等对税制公平、纳税程序，对劳务、消费和投资的影响越来越大，税制效率越来越低，改革成为唯一途径。《1986 年税制改革法》成为美国建立所得税体制以来，综合程度最高的一部税法，体现了公平、效率和简化的基本要求，国际税收体制改革也是这次税制改革的重要内容。[④]

① *National Commission on Economic Growth and Tax Reform, Unleashing America's Potential: A Pro-growth, Pro-family Tax System for the 21st Century.* reprinted in 70 TAX NOTES 413 (1996).

② TITLE IV—TAXATION OF FOREIGN INCOME AND FOREIGN PERSONS, in: 115TH CONGRESS 1ST SESSION, H. R. 1 AN ACT to provide for reconciliation pursuant to titles II and V of the concurrent resolution on the budget for fiscal year 2018, https://www.congress.gov/115/bills/hr1/BILLS-115hr1eh.pdf, 27 Sept. 2021.

③ 26 USC. § 243. Dividends Received by Corporations.

④ The Staff of the Joint Committee on Taxation, General Explanation of the Tax Reform Act of 1986, (H.R.3838, 99th Congress, Public Law 99–514), 4 May 1987, pp. 6–11.

（一）1986 年美国国际税收体制改革的结构

《1986 年税制改革法》的主要目的是提高美国企业的全球竞争力。冷战后期随着中国的改革开放取得越来越大的成就，苏联和东欧国家也开始了改革，随之印度、越南等都开始步中国的后尘，进行改革。国际投资格局在发生巨大变化，跨国公司越来越多的向新兴国家投资，冲击着美国国际税收体制的根基。正如美国国会报告所指出，审查美国的所得税制度后发现，只有从根本上改革税制，提高公平度，提高效率性，简化税制遵从，才能恢复人民对所得税制的信任，提高生产力。[①]《1986 年税制改革法》的有关主要内容如下。

（1）修订外国企业和个人纳税待遇，使税制更趋于公平。为此主要采取了四项措施：（1.1）确立了国际税收体制改革目标，限制企业利用 1986 年以前税制并通过税收天堂避税，降低企业通过向海外转移收入避税；（1.2）限制纳税人通过合并外国税收，抵消应缴纳的美国所得税；（1.3）明确规定对海外收入的判别特征，制定外国来源税收抵免资格条件；（1.4）继续保留对出口企业的税收优惠政策，提高美国企业的竞争力。

（2）提高税制效率。（2.1）针对 1986 年以前税制对经营和消费行为影响，大幅度全方位降低个人税率与公司税率，取消过多税收优惠政策；（2.2）直接消除、降低税制对于劳动、投资和消费的影响，消除 1986 年以前税制的企业补贴效应，推动企业公平竞争。

（3）简化个人税制。（3.1）废除了 16 级的个人税级距，仅设 15%、28% 两档税率；（3.2）实行分项扣除政策，大幅提高特定人群的个人税前扣除，修订个人标准扣除水平。

---

① H.R.3838 (99th): Tax Reform Act of 1986, https://www.govtrack.us/congress/bills/99/hr3838/text, 27 Sept. 2021.

表 5-2　《1986 年税制改革法》国际税收规则改革概览

顺序	篇章标题	主要政策	涉及税法、税法典章节
1	外国税收抵免	单独外国税收抵免限制	涉及 1986 年税法第 1201—1205 节；涉及税法典第 864、901、902、904、954、960、6038 节
		视同支付抵免	
		外国亏损	
		美国亏损	
		补贴	
2	来源地规则	根据个人财产销售确定来源地	1986 年税法第 1211 节；税法典第 861、862、863、864、871、881 节以及新修订的第 865 节
		特殊的运输收入规则	
		空间和特定海洋活动来源地规则	
		80/20 公司的特别待遇限制	
		外国来源收入的利息和其他费用分配	
		规范进行研发支出分配的一年期修订	
3	外国来源收入的美国所得税	F 分编收入在本期纳税	1986 年税法第 1221、1227 节；税法典第 864、952、953、954、955、957 节
		F 分编本期纳税的征收起点	
		外国公司的个人累积收益税和控股公司税的适用	
		特定外国公司汇回股息的扣除	
4	美国个人税收的特别规定	财产税抵免	1986 年税法第 1231 节；税法典第 934、936 节
		在巴拿马的美国个人税收	
		减少外国收入排除	
		不允许排除在外国违法的个人	
		向关联方转让无形资产	
		适用于美国在海外的个人居民和绿卡持有人的遵从政策	
		特定被动外国投资公司待遇	
5	外国纳税人待遇	分支利润税收	1986 年税法 1241 节；税法典第 861、906 节以及新修订的第 884 节
		递延支付和在美国进行经营的升值待遇（保持有效联系所的特征）	

（续表）

顺序	篇章标题	主要政策	涉及税法、税法典章节
5	外国纳税人待遇	根据第 877 节收到的免税交易财产等的处理	1986 年税法 1241 节；税法典第 861、906 节以及新修订的第 884 节
		美国税收协定豁免的外国保险公司与再保险公司对美国再保险公司的竞争效果	
		外国控股公司的申报	
		合伙人向外国合伙人付款的暂扣税	
		外国政府所得与国际组织所得	
		进口的转让定价	
		双重居民公司	
6	外汇交易的汇率利得与亏损	功能性货币	1986 年税法第 1261 节；税法典第 1092 节和新修订的第 985—989 节
		外国货币交易	
		外国货币转换	
		相关事宜	
7	财产税收处理		1986 年税法第 1236、1271—1277 节；税法典第 32、48、63、153、246、338、864、876、881、882、931—936、934A、957、1402、1442、3401、6091、7651、7654、7655 节

资料来源：根据有关资料整理。

　　1986 年国际税收体制改革涉及新订规则和对税法典的修改内容。《1986 年税制改革法》在第 12 编制定了外国税收规则，其中包括七项主要政策，即（1）外国税收抵免；（2）来源地规则；（3）外国来源收入的美国所得税；（4）针对个人税收的特别规定；（5）外国纳税人待遇；（6）外汇交易的汇率利得与亏损；（7）财产的税收待遇。上述政策改革主要涉及《美国税法典》第 26 篇第 1 分编（subtitle）"所得税"（第 1—1564 节）条款，另有 6 个小节涉及其他分编。（参见表 5-2 和表 5-3）

表5-3　美国国际税收法典结构

顺　序	篇　章	标　题	节　数
1	Subtitle A	所得税	1—1564
2	Subtitle B	遗产与赠予税	2001—2801
3	Subtitle C	就业税	3101—3512
4	Subtitle D	混杂工商税	4001—5000C
5	Subtitle E	酒精、烟草和其他特定工商税	5001—5891
6	Subtitle F	程序与管理	6001—7874
7	Subtitle G	联合税收委员会	8001—8023
8	Subtitle H	总统竞选融资	9001—9042
9	Subtitle I	信托基金法典	9500—9602
10	Subtitle J	煤炭产业医疗福利	9701—9722
11	Subtitle K	团体医疗计划要求	9801—9834

资料来源：26 U.S. Code Title 26. Internal Revenue Code (16 Aug. 1954, ch. 736, 68A Stat. 3; Pub. L. 99–514, § 2, 22 Oct. 1986, 100 Stat. 2095), https://www.law.cornell.edu/uscode/text/26, 5 Oct. 2021.

（二）《1986年税制改革法》F分编所得税政策

1. 跨国公司投资收益税收规则

第一，《美国税法典》按照跨国公司直接经营或间接经营划分海外所得税收。

（1）如果美国跨国公司是通过外国分支机构进行投资就属于直接经营，那么纳税人在当年营业收入中，应包含外国来源收入并纳税。联邦税务局（IRS）就跨国公司的外国来源收入，施行外国税收抵免政策，跨国公司可在总收入中扣除东道国的税收或抵消美国应纳税收。

（2）如果跨国公司通过在海外设立CFC进行经营，则属于间接经营。（2.1）企业进行间接经营的外国来源收入，只有在对美国股东进行股息分红时，才需缴纳联邦所得税。（2.2）CFC可利用联邦外国税收抵免政策,冲减纳税人应纳联邦税收。1986 年税法规定,无论是跨国公司的直接经营收入还是间接经营收入,都必须返回美国缴纳税收。(2.2.1)向股东支付股息将终止 CFC 的所得税收递延,任何美国投资人收到股息后,都需在应税所得中包含所分配的海外投资股息。(2.2.2)对于 CFC 向母公司发放贷款,或购买美国不动产等投资美国资产的行为,该 CFC 也必须终止税收递延,进行股息分配。①(2.2.3)出售外国公司股票需按照普通税率纳税。②

第二,《美国税法典》对 CFC 递延缴纳 F 分编所得税征收放宽政策。长期以来,美国的国际税收政策体现了推动美国资本走向海外投资目的,其中 F 分编收入就是这样一种规定。所谓 F 分编收入是指能在不同税务辖区移动,来自海外,并适用于较低税率的外国来源收入。

《美国税法典》规定的外国居民公司收入分五类:(1)外国个人控股公司收入;(2)F 分编收入,通常包括一些被动收入,例如利息、股息、股票与证券销售收入、关联方保理收入、外国个人控股公司收入;(3)租金;(4)版权;(5)特定农产品期货交易收入,前提是期货交易收入来自善意的特定对冲交易。

在 1986 年税制改革前 F 分编应税收入还包括:(1)《美国税法典》第 953 节规定的美国风险保险收入;(2)第 954 节的外国居民公司收入;(3)与国际禁运、非法支付有关的特定收入。美国受控外国公司一旦取得了 F 分编收入,IRS 通常将会按股份持有状况,对跨国公司在本期持有 10% 股份的美国股东的 F 分编收入按比例征税。在这种情况下,美国股东本年度收到的来自 F 分编的股息分配,可利用

---

① 26 USC. § 956.

② 26 USC. § 1248-1246.

外国税收抵免政策进行税前扣除,或抵消美国税收。①

第三,《美国税法典》对于 F 分编收入施行有限排除政策。(1)对于来自 CFC 的 F 分编收入,其中(1.1)要排除非关联方主动贸易收入、经营租金以及版税;(1.2)要排除零售汽车租赁企业的实质维护、修理营销活动;(1.3)不得排除租赁金融交易的租金收入。(2)排除外国个人控股公司的股息、利息、与非关联个人之间发生的银行业务、融资,以及类似经营、股息、利息和保险公司收到的无盈利保费和订金收益。(3)排除银行业务、融资或发生在非关联个人之间支付的同类利息。(4)排除从非关联的组织和个人、作为收款人,在同一个国家经营的特定利息和股息,以及排除在同一个国家成立或组织的收款人,使用财产从非关联个人收到的特定租金和版税。

2.《1986 年税制改革法》对所得税税基的界定

第一,《1986 年税制改革法》对其他类型外国居民公司所得税政策进行了重新规定。其中,外国居民公司的销售与服务收入包括:(1)拥有所得者居民国的非关联方销售收入,如果该国既非货物来源国也非东道国的话;(2)从该公司组成或代表关联方国家以外获得的劳务收入;(3)外国居民公司收入,包括航运收入。

第二,外国居民公司收入包括与石油有关的"下游"收入。《1986年税制改革法》规定,"下游"收入即外国石油有关收入,但并不是指采油收入。除非符合1986年税法改革后外国居民公司所得纳税政策,如果并非明显是为了通过设立 CFC 降低纳税所得,而改革前有关税法规定的收入,可从 F 分编收入中排除。为了判定企业是否为了避税在海外设立外国控股企业,1986 年税法要求,如果外国个人控股公司收入符合 CFC 成立的所在国家税率为美国的 90%,或不低于美国税率 5% 以上的特征,那么即属于非为减税目的而设立的跨国公司。

---

① 　26 USC. Subpart F. Controlled Foreign Corporations.

第三，CFC 的 F 分编收入不得超过其当年收益与利润（E&P）之和。《1986 年税制改革法》规定，本期非 F 分编收入的收益与利润赤字，要从 F 分编收益与利润中减去。按照 1986 年税制改革前的法律规定：（1）来自第三国非关联方的风险保险收入，应作为外国居民公司服务收入纳税；（2）对外国公司承保、来自对国外非关联方风险的收益，按照税制改革前的 F 分编收入政策，1986 年税制改革后不再缴纳所得税；（3）在外国居民公司收入中，排除了对经营海外航运业务的 CFC 再投资收益；（4）税法改革前，规定受控外国公司的年度收益与利润，要在当年 F 分编收入中减去。1986 年税制改革前，"连锁赤字"规则要求，如果当年 CFC 的收益与利润出现赤字，那么属于同一个所有权链条的一般 CFC，可以考虑将会计赤字从本年度的 F 分编收入中减去。

3.《1986 年税制改革法》对跨国公司外国所得税制改革

美国国际税收体制改革的目标之一是解决跨国公司利用海外机构避税难题。由于美国跨国企业可以通过在海外设立企业的方式，豁免可跨国移动所得税，增加收益，所以美国对 CFC 海外所得课税具备充分正当性。但是 1986 年以前，税法对 F 分编收入规定的例外条件过多，给联邦财政造成许多损失。主要表现在三个方面：（1）过多给予 CFC 所得税递延；（2）允许纳税人通过设立外国公司非法递延美国税收；（3）下列收入是美国企业通过跨国避税，设立税收天堂公司轻易获得的，根本不应当递延纳税，主要包括：

第一，不产生主动收入的资产销售活动收入。1986 年税制改革后，外国个人控股公司本期纳税收入包括：CFC 的所有股票与证券销售收入，以及冲减亏损后的超额外汇收益，所以不仅股票与证券股息与利息需要纳税，而且所实现的净收益也要纳税。然而在改革前，CFC 在处理投资资产时不必纳税，所以对于其他非存货资产的处理、增加被动收入（要符合外国个人控股公司 F 分编规则要求）的净收益或非收入创造行为，都需在本期纳税。CFC 处理专利与许可时，美国股东应在本期纳税。

第二，商品期货交易收入。1986 年税制改革前，CFC 应税收入除对冲交易外，包括任何期货交易冲减亏损后的超额收益。本条规则限制从 F 分编中不当排除由于被动投资于商品和约的商品期货交易收益。所以所有商品交易的净所得通常应当按照 F 分编规则纳税，然而商品交易可能构成不可分割的生产者、加工商、交易商或储存商主动经营行为的一部分。按照改革前的对冲规则，由于很多此类期货交易收入通常被排除在外国个人控股公司收入之外，因此此类非期货交易者也被排除在 F 分编税收规定之外。

第三，外汇收益收入。在美国税制立法史上，1962 年美国税法增加了 F 分编规则，当时美国实行的是固定汇率制度。在 20 世纪 70 年代美国实行浮动汇率后，外汇收益和损失越来越常见，对此增加了海外企业的汇率收益或亏损纳入 F 分编税收的政策。跨国公司在税收天堂设立的海外企业较容易实现汇兑收益，那么除非是为了公司经营所需，超额的外汇汇率收益减去亏损，也应当纳入 F 分编应税所得，在本期纳税。

第四，股息、利息以及经营银行业务与证券保险的收入。股息、利息以及股票和证券销售收益，都应当作为外国个人控股公司收入，在本期缴纳 F 分编所得税；但是，1986 年税法改革前曾规定，上述银行业务、融资或同类交易来自非关联方个人的收入则不纳税。如果是产生于保险公司未收到保费的投资、普通最低准备金收入，则应从个人控股公司收入中排除。如果排除条件过宽，跨国公司就会通过设立外国公司牟取美国税收利益（U.S. tax benefits），而由于一些外国辖区的资金借贷条件宽松，只要在海外虚构一家公司就能实现避税目的。

由于美国控股银行和保险公司遍布全球各地税务辖区，纳税人利用外国渠道取得美国税收利益十分方便，再加上对外国税收实行递延纳税政策，遂使这种行为更具有隐蔽性。无论跨国公司性质如何，允许这类 CFC 的股息、利息以及从银行业务与保险经营收入无限制递延纳税是不对的。所以 1986 年改革后，通常获得的股息、利息、股票和证券处理收益，无论是否与银行业务、融资或保险经营有关，都被当作外国个人控股公司收入，在本期缴纳 F 分编所得税，但同时规定，可保留与出口融资有关的银行业务所得税递延政策。

第五，等同于利息的收入。为了避免纳税人通过重新安排海外被动投资、连续隐藏被动的利息收入后缴纳美国税收，1986 年税法规定，对这部分收入的处理等同于外国个人控股公司 F 分编收入和被动收入。

第六，被排除的个人关联收入。由于税法规定在同一个国家公司间支付行为存在除外政策，跨国公司可能通过减少来自税收天堂的关联企业集团内全部收入而获得收益。1986 年之前，税法规定外国个人控股公司收入需排除三类收入：（1）与收款人来自同一个国家，组织并经营、关联的个人股息和利息；（2）因经营银行业务、融资或类似业务的关联双方之间支付的利息；（3）与收款人在同一个国家创办和组织、使用资产，来自关联个人的租金和版税。例如，跨国公司的销售子公司向所在国控股公司支付的利息，就不能作为外国个人控股公司收入缴纳 F 分编所得税，所以跨国公司通过在税收天堂支付利息、租金、版税，很容易逃避税收。例如，某跨国公司集团取得了 F 分编收入，但同时又通过向在同一个国家的关联公司支付利息，扣除了关联公司支付的利息，这种行为既减少了前一个公司的 F 分编收入，其利息也不再当作来自税收天堂的第二家公司收入看待。1986 年税法对于同一个国家利息税除外规定如下：（1）限制上述例外政策,通过设立看穿规则,只以支付方收入的本质确定收入的性质是否属于 F 分编收入;(2)取消了关联方银行业务例外规定,以保持与取消股息、利息和出售来自非关联方银行业务、融资和类似业务的股票和证券销售收益规定的一致性。

第七,一般保险收入。(1)在 1986 年改革前,美国的风险保险收入与来自保险公司所在国以外的关联个人风险保险收入等同对待,根据 F 分编所得税政策在本期纳税。但是,无论发生的风险是否在美国,也无论是否被保人属于关联个人,保险企业来自对外国风险保险的收入都应在本期纳税。而保险收入本质上属于可移动收入,也是 F 分编税收政策的规范对象。可见此类保险收入都符合 F 分编的纳税规定。(2)在 1986 年改革前,根据微量规则,CFC 的美国风险保险收入被排除在 F 分编收入之外,微量规定等于保险公司保费收入的 5% 以下。1986 年税法重新规定,剔除微量规则,因为对于任何 CFC 来自外国保险企业的收入都要课税,无论风险发生在哪个国家;而且对于大型保险企业来说,即使是微量收入,绝对值也足够大而必须纳税。

第八,专属保险收入。所谓专属保险公司,是指由一个以上的个人共同组成、面向公司所有人或关联个人提供风险保障的保险公司。1986 年改革前,由于美国保险公司的所有权过于分散,有不足 25% 的投票权归属于 10% 美国持股人,许多离岸“专属”保险公司的个人关联保险收入逃避了 F 分编所得税。针对这一现象,1986 年税法降低了 F 分编关于外国公司特定关联个人保险对本期纳税收入的美国所有权要求,限制美国纳税人共同所有、由多名个人成立的离岸专属保险公司无意识利用税收优惠政策,其中规定了三项税收豁免政策:(1)从 F 分编收入中获得美国税收豁免;(2)外国专属保险公司从美国获得的保费收入的工商税税收豁免,通常这笔收入是按照美国所得税协定,支付给外国保险公司和再保险公司的;(3)美国纳税人通常向由极少数非关联个人组成的离岸专属企业支付的保费允许扣除。

在 1986 年改革前，专属保险企业收到的保费收入在本期不纳税。本质上专属保险公司属于自我保险，缴费不得扣除。[1]美国税法规定：（1）美国石油公司向外国保险企业支付的保费重新定义，只能有 31 个无关联股东以及子公司和附属机构获得保费扣除；（2）任何个人的控股利益和全部保险的风险保障都不得超过 5%；（3）经济风险可进行转嫁，可在股东之间进行分配。1986 年税法改革后规定：（1）离岸专属保险企业的保险收入应当纳税；（2）扩大税收天堂收入概念，规定与关联个人保险所得一致的税收天堂保险收入，根据扩大后的美国个人 F 分编税收政策，应缴纳本期税收。

第九，航运收入。1986 年税制改革前，在外国居民公司收入中，不纳入符合本期 F 分编纳税要求、再投资于外国居民公司的航运业务收入，这种政策不恰当。实际上，通过外国公司获得的航运收入与外国税收无关，应当按照 F 分编规则纳税，因为外国对航运收入很少征税，所以出现了双重不征税情况，于是大量悬挂外国船旗的美国航运企业实质上在用美国税收补贴投资，同时补贴外国航运企业。与此类似的税收流失还有来自天空和海底的收益，通过外国公司取得相应收入的美国个人应在本期纳税。

第十，并非为减税目的设立的外国公司例外。除非属于外国居民公司，并适用本期纳税政策，如果纳税人建立 CFC 并非明显为了减税目的，其他收入通常要从 F 分编的税收政策中排除。对此需要通过目的性检验，以确定是否为了减税目的才设立外国公司。如果这类移动收入逃往的税务辖区税率低于美国，即不用检验便可判定其目的就是避税，那么纳税人就应该从本期的 F 分编收入中区分部

---

①   Rev. Rul. 78–338 (1978–2 C.B. 107).

分收入，确认适用的外国所得税率是否等于美国税率。观察产品或者服务最终目的地国家的税率，需要对假设所在国税基的税率进行比较，那么不仅需要找出第三国税率，而且要根据经营收入来源国课税的假设收入、扣除以及资产税基属性进行比较，那么税务执法难度将大到无法想象。再说 F 分编规则代表了一种判断，即特定收入容易受到操纵，而通过设立外国公司能独自取得收益，所以可判定避税的潜在可能性已经大到足以允许递延美国税收。相对于收入来源国，人们不相信在企业的居民国是否存在税收优惠，是否存在规避美国税收；无论是否有关外国税收，其他适用的 F 分编规则一般都应实施。所以 1986 年税法修改后，淘汰与任何目的地国家的假设税率进行比较的要求，而与美国一般税率比较更恰当。

第十一，营业收入赤字。美国税法限制利用经营亏损减少 F 分编收入。(1)税法最大限度统一了 CFC 的看穿规则与 F 分编规则。(2)1986 年改革前，赤字规则允许美国纳税人以设立 CFC 方式，过度避税。[1](2.1)根据连锁赤字规则，1986 年税法改革前的受控外国公司，在任何环节的亏损都可抵消等量的、来自该链条其他地方的盈利，甚至即使不属于 F 分编收入，或者与冲减收入没有任何关联的亏损也可抵消。[2](2.2)根据累积赤字规则，允许 CFC 利用上年度的非 F 分编收入或非关联收入，按照冲减法规避 F 分编税收。所以只有修订本规则，才有可能堵塞利用 CFC 上年度赤字规避税收的漏洞。[3](2.3)在外国公司购并美国公司前，收益与利润赤字可用购并后美国公司的 F 分编收入冲减税收，但是税法第 269 节增加了前提，即购并行为并非为了避税目的。(2.4)有关外国公司亏损的非法交易，并不适用于受特

---

[1]　26 USC. § 952. Subpart F. income defined.

[2]　26 USC. § 952(d).

[3]　26 USC. § 952(c).

别反亏损非法交易规则限制的美国企业。废除连锁赤字规则、修订累积赤字规则都限制了使用未来的赤字。[1]（3）连锁赤字规则与税法要求承认外国亏损公司的收益不相容。[2]（3.1）废除连锁赤字规则能有效地避免纳税人利用外国子公司亏损减少全球来源收入，递延缴纳美国税收，同时在开始盈利时，能够通过成立公司免税。而在1986年税法改革前，只要成立了CFC，就能利用亏损减税并递延纳税。（3.2）纳税人能够多次利用连锁赤字规则避税。

例如，假设一家美国企业控制两家外国公司A和B，其中公司A和B又分别控制着对方。在第一年，亏损的A公司本期收益与利润赤字为100美元，美国公司向亏损企业A提供了100美元融资，那么美国企业对亏损公司A的出资增加了100美元。根据连锁赤字规则，100美元的赤字减少了CFC B的本期F分编应税收入，计入赤字发生年份。第二年，美国公司在亏损企业A的股本变成了零。根据扣除零值证券亏损规则[3]，这项股本属于资本资产，那么就允许美国企业从股本中全额扣除，包括上年额外缴纳的100美元资本。因此亏损100美元收益与利润，就两次减少了应税收入，第一年是根据连锁赤字规则，第二年根据允许次年扣除零值证券亏损的规则。同样，CFC利用债务进行亏损融资，并从账面核销，也能同样实现避税目的。

（三）外国来源收益遣返规则

美国1986年税制规定，跨国公司在海外经营，可以无限期递延缴纳包括海外盈利与投资利得的所得税。只有当跨国公司以公司股息或其他支付方式遣返资金时，才会缴纳35%的企业所得税。美国跨国企

---

[1]　26 USC. § 382.

[2]　26 USC. § 367(a)(3)(C).

[3]　26 USC. § 165(g).

业还可根据在外国缴纳的税收，对遣返的股息红利申请税收抵免，上述政策造成美国跨国公司大多把利润留在海外低税率地区重复投资。

（四）《1986 年税制改革法》的经济后果

《1986 年税制改革法》的核心策略是"扩税基、降税率"。改革主要通过限制抵免、减少扣除、减少税式支出，提高财政收入，全面降低个人所得税率和企业所得税率，但不减少税收收入。要点如下：

（1）1986 年的扩税基措施多达 11 项，几乎所有的所得税条款都得到了修订。扩展税基目的是将美国联邦税制全面推向所得税体制。这样无论是个人还是企业，不但将所得税政策对准了消费，而且对准了财富进行征收。

（2）通过修订有关条款，保证个人所得税最高税率从 50% 降低到 28%，企业所得税最高税率从 46% 降低到 34%。

（3）通过修订税法，淘汰了资本利得税的部分扣除政策，这样资本利得税税率与一般所得税率保持了一致，这是 1921 年以来的首次。

（4）改革"加速成本回收制度"（ACRS）。在企业所得税制中增加"修订版加速成本回收制度"（MACRS），要求企业按照不同的资产类别，在数年内完成资本折旧回收，其中允许企业在折旧期开始的前几年加大折旧力度，增加购买资本的净现值，刺激企业加大支出。（参见表 5-4）

表 5-4 《1986 年税制改革法》的经济与税收效果，1986 年价格

单位：10 亿美元

项目	政策修订	GDP 长期趋势	财政收入年静态增加
1	资本利得按照一般税率征收	-2.59%	10.91
2	折旧制度从 ACRS 向 MACRS 转型	-1.81%	8.24
3	废除企业投资税收抵免	-2.67%	23.73

（续表）

项目	政策修订	GDP 长期趋势	财政收入年静态增加
4	扩大个人免除与标准扣除	0.56%	−27.35
5	16 级税率变为 2 级税率	2.97%	3.78
6	公司所得税率从 46% 降低到 34%	3.31%	−24.25
政策总效果		−0.23%	−4.93

资料来源：Scott Greenberg, John Olson and Stephen J. Entin. "Modeling the Economic Effects of Past Tax Bills." 14 Sept. 2016, https://taxfoundation.org/modeling-economic-effects-past-tax-bills, 5 Oct. 2021.

1986 年税制改革对于美国经济增长的长期作用很难评价。对于 1986 年美国税制改革的评价众说纷纭，税制改革前都判断美国经济经过税制改革将获得强大的动力，税改还将为美国财政提供强大的增长动力。但在改革完成 30 年后，据美国游说组织"税收基金会"计算，1986 年实施税制改革后，基本上可实现财政收入中性，静态计算每年减少税收收入 49.3 亿美元。但是值得研究的是，税制改革对于美国经济增长的作用却是负值，分析显示长期 GDP 将减少 0.23%。（参见表 5-4）对此有一种解释是，由于在改革后的投资边际税率提高了。因此税制改革降低了对劳动的课税，增加了劳动供给，却提高了对资本的课税。而且由于向"修订版加速成本回收制度"转型、退出投资税收抵免、对资本利得按照普通税率征收，这些扩税基措施客观上导致储蓄与投资的边际税率上升，不利于增加储蓄和投资，因而资本供给又减少了。所以，长期来看，《1986 年税制改革法》并未带来美国经济的长期增长，归根结底，这是由于扩税基措施导致储蓄和投资税率提高造成的。

（五）1986 年税制改革对跨国投资的影响

1986 年税制改革对国际资本流动的效应混合不清。代表性文献大多都表明了这一观点，其中 Slemrod 最早对《1986 年税制改革法》就跨境资本流动的影响进行了研究。他的结论是：（1）若只使用税制改革后三年以内的数值进行计算，很难找出税收政策与对外直接投资（FDI）总体效果之间的关系，从而也就很难确定税收对于对外直接投资影响的效果。（2）1988 年前后美国的对外直接投资绩效与《1986 年税制改革法》的激励效果是一致的，主要指标包括加速向低税率国家流出的对外直接投资流量、向外国债务转移的增加等。（3）在税制改革后的对外直接投资流入方面，日本和英国突出的对美投资、债务转移的不断下降，以及申报投资回报率的提高，也与税制改革产生的税收激励一致。[1] 还有一些研究从某个方面说明，1986 年税制有关美国国际税收体制的改革推动了预期目标的实现。

　　冷战结束后资本跨国流动加速带来美国国际税制变革的要求。Don Fullerton、Robert Gillette 和 James Mackie 三人在 "Investment Incentives under the Tax Reform Act of 1986" 一文中认为，从资本成本角度来看，税制改革降低了投资激励，但是推动了公平竞争，同时降低了选择性资产和投资人之间的不平等，这样就提高了投资选择效率。研究发现，不存在与 1986 年之前税法或 1986 年税法有关联的、独特的有效税率（资本成本）。他们认为，1986 年税制改革对于资本利得课税效果的影响十分复杂，例如，降低税率只能部分抵消折旧津贴的变化，而且税制改革对于不同资产、不同产业和不同行业产生的影响不同。从研究方法看，资本成本是实现净税收收益边际投资的税前回报，包含了折旧、抵免、法定税率因素，资本成本分析法对于边际投资激励的度量综合程度更高，具有前瞻性。另外，通过标准资

---

[1]　J. Slemrod. "The Impact of the Tax Reform Act of 1986 on Foreign Direct Investment to and from The United States." Working Papers 256, Research Seminar in International Economics, University of Michigan, 1990.

本成本模型，还能共同衡量一种资产的资本成本，度量多种资产或多个产业和行业的投资激励，或对国民经济的投资激励，实现多时段产量会计规则的效果。1986 年税制改革推动了公平竞争、提高了投资选择的效率，这实际上是废除一些资本流动障碍的结果，而这正是冷战结束之前转轨国家开始经济改革，为跨国资本大规模流动创造的国际条件。

税制改革只有降低税率才能提高投资激励和总产量。Don Fullerton、Yolanda K. Henderson 和 James Mackie 三人在 "Investment Allocation and Growth under the Tax Reform Act of 1986" 中指出，1986 年税制改革的核心问题是进行投资激励与提高美国经济效率。而通过税制改革资本税政策，改变了投资激励，改善了总体福利，降低了不同资产之间的扭曲，抵消了不同行业、不同时段之间的扭曲，除非储蓄对于净回报率极其敏感，或者当投资配置对于特定资产税极其不敏感，税制改革才无法响应产量和福利的改进。Grubert 和 Mutti 研究发现：（1）尽管 1986 年税法对于海外投资平均税率的减少略低于国内投资税率，享受超额抵免的美国公司数量增加，意味着有些东道国因此而受益，而其他东道国受损；（2）由于超额抵免头寸频数很高，东道国无法再依赖美国的外国税收抵免冲销东道国对美国公司征税的负面影响；（3）降低法定税率的结果也导致美国成为应税收入的流入地或投资流入地，提高了其他国家与美国税制协调的难度。①

总而言之，从有关的数据和研究来看，1986 年美国税制改革短期内激励了跨国资本的流动，在国际上重新确立了税收收益的分配格局，然而也造成了各国国际税收政策和投资流动的长期调整。

---

① H. Grubert and J. Mutti. "Taxes, International Capital Flows and Trade: The International Implications of the Tax Reform Act of 1986." *National Tax Journal*, 40, 1987, pp. 315–332.

三、收益遣返税与跨国投资流动

当代国际税收制度调节着全球跨国公司投资活动。随着国际经济不断发展,各国的税收体制与税务管理实践不断丰富,为国际投资跨国流动的税收理论发展提供越来越多的基础材料和案例支撑,同时也直接制约着跨国公司资本的国际流动和选址行为,从而进一步推动跨国投资理论进步和国际税收政策与法规体系的完善与发展。

(一)税率对跨国投资的选址作用

投资与税率的关系无论是采用全球税制还是参与豁免税制都值得重视。其中有两项研究特别值得提到。其中,(1)Kemsley 着重研究了在税率变化条件下,外国直接投资对国内投资的变化率,当美国向高税率税务辖区进行销售时,会增加出口,而且在《1986 年税制改革法》实施减税后,美国公司对于外国税率变化更加敏感,更说明了税率对投资的影响最直接。[①](2)Wilson 通过对九家美国跨国公司的实地调查,发现公司税收对于企业选址作用很大,在诸如基础设施等其他各种非税收因素影响很小时,税收是跨国投资选址的主要影响因素。可见税率和税制与跨国资本投资的关系显而易见,在东道国的税率与居民国的税率之差越大,东道国承接的居民国跨国投资就越多。[②]换言之,东道国边际有效税率越低,国际资本流入的弹性就越大。

第一,国际税收体制对于跨国投资流动的影响独特。Hines,Jr. 认为,美国改革全球税制不仅导致跨国公司减少向海外企业注入的初始资本量,而且还将大大增加海外附属企业的贷款总

---

① D. Kemsley. "The effect of taxes on production location." *Journal of Accounting Research*, 36, 1998, pp. 321–341.

② P. Wilson. "The Role of Taxes in Location and Sourcing Decisions." *Studies in International Taxation*. University of Chicago Press, edited by A. Giovannini, R. G. Hubbard and J. Slemrod, 1993, pp. 195–231.

额。[1]Grubert 和 Mutti[2] 以及 Hines, Jr. 和 Rice[3] 分别就外国税收对国外附属企业的资本投入关系进行了回归分析。他们指出，外国税率越低，美国控股的国外附属企业利用在东道国的收益进行再投资的比重就越大。Grubert 和 Mutti[4] 以及 Altshuler 等[5] 利用纳税申报数据研究发现，在 1982—1992 年这十年时间内，美国跨国公司对外国税务辖区的投资敏感度在增加，他们认为，这可能与冷战后期国际资本流动性增加有一定关系。但是严格来说，是冷战体制的松动或解体最终推动或加速了全球跨国投资的发展。

第二，税率直接影响跨国公司选址决策。一般来说，如果东道国税率越高，外国投资水平将越低，即东道国税率的弹性越小，跨国投资流入就越少。税收直接影响海外附属企业是否保留在东道国的投资收益并进行再投资。Hartman[6] 以及 Boskin 和 Gale[7] 先后指出，无论是美国对外直接投资流出流入还是外国对美直接投资，对外直接投资对国内税收政策敏感度（弹性）都很高。由于美国税收减少了投资回报，如果美国税率提高，则导致外国企业减少对美直接投资，

① J. Hines. "Credit and Deferral as International Investment Incentives." *Journal of Public Economics*, 55, 1994, pp. 323−347.

② H. Grubert and J. Mutti. "Taxes, Tariffs and Transfer Pricing in Multinational Corporate Decision Making." *The Review of Economic and Statistics*, 73, 1991, pp. 285−293.

③ J. Hines and E. Rice. "Fiscal Paradise: Foreign Tax Havens and American Business." *Quarterly Journal of Economics*, 109, 1994, pp. 149−182.

④ H. Grubert and J. Mutti. "Do Taxes Influence Where U.S. Corporations Invest?" *National Tax Journals*, 53, 2000, pp. 825−839.

⑤ R. Altshuler, H. Grubert and T. S. Newlon. "Has U.S. Investment Abroad Become More Sensitive to Tax Rates?" *J. International Taxation and Multinational Activity*, edited by R. Hines, University of Chicago Press, 2001, pp. 9−32.

⑥ D. Hartman. "Domestic Tax Policy and Foreign Investment: Some Evidence." *NBER Working Paper*, 1981; D. Hartman. "Tax Policy and Foreign Direct Investment in the United States." *National Tax Journal*, 37, 1984, pp. 475−487.

⑦ M. Boskin and W. Gale. "New Results on The Effects of Tax Policy on the International Location of Investment." *The Effects of Taxation on Capital Accumulation*, edited by M. Feldstein, University of Chicago Press, 1987, pp. 201−219.

这样就会相对增加跨国公司对海外投资。[1]Devereux 和 Freeman[2]在研究美国之外的外国直接投资经验时，扩展了 Slemrod[3] 的分析成果，增加了七个国家的数据，他也发现了税率对外国直接投资有重要影响。

第三，所得税率决定跨国公司的资金遣返行为。很多研究发现，跨国公司外国来源收入遣返行为对税率敏感，这个结论与 Hartman 的研究结论不同，其中 Kopits 研究指出，美国的外国控股公司的收益遣返与东道国所得税率正相关，与美国所得税率负相关，这一结论与遣返税递延股息汇回情况一致，这类文献都显示了遣返税与美国遣返税率负担之间存在反向关系。相关研究主要运用增加投资期数、使用多种数据来源等方法。[4]Hartman 则认为，对于任何一家成熟的跨国公司而言，到了一定的发展阶段就必须缴纳遣返税，并向国内遣返投资收益。那么如果跨国公司的子公司选择分配股息且税收稳定，则税率就不起作用，但如果税率预计将发生变化的话，则效果可期。

遣返税研究最终的政策指向是如何避免跨国公司税收筹划。Hartman 模型假设条件苛刻且假设税率恒定，但也有些研究放宽税率不变假设，并据此分析两种不同情景：（1）美国定义的税基与外国定义的税基的差别；（2）跨国公司的外国税收抵免头寸的性质，即属于超

① J. Slemrod. "Tax Effects on Foreign Direct Investment in the U.S.: Evidence from a Cross-country Comparison." *Taxation in the Global Economy*, edited by A. Razin and J. Slemrod, University of Chicago Press, 1990, pp. 79–122.

② M. Devereux and H. Freeman. "The Impact of Tax on Foreign Direct Investment: Empirical Evidence and the Implications for Tax Integration Schemes." *International Tax and Public Finance*, 2, 1995, pp. 85–106.

③ J. Slemrod. "Tax Effects on Foreign Direct Investment in the U.S.: Evidence from a Cross-country Comparison." *Taxation in the Global Economy*, edited by A. Razin and J. Slemrod, University of Chicago Press, 1990, pp. 79–122.

④ G. Kopits. "Dividend Remittance Behavior within the International Firm: A Cross-country Analysis." *The Review of Economics and Statistics*, 54, 1972, pp. 339–342.

额抵免还是属于超额限制。Hines[1] 和 Leechor 和 Mintz[2] 都假设遣返税属于外生变量。遣返税、美国应税所得的计算方法与其他税务辖区不同，遣返税是美国限定的应税所得与外国应税所得比率的函数。由于该比率随时间在改变，那么遣返税肯定影响投资决策。但是，Hartman的研究结果只有在上述比值为恒定情形下才有意义。后来 Altshuler 和Grubert 对于促使跨国公司的海外附属企业有效地遣返资金而不触发遣返税的机制进行了细致论证，他们研究了将投资收益再投资于被动资产，或者附属企业为母公司提供借贷资产等，认为如果被动资产回报率大致等于母公司借贷利率，跨国公司遣返即为免税的。[3]

　　Blouin 和 Krull 就《2004 年美国创造就业法》对资金遣返的税收成本以及跨国公司的借贷能力的短暂效果考察，根据立法遣返外国来源收入的跨国公司的性质，研究了跨国公司如何使用遣返回国的收益资金，发现（1）与非遣返跨国公司相比，遣返企业享受低税率遣返的外国来源收入投资机会太少，现金流动性太高；（2）在 2005 年遣返外国来源收入的跨国公司比非遣返企业增加了 600 亿美元的股票回购额，但是利用这两组企业的收益之差却无法解释这一差异。根据他们的样本，多出的 600 亿美元几乎等于遣返资金总额 2 916亿美元的 20%。[4] 从本阶段学术界对于美国跨国公司海外附属企业

---

[1]　J. Hines. "Credit and Deferral as International Investment Incentives." *Journal of Public Economics*, 55, 1994, pp. 323–347.

[2]　C. Leechor and J. Mintz. "On the Taxation of Multinational Corporate Investment When the Deferral Method is Used by the Capital Exporting Country." *Journal of Public Economics*. 51, 1993, pp. 75–96.

[3]　Rosanne Altshuler and Harry Grubert. "Repatriation Taxes, Repatriation Strategies and Multinational Financial Policy." *Journal of Public Economics*, 87(1), 2003, pp. 73–107.

[4]　Jennifer Blouin and Linda K. Krull. "Bringing It Home: A Study of the Incentives Surrounding the Repatriation of Foreign Earnings under the American Jobs Creation Act of 2004." 28 May 2009, *Journal of Accounting Research*, 47 (4), 2009, Available at SSRN: https://ssrn.com/abstract=1411371, 5 Oct. 2021.

遣返资金的税收行为的研究看，Hartman 开创了良好的研究模式，Altshuler 课题组则进行了持续的跟踪研究，解决了遣返税理论和税收筹划策略的有关问题。

（二）跨国投资收益遣返决策

美国国际税收体制改革要解决两大问题。一是如何长期维持美国的国际竞争力，二是如何解决导致跨国公司越来越多将收益驻留国外无限期递延。尤其是在 1986 年美国税制改革后，跨国公司投资收益的再投资政策，造成公司税收占联邦财政收入比重越来越低，美国财政部在解决跨国资金遣返方面有一种焦虑感和紧迫感。例如，美国财政部认为 [1]，由于美国国际税收体制的特点是"全面纳入与参与豁免税制的混合物"，导致了跨国公司的海外赢利难以遣返。如果说《2004 年美国创造就业法》是不成功的 [2]，那么《2017 年减税与就业法》则是美国国际税收体制全面转型前，对于跨国公司海外投资管理的又一次税收治理。

1. 跨国投资收益遣返税与再投资决策

遣返税是一个生造出来的美国税收概念。1986 年美国改革国际税收体制后，有研究认为，美国跨国公司留存海外的利润在 2008—2010 年增加了 32%。 [3] 这部分利润，有一些是以现金存在的，更多是进行了再投资，其具体数额难有确数，但是一般认为有 2.6 万亿～4

---

[1] Jennifer L. Blouin, Linda K. Krull and Leslie A. Robinson. "Is U.S. Multinational Intra-Firm Dividend Policy Influenced by Reporting Incentives?" Oct. 2010, p. 1, https://www8.gsb.columbia.edu/programs/sites/programs/files/accounting/BLOUIN.pdf, 5 Oct. 2021.

[2] Carl Levin and Tom Coburn. "Repatriating Offshore Funds: 2004 Tax Windfall for Select Multinationals: Majority Staff Report." *Permanent Subcommittee on Investigations*, Committee on Homeland Security and Governmental Affairs, United States Senate, 11 Oct. 2011.

[3] D. Zion, A. Varshney and C. Cornett. "Parking Earnings Overseas." *Credit Suisse Equity Research*, 26 Apr. 2011.

万亿美元。[①] 虽然每年仍有 1 000 亿美元左右汇回国内，但是同时约有越来越多的跨国投资收益滞留在了海外，如何遣返这笔资金，推动美国内就业和经济增长，成为国会和行政部门头疼的问题。然而跨国公司尤其是大型跨国公司不断游说联邦政府，大幅降低遣返资金的税率，最终获得成功。而这个税率就是遣返税率，原本属于跨国公司正常纳税的递延税收负债，变成了急剧缩水的遣返税。《2004 年美国创造就业法》和《2017 年减税与就业法》都制定了相应的条款，于是留存海外的跨国资本获得了低到 3% 左右的有效税收待遇，向美国汇回了在东道国的投资收益。

遣返税是解决跨国公司股息双重课税问题的核心。跨国投资收益的二次课税问题始终未能解决，跨国公司投资的收益需缴纳所得税，而且在分配收益后，股东又需二次缴纳股息税。但是从跨国公司的发展来看，由于跨国投资发展迅猛，海外收益集聚越来越多，加上美国的投资机会成本在提高，一旦跨国公司发展到成熟阶段后，其经营目标将从重视投资的增量转向将盈利资金从海外遣返回到本土。在 20 世纪 70 年代下半期以后，美国跨国公司投资的股息税问题愈加突出，不少美国学者先后进行了大量探索，致力于解决股息税难题。Hartman 指出，对跨国公司征收遣返税天经地义，实际上从海外遣返资金减少的投资机会成本等于等量的投资收益，而且税收对一家成熟的海外子公司来说，并不影响其继续再投资，也不影响向美国母公司遣返资金的方式选择，所以股息税不会扭曲本国企业的真实投资决策。

对跨国公司投资收益征收遣返税政策不影响再投资决策。设美

---

① "American Companies Looking to Avoid Paying Domestic Tax Rates are Holding about 2.6 Trillion in Overseas Earnings, a Number That Has Been Rising Steadily for Years, According to New Research from Capital Economics." –CNBC, 28 Apr. 2017.

国跨国公司外国纳税前收益为 R_f，跨国公司母公司税率为外生变量 t_{us}，贴现率为 r，外国附属企业的外国税率为 t_f。由于美国对跨国公司外国来源收入征收所得税，美国税率要高于外国税率，即 $t_{us} > t_f$。那么对于接受母公司初始投资 I 的子公司来说，其在期末的海外资本收益应缴纳的美国所得税如下：

$$I\left[\,1+R_f\left(\,1-t_f\,\right)\,\right] \tag{5.1}$$

假设跨国公司附属企业将收益遣返回美国母公司，初始投资仍留在海外，那么：

$$IR_f(\,1-t_f\,)\frac{(\,1-t_{us}\,)}{(\,1-t_f\,)} \tag{5.2}$$

如果外国附属公司保留收益，则：

$$IR_f\left(\,1-t_f\,\right) \tag{5.3}$$

计算投资收益遣返和对附属企业亏损如何进行再分配。假设外国附属企业对于收益的处理只有两种方式，要么遣返外国税后所得，要在海外投资。

（1）如果外国附属企业向母公司遣返 1 美元，美国母公司在缴纳遣返税后的收益是 $(\,1-t_{us}\,)/(\,1-t_f\,)$。

（2）如果外国附属企业在海外进行再投资，那么附属企业将拥有这 1 美元。

那么，这种循环剥离的损失就等于再投资收益缴纳遣返税后的盈利，与假设附属公司将此前遣返母公司的收益投资权益的差。即式 5.4 与式 5.5 之差：

$$\left[\, 1 + R_f(\, 1 - t_f)\, \right] \frac{(\, 1 - t_{us})}{(\, 1 - t_f)} \tag{5.4}$$

$$\left[\, \frac{(\, 1 - t_u s)}{(\, 1 - t_f)}(\, 1 + R_f(\, 1 - t_f)\,) - \frac{(\, 1 - t_{us})}{(\, 1 - t_f)}\right] \frac{(\, 1 - t_{us})}{(\, 1 - t_f)} + \frac{(\, 1 - t_{us})}{(\, 1 - t_f)} \tag{5.5}$$

上式 5.5 的第二项 $(1-t_{us})/(1-t_f)$ 表示从母公司已收到的收益。即为免税的权益回报。

将式 5.5 进行化简后，得到

$$\frac{(\, 1 - t_{us})}{(\, 1 - t_f)}\left[\, 1 + R_f(\, 1 - t_f)\, \right] \tag{5.6}$$

在进行资本分配的同时，遣返亏损等于式 5.4 和式 5.6 之差：

$$\frac{(\, 1 - t_{us})}{(\, 1 - t_f)} R_f(\, t_{us} - t_f) \tag{5.7}$$

应当注意，随着 t_{us} 和 t_f 之差的扩大，亏损额也在增加。

全球税制对于外国直接投资流动发生直接影响，利用（5.7）式计算的亏损意味着跨国公司应利用保留的收益寻机继续投资。由于将投资收益进行再投资将递延税收，跨国公司将减少海外的初始资本，而会以累积的收益进行替代投资。这种循环剥离亏损与初始投资额 I 相比，代表着减少初始资本分配。

设再投资后的遣返额等于循环剥离后遣返额，则遣返的税收成本大大减少了对投资分配的资本：

$$I = \frac{[1 + R_f(1 - t_{us})]}{[1 + R_f(1 - t_f)]} < 1 \tag{5.8}$$

可见，提高跨国投资收益遣返税，将有效减少母公司向外国附属企业的初始资本分配。[1] 也就是说，在跨国公司初始投资在东道国获利之后，利用投资收益进行再投资，将比由母公司追加新投资更加有利可图。其后果是母公司从减少投资中获利，而且投资收益支撑着进一步再投资。所以美国的全球税制绝不简单意味着推动跨国公司向海外增加投资。[2] 已有文献研究还发现，初始资本分配越多，收益遣返就越快。但是上述分析只是针对海外投资东道国在缺乏资金的条件下，需要进行全面融资的成长企业而言的。

2. 跨国投资收益遣返税与遣返决策

假设跨国投资面临的外国所得税和本国所得税为一定，经风险调整后，外国所得税后收益为 r_f、风险调整后的本国所得税后收益为 r_{us}，r_f 和 r_{us} 两者均为外生变量，且不随时间变化，I 为跨国公司在海外的直接投资，在海外经过 n 期直接投资后，投资总收益将达到：

$$I[(1+r_f)^n - 1] \tag{5.1*}$$

对于现有拥有外国投资收益的跨国公司来说，是否做出遣返资

① J. L. Blouin. "Taxation of Multinational Corporations. Foundations and Trends." *Accounting*, 6(1), 2012, pp. 1–64.

② M. Boskin and W. Gale. "New Results on the Effects of Tax Policy on the International Location of Investment." *The Effects of Taxation on Capital Accumulation*, edited by M. Feldstein, University of Chicago Press, 1987, pp. 201–219.

金的决策，需要比较在海外再投资的全部税后收益与将资金遣返美国的收益二者大小。

假设：

（1）EP 为跨国公司再投资累积的外国收益；

（2）外国与本国的税率和税后收益均维持恒定。

那么：

（1）如果跨国公司在期初遣返资金，然后将税后资金仅用于在美国进行单期投资，则期末的收益为：

$$EP(1 + r_{us}) - \frac{EP}{(1 - t_f)}(t_{us} - t_f)(1 + r_{us}) = \frac{EP(1 - t_{us})}{(1 - t_f)}(1 + r_{us}) \quad (5.9)$$

在上式中，$t_{us} > t_f$。

（2）如果跨国公司将投资收益留在国外，并在经过一个投资期后遣返资金，那么则有：

$$EP(1 + r_f) - \frac{EP(1 + r_f)}{(1 - t_f)}(t_{us} - t_f) = \frac{EP(1 - t_{us})}{(1 - t_f)}(1 + r_f) \quad (5.10)$$

所以，一旦（5.9）>（5.10），那么跨国公司在初期即会遣返资金。按照单期投资模型，$r_{us} > r_f$ 简化了上述关系，从另一个角度反映了 Hartman 模型的结果，即一旦国内税后收益超过了外国当地税后收益，跨国公司将遣返资金，美国税率并不会影响跨国公司的遣返决策。

（三）外国税收抵免与税收筹划

跨国公司资金遣返活动是十分复杂的税务筹划。Altshuler 等设定，美国母公司税率处于变动之中，只有当跨国公司的外国税收抵免头寸维持恒定时，遣返税才与投资决策无关。[1]Altshuler 等还指出，当外国来源所得遣返税率较低时，跨国公司就有机会通过税收筹划，限制遣返期数，但是需区分遣返税负债中的永久变量（税率）与过渡变量（税率）的效果，才会不影响研究结果。Altshuler 等解释了跨国公司会利用交叉抵免政策，暂时减少潜在的收益遣返税负。他们发现，跨国公司外国来源收入遣返与遣返税负债的过渡变量有关，与永久变量无关。[2]

理论分析往往假设跨国公司母国的税率超过投资的东道国。对于美国的跨国公司来说，由于美国的税率一般较高，所以跨国公司现值将总是处于超额头寸，即 $t_{us} > t_f$。从发达国家的税率看，除美国以外各国的加权平均税率超过了美国 1999 年以前的法定税率。要推导在全球税制下遣返资金的真实税收成本，就需要计算收入来源国的外国税收额与美国的税收抵免额。

现在仍然假设遣返资金的税收成本等于美国税率与外国税率之差，对于实际上暂扣税的计算，由于应税所得不同，会影响遣返税成本。通过股息分配向美国汇回资金的税收成本不仅取决于税率，而且还与收入来源国对跨国公司所得税制有关。那么外国税收总额等于：

$$t_f = t_{sf} R_{fus} + \left[\left(1 - t_{sf} \right) R_f \right] w_f \tag{5.11}$$

[1] Rosanne Altshuler and Paolo Fulghieri. "Incentive Effects of Foreign Tax Credits on Multinational Corporations." *National Tax Journal*, 47(2),1994, pp. 349–361.

[2] R. Altshuler, T. S. Newlon and W. Randolph. "Do Repatriation Taxes Matter? Evidence from the Tax Returns of U.S. Multinationals." *The Effects of Taxation on Multinational Corporations*, edited by M. Feldstein, J. Hines and R. G. Hubbard, University of Chicago Press, 1995, pp. 253–272.

式中，t_{sf} 是法定适用税率，R_{fus} 是外国子公司税前回报，R_f 是外国子公司税前回报率，w_f 是股息分配的暂扣税率。而缴纳的总股息税是视同支付的股息税加上直接税，式中第一项 $t_{sf}R_{fus}$ 代表了视同支付的股息税，第二项是汇回美国股息的暂扣税。如果美国母公司处于超额抵免头寸，$t_{sus}R_{fus}<t_f$，将不会发生遣返税。因此 $t_{us} \leqslant 0$。如果母公司税收抵免处于超限抵免，则归属于美国支付的股息税负债是：

$$(t_{sus}-t_{sf}) \, R_{fus}- (1-t_{sf}) \, R_{fwf} \qquad (5.12)$$

式中，t_{sus} 为美国法定税率。

若 $t_{sf}> t_{sus}$，$w_f>(t_{sus}-t_{sf})R_{fus}/(1-t_{sf})R_f$，或 $R_{fus}>(1-t_{sf})R_{fwf}/(t_{sus}-t_{sf})$，上式 5.12 即为负值。

发生上述任一情景，遣返资金将产生超额抵免，跨国公司即可利用税收抵免抵消其他国家的税收负债，或者向前或向后进行结转。那么汇回股息的税收价格 t_t 就等于：

$$t_t = t_{us}+ (1-t_{sf}) \, R_{fwf} \qquad (5.13)$$

所以，将出现两种情况。第一种是，如果母公司出现超额抵免，汇回资金的唯一税收就只有股息的暂扣税了，即：

$$t_t =(1-t_{sf}) \, R_{fwf} \qquad (5.14)$$

其中，提高股息的税收成本为：

$$\mathrm{d}t_t/\mathrm{d} (1-t_{sf}) \, R_f = w_f \qquad (5.15)$$

第二种是，如果母公司出现超额限制，增加 1 个美元股息的税收效果是：

$$(t_{sus}-t_{sf}) / (1-t_{sf}) \tag{5.16}$$

因而，当考虑税收对于资金遣返的作用时，全面考虑跨国公司的全球外国税收抵免政策也很重要。尽管外国税收抵免针对的是外国子公司的总收益，对历史以往收益的外国税收抵免可能会导致跨国公司出现超额抵免头寸，进而对于美国与外国税率之差敏感程度下降。以往发现跨国公司为了获得遣返资金时，对实现税收抵免最大化不择手段，这种税收筹划通常又称为外国税收抵免加速。2010 年美国国会对此进行了立法限制，同时上述交易对于跨国公司投资或资金遣返行为的作用不是十分显著。①

跨国公司外国子公司还通过非股息遣返进行税收筹划。Grubert（1998）指出，跨国公司通过版税、租金和利息分配方式会造成税收总负债（$t_{us}-t_f$）增加。所以美国跨国公司通常愿意从高税率辖区的子公司汇回利润，却不选择股息支付方式。如果 $t_{us}>t_f$，跨国公司对于是选择支付利息，还是选择在母子公司间分配股息模棱两可。然而一旦 $t_f>t_{us}$，跨国公司通过母子公司之间的股息支付就会增加福利分配，这是由于利息将永久性减少总税负。那么跨国公司将留下 t_f，支付 t_{us}，支付股息并不减少 t_f。t_f 为遣返税提供了抵免，但是如果跨国公司拥有外国税收抵免限制的超额头寸，那么对于增加抵免现值很小。然而扣除税收的遣返资金暂扣税将大大高出股息暂扣税。在这种情形下，则美国跨国公司从高税率子公司汇回股息的激励将减弱。

---

① 26 USC. § 909. Suspension of taxes and credits until related income taken into account.

利息和版税对于遣返外国来源所得的税收也十分敏感。Hines，Jr. 和 Hubbard 指出，1984 年以高于零利率向美国母公司汇款的国外附属企业，平均税率超过了无利息支付附属企业的平均税率，而股息支付却保持截然相反模式。[1]Grubert 为 3 500 家跨国公司的外国子公司向母公司股息、利息和版税支付估算了单独方程，发现在高税率国家的美国跨国公司子公司，往往利用高利息支付和低股息支付。[2]Desai 等也指出，在同一家美国母公司控股的附属集团企业内，来自高税率国家的子公司的债务水平明显偏高。而这种非股息汇款往往被跨国公司当作转移收入的机制加以利用。[3]

总之，遣返税作用是什么，直到目前都没有得到学术界的一致认可。但是如果从税收公平的思想看，实施遣返税对除大跨国公司之外的其他企业、对美国社会都是非常不公平的，而且财政效率十分低下，还为跨国公司避税提供了冠冕堂皇的理由，因此《2017 年减税与就业法》推动美国的狭义全球税制向参与豁免税制转型，只是美国税收治理的一种权宜手段，是适应全球化发展趋势的税收行为的调整。

四、外国来源收入与纳税后遣返

（一）《2004 年美国创造就业法》与外国来源收入遣返

《2004 年美国创造就业法》是美国针对跨国公司外国来源收入采取的加速遣返行动。为此美国财政部制定了严格的遣返资金使用措

---

[1] J. Hines and R. G. Hubbard. "Coming Home to America: Dividend Repatriations by U.S. Multinationals." *Taxation in the Global Economy*, edited by A. Razin and J. Slemrod, University of Chicago Press, 1990, pp. 161-200.

[2] H. Grubert. "Taxes and the Division of Foreign Operating Income among Royalties, Interest, Dividends and Retained Earnings." *Journal of Public Economics*, 68, 1998, pp. 269-290.

[3] M. Desai, C. F. Foley and J. Hines. "A Multinational Perspective on Capital Structure Choice and Internal Capital Markets." *The Journal of Finance*, 59, 2004, pp. 2451-2487.

施，但是大部分遣返外国来源收入对股东进行了分配，遣返的资金并未用于法规规定的投资和增加就业。有些研究认为，这次资金遣返政策虽说不上完美，但是财政部通过遣返资金增加了财政收入，而遣返跨国公司外国来源收入的间接效用更大，因为 IRS 借助于遣返外国来源收入行动，通过跨国公司股票回购操作，获得了更多资本利得税收入。[①]

1. 外国投资收益遣返政策概要

美国首次对跨国公司外国来源收入实行遣返税的税收实践发生在 2004 年。《2004 年美国创造就业法》增加第 965 节，为跨国公司提供为期一年的外国投资收益遣返税假期。该法允许美国跨国公司股东选择在一个纳税年度内，对从 CFC 收到的合格股息实行 85% 的收到股息扣除（DRD）政策，这样实际股息税率就降低到了 5.25%。[②]《2004 年美国创造就业法》规定的五项主要政策如下：

（1）跨国公司遣返外国来源收入将获得一次性税收减免。立法规定，在 2004—2006 年三年内，美国 CFC 的合格股息扣除 85% 后纳税。按照企业所得税率 35% 计算，遣返资金的税率实际上只有 5.25%。[③]但是，享受 5.25% 税率的遣返资金应符合资格要求。

（2）美国母公司属于收到超常分配，即近五年内收到的 CFC 分配的股息超过了平均收到的股息。

（3）合格股息指超过 5 亿美元以上的股息，或者符合以下两个条件之一的股息：（3.1）在海外永久再投资的收益部分，以 2003 年 6 月

---

① M. Mendel Pinson. "Effects of 2004 Int'l Tax Holiday, Recommendations Going Forward." *Tax Analysts,* 31 Aug. 2011, http://www.taxhistory.org/www/features.nsf/Articles/E7A9586 12953C1EF852578FD00607975?OpenDocument, 27 Sept. 2021.

② IRS, "IRC 965 Dividend Repatriation Audit Guidelines." LMSB-0808-043 (27 Aug. 2008), Doc 2011–16107, 2011 TNT 143–47.

③ 26 USC. § 965(f).

30 日经审计的财务报表的资产负债情况确认;(3.2)归属于永久在海外再投资的收益的特定部分税率为 35%。①

（4）遣返收入的使用范围。《2004 年美国创造就业法》的意图是鼓励国内投资和增加就业,跨国公司符合低税遣返外国来源收入的条件是接受 IRS 划定的投资范围,在美国国内进行再投资。② 具体来说,遣返资金的使用范围包括:雇用新工人及其培训、研发、为创造就业岗位而实施的资本投资或财务稳定计划。③ 所谓财务稳定计划实际上意味着企业归还债务也在遣返外国来源收入使用的范围之内。但是美国政府公开反对通过遣返外国来源收入支付高级经理薪酬,要求进行股东分配和缴税。④

（5）立法还将广告和营销支出,品牌、商标以及其他类别的无形资产投资,作为遣返外国来源收入投资内容。⑤

2. 外国来源收入遣返金额与结构

《2004 年美国创造就业法》对于跨国公司外国来源收入遣返产生了激励。据 IRS 2004—2006 年统计,共有 843 家 CFC 控股公司遣返股息 3 120 亿美元,其中 2004 年遣返 91 亿美元。从外国来源收入遣返的过程看,有的跨国公司在 2004 年后的一两年进行了超常规的股息分配,延迟了遣返利润,因此这项政策刚一开始,遣返外国来源收入总额较低,随后才逐渐增加。不同企业如何遣返资金是有差异的,遣返资金的时机如何选择,也取决于税收优惠政策和其他因素。据 IRS 有关数据,2004 年遣返资金的比例低于 2005—2006 年,上述差异对外国来

---

① 26 USC. § 965(b)(1).

② IRS Notice 2005−10, Feb., 2005, https://www.irs.gov/irb/2005-10_IRB, 27 Sept. 2021.

③ American Jobs Creation Act of 2004, Section 422: Incentives to Reinvest Foreign Earnings in United States, https://www.congress.gov/108/plaws/publ357/PLAW-108publ357.pdf, 27 Sept. 2021.

④ 26 USC. § 965(b)(4).

⑤ IRS Notice 2005−10, Feb., 2005, https://www.irs.gov/irb/2005-10_IRB, 27 Sept. 2021.

源所得税的平均有效税率的效果尚不确定。而遣返资金的比例越高，则意味着更多 CFC 收入符合本年度纳税政策。①

表 5–5　《2004 年美国创造就业法》合格股息遣返统计

公司类别		公司数量	遣返资金（10 亿美元）
遣返资金总额排名前 15 位的公司	医　药	6	880
	高技术	4	330
	其　他	5	330
其他公司		828	1 580
合　计		843	3 120

资料来源：U.S. Senate Permanent Subcommittee on Investigations Survey Data, https://www.hsgac.senate.gov/subcommittees/investigations/about, 27 Sept. 2021.

美国大型高技术企业是遣返外国来源所得的主力。（参见表 5–5）《2004 年美国创造就业法》实施期间，美国共有 843 家企业遣返了 3 120 亿美元合格资金。据统计数据显示，跨国公司申请的扣除资金最多，其中制药企业和高技术企业是外国来源所得遣返资金主力，如辉瑞、Merck、惠普、强生，以及 IBM 等 5 家大跨国公司遣返合格收益资金 880 亿美元，占全部遣返资金的 28%；如果再加上 Schering-Plough、DuPont、Bristol-Myers Squibb、礼来以及 PepsiCo 等 10 家大公司，遣返合格资金占比达到 42%；如果再加上 Procter & Gamble、英特尔、可口可乐、Altria 以及 Oracle 等大公司，以上 15 家企业遣返资金之和占全部遣返的合格资金的 52%。另据 IRS 披露的数据，在 843 家资金遣返企业中，平均每个企业遣返资金 4.29 亿美元，其中平均合格股息为 3.70 亿美元。在三年的资金遣返期内，大型跨国公司主要在 2005 年完成申报，其中 86% 的跨国公司在 2005 纳税年份申请扣除，7.7% 的企业在 2004 年申请扣除，其余的 6.8% 申请在 2006

---

① Melissa Redmiles. "The One-Time Received Dividend Deduction." *Statistics of Income Bulletin*, 27(4), 2008, pp. 102–114.

年扣除。[1] 而据接受美国国会调查跨国公司数据，在 2005 纳税年度申报扣除的有 17 家，合计占 89%，在 2006 年纳税年度申报扣除的公司有 2 家，占 11%。[2]

表 5-6　美国跨国公司遣返外国来源收入分类，2004 年

顺　序	收入类型	各类收入占比（%）
1	外国分支机构收入	20
2	劳务收入	5
3	租金、版税与许可费	16
4	利　息	12
5	股息总额	25
6	其他收入	21
7	合　计	100

资料来源：U.S. Multinational Corporations: Effective Tax Rates Are Correlated with Where Income Is Reported. 12 Aug 2008, p.23, https://www.gao.gov/products/GAO-08-950, 27 Sept. 2021.

注：对跨国公司外国来源所得各类所得占比四舍五入。

　　对跨国公司海外遣返资金进行分类对于政策效果分析很重要。（参见表 5-6）2004 年外国来源所得在抵免之前适用于联邦所得税。外国来源应税收入包括遣返回国的收益资金和未遣返收入，即分支机构经营和被动投资收入，这部分跨国公司外国来源收入同样要在本期申报纳税，无论是否遣返回国。数据来自 IRS 所得税统计司的纳税申报单中的 2003 年外国税收抵免数据，即 IRS 第 1118 表。2004

---

[1]　Melissa Redmiles. "The One-Time Received Dividend Deduction." IRS, *Statistics of Income Bulletin*, Spring 2008, pp. 103−104.

[2]　United States Congress. Senate. Committee on Homeland Security and Governmental Affairs. Permanent Subcommittee on Investigations. "Repatriating Offshore Funds: 2004 Tax Windfall for Select Multinationals." *Majority Staff Report*, Washington, D.C. 20510, 11 Oct. 2011, p. 8.

年遣返资金中的股息总额占全部遣返资金的比重为 24.6%，这部分属于需要进行分配的税前利润，等于美国股东收到的股息加上应缴纳的外国所得税两个部分，实际上等于 17.8% 的股息加上 6.8% 的外国股息所得税。遣返的外国分支机构所得占 20.2%，然后是租金、版税和许可费占 16.5%。

3. 税收天堂与跨国公司外国来源收入

税收天堂是美国大型跨国公司避税的最大税务辖区。2004 年美国实施投资收益遣返政策后，跨国公司从税收天堂汇回了大笔股息。IMF 和世界银行建立了离岸金融中心名单[1]，美国国会研究局（CRS）认定，较窄口径的税收天堂名单上共有 49 个。[2] 美国国会审计局（GAO）认定的全球税收天堂有 50 个。[3] 税收天堂包括国际上零税率或者税率极低的地区，主要有巴哈马、百慕大、英属维京群岛、开曼群岛、哥斯达黎加、中国香港、爱尔兰、卢森堡、荷属安的列斯、巴拿马、新加坡以及瑞士。[4] 全球大公司在税收天堂投资只是为了避税而在此注册登记，它们在此并没有起码的经营设施。在欧洲投资的美国跨国公司中，荷兰的美国 CFC 数量占 6%，但从荷兰遣返回美的股息占 26%；如果按照遣返股息的金额排序，全球最大的税收天堂是瑞士、百慕大、爱尔兰、加拿大、卢森堡、英国和开曼群岛。[5] 从区域结

---

[1]　"Identifying Tax Havens and Offshore Finance Centres." https://www.taxjustice.net/cms/upload/pdf/Identifying_Tax_Havens_Jul_07.pdf, 27 Sept. 2021.

[2]　Jane G. Gravelle. "Tax Havens: International Tax Avoidance and Evasion." 15 Jan. 2015, p. 3.

[3]　United States Government Accountability Office. "International Taxation: Large U.S. Corporations and Federal Contractors with Subsidiaries in Jurisdictions Listed as Tax Havens or Financial Privacy Jurisdictions." Report to Congressional Requesters, Dec. 2008.

[4]　United States Government Accountability Office. "International Taxation: Large U.S. Corporations and Federal Contractors with Subsidiaries in Jurisdictions Listed as Tax Havens or Financial Privacy Jurisdictions." Report to Congressional Requesters, Dec。2008, Table 1, "US Corporations with Foreign Subsidiaries".

[5]　IRS Data, at 105−107.

构上看，美国跨国公司从欧洲税收天堂汇回的资金占全部汇回现金的 62%。①

表 5-7　高度依赖税收天堂的美国高技术跨国公司，2004—2007 年

顺　序	企业名称	遣返现金（10 亿美元）	税收天堂股息占比（%）	备　注
1	Schering-Plough	9.617	100.00	制药企业
2	Microsoft	1.114	97.00	电脑软件服务
3	Merck	16.687	96.10	制药企业
4	Oracle	3.327	94.30	企业软件服务
5	Bristol Myers	9.734	94.20	制药企业
6	Eli Lilly	9.476	92.60	制药企业
7	Pepsi Co, Inc.	7.490	91.10	休闲食品制造

资料来源：United States Congress. Senate. Committee on Homeland Security and Governmental Affairs. Permanent Subcommittee on Investigations. "Repatriating Offshore Funds: 2004 Tax Windfall for Select Multinationals." *Majority Staff Report*, Washington, D.C. 20510, 11 Oct. 2011. p. 31.

　　税收天堂在美国大公司税收筹划中的作用不同。通常拥有知识产权比重越多的大型制药企业和软件企业，在税收天堂存放的资金越多，所以在 2004—2007 年遣返的股息占比越高。从表 5-7、表 5-8 可见，2004—2007 年从税收天堂遣返股息占其全部遣返外国来源收入比重在 90%～100% 的美国高技术大公司，都是制药企业和软件企业。个别大型制药企业从税收天堂汇回股息占全部遣返资金之比极少，如惠氏和辉瑞。而高技术制造企业通常在税收天堂进行筹划的遣返资金占比相对要低一些，如惠普和 IBM 从税收天堂遣返股息只占全部遣返资金的 7% 左右，摩托罗拉占不足三分之一。

---

① 　IRS Data, at 106.

表 5-8　中低程度依赖税收天堂的美国高技术跨国公司，2004—2007 年

顺　序	企业名称	遣返资金（10 亿美元）	税收天堂股息占比（%）	备　注
1	Wyeth	3.156	0.1	制药工程
2	Pfizer	36.577	0.7	制药企业
3	Hewlett Packard	16.522	7.3	高技术制造企业
4	IBM	11.918	7.4	高技术制造企业
5	Motorola	3.699	30.5	高技术制造企业
6	Honeywell	2.561	38.5	电子消费品生产、工程技术服务和航空航天系统
7	Intel	7.560	63.8	高科技制造企业

资料来源：United States Congress. Senate. Committee on Homeland Security and Governmental Affairs. Permanent Subcommittee on Investigations. "Repatriating Offshore Funds: 2004 Tax Windfall for Select Multinationals." *Majority Staff Report*, Washington, D.C. 20510, 11 Oct. 2011, p. 51.

注：税收天堂股息占比为 2004—2007 年美国 CFC 从税收天堂遣返资金占全部遣返 CFC 资金之比。

（二）外国来源收入遣返与美国内投资

1. 跨国投资理论与美国对外直接投资收益

跨国投资的兴起为直接投资理论与实践发展提供了土壤。跨国公司理论发展为跨国公司实践和税收管理提供了理论前提。1960 年 Stephen Hymer 的论文《企业的国际化经营》一反传统的观点，认为跨国公司是涉及整套资源转移的外商直接投资，并强调了公司国籍的重要性。相对于本土竞争者，外国企业需要具备"专属优势"，这些优势依赖于其管理、技术、营销能力和资金背景。John Dunning 提出了折中理论，认为任何跨国公司可以同时拥有"公司优势"和"国家优势"，后者取决于公司的母国。在英美法系，考察国籍的主要标准是注册地，而在欧陆法系中，主要通过公司管理中心所在地来确定国籍，有时会将公司股东居民国作为公司的国籍国，公司高管居民国

或公司大部分业务所处的国家也作为考察的可能标准之一。

跨国公司的国际投资产生了越来越多的税收问题。战后初期，大型跨国公司母国经济掌握着其所有权和控制权，跨国公司的经营具有清晰的国界。在这个时期，美国跨国公司的外国子公司与美国母公司和其他子公司的关联逐渐减弱；跨国公司开始为不同国家生产不同的产品，它们内部的交易水平降低；国外子公司自治程度逐渐下降，少数大型跨国公司开始整合北美和欧洲业务，例如 1964 年 IBM 的 System/360 大型电脑要在全世界生产和销售，就需要前所未有的高度国际协作，冷战后期 IBM 在欧洲和北美建成了两个区域生产网络，后来随着亚太地区的崛起，包括 IBM 在内的大型美国高技术企业将产业链布置在这一地区，并与美国形成了供应链。

美国跨国公司向海外投资实质上是利用竞争优势获取超额利润。1986 年美国改革国际税收制度以后，大型跨国企业充分利用全球税制递延纳税和抵免外国税收政策，并利用了全球化背景下资本监管放松的机会，在税收天堂设立了各种各样的避税机构，逃避外国来源收入的税收。然而有的研究认为，美国跨国企业在税收天堂和低税率地区滞留跨国收益资金的原因，主要是国内缺乏投资机会。[1]但是真实的情况并非如此。

2. 遣返税与国内投资决策

假设资金遣返在期初即开始，如果跨国公司纳税后在期末立即决定对美国国内投资，令 t_{uso} 表示美国遣返税。那么跨国公司通过国际再投资累积的外国收益 EP 为：

---

[1]　Jennifer Blouin and Linda K. Krull. "Bringing It Home: A Study of the Incentives Surrounding the Repatriation of Foreign Earnings Under the American Jobs Creation Act of 2004." *Journal of Accounting Research*, 47 (4), 2009, pp. 1027–1059.

$$EP(1 + r_{us}) - \frac{EP}{(1 - t_f)}(t_{uso} - t_f)(1 + r_{us}) = \frac{EP(1 - t_{uso})}{(1 - t_f)}(1 + r_{us}) \quad (5.17)$$

在此，$t_{uso} < t_{us}$。

如果不对遣返资金实行低税政策，跨国公司将继续把外国来源收入作为再投资资本留在海外，并在一个投资期后遣返资金，那么则有：

$$EP(1 + r_f) - \frac{EP(1 + r_f)}{(1 - t_f)}(t_{us} - t_f) = \frac{EP(1 - t_{us})}{(1 - t_f)}(1 + r_f) \quad (5.18)$$

而遣返自期初开始后，则随着（5.18）>（5.17）持续下去。那么在下列条件下，跨国公司将立即开始遣返资金：

$$r_{us} > (1 + r_f)\left[\frac{(1 - t_{us})}{(1 - t_{uso})}\right] - 1 \quad (5.19)$$

如果将单期模型扩展为 n 期模型，则上式变为：

$$r_{us} > (1 + r_f)\left[\frac{(1 - t_{us})}{(1 - t_{uso})}\right]^{\frac{1}{n}} - 1 \quad (5.19^*)$$

随着投资期数增加，因为 $t_{us} > t_{uso}$，跨国投资税收收益的重要性将递减。当投资期数为无限大时，即 $n \to \infty$，再投资决策将只取决于 r_{us} 与 r_f 的相对关系，那么除非跨国公司打算在近期遣返资金，降低税率与否将只对遣返决策产生非常微小的影响。只要跨国投资面临适当投资机会，降低遣返税的影响将减少到零。但是这样的机会很少，所以跨国企业从《2004 年美国创造就业法》实施中获得了收益。

从美国商务部经济分析局（BEA）数据看，2004 年和 2017 年遣返税政策出台后，跨国公司遣返的资金陡增了两个季度以上。而 2004 年减税导致美国跨国公司遣返的资金数量增加了 4 倍之多。

令 z 等于《2004 年美国创造就业法》实施后，跨国公司打算遣返的外国来源收入，且 $1 \geqslant z \geqslant 0$，那么：

$$z\left[\frac{EP(1-t_{uso})}{(1-t_f)}\right](1+r_{us}) + (1-z)\left[\frac{EP(1-t_{us})}{(1-t_f)}(1+r_f)\right] \qquad (5.20)$$

假设在《2004 年美国创造就业法》实施后准备遣返资金，如果跨国公司将全部收益继续放在海外进行再投资，那么将需要进行贷款投资，即有：

$$\begin{aligned} &z\left[\frac{EP(1-t_{uso})}{(1-t_f)}\right](1+r_{us}) + (1-z)\left[\frac{EP(1-t_{us})}{(1-t_f)}(1+r_f)\right] \\ &-z\left[\frac{EP(1-t_{us})}{(1-t_f)}\right]i \end{aligned} \qquad (5.20^*)$$

式中，i 为企业贷款的税后成本。如果（5.20*）>（5.18），则将发生资金遣返，在下式条件下，企业将汇回收益：

$$r_{us} > \left[\frac{(1-t_{us})}{(1-t_{uso})}\right](1+r_f+i) - 1 \qquad (5.21)$$

由于在 2004 年税改法律实施之前，跨国公司不会遣返资金，当 $t_{uso} = t_{us}$ 时，可以推断 $r_{us} < r_f$。因为在国内投资机会增加时，跨国公司不会进行借贷并投资，又可推断 $r_{us} < i$。那么跨国公司如考虑减税后遣返资金，则必须符合下列条件：

$$i > r_{us} > \left[\frac{(1 - t_{us})}{(1 - t_{uso})} \right] r_f \qquad (5.22)$$

由此可见，跨国公司之所以将现金留在海外，实际上是利用了美国全球税制为跨国企业留下的收益剥离机会，这也是跨国公司进行税收筹划的可利用手段，也说明了在 2017 年美国税制向参与豁免税制转型前，将现金留在海外的制度成本较低。但如果实施了税制改革，企业将遣返超额资金。证据表明，跨国公司通过回购股权，向美国遣返了海外多余资金，例如，2005 年遣返资金的跨国公司比没有遣返资金的跨国公司多投入了 608.5 亿美元回购股份，这些跨国公司通过遣返资金，还提高了对股东的分配。实际上，由于资金本身的替代性质[①]，跨国公司能够将对财政部进行国内投资的承诺，转化为股权回购行为，推高美国的股价。

F 分编规则存在的漏洞加剧了跨国公司规避美国税收的行为。在同一历史时期由于美国经济和财政形势恶化，联邦政府在 1962 年针对跨国公司利用递延纳税制度，以避税天堂为依托，设立外国基地公司，拖延在美国纳税的行为，制定了 F 分编 CFC 规则，以限制某些被动收入或具有高度流动性收入的递延纳税，包括集团内股息、利息和特许权使用费付款，以及集团内销售收入。依当时法令，当公司连续 30 天被美国股东持有 50% 以上表决权股票时，即被视为 CFC；而取得 CFC 之 10% 以上具表决权股票的美国股东所取得之利润即视为 F 分编收入。从 1975 年开始，美国 F 分编有关 CFC 的有关规定趋严，需纳税美国股东持股标准从 30% 下降为 10%；1983 年新增企业披露

---

① 即货币的替代性。"Leveraged Finance Group Client Alert: Implementing 'Fungible' Incremental Term Loans." https://www.milbank.com/images/content/2/3/v6/23476/Implementing-Fungible-Incremental-TLs.pdf, 27 Sept. 2021.

CFC 收入与相关财务信息规则；1986 年通过放宽 CFC 认定标准，降低企业规避税务筹划；而《2004 年美国创造就业法》则是一次 F 分编规则 "大放水"。

跨国公司在全球化条件下避税手段的新发展导致美国进行全球税制改革的迫切性越来越高。受 F 分编规范的美国股东需就被视为已分配的某些 CFC 的未分配收益在本期纳税。作为反避税措施，CFC 规则的目的在于防止通过向 CFC 转移利润而实现递延纳税或不纳税。如何实现 CFC 规则的反避税与提高竞争力比较难。CFC 规则最初制定 "制造活动例外" 规定的目的在于，如果 CFC 本身是制造商，且为生产增加了实质性投资，那么对该 CFC 的收入就可以免于当期征税。从 CFC 规则的实施六十多年来，对于跨国公司外国来源收入的管理效率之低显而易见。除了 CFC 规则的一些例外规定，还有打勾规则、公司分类体制都为跨国公司无限期递延外国来源所得税提供了前提，加上税收天堂因素，都造成美国跨国公司在海外滞留了越来越多的投资收益，这些都不是美国国内没有投资机会的原因造成的。要使跨国公司遵循 F 分编规范，在 CFC 规则、"美国股东"、"应税收入类型"、"排除条款"，以及 "外国税收抵免" 等政策机制均要明确规定，而且还要 "与时俱进"，所以 CFC 规则的施行，需要强有力的相关配套细则。

3. 遣返税与跨国公司海外资金囤积

在 2004 年遣返税政策过后美国跨国公司再次加快在海外囤积资金。《2004 年美国创造就业法》实质上起到了激励跨国公司向海外的转移资金和生产的作用，目的是未来能够遣返更多减税外国来源收入。[1] 由于跨国公司判断未来美国还将实施资金遣返办法，于是纷纷将就业、业务和投资转向海外市场，将大笔资金囤积在海外。实证经

---

① Lee A. Sheppard and Martin A. Sullivan. "Multinationals Accumulate to Repatriate." *Tax Notes*, 2009 TNT 11–11, pp. 295–298, 19 Jan. 2009.

验表明, 跨国公司在未来再次遣返资金时, 将享受到力度更大的税收优惠力度。例如在 2004 年遣返税实施后的五年内, 美国跨国公司药厂 Merck 即在海外囤积了 404 亿美元的现金, 而相比而言, Merck 在 2000—2004 年在海外囤积的现金只有 201 亿美元。(参见表 5-10)

表 5-9　美国遣返外国来源收入与永久再投资收益增长

单位: 10 亿美元

顺序	产　业	永久再投资收益增长（1998—2003）	遣返外国来源总收益资金	永久再投资收益增长（2006—2008）
1	食品饮料和烟草制造	15.45	22.89	22.22
2	木材加工与造纸	8.25	6.50	4.04
3	石油煤炭化工生产	108.71	123.52	126.93
4	计算机与电子设备生产	36.80	52.39	61.58
5	机械设备与大类制造	11.15	14.64	23.07
6	软件与通信	9.63	7.44	17.39
7	金融保险	16.20	14.38	31.51
8	酒店及其他	9.02	4.75	42.44
	合　计	215.21	246.51	329.18

资料来源: Thomas J. Brennan, "What Happens After a Holiday?" *Northwestern Journal of Law and Social Policy*, Spring 2010, pp. 1-18 .

　　遣返税政策给予了跨国公司在海外囤积更多现金的预期和冲动。据联储数据, 到 2011 年第二季度末, 美国跨国公司在海外囤积的现金高达 2.047 万亿美元, 相当于 2010 年末美国联邦财政收入总额。[1]囤积现金最多的依旧是医药行业和高技术行业跨国公司, 而正是这两大行业, 从 2011 年开始就一直呼吁美国政府再次实施降税遣返资

────────────

[1]　Federal Reserve Board. "Flows of Funds Accounts of the United States." Second Quarter 2011, Table L.102, http://www.federalreserve.gov/releases/z1/current/z1.pdf. 9/16/2011, 5 Oct. 2021.

表 5-10　美国实施遣返税后跨国公司在海外囤积资金统计

单位：100 万美元

公司	遣返资金	未分配国际收益累计									
		2001	2002	2003	2004	2005	2006	2007	2008	2009	2010
Pfizer	35 492	14	18	29	38	51.600	41	60	63.1	42.5	48.2
Merck	15 876	9.7	12.4	15	18	20.1	12.5	17.2	22	31.2	40.4
Hewlett Packard	14 500	11.5	13.2	14.5	14.4	15	3.1	7.7	12.9	16.5	21.9
Johnson & Johnson	10 669	9.5	12.1	12.3	14.8	18.6	12	24.2	27.7	32.2	37
IBM	9 500	15.5	16.9	16.6	18.1	19.6	14.2	18.8	21.9	26	31.1
Schering-Plough*	9 400	6.4	7.6	9.4	11.1	2.2	4.2	5.8	7.5	n.a.	n.a.
Bristol Myers	9 000	6	8.8	9	12.6	16.9	11.3	14.1	15.4	16.5	16.4
Eli Lilly	8 000	5.2	6.4	8	9.5	2.8	5.7	8.8	13.3	15.5	19.9
DuPont	7 730	8.9	9.1	10.3	13.5	13.9	7.9	9.6	10.1	11.3	12.6
Pepsi Co Inc.	7 384			7.5	8.8	1.9	10.8	14.7	17.1	21.9	26.6
合计	127 550	10.1	104.5	37.3	158.8	162.6	122.7	180.9	211	2 135.4	254.1

资料来源：Lee A. Sheppard and Martin A. Sullivan. "Multinationals Accumulate to Repatriate." *Tax Notes*, 2009 TNT 11–11, 19 Jan. 2009, pp. 295–298.

注：*Schering-Plough 在 2009 年与 Merck 合并。

金政策。[①] 当时资金遣返税政策对于美国财政造成的损失是在十年内财政减收 330 亿美元。

上述结果与有关的研究结果可以相互验证。美国国会进行了长期的跨国公司资金遣返税数据搜集和调查，并出台了研究报告。CRS 指出，自 2005 年开始跨国公司在海外的资金快速增加，比 2004 年增加了 72%，按照《2004 年美国创造就业法》遣返资金的跨国企业在海外囤积的资金总额增加了 81%。Thomas J. Brennan 研究认为，2004 年遣返税是导致跨国公司在海外囤积的资金规模超过此前的重要原因，因此遣返税是不折不扣的失败政策。[②] 国会联合税收委员会（JCT）也认为，2004 年遣返税政策激发了美国跨国公司向海外转移资金的冲动，如果再来一次资金遣返税政策，将对跨国公司更有吸引力，如果再次按照 85% 的税前扣除额，联邦政府在十年内将为此减收 787 亿美元，如果按照 70% 进行税前扣除，则将减少财政收入 417 亿美元。[③]

因此《2004 年美国创造就业法》股息遣返政策带来的后果是，跨国公司对海外的投资更多，国内就业岗位流失增加，而且跨国公司高级经理的薪酬连续两年获得增加，实际上跨国公司的遣返资金被大量用于股票回购和增加行政人员薪酬。跨国公司享受了巨大的税收优惠，但是企业相对竞争力则进一步下降，大型跨国公司投资享受了暴利，整体上却有损于美国经济。[④]

---

① David Kocieniewski. "But Nobody Pays That Companies Push for Tax Break on Foreign Cash." Jun. 19, 2011, https://www.nytimes.com/2011/06/20/business/20tax.html, 5 Oct. 2021.

② Thomas J. Brennan. "What Happens After a Holiday? Long-Term Effects of the Repatriation Provision of the AJCA." *Northwestern Journal of Law and Social Policy*, 5, Spring 2010.

③ Donald J. Marples and Jane G. Gravelle. "Tax Cuts on Repatriation Earnings as Economic Stimulus: An Economic Analysis." Washington, D.C.: CRS, 20 Dec. 2011, p. 11.

④ U.S. Congress, Conference Committee. "American Jobs Creation Act of 2004." Conference Report accompanying H. R. 4520, H. Rep. No. 108-755, 108th Cong., 2nd sess., at 316 (Washington: GPO, 2004).

（三）跨国公司外国来源收入遣返的使用

《2004年美国创造就业法》要求跨国公司制定遣返资金在国内投资计划。跨国公司的投资计划须包括雇用员工方案，培训方案，增加对基础设施、研发投资方案，资本投入方案，创造就业的财务方案。但是实际上却未制定强制执行条件，以保证遣返资金用于规定用途，避免违规，而且也没有制定有关资金用项的审计政策。对此美国国会调查报告指出："由于对企业并未规定任何法律义务，以确保遣返资金的用途，所以没有书面依据表明企业将遣返资金用于明令禁止的用途违规。"①

1. 遣返税与美国就业

资金遣返政策并没有起到提高美国劳动就业水平的作用。为了评估2004年遣返税政策的效果，美国国会参院在2011年调查了遣返资金最多的15家跨国公司，最终调查结果如下②：

第一，自2004—2007年，三分之二的跨国企业减少了雇员，只有三分之一的企业增加了雇员，总体上流失的岗位大于新增，四年内净流失工作岗位20 931个。而在所有参与国会调查的19家跨国公司中，63%进行了裁员，37%增加了雇用人数，四年内净流失工作岗位13 585个。

第二，所有企业在2005年都裁减了雇员。无论是接受国会调查的15家跨国公司还是其他公司皆如此，而2005年恰恰是资金遣返最多的一年。虽然跨国公司在2006年增加雇用略有回升，但是到了

---

① J. L. Blouin. "Taxation of Multinational Corporations. Foundations and Trends." *Accounting*, 6(1), 2012, pp. 1–64.

② United States Congress. Senate. Committee on Homeland Security and Governmental Affairs. Permanent Subcommittee on Investigations. "Repatriating Offshore Funds: 2004 Tax Windfall for Select Multinationals." *Majority Staff Report*, Washington, D.C. 20510, 11 Oct. 2011, p. 19.

2007 年却再次裁员。以遣返资金最多的某跨国公司为例，总遣返资金 355 亿美元，从 2004—2007 年在美国削减岗位 11 748 个；另一家跨国公司遣返资金 95 亿美元，减少就业岗位 12 830 个，15 家遣返资金最多的跨国公司一边享受着大幅度降税的政策，一边却在绝对减少美国的就业岗位。

第三，在增加美国国内就业岗位的七家跨国公司中，只有 Oracle 和微软拿出了证据，说明遣返资金被用于增加国内就业岗位了。但即使如此，其中一家并未说明遣返资金在增加就业过程中扮演了什么角色，另一家则说明利用遣返资金，扩大了经营规模，增加了人员雇用。可见在 2004 年 840 家企业遣返的资金并未起到就业激励作用。

表 5-11　美国 2004 年税制改革后主要跨国公司遣返外国收益与就业情况

顺序	公司名称	遣返投资收益资金（10 亿美元）	2005—2006 年裁减岗位数量（个）	税制改革前永久再投资收益（10 亿美元）	税制改革后永久再投资收益（10 亿美元）
1	Pfizer	37.0	10 000	67	101
2	CitiGroup	3.2	n.a.	9	35.8
3	Merck	15.9	7 000	33	29.7
4	Hewlett-Packard	14.5	14 500	28.9	23.7
5	Proctor& Gamble	10.7	不详	24.7	54
6	IBM	9.5	n.a.	34.7	33
7	PepsiCo	7.5	200～250	16.3	25.5
8	Motorola	4.4	不详	13.6	8.1
9	Honeywell	2.7	2 000	5.5	7
10	Ford	0.9	30 000～40 000	n.a.	n.a.
11	National Semiconductor	0.5	总雇员的 5%	n.a.	n.a.
12	Colgate-Palmolive	0.8	4 000	n.a.	n.a.

资料来源：M. Mendel Pinson and Melanie Shanley. "Effects of 2004 Int'l Tax Holiday, Recommendations Going Forward." *Tax Notes*, 22 Aug. 2011, p. 849.

2. 遣返税与研发支出

跨国公司利用遣返资金投资研发比例并未增加。据美国国会在 2011 年调查，15 家遣返资金的跨国公司增加了 2004—2007 年研发支出，但是支出增幅却甚至低于资金遣返政策之前。从资金遣返数额来看，2005 年 15 家跨国公司遣返了 1 490 亿美元，2006 年遣返了 60 亿美元，但是这些企业在研发领域的投资与遣返税前并无很大变化。接受调查的 19 家大公司，与遣返税前相比，研发投资实际上是下降的，仅有一家在遣返资金后大幅增加研发投资。自 2002—2007 年，15 家大跨国公司研发支出年均增加 4%～7%，同期 19 家跨国公司研发支出增加 3%～7%，遣返与否根本不影响研发投入。接受调查的企业也没有提出任何证据，以证明利用遣返资金增加了研发投入。美国国会调查验证了一些学术论文的结论，即 2004 年资金遣返政策并未导致企业在研发方面显著增加资金投入。2010 年相关研究发现，一些跨国公司将遣返资金的15%投入企业研发活动[1]，而全国经济研究局研究指出，遣返税政策并未推动企业增加研发投入。[2]

3. 遣返税与公司股票回购

跨国公司在实施遣返税政策后增加了股票回购支出。据全国经济研究局研究，在实施资金遣返政策之后，在 2004—2007 年 15 家遣返资金最多的跨国公司中，有 80% 增加了股票回购，2 家跨国公司未增加回购，1 家跨国公司减持了股票。对比资金遣返政策实施前后跨国公司的股票回购活动，2002—2003 年股票回购减少了 10%，

---

[1] John R. Graham, Michelle Hanlon and Terry Shevlin. "Barriers to Mobility: The Lockout Effect of U.S. Taxation of Worldwide Corporate Profits." *National Tax Journal*, at 38, Fig. 2, Dec. 2010.

[2] Dhammika Dharmapala, C. Fritz Foley and Kristin J. Forbes. "Watch What I Do, Not What I Say: The Unintended Consequences of the Homeland Investment Act." *Journal of Finance*, 66, Jun. 2011, pp. 753, 756.

2003—2004 年增加了 13%，2004—2005 增加了 16%，2005—2006 年增加了 38%，最后是 2006—2007 年增加了 9%。由此可见，股票回购的高峰正是股息遣返的高峰，也就是说遣返资金明显被用于企业股票的回购支出。

国会对跨国公司股票回购的调查验证了之前的一系列研究结果。美国跨国公司每遣返 1 美元，就有 0.60～0.92 美元以股票回购的方式回到了股东手中。另一项研究表明，2005 年全年遣返资金的跨国公司回购的股票总额达 610 亿美元。[①] 还有的研究指出，有高达四成的跨国企业利用资金遣返回购了股票。[②] 尽管《美国税法典》第 965 节不允许遣返资金流入股市，但是对于跨国公司来说，只要在预算上做到使之符合立法要求即可，而在技术上做到使回购股票合法化并不难。通常遣返资金的跨国公司会将一部分资金进行合法分配，但剩余资金并不会用来增加就业岗位，也不会用来增加研发投入或进行其他投资。研究结果显示，遣返资金政策的受益者是跨国公司高级行政人员和股东，遣返资金的代价则由美国财政来承担。

4. 遣返税与高级管理人员薪酬

税制改革立法并未阻止跨国公司利用遣返资金提高高级行政人员薪酬。外国来源收入遣返政策开始后，高管薪酬增加了，其中有 10 家大型跨国公司向高级经理人员发放股权奖励 100 万美元以上。但是在 15 家遣返资金数量最大的跨国公司中，行政人员的薪酬在 2002—2003 年减少 9%，2003—2004 年增加 14%，2004—2005 年增加 27%，2005—2006 年增加 30%，2006—2007 年增加 2%。又以 19

[①]　Roy Clemons and Michael R. Kinney. "An Analysis of the Tax Holiday for Repatriations Under the Jobs Act." *Tax Notes*, 120, 25 Aug. 2008, p. 759.

[②]　Jennifer Blouin and Linda K. Krull. "Bringing It Home: A Study of the Incentives Surrounding the Repatriation of Foreign Earnings Under the American Jobs Creation Act of 2004." *Journal of Accounting Research*, p. 1027, at p. 1029 (Dec. 2009).

家接受国会调查的跨国公司为例，三分之一以上的企业将前五位行政人员的薪酬从 2005 年的 360 万美元，提高到了 2006 年的 490 万美元。

外国来源收入遣返政策对于美国经济产生了四大危害。美国国会调查报告指出，《2004 年美国创造就业法》不但造成了财政损失、未能创造就业，反而激励了跨国公司向海外转移岗位、更多投资流向海外。具体如下：

（1）外国来源收入遣返政策受益面很窄。据统计，2004 年共有 9 700 家美国跨国公司在海外设立了 CFC，其中 843 家公司利用了遣返税政策，占对外投资跨国公司企业总数的 11.5%，当年美国纳税企业共有 5 557 965 家，因此这 843 家企业只占其中的 0.015%，即万分之一点五，因此有关政策的受益面非常窄。[1] 另据 IRS 统计，此次全部遣返资金 3 120 亿美元，其中有 1 570 亿美元被两个行业的跨国公司分享，即制药和高技术行业，因此高技术行业和制药行业的跨国公司享受遣返补贴最多，占全部资金的 50% 以上。在 843 家企业中，医药企业数量只占 3%，然而申报减免股息税的资金却高达合格股息的三分之一，医药企业遣返资金 1 060 亿美元，扣除总额高达 988 亿美元。[2] 计算机与电子设备制造业占企业总数的 10%，遣返资金 575 亿美元。据美国财政部披露，从 2004 年遣返税受益的企业只占跨国企业总数的 4%，而 96% 的跨国公司没有受惠，可见有关政策总体激励效果非常有限。

（2）为大型跨国公司提供了合法的避税通道。研究显示，一方面在美国国内大量资金找不到更好的投资对象，另一方面跨国公司

---

[1] Internal Revenue Service, Statistics of Income Bulletin. "2004 Corporation Returns—Basic Tables." http://www.irs.gov/taxstats/article/0,,id=170544,00.html, 5 Oct. 2021., in Tax Year 2004.

[2] IRS Data, at 103−105.

通过所谓"循环剥离"办法，尽量更多享受降税遣返资金的好处。[1]遣返资金大部分来自税收天堂。在参与调查的遣返企业中，在七家大公司遣返资金中 90%～100% 来自税收天堂。（参见表 5-7）

（3）实行资金遣返政策后造成更大量投资外流。有关研究指出，尽管 2005 年跨国公司在降税后遣返资金 2 590 亿美元，但是同期向海外转移的资金亦高达 1 040 亿美元。[2]

总之，对于美国纳税人来说，遣返外国来源收入政策是失败的政策，因此美国国会中反对单纯再次制定资金遣返税政策的呼声颇为持久，不彻底改革 1986 年美国国际税收体制，就难以达到遣返跨国公司海外投资和投资收益的目的。

小结与讨论

美国国际税制的改革充满着经验与教训。战后美国的国际投资实践带动了投资税收理论发展，也推动了投资税收政策的完善。跨国公司对外投资实际上是美国资本过剩的结果，美国通过跨国投资从海外获得了资金、商品进口和国际市场，但同时跨国公司利用美国国际税制的漏洞避税，并将跨国投资收益长期滞留海外，客观上又不利于国内的投资和就业。尤其是在冷战结束后，这一影响趋势更加明显，从《1986 年税制改革法》和《2004 年美国创造就业法》我们得出几条经验。

第一，美国作为全球霸权国家，其国际税收体制具有标志意义。1986 年国际税收体制的价值在于推动美国资本对外投资，加速全球

---

[1] Sebastien Bradley. "Round-tripping of Domestic Profits Under the American Jobs Creation Act of 2004." Apr. 2011, pp. 42–43.

[2] Dhammika Dharmapala, C. Fritz Foley, and Kristin J. Forbes. "Watch What I Do, Not What I Say: The Unintended Consequences of the Homeland Investment Act." *Journal of Finance*, 66, Jun. 2011, pp. 753, 778–780.

化进程，然而恰恰是全球税制的税收递延规则和外国税收抵免规则，为跨国公司进行税收筹划和遣返投资收益留下了漏洞，无论是国际税收体制改革后跨国企业在东道国和税收天堂积存的数万亿美元收益与利润，还是跨国公司千方百计寻求联邦政府通过遣返税，以极低成本集中遣返海外资金，都看出美国的全球税制已经很难适应当今全球税收竞争的现实。

第二，影响跨国公司的资金遣返政策效率的原因是货币的替代性原理。货币的可替代性有三重意思：（1）从税收角度出发，增量定期贷款应当与现有定期贷款视为同等的"发行"；（2）按照贷款文件，增量定期贷款应当视为与现有增量贷款一样的贷款的一部分；（3）增量定期贷款的期限与现有定期贷款的期限是一致的。① 由于有关收益遣返政策的受益对象只是极少数的大型跨国公司，大企业能够充分利用税收筹划手段，低成本遣返海外投资收益。同时跨国公司在遣返收益后，在资金的使用方面，也利用货币可替代性，将资金用于法规明令禁止的股票回购、高管薪酬提升和分红，相反却没有满足增加国内投资和增加就业要求。而且，跨国公司在海外囤积的现金实际上早已通过各种手段返回美国，投资美国资产。在 2017 年 10 月份，美国跨国公司在海外滞留的 3 万亿美元现金中，87% 投资了美国国库券和公司债，3% 投资了美国抵押证券和资产担保证券，2% 投资了美国公司票据和债券，只有 8% 是投资外国股票的。②

第三，遣返税政策宏观上是失败的做法。从跨国公司遣返海外资金相对于仍在海外囤积的现金总量看，遣返回国的总收益是微不

---

① "Leveraged Finance Group Client Alert: Implementing 'Fungible' Incremental Term Loans." https://www.milbank.com/images/content/2/3/v6/23476/Implementing-Fungible-Incremental-TLs.pdf, 5 Oct. 2021.

② Emily Stewart. "Most of the 3 Trillion in Overseas Holdings Is Already in the U.S." 31 Oct. 2017, https://www.thestreet.com/politics/repatriation-tax-economy-14367746, 5 Oct. 2021.

足道的，而对于联邦财政的代价却是巨大的，其原因就是这项政策实际上遭到了高技术企业和化学制药企业等跨国公司利益集团的绑架，在现行美国国家治理体制之下，这种情形还会继续出现。

　　总之，美国向参与豁免税制的转型将是大势所趋。美国国际税收的全球税制已经不适应 21 世纪以来全球化的新现实，同样，从跨国公司海外投资收益的遣返能力来看，税制改革无法真正带动美国海外投资企业回流，高技术企业和大型药厂没有动力向美国本土遣返产业链以及价值链，那么从这两个立法的案例中可以推论，《2017 年减税与就业法》指望通过遣返跨国公司海外投资收益推动国内就业，希望可能将落空。

第六章 《2017 年减税与就业法》与参与豁免税制

全球化导致的国际税制不完善是 2017 年美国国际税制改革的实践动因。1986 年美国国际税制对于居民企业全球收入合并征税，不能解决全球化时代美国与其他投资东道国分割跨国投资收益、跨国公司向海外转移利润规避税收、跨国公司营业收益滞留递延海外规避税收，以及跨国公司通过企业倒置手法避税等问题。而参与豁免税制对于外国来源收入的征税制定了较为严格的费用处理规则，强化了受控外国公司（CFC）高度可移动收入规则，严格了外国子公司股份销售利得和亏损处理规则，明确细化了跨国公司外国分支机构纳税地位规则，尤其是顺应全球化趋势，强化了无形资产收入与转让定价规则，在一定程度上完善了美国的国际税收体制。

一、当代跨国投资税收的两种体制

美国实施参与豁免税制顺应了全球化大趋势。《2017 年减税与就业法》实现了美国国际税收从全球税制向参与豁免税制的转型，参与豁免税制的核心规则之一是收到股息扣除（DRD）规则，它客观上强化了对跨国公司外国来源所得税管理。

（一）美国全球税制的外国来源所得税特征

迄今为止，理论上国际税收体制大致分为参与豁免税制与全球税制两类。（1）参与豁免税制是根据跨国公司投资收益来源地，通常收益来自哪个国家，就由哪个国家征税，税收征课与企业居民地有关。（2）全球税制则是根据居民税划分的，跨国公司的外国来源收入仍需在本国纳税，并允许跨国公司在外国已缴纳的税收获得抵免待遇。尽管多数国家都制定了与美国税法上类似的F分编等反滥用规则，但是企业税务管理仍执行参与豁免税制有关规则。[1] 因此，无论是本国企业或者外国企业，在美国境内的所得都需要纳税。这一项原则自从1913年美国首次建立所得税制以来就得到了确立。

美国1986年国际税收体制对跨国公司的全球收入合并征税。[2] 全球税制允许跨国公司在美国来源收入和外国来源收入之间配置可扣除费用，但并未规定扣除费用的时机。美国的内资企业在本期扣除有关外国子公司经营利息和管理成本等费用，费用的分配法则主要适用于美国企业决定受控外国公司的外国税收抵免上限，即按美国跨国公司的外国来源所得税义务，分别计算两个上限类别。理论上全球税制具有三个特征，即（1）反递延规则；（2）外国税收抵免；（3）转让定价。（参见表6-1）

表6-1 美国公司所得税制度架构

项目	纳税人	税　基	税　率
1	境内公司	全球收入	累进税率

[1] Jane G. Gravelle. "Reform of U.S. International Taxation: Alternatives." Washington, D.C.: CRS, 1 Aug. 2017.

[2] Joint Committee on Taxation. "Background and Selected Issues Related to the U.S. International Tax System and Systems that Exempt Foreign Business Income." JCX-33-11, 20 May 2011, pp. 2-7.

（续表）

项目	纳税人	税 基	税 率
2	适用税收协议的外国公司	所有美国来源被动收入	较低，单一税率
		归属美国境内常设机构收入	累进税率
		适用分支机构收入	较低，单一税率
3	不适用税收协议的外国公司	所有美国来源被动收入	较低，单一税率
		来自与美国境内有关交易或营业收入	累进税率
		适用分支机构收入	较低，单一税率

数据来源：本研究自行整理（26 USC. Part II. Tax On Corporations）。

1. 反递延规则

反递延纳税政策包含两项规则，即（1）利用 F 分编规则规范跨国公司的主动外国来源收入或被动外国来源收入；（2）专门针对跨国公司被动收入管理的相关规则。

（1）F 分编规则

第一，CFC 属于外国企业。按照 F 分编规则，美国受控外国公司（CFC）持股在 10% 以上的股东，按照其持股的比例，对于从该 CFC 中获得的特定收入纳税，无论收益是否已经向股东进行分配。[①] 按照美国税法，根据 10% 的股东拥有股份公司合并投票权 50% 所有权，将 CFC 定义为外国企业。

第二，被动收入必须在本期纳税。根据 F 分编规则，符合本期纳税的被动收入主要包括保险收入、外国基地公司收入等。而外国基地公司收入主要包括三项内容：（1）外国个人控股公司经营收入；（2）涉及个人的特定交易收入；（3）归属于特定油气开采活动的收入。其中，涉及个人的特定交易收入主要指在 CFC 成立的东道国境

---

① 26 USC. § 951–964. Unless otherwise specified, all section references are to the Internal Revenue Code of 1986, as amended (the "Code").

外开展，或者代表个人开展业务的收入。[①]

第三，外国个人控股公司收入通常包括下列内容。(1)股息红利、利息、版税、租金和年金；(2)销售或交换纯利得，其中又包括物业收入、不产生收入的物业、信托合伙和不动产抵押投资渠道利息(REMIC)；(2)商品交易净利得；(3)特定外汇交易净获利；(4)利息等价物收入；(5)名义本金合同收入；(6)支付的股息；(7)个人服务合同收入的金额。

第四，暂时排除券商或经营保险业务的银行、融资或类似业务主动融资收入。本项收入不适用于 F 分编目的特定收入规则，即外国个人控股公司收入、外国基地公司业务收入，以及保险收入。[②] 根据看穿规则暂行规定，CFC 从关联方 CFC 收到的股息红利、租金、版税不属于外国个人控股公司收入，但以归属于或合理支付非 F 分编收入分配为限。本项规则的关联方 CFC 属于控股 CFC 或属于被控股的 CFC。只有控制了 CFC 50% 的股权(包括投票权或者价值)才构成控股目的。[③] 除了本期美国保险收入和外国基地公司所得税收，一旦 CFC 增加了对于美国资产的投入，符合本期纳税的美国 10% 控股股东的收入视同分配。为了同一目并符合特定例外规则，美国资产包括跨国公司在境内的有形资产、关联的个人股份或债务，以及使用美国特定无形资产的权利。

(2)限制被动外国投资公司递延纳税规则

被动外国投资公司(PFIC)也属于外国企业。美国税法中的 PFIC 应遵从两项规则：(1)在公司经营收入总额中，有 75% 以上属于被动收入；(2)起码有 50% 的资产产生了或者被产生被动收入的资产所控

---

① 26 USC. § 954 Foreign base company income.
② 26 USC. §§ 953(e) and 954 (h), (i).
③ 26 USC. § 954(c)(6).

制。美国的个人股东或公司股东，无论在 PFIC 中持股比例多少，从外国投资公司中取得的收入必须在本期实质性纳税。[1] 被动收入通常与外国个人控股公司收入属于同一类，符合 F 分编管辖的范围。[2]

PFIC 按照三种规则方式缴税。（1）"过度分配体制"。按照这种体制处理 PFIC 股份，或分配超过上年度均值的利得，视同等比例从美国纳税人控股期内的获利，并符合反映递延纳税支付时间价值的收到利息。如果美国股东选择将外国投资公司经营收入作为"合格的选择资金"，即可规避过度分配体制影响。（2）QEF。美国股东将按照其在 QEF 中的股份盈利在本期纳税。决定是否采用 QEF 方式，依据是外国投资公司向股东提供充分的数据，这样即可按纳税年度确定外国投资公司的一般赢利和纯资本利得。（3）公平交易原则。美国股东在此将在年度应税所得中，包括外国互助基金、外国投资公司股份尚未实现的年度利得或亏损。

2. 限制跨国公司外国税收抵免规则

第一，美国母公司可以向联邦税务局（IRS）申请抵免已缴纳外国税收。在满足一定的限制条件后，拥有外国公司最少 10% 以上投票股份的母公司，允许"视同缴纳"外国来源所得税，这笔外国来源所得税由外国子公司缴纳，国内母公司根据反递延规则，在有关收入进行分配，或纳入国内母公司收入后，视同缴纳。[3]

第二，外国税收抵免通常只限于抵消纳税人的外国来源应税所得的美国税收义务。[4] 这笔外国来源应税所得应当按照美国会计准则确定，纳税上限等于美国纳税人本年度的全部税收义务，乘以纳税

---

[1]　26 USC. § 1297(a).

[2]　26 USC. § 1297(b).

[3]　26 USC. § 901, 902, 960, 1295(f).

[4]　26 USC. § 901, 904.

人的全部外国应税所得与纳税人的全部本年度应税所得之比。如果本年度全部外国来源所得税支付或者视同支付超过了纳税人本年度外国税收抵免限制,纳税人即可采用向后一年结转方式,或者采用向前 10 年结转方式消化过多税收。[①]

第三,纳税人要根据外国税收抵免上限计算外国来源应税所得。通常在纳税年份美国来源收入总额与外国来源收入总额之间进行分配和分摊扣除,扣除部分分摊并分配到总收入中,扣除实际上是关联的。[②] 然而根据例外规则,利息成本、研发与试验成本的扣除要按照纳税人的比例进行分摊。[③] 以利息成本为例,分摊比例等于适用纳税公司的外国或者国内资产占全球资产之比。为了确定分摊比例的目的,通常将"附属集团"企业的全部成员视作一家公司。[④]

第四,确定所谓"附属集团"通常应当符合共同申报利润的特征。[⑤]IRS 共同申报利润规则就将外国公司从附属集团中排除了。[⑥]《2004 年美国创造就业法》修订的利息成本分配法则从 2008 年 12 月 31 日以后纳税年份开始执行。[⑦] 但实际开始的日期后来被推迟到 2021 年 1 月 1 日。[⑧] 新规则允许美国附属集团根据全球集团税基分摊成员公司的利息,实际上,这一做法是把集团公司的国内公司和外国附属公司视为一体,因此对于美国附属集团的外国成员公司,在确定其利息成本是否必须向外国来源收入进行分配时,一并进行考虑。而

---

① 　26 USC. § 904(c).
② 　Treas. Reg. 26 USC. § 1.861−8(b) and Temp. Treas. Reg. 26 USC. § 1.861−8T(c).
③ 　Temp. Treas. Reg. 26 USC. § 1.861−9T and Treas. Reg. 26 USC. § 1.861−17.
④ 　26 USC. § 864(e)(1), (6); Temp. Treas. Reg. 26 USC. § 1.861−14T(e)(2).
⑤ 　26 USC. § 864(e)(5), 1504.
⑥ 　26 USC. § 1504(b)(3).
⑦ 　Pub. L. No. 108−357, 26 USC. § 401.
⑧ 　Hiring Incentives to Restore Employment Act, Pub. L. No. 111−147, 26 USC. § 551(a) (2010).

通常向外国来源收入分配进行归属的做法，只在附属集团的国内成员公司的杠杆超过全球集团全部成员公司时才需要。

第五，外国税收抵免限制只单独适用于"被动类别收入"以及"一般类别收入"。[①]"被动类别收入"包括被动收入以及特定的具体收入类型，例如组合投资利息与股息收入，还包括特定的具体收入。"一般类别收入"包括所有其他收入。当被动类别收入来自金融实体时，会被当作一般类别收入看待。

第六，被动类别收入以高税率缴纳税收时当作一般类别收入处理，即当被动类别收入的外国税率超过法定税法最高税率时[②]，作为一般类别收入处理。包含在 F 分编中由持有 10% 股份的美国股东从 CFC 收到的股息、利息、租金和版权，归属于单独的限制类型，参照来自股息或其他支付的收入类型。[③]由外国非 CFC 公司 10% 的持股股东收到的股息红利，同样适用于看穿规则。[④]

3. 打击转让定价规则

转让定价是税法主要规范的内容之一。转让定价产生于关联交易，转让定价是一种会计和税务实践，允许在企业内部及在共同控制或所有权下经营的子公司之间对交易进行定价。转让定价机制是公司将税务责任转移到低成本税收管辖区的一种方式。关联方的含义是：受到同一利益直接和间接控制的两个及以上组织、商业或业务，无论它们是否属于公司，无论是否在美国成立，无论是否属于附属机构。

有关转让定价的基本规则包含六项主要内容。有关法规的实施

[①]　26 USC. § 904(d).

[②]　26 USC. § 1-Tax imposed; 26 USC. § 11. Tax imposed.

[③]　26 USC. § 904(d)(3).

[④]　26 USC. § 904(d)(4).

细则由美国财政部制定[①]，而受美国税法体制管辖的转让定价行为主要包括：（1）有形资产转让[②]；（2）无形资产使用的转让[③]；（3）提供服务或者接受服务[④]；（4）借贷交易[⑤]；（5）利用金融工具进行全球贸易[⑥]、租赁交易[⑦]；（6）无形资产成本分摊安排。[⑧]

跨国公司的关联交易须符合公平交易原则。适用于关联纳税人交易分拆利润的基本税收规则是，向每位关联纳税人分配的利润，必须参考处于同样地位的纳税人与非关联方在相似条件下交易的利润总量。

（1）《美国税法典》第 482 节及财政部制定转让定价规则，意图是维护美国税基。转让定价规则要求纳税人不要利用转让定价破坏公平交易，从而将归属于美国的税基转移到外国关联公司。这一点与其他国家税法一样，都是限制收入转移的公平交易法则。

（2）财政部在要求准确反映收入或避免避税行为时，根据公平交易准则确定分配是否适当，在关联的商业实体之间分配收入、扣除、抵免以及补贴。有关法规一般都试图以公平交易准则，按照收入属于非关联方交易的结果，确定关联方有关的应税所得。

（3）财政部对容易发生转让定价的无形资产交易，制定了严格规定，即"对于任何无形资产（符合 936［h］［3］［B］的定义）的转让（许可），对于这类转让或许可的收入应当与归属于该无形资产的收入相称"[⑨]。

---

① 26 CFR. § 1.482-1. Allocation of income and deductions among taxpayers.
② Treas. Regs. § 1.482-3.
③ 26 CFR. § 1.482-4.
④ 26 CFR. § 1.482-9.
⑤ 26 CFR. § 1.482-2(a).
⑥ Proposed Treas. Regs. § 1.482-8.
⑦ Treas. Regs. § 1.482-2(c).
⑧ 26 CFR. § 1.482-7.
⑨ 26 CFR. § 1.936-6. Intangible property income when an election out is made: Cost sharing and profit split options; covered intangibles.

（二）参与豁免税制外国来源所得税特征

参与豁免税制的核心特征是对外国来源收入实行免税。[①]（1）并非所有国家都对外国来源收入全部免税。除非满足条件限制，才能对外国来源收入免税；而对于外国来源收入，如果符合在税务辖区实质性纳税条件，或符合与居民国签订的税收协定，即可免于税收。（2）对于不符合免税条件的收入，应在本期纳税或在遣返利润时纳税，并享受扣除和抵免待遇。（3）主要国家对于本国居民企业从外国获得的股息给予有条件免税，但对于版税、从外国纳税人处获得的利息支付则需要征税。（4）豁免外国营业收入的机制值得探讨，因为税收理论认为，无论是直接收入，还是来自外国公司的经营收入，利润在实现时都需要纳税。而各国在具体处理参与豁免税制下的外国来源所得税收问题时，在费用处理、CFC 规则适用、出售 CFC 股份、外国分公司法律地位、无形资产的转让定价五个主要方面有不同之处。

1. 费用处理规则

跨国公司的 CFC 产生收入的费用可以豁免。（1）对于有关费用是否能够扣除，政策上存在疑问。多数税务辖区允许扣除产生外国来源收入的居民企业费用，但是也有个别国家在允许扣除居民企业费用同时，在 5% 以下对外国股息征税。（2）对于是否在支付相应股息时征税，或在产生股息收入时征税，各国规定不同。那些允许对产生免税外国来源收入的费用进行扣除的国家，可能无法实现应税所得项目与可扣除费用项目的匹配，如果此地一国不允许扣除费用，将可能造成有关费用在任何国家都无法扣除，因为产生收入的国家也可能不允许这样的扣除行为。（3）对于超额负债有专门规则。有些国家，如果

[①] Joint Committee on Taxation. "Background and Selected Issues Related to the U.S. International Tax System and Systems that Exempt Foreign Business Income." 20 May 2011, pp. 8-13.

居民企业或者包含居民公司的跨国公司集团有超额负债, 则否认居民国家企业利息费用可扣除一部分, 有时是关联方债务, 有时属于关联方和非关联方共同债务。不同的国家对于债务水平的规定不同。有的政策按照债务／权益, 对同一集团内的国内国外杠杆差异比较。

2. CFC 规则

许多国家对居民公司的外国直接收入在本期甚至以低于法定税率征税。美国公司法 F 分编规则对于美国控股 10% 的 CFC 的投资利得, 或者由 CFC 产生的高度可移动收入, 在本期征税。可见无论美国未来究竟是采用参与豁免税制, 还是采用全球税制, 本质是如何通过保留 F 分编规则, 对外国来源收入的征税权。

3. 外国子公司股份销售利得和亏损处理

处理跨国公司母公司销售外国子公司股票的利得与亏损规则的核心是税收地位。(1)出售股票利得代表向母公司分配股息的部分外国子公司可豁免收益时, 可以得到税法豁免。但是, 有关利得也可归属于产生收入而未实现升值的外国子公司资产的免税或在本期纳税(或部分免税、部分本期纳税)。从理论上讲, 豁免收益的条件是代表产生收入的豁免资产未能升值。(2)对外国子公司股票销售利得完全免税, 或者对全部利得课税。但还有必要制定销售外国子公司股票的损失规则。①

4. 跨国公司外国分支机构纳税地位

对居民企业的外国分支机构分两类征税。(1)将外国分支机构与外国子公司等同看待。美国公司法对于外国分支机构与国内母公司的内部交易, 如同看待外国子公司和居民企业之间的交易, 外国

---

① U.S. Congress, Joint Committee on Taxation. "Background And Selected Issues Related To The U.S. International Tax System And Systems That Exempt Foreign Business Income." 112th Cong., 1st Sess., 20 May 2011, p. 10.

分支机构的支付被视为股息，并得到免税待遇。因此纳税人和 IRS 都必须对属于公司内部交易、外国分支机构收益与利润（E&P）及其他项目分别核算。（2）对外国分支机构的外国来源收入，按照不同利润完全免税、完全纳税，或部分免税、部分纳税。这样就可以避免公司内部交易和分支机构项目会计复杂化。处理外国分支机构的亏损非常重要，包括是否应遵循外国分支机构收入税收处理方式，或者亏损和收入规则是否会相互转化。外国合伙企业的税收与外国分支机构面临类似问题，甚至比处理外国分支机构的税收问题更复杂。

5. 无形资产收入与转让定价规则

外国子公司支付给国内居民企业的非股息资金通常全部免税。非股息支付通常包括使用无形资产的版税，如专利和工艺等。尽管非税收因素会影响纳税人研发知识产权的选址偏好，但对外国版权课税会影响纳税人研发和拥有知识产权的长期决策。从短期来看，一旦缺少转让定价规则，居民公司就能利用非公平交易手段，以外国关联方拥有的无形资产，减少应税版权。例如，可将作为经济事项的全部或部分付款定性为股息得到豁免。

转让定价规则确保了来自关联交易的收入的公平分配。转让定价决定了当前应税收入，它将部分决定以免税股的形式遣返收入的总量。有些采用参与豁免税制的国家对于归属纳税人开发的专利或其他的无形资产，给予低税率政策，在欧洲这称为"专利盒"。或者对居民公司收到的、来自外国子公司在国外经营过程中使用无形资产的收入，实行有限免税。美国以前还通过与无形资产收入的优惠待遇规则相结合，修订了 1986 年税法的转让定价规则，制定了更加严格的 F 分编规则，解决对知识产权开发地点和所有权的影响。①

---

① Joint Committee on Taxation. "Description of Revenue Provisions Contained in the President's Fiscal Year 2011 Budget Proposal." 16 Aug. 2010, pp. 241–285.

二、美国向参与豁免规则体系转型与改革

美国改革其全球税制的主要动机之一是完善国际税收体制机制。《1986 年税制改革法》通过后不久冷战即结束，紧接着全球化迅猛发展，跨国投资带动国际经济活动在全球形成了激烈竞争，从而国际财富的流动和分配方式都发生了深刻变化。美国 1986 年国际税收体制在推动全球化和美国经济霸权发展方面发挥了巨大作用，但是最终也侵蚀了美国经济霸权的根基。1985 年美国成为国际资本净流入国，联邦财政经济困境也未解除，贸易赤字问题越来越严重。美国试图通过修订国际税法，既挽救美国的国际竞争力，同时又做出顺应全球化趋势的大姿态，其中包括处理美国和其他国家间的投资收益分配，避免美国和外国跨国公司人为向海外转移利润造成的税收损失，惩罚跨国公司海外子公司通过递延盈利避税，解决美国跨国公司通过向海外转移总部倒置避税等问题。

（一）对 1986 年税制的修订、改革与转型

《2017 年减税与就业法》是三十多年来对美国税制的根本修订。国际税收政策的修订包括五项内容：一是基本规则修订，二是分配与反滥用规则修订，三是关于税收协定，四是新增视同遣返资金规则，五是反企业倒置规则修订。在《2017 年减税与就业法》的 119 项条款中，66 项与企业税收管理有关，20 项和国际税收管理有关，涵盖有关国际税收的方方面面。（参见表 6-2）在对《1986 年税制改革法》修订、增删基础上，创建了 119 条新规则，其中有 86 条是有关企业所得税与国际税收的规则。

《2017 年减税与就业法》国际税收体制改革的核心是参与豁免税制。以外国来源股息扣除为核心特征的参与豁免规则是一种既有别于美国一类全球征税制，又有别于发达国家的完全参与豁免税制的

国际税收新规则。[①] 参与豁免规则的主要宗旨是既打击避税行为，又对跨国公司的海外收入实施税率减让，激励跨国公司的海外盈利回流美国本土，解决跨国公司倒置。企业所得税变革将最高公司税率从 35% 下调为 21%，为向合格的机会区域 [②] 投资提供税收优惠政策，并大幅改革了美国国际税收体制。

表 6-2 《2017 年减税与就业法》企业税和国际税政策修订一览

顺　序	小　节	小节标题
（一）企业税		
1	11011*	合格经营收入扣除
2	11012	限制纳税人，但不限制企业经营亏损
3	11024	加大向"获得更好生活体验"账户（529A）的缴纳
4	11025	从 529 计划向"获得更好生活体验"转型
5	11047	暂停排除报销合格自行车通勤
6	11048	暂停排除报销合格移动费用
7	11061	加大遗产与赠予税豁免
8	11071	延长与联邦税务局征税发生争议的时限
9	12001	废除公司税
10	12002	上年度公司最低税收义务抵免
11	13001*	实施 21% 公司税率
12	13002	减少收到股息扣除，以反映降低公司税率
13	13101	修订经营资产折旧费用化规则
14	13102	改革和简化中小企业会计方法
15	13201	对待指定经营性资产暂时给予 100% 费用化
16	13202	修订豪华汽车和个人使用财产折旧上限

---

① 26 USC. § 245A. Deduction for Foreign Source-portion of Dividends Received by Domestic Corporations from Specified 10-percent Owned Foreign Corporations.

② 合格机会区是指经济萧条的社区，在合格机会区投资可获得税收减让。获得合格投资机会要由州政府提名，美国财政部认可，IRS 实施。"Opportunity Zones Frequently Asked Questions." https://www.irs.gov/credits-deductions/opportunity-zones-frequently-asked-questions#general, 30 Sept. 2021.

（续表一）

顺　序	小　节	小节标题
17	13203	修订个别农场不动产待遇
18	13204	适用于不动产的复原期限
19	13205	为农业企业选择使用不同的折旧方法
20	13206	研发与试验成本的摊销
21	13207	因灾害造成柑橘类植物再种植亏损的指定成本费用化
22	13221	指定纳税年份纳入后的特别规则
23	13301*	利息扣除限制
24	13302*	净经营亏损扣除修订
25	13303	不动产同类交易
26	13304	限制雇主扣除附加收益费用
27	13305	废除归属于国内生产活动收入的扣除
28	13306*	指定罚款、处罚以及其他的金额不得扣除
29	13307	因性骚扰或性虐待而支付的保密协议的和解费不得扣除
30	13308	废除地方游说费用扣除
31	13309	对持有与投资绩效有关合伙利润利益的特定利得重新定性
32	13310	禁止用现金、礼卡和其他非有形个人财产对职工进行绩效奖励
33	13312	政府实体指定缴纳的资金不作为缴资对待
34	13313	废除向特殊的小企业投资公司转滚上市证券利得
35	13314	特定的自建物业不再作为资本品对待
36	13401	修订孤儿药物抵免政策
37	13402	建筑复原抵免仅限于有合格证的老房结构
38	13403*	有薪探亲假和病假雇主抵免
39	13501*	外国个人在美国合伙从事贸易或经营交换利益或销售的赢利或亏损处理
40	13502	修订合伙利益转让中的实质性内置亏损定义
41	13503	在确定合伙份额亏损补贴中考虑慈善缴款和外国税收
42	13504	废除合伙制的技术性终止
43	13511	寿险公司的净经营亏损
44	13512	废除小型寿险公司扣除

顺　序	小　节	小节标题
45	13513	调整计算储备的变化
46	13514	废除 1984 年以前的投保人剩余账户中对于股东进行特别分配的规则
47	13515	修订物业和灾害保险公司等比例规则
48	13516	废除特别估计税收补贴
49	13517	计算寿险公司的纳税准备金
50	13518	修订寿险公司确定收到股息扣除的等比例规则
51	13519	特定保费收购费用的资本化
52	13520	寿险结算交易的税务报告
53	13521	申明寿险合同税基
54	13522	价值计算规则的转让例外
55	13523	财险公司和灾害保险公司折扣规则修订
56	13531	联邦存款保险公司（FDIC）保险费扣除限制
57	13541	扩展推选中小企业合格受益人
58	13542	推选中小企业信托基金的慈善缴款扣除
59	13543	修订 S 类公司向 C 类公司转换的待遇
60	13601	限制员工过度报酬的修订
61	13603	合格权益赠款的处理
62	13604	提高外迁企业内部人股票消费税利率
63	13801	啤酒、葡萄酒和酿造酒精的生产日期
64	13821	修订阿拉斯加原住民企业和殖民信托税收待遇
65	13822	航空管理服务的补贴金额
66	13823*	机会区域

（二）国际税

顺　序	小　节	小节标题
67	14101	国内企业从 10% 控股的外国企业收到股息的外国来源部分扣除
68	14102	关于涉及特定的 10% 控股外国企业的销售或者转让的特殊规则
69	14103*	向参与豁免税制过渡时期的递延外国来源所得处理（遣返税）
70	14201*	在本年度纳入美国股东的全球无形资产低税所得
71	14202*	扣除外国来源无形资产所得和全球无形资产低税所得

（续表三）

顺　序	小　节	小节标题
72	14211	剔除与外国基地公司与石油有关收入的纳入规则
73	14212	废除以此前从合格投资中排除 F 分编所得暂扣税为基础的纳入规则
74	14213	修订确定受控外国公司状态的股票归属规则
75	14214	修订美国股东定义
76	14215	剔除公司在 F 分编纳入条件适用之前必须受控 30 天的要求
77	14221	限制通过无形资产转让的收入转移
78	14222	在混合交易中或者与混合实体向特定关联方支付或者归属
79	14223	无资格降低股息税率的替代外国公司股东
80	14301	废除第 902 节间接外国税收抵免；确定第 960 节以本年度为基础进行抵免
81	14302	外国分支所得设立单独的外国税收抵免篮子
82	14303	只以产量为基础决定的存货销售收入来源
83	14304	选择增加国内应税所得百分比，用视为外国来源的全部国内亏损冲销
84	14401*	税基侵蚀与反滥用税
85	14501	限制保险企业对于被动外国投资公司规则例外
86	14502	废除利息费用分配的公平市场价值法

资料来源：Internal Revenue Service (IRS) Documentation and Pub. L. No. 115–97, 131 Stat. 2054 (22 Dec. 2017)。
注：* 新增加规则。

　　美国 2017 年税制改革的直接效应是企业得利。据美国国会预算办公室（CBO）研究结果，在 2018 年纳税年度，美国税制改革将扣除 1 630 亿美元税收，其中个人所得税 650 亿美元，公司所得税 940 亿美元，其他扣除 30 亿美元。①

---

① Congressional Budget Office. "The Budget and Economic Outlook: 2018 to 2028." Washington, D.C.: CBO, Apr. 2018, https://www.cbo.gov/system/files/2019-04/53651-outlook-2.pdf, 28 Sept. 2021.

（二）2017 年税制改革的优先改革内容

美国国际税收体制改革要满足全球化时代跨国投资税收新要求。《2017 年减税与就业法》企业所得税收政策修订的 86 项内容中，有 12 项属于优先改革内容，而国际税收部分则共有 4 项内容属于优先改革和推进的内容。主要包括：（1）第 14103 节 "向参与豁免税制过渡时期的递延外国来源所得处理（遣返税）"；（2）第 14201 节 "在本年度纳入美国股东的全球无形资产低税所得（GILTI）"；（3）第 14202 节 "扣除外国来源无形资产所得（FDII）和全球无形资产低税所得（GILTI）"；（4）第 14502 节 "税基侵蚀与反滥用税（BEAT 税）"。由此可见，美国联邦国际税制向参与豁免税制转型及其三项新政策是重点内容。（参见表 6-3）

国际税收规则对移动投资收益征税应先确定应税收益和利润（E&P）。从经济学原理来看，免除资本回报正常利得税将避免扭曲投资水平。假设有两个不同国家的政府 A 和 B，当政府 A 试图对移动投资收益（经济租金）征税时，如果政府 B 的税率更低，那么 A 就很容易失去投资。而当经济租金来自或归因于无形资产等可移动资本时，A 面临比 B 更大的税收挑战。所以，分析跨国公司在正常收益（有形资本）与经济租金（无形资本）之间的应税所得，是计量税收负债的重要问题。如果根据资本支出费用或折旧扣除额等不同资本免税额，以及其他税收规则计算不同税务辖区的应税收入，则问题更棘手。

GILTI 税和 FDII 税实际上是确定移动租金的条款。（1）根据两类投资的资本津贴规则，假设 10% 是合理的名义回报率，有形资本的收益率一般不会超过正常回报率，从应税所得额中减去 10% 的有形资本回报率，可将无形资本的回报分离开来，但这仍然无法彻底将无形资产正常回报率从经济折旧回报率中分离出来，那么如果对无形投资全部费用化，问题就可解决。（2）GILTI 税条款能够确保美

表6-3 《2017年减税与就业法》企业税收与国际税收优先改革政策

小节号	小节标题	对应《美国税法典》小节	对应《2017年减税与就业法》实施前法典内容	《2017年减税与就业法》新规则
11011	合格经营收入扣除（QBAI）	199A	不可比，属于新规则	个人业主所得人、合伙人、S公司以及某些信托人和遗产可能符合最多扣除20%合格经营收入，再加上20%合格不动产投资信托股息与合格的上市合伙收入总额
13001	实施21%公司税率	11(b)	分级企业所得税，税率从15%～35%	企业所得税制改革税率统一为21%
13301	利息扣除限制	163(j)	对于负债／权益比大于1.5的企业，净利息扣除限制在调整后的应税所得的50%以内。超过限额的利息可无限制向前结转	限制从指定业务中获得利息扣除。经营利息费用的扣除限制在经营利息收入加上企业调整后所得与基准融资利息的30%
13302	净经营亏损扣除修订	172(b)	不可比，属于新规则	净经营亏损向后结转规则；排除第965（a）节年份的新选项；以第965节包含年份的填报第1045表
13306	指定罚款款处以罚以及其他的金额不得扣除	162(f)	特定例外适用于纠正非遵从赔偿和修复财产及其金额或到期税收，依据是法院判决书。上述例外不适用于政府调查或诉讼成本赔偿	缴给政府的处罚和罚金不得扣除。新税法进一步否定了与政府制定的非政府性管制实体依法处罚的资金扣除
13403	有薪探亲假和病假雇主抵免	45S	为向员工提供带薪家庭假和病假期间相当于其他们休本家庭假和病假期间支付给符合条件雇员工资的百分比	除2017年12月31日后开始的纳税年度，雇主只能按照现行的休假政策申请抵免
13501	外国个人在美国合伙从事贸易或经营交换利益或销售赢利或亏损处理	864(c)	非居民外国个人或公司从销售、交换或其他处置合伙利益，将被视为与美国的贸易或经营存在有效关联（"有效关联所得" 或 "有效关联亏损"），前提是合伙人按市场公平价格出售交换	第13501节补充了《美国税法典》第1446（f）节，对2018年1月1日或之后发生的合伙权益转让有效

（续表）

小节号	小节标题	对应《美国税法典》小节	对应《2017 年减税与就业法》实施前法典内容	《2017 年减税与就业法》新规则
13823	机会区域	1400Z-1 1400Z-2	不可比，属于新规则	为投资合格机会基金的纳税人提供优惠。允许投资人应税利得递延纳税，并重新投资于指定的合格机会基金。另外，淘汰合格机会基金投资应税利得，要求持有投资满 10 年，且首次准予递延投资利得
14103	向参与豁免制过渡时期的递延外国来源所得处理（遣返税）	965	纳税人就美国国内外的所得纳税。海外子公司收益在向美国公司进行分配后另行纳税	对于 1986 年以后曾上税的跨国企业的海外子公司收益一次性强制征税。纳税人可分八年分期缴纳
14201	本年度纳入美国股东的全球无形资产的低税所得（GILTI）	951A 960(d)	通常个人在收入分配之前不符合美国对外国公司所得征税条件。特定所得税（F 分编税）针对美国股东征收	在纳税年份内，所有美国的 CFC 必须在当年税所得总额中，纳入其 GILTI，其方式与纳入个人 F 分编收入类似。GILTI 等于减去 CFC 的有形资产产的视同受益后剩余的美国跨国公司的外国附属机构的剩余收入部分
14202	扣除外国来源无形资产所得和全球无形资产产低税所得		不可比，属于新规则	
14401	税基侵蚀与反滥用税（BEAT 税）	59A 6038A	不可比，属于新规则	对近三年平均总收入最低为 5 亿美元以上的公司征收最低税，等于税基侵蚀的最低金额，另外在适用条件下，加上纳税人的正常税负

资料来源：根据《2017 年减税与就业法》整理。

国跨国公司的部分流动资本回报仍然保留在美国税基中，即使这些回报是在低税收的外国税务辖区申报的。（3）GILTI 规则有助于降低外国税务辖区参与税收竞争、吸引美国跨国公司投资的动机和能力。（4）尽管 GILTI 税和 FDII 税降低了美国跨国公司在低税辖区定位移动资本和资本租金带来的好处，但并不会完全消除这种好处。

国美国国际税收体制转型改革影响广泛而深远，其中《2017 年减税与就业法》对跨境企业购并产生了影响，对国内和对国外进行企业购并的结构、美国对外直接投资、外国收购美国企业、完税尽职审查、确定税收赔偿、制定收购合并规划等方面，都产生了广泛影响。

表 6-4　美国对外直接投资有效税率，2017 年

《美国税法典》有关规则	来自外国公司的美国个人所得				美国个人直接收益		
	参与豁免	GILTI 税	F 分编	过渡税（遣返税）	FDII 税	外国分支企业	其他所得
税　率	0%	10.5%	21%	8%/15.5%	13.125%	21%	21%
外国税收抵免	无	有（最低 2%），归属单独外国税收抵免篮子，不得向前或向后结转	有	有（最低 2%）	有	有，归属不同篮子	有

资料来源：Tax Reform Changes to International Tax Provisions, https://www.irs.gov/pub/newsroom/Topic-II-Post-TCJA-HO.pdf, p.12, 28 Sept. 2021.

三、《2017 年减税与就业法》参与豁免规则框架

（一）2017 年国际税改规则概要

《2017 年减税与就业法》推动了美国国际税收体制向参与豁免税制转型。（1）股息的参与豁免规则是新税制的主要特征。全面推行参与豁免规则，对于跨国公司的外国来源收益，要么根据收益反递延规

则立即缴税，要么永久豁免美国税收，对于外国子公司股息则 100%
扣除。[1]（2）保留 F 分编规则有关被动收入和关联方销售或服务所得
税，增加了 GILTI 税，将之视为跨国公司在纳税年度遣返收益，需要
立即纳税。但是对 GILTI 税减半征收，对 F 分编所得税则按照 21%
税率全额征收。[2]（3）对于 1986 年之后积存的受控外国公司投资收
益实行一次性的过渡税（视同遣返税），立即遣返回国。[3]（4）扩大反
递延规则的适用范围，对于跨境收入需立即纳税。[4]（5）新辟 FDII 税，
征收所得税。[5]（6）对美国企业向关联企业支付的资金，开征 BEAT
税。[6] 可见，2017 年美国国际税收体制从根本上改变了美国跨国公
司及其附属公司的国际税收政策。

（二）参与豁免规则与外国收益遣返

参与豁免规则体系融合了当代全球税制与参与豁免税制的双重
优点。（1）兼顾机器设备与厂房等不同有形资产投入产生的特定利润
处理问题；（2）在无形资产收入中包含了本期收入，且税率较低，实
际上这种低税率属于一种全球最低税；（3）保留了其他需在本期纳入
的收入规则，即利息、版税、租金、海外分支机构收入及 F 分编收入；
（4）对于外国收入遣返和税收递延政策，只保留了针对美国拥有 10%
以内外国公司所有权的组合投资税收政策；（5）制定了外国税收抵免
新规则。

---

① 26 USC. § 245A. Deduction for foreign source-portion of dividends received by domestic
corporations from specified 10-percent owned foreign corporations.
② 26 USC. § 951A. Global intangible low-taxed income included in gross income of United
States shareholders.
③ 26 USC. § 965. Treatment of deferred foreign income upon transition to participation
exemption system of taxation.
④ 26 USC. § 954. Foreign base company income.
⑤ 26 USC. § 250. Foreign-derived intangible income and global intangible low-taxed income.
⑥ 26 USC. Part VII. Base Erosion and Anti-Abuse Tax.

1. 跨国公司股息分配的扣除

参与豁免规则包括两项基本特征。（1）跨国公司投资 10% 以上股份的 CFC 享受 100% 股息扣除。（2）不允许 CFC 抵免美国税收，且外国来源收入也再不纳税。

参与豁免规则设立了有关股东和股票报酬的其他规则。（1）允许资本利得的股息税率低于普通收入适用税率。根据所得税率级距，分别为 0%、15% 和 20%。（2）来自与美国无税收协定国家的 CFC 和 PFIC 的股息，不具备较低税率的享受资格。（3）在《2017 年减税与就业法》颁布后发生倒置的跨国公司股息，不符合低税率待遇。（4）对外派公司（即跨国公司倒置企业）内部人员的股票报酬，加重征收 20% 工商税。

2. GILTI 税

以 GILTI 税反滥用有一定作用。长期以来，跨国公司转移利润的常见手段之一是在高税率税务辖区配置债务，而资本弱化规则将利息限制在扣除利息、税收、摊销、折旧和损耗（简称"息税折旧及摊销"，EBITDA）前收益的 50%，对于权益、负债比例为 1.5 以下的公司免税。2017 年国际税制改革后，新的资本弱化规则更严格，以防止公司大量扣除利息。（1）将利息扣除上限降至利润的 30%，取消了基于资产负债率的豁免规则；（2）在 2021 年后，将利息扣除上限作为摊销、折旧和损耗扣除后的利润份额衡量；（3）制定新规则，阻止跨国公司倒置。

GILTI 税反映了美国管理无形资产税收的新手段。对于美国跨国公司的外国子公司的外国来源收入征税，对于有形资产收益的 10% 视同收益给予豁免。同时，对剩余收入部分给予扣除待遇（2025 年以前扣除 50%，此后扣除 37.5%），并允许抵免 80% 的外国税收。

制定 GILTI 税的目的是减少跨国公司侵蚀美国税基。收紧美国投资海外的高价值无形资产及其收入防护网，使这部分收入不纳税返回美国。

第一，《美国税法典》中增加界定美国股东总收入规则。[1] 此即第 951A 节，要求美国 CFC 股东在申报纳税时，在本期税基中必须包含某些特定类别的高回报 GILTI，这部分 GILTI 可享受 50% 的扣除额，这样，GILTI 的税率就降到了 10.5%。

计算 GILTI 包括收入、投资和利息支出三项参数，即：

$$GILTI = CFC\ 检验净收入 - \left[\ (\ 10\% \times QBAI - 利息支出\ )\ \right] \quad （6.1）$$

其中：

$$CFC\ 检验净收入 = CFC\ 检验净总收入 - CFC\ 检验净总亏损$$

所谓"检验净收入"等于 CFC 净收入减去任何不应包含的收入；"CFC 检验净收入"等于 CFC 的总收入中排除应扣除部分后的那部分收入。如果检验净所得为负值，则意味着跨国公司的经营亏损。QBAI 指"合格经营资产投资"，等于在季末税基可调整的投资与贸易、经营或折旧资产的无形资产总额平均值。

GILTI 税对于海外收益的累计数值不产生影响。因为 GILTI 须立刻纳税，但是如果按照有关的税制改革规则，在降低企业所得税最高税率之后，按照新的税率 21% 扣除 50% 计算，GILTI 税率实际上只有 10.5%。那么在其他因素不变的情况下，增加外国来源的 QBAI 则意味着减少 GILTI。可见此时美国跨国公司增加海外有形资产的

---

[1]　26 USC. § 951A. Global intangible low-taxed income included in gross income of United States shareholders.

购入是划算的，这样就能减少 GILTI 税收额。①

第二，GILTI 和 F 分编所得税收待遇类似。例如，GILTI 与 F 分编收入都视同股息，此后 CFC 的股息分配也将视作应税所得。2017 年税法允许 GILTI 享受 80% 以内的间接外国税收抵免。

第三，单独制定了 GILTI 税抵免篮子。GILTI 税属于跨国公司单独的外国税收抵免篮子，不允许外国税收抵免向前或向后结转，即其他外国税收不得与 GILTI 税及外国税收合并。新税法根据外国税收抵免政策，允许跨国公司抵免 80% 的外国税收。这样在政策实施的纳税年度税率为 10.5%（0.105/0.80），当跨国公司的外国税率低于 13.125% 时，在此后的纳税年度税率为 13.125%（0.13125/0.80）。当外国税率低于 16.406% 时，将征收美国剩余税。为了限制外国税收抵免，将继续执行收入分配规则，而且如因上述规则造成外国来源的应税所得低于外国税收要求，则 GILTI 适用税率就低于 13.125% 或 16.406%。

第四，GILTI 与 FDII 税率联动。在国际税制改革转型期，当外国税率为零时，美国剩余税税率为 10.5%，当外国税率上升到 13.125% 时，美国剩余税将降低到零。在此后几年，税率继续分别维持在 13.125% 和 16.406%。为了鼓励跨国公司向海外出口与无形资产有关的产品与劳务，2017 年税法采用了与欧洲专利盒制度类似的税收思想，专门针对回报率较高的特定出口业务征税，即 FDII 税。

第五，对过度扣除的 CFC 降低税率。（1）在 10% 的无形资产收入中减去利息成本；（2）将 F 分编收入与外国石油与天然气收入、关联方股息收入及与美国有效关联的收入共同排除在外；（3）在本期应税所得中纳入 GILTI。但是自 2017 年 12 月 31 日到 2025 年 12 月

---

① 参见 Dhammika Dharmapala. "The Consequences of the TCJA's International Provisions: Lessons from Existing Research." University of Chicago, Public Law Working Paper, No. 681。

31 日前的纳税年度为止，以上年度的应税所得允许扣除 50%，这样在 21% 的新税率实施后，实际税率将降低到 10.5%。从 2025 年 12 月 31 日之后的纳税年度开始，扣除将降低到 37.5%，实际税率将提高到 13.125%。

实际上通过改革国际税收体制，把美国跨国公司"驱赶"回本土的做法不可能成功。因为在全球化深刻背景下，各国竞相降低税率吸引跨国投资，如果美国打算用税收制度束缚全球投资的流动，那么跨国公司为了实现超额利润的目的，完全可能通过分拆业务，规避反跨国倒置规则，而且只要美国无法建立一套与全球接轨的税收体制，就无法做到阻止跨国资本全球流动。而且由于经济发展的阶段性差异，税收天堂和离岸金融中心的大量存在，也导致美国跨国公司的海外投资无法撤回；同时美国海外跨国公司应对 GILTI 等反倒置机制还可能利用资金重组手段，绕过 GILTI，实现离岸控制跨国公司的目的。[1]

3. FDII 税

第一，《美国税法典》第 250 节允许扣除 FDII 税。[2] 规定这项扣除的目的，是减少美国专利在外国使用产生的所得税负担的，这部分收入是估计数值，允许在 2025 年 12 月 31 日以前扣除 37.5%，2026 年 1 月 1 日以后扣除 21.875%。

第二，计算 FDII 税按照三项所得为税基。计算公式如下：

$$FDII = 视同无形资产收入 \times \frac{外国实收股息合格收入}{扣除合格收入} \qquad (6.2)$$

---

[1] "US Companies Seek Inversions Despite GILTI Rules." https://www.internationaltaxreview.com/article/b1fq9g8wkzr35b/us-companies-seek-inversions-despite-gilti-rules, 30 Sept. 2021.

[2] 26 USC. § 250. Foreign-derived intangible income and global intangible low-taxed income.

其中：

视同无形资产收入 = 扣除合格收入 - (10% - QBAI)

= 总收入 - 排除收入 - 分配性扣除 - (10% - QBAI) （6.3）

"外国实收股息合格收入"是指对外出口关联资产而产生的合格收入扣除。

第三，允许扣除对在美国生产、在海外销售的无形资产收入后按照较低税率征税。FDII 以国内无形资产收入（或视同无形资产收入）为基础，再乘以在海外销售和使用产生收入的大致占比。视同无形资产收入等于超出有形资产收入 10%、符合扣除资格的收入。所有这类扣除的目的是为了合理估计无形资产的国内来源收入。反过来，具有扣除资格的收入等于总收入减去向这种收入进行分配的含税扣除额。通常减去的排除收入包括：

（1）外国来源收入（其中包含 F 分编收入、GILTI、CFC 股息、外国分公司收入）。

（2）主动财务服务收入。

（3）国内石油和天然气开采收入。

为了确定符合扣除资格的视同无形资产收入份额，需要乘以在外国产生而具有扣除资格的收入，除以全部有扣除资格收入之比。确定外国产生的有扣除资格的收入是为了衡量产品与劳务出口的收入，其中包含任何具有扣除资格的收入，这类收入来源于用于外国使用财产的销售，还包括在外国使用的租赁与许可服务，所以包括了版税，无论是来自主动外国税收抵免篮子，还是来源于非关联公司。

第四，制定限制应税收入协同的新规则。(1) 如果扣除 FDII 与 GILTI 之和超出了排除 GILTI 后的应税所得，那么对 FDII 与 GILTI 之和的扣除就受到限制。(2) 对超过部分不允许扣除，而且要根据

GILTI 和 FDII 占两者之和的份额进行分配。

第五，政策将分段实施。自 2017 年 12 月 31 日后开始，直到 2025 年 1 月 1 日前的所有纳税年度，FDII 有资格扣除额等于 37.5%，税率等于 13.125%。[①] 自 2025 年 12 月 31 日后的纳税年开始，扣除部分减少到 21.875%，税率为 16.406%。[②]

FDII 税与 GILTI 税对跨国投资可能产生反向激励。[③] 不少美国学者认为，这两项政策激励美国资本留在海外，导致美国跨国公司从本土继续向外迁移的作用被忽视了。这是由于，第一，GILTI 税目的是对跨国公司未来的外国收益征税，降低税基侵蚀能力。因此，设置 GILTI 税后，美国跨国公司外国子公司的纳税额减去无形资产回报率的 10% 之后，即得到 GILTI 的净数值。第二，制定 GILTI 税的目的就是通过 13.125% 优先税率激励出口。合乎优先税率要求的跨国公司收入取决于其外国来源收入减去美国有形资产回报的 10% 后的占比。

实施 DRD 规则的成效尚需要观察。有一种可能性是，一些美国企业将出售在美国的有形资产并投资海外企业。例如，美国摩托车企业 Harley-Davidson 在税制改革后就将企业迁往欧洲，既能规避欧洲税收，又减少了美国联邦税收负债。这是由于 GILTI 税是计算与美国 CFC 的经营总收入有关，所以激励着跨国公司向海外继续转移利润，在与从低税率国家转移的收入混合后，降低总的税负。由于规定了跨国公司的 80% 的外国税收抵免允许冲销美国的 GILTI，所以如果混合税率高于 13.125%，则 GILTI 税收负债为零，可见 GILTI 对于美国跨国公司影响巨大。[④] 再一种可能是，参与豁免规则对于递延

---

① 即 21% 的企业所得税率乘以（1−0.375）。
② 即 21% 的企业所得税率乘以（1−0.21875）。
③ Zheli He. "Trading Tangible for Intangible: The Incentives Created by GILTI and FDII in the TCJA." 10 Sept. 2018, https://budgetmodel.wharton.upenn.edu/issues/2018/9/10/trading-tangible-for-intangible-the-incentives-created-by-gilti-and-fdii-in-the-tcja, 30 Sept. 2021.
④ Gene Sperling. "How Trump's Corporate-Tax Plan Could Send American Jobs Overseas." https://www.taxpolicycenter.org/about/news?page=170, 30 Sept. 2021.

收益与利润遣返的跨国公司，尤其是无限期递延外国收益与利润的跨国公司，税负增加明显。但是对于收益在 10% 以下的跨国公司，这个税率并不高。① 由于在海外生产产品的企业不按照有形资产正常收益率纳税，GILTI 税远远低于 21%，所以新规则有可能将激励跨国公司向海外转移投资。② 可见，GILTI 税与 FDII 税能否吸引跨国公司投资回流仍要进行观察。

4. 修订外国税收抵免政策

参与豁免税制确立了外国税收抵免最终规则包括四项内容：（1）改革国际所得税制，其中包括第 245A 节的股息扣除规则，新制定 GILTI 等；（2）废除《美国税法典》第 902 节，不再允许与个人分配有关的累积收益和外国税收的视同支付抵免；（3）增加了两项针对外国分公司营业收入的限制类型和针对 GILTI 的纳入总量政策；（4）改革了计算外国应税抵免限制的应税收入政策，不再涉及有关费用，废除以公平市场价格分配利息费用方法。③

5. 跨国公司递延收益与利润视同遣返规则

遣返跨国公司的海外收益是向参与豁免税制转型的步骤之一。2017 年美国的全球税制向参与豁免体制转型后，跨国公司海外收益视同遣返规则针对所有 1986 年以来跨国公司在海外累积的投资经营收益。④

---

① Hogan Lovells. "Cross-Border Provisions of Tax Cuts and Jobs Act: Implications and Planning Considerations." https://www.hoganlovells.com/~/media/hogan-lovells/pdf/2018/taxalert_jobsact_january2018_v2.pdf, 30 Sept. 2021.

② Natalie Kitroeff. "Tax Law May Send Factories and Jobs Abroad, Critics Say." *New York Times*. https://www.nytimes.com/2018/01/08/business/economy/gop-says-tax-bill-will-add-jobs-in-us-it-may-yield-more-hiring-abroad.html, 30 Sept. 2021.

③ U.S. Department of the Treasury. "IRS Issue Final Regulations on the Foreign Tax Credit." IR-2019-193, 2 Dec. 2019, https://www.irs.gov/newsroom/treasury-irs-issue-final-regulations-on-the-foreign-tax-credit, 30 Sept. 2021.

④ 26 USC. § 965. Treatment of deferred foreign income upon transition to participation exemption system of taxation.

（1）在向新立法过渡时期，强制要求跨国公司股东遣返外国收益与利润，必须包括 F 分编的外国递延收入。

（2）从 2018 年 1 月 1 日开始的纳税年度，拥有递延收益与利润的跨国公司，F 分编收入根据如下两个不同账期数额中较高的一个计算：（2.1）2017 年 11 月 2 日确定的 1986 年以后企业累积的外国收益与利润；（2.2）2017 年 12 月 31 日确定的 1986 年以后企业累积的外国收益与利润。

（3）对所涵盖的遣返收益与利润降低税率征税。如果企业持有的是现金，则遣返税率为 15.5%，如果企业持有的是资产，则遣返税率为 8%，税收抵免照章计算。遣返税缴税按照规则在 8 年内分年度缴清。企业如果选择 8 年内缴清方式，前 5 年每年缴纳遣返总收入的 8%，之后第六、第七、第八年分别缴纳 15%、20% 和 25%。

（4）S 类企业适用不同税收规则。此类企业可选择维持递延这类外国来源收入，直到企业改变法律地位、实质性售出资产、关闭企业经营之后，但也可选择由股东转让 S 企业的股份。

（三）跨国收入的税收分配与反滥用规则改革

1. 跨国公司国际税收的基本问题

跨国公司面临的首要问题是在哪里缴税。无论各国采用参与豁免税制还是全球税制，也无论跨国公司如何在不同国家之间分配收入，第一征税权利一般总是归于收入来源国，即必须首先要确定某国是否拥有对跨国公司售收益和利润的征税权。而征税权成立的条件是，企业必须与某国有交集或联系，这就要求跨国公司在物理上成立外国实体，也就是跨国公司在东道国拥有资产，即在海外有永久地址，而对收益和利润征税就是对资产的回报征税。在海外生产或在海外有零售企业的公司就是物理上成立外国公司，但是具有最低限度物理成立的其他条件却是模糊的。一旦居民国和东道国交集成立后，才可以确定溯及东道国收入总额。按照美国法律，通常成立这类产生"有效联系收入"的住所必须要有物理上的实在性，或者产生营业收入并用于美国。世界各国的税收协定也包含永久住址条款。

税收权利分配的确立只能在确定国家的税收权利之后。尽管非关联交易可按照收入来源进行直接分配，关联公司却能够通过转移被动收入的潜在地点，向高税率国家转移利润（即转让定价），例如通过利息扣除确定交易价格。跨国公司为了实现规避税收目的，向低税率国家的子公司分配的来源收入越多，总税负就越低，这是由于居民国的税收可因收入增加而递延，或者由于交叉抵免而减少。全部外国来源收入的分配还能影响到外国税收抵免的限制。

2. BEAT 税的设置

实施 BEAT 税规则是国际大势。尽管 2017 年美国国际税制增加了适用于一般关联企业的税基侵蚀与反滥用税（BEAT 税），但主要针对的还是外国母公司在美国子公司税务，BEAT 税会影响从高税率国家有收入的美国跨国公司。BEAT 税与 F 分编以及 GILTI 不同，BEAT 税的对象不是收益和利润纳入而是税收的扣除。BEAT 税有关规则指出：

（1）BEAT 税征收的是最低税，数量等于企业应税所得和税基侵蚀支付之和的 10%。

（2）跨国企业在以往三年内的年均营业总收入超过 5 亿美元，向国外支付的扣除额超过总扣除额的 3%。

（3）2018 年税率为 5%。从 2025 年 12 月 31 日纳税年份之后开始，税率调整为 12.5%，适用纳税人是附属集团的成员；而包括银行和证券交易商，在满足《1934 年证券交易法》第 15（a）节注册遵从条件后，适用于税率增加 1 个百分点的规则，当税基侵蚀支付超过扣除的 2% 时，即需要征税。

（4）BEAT 税属于替代性最低税。BEAT 税通过向外国关联方支付款项扩大税基，重点是解决外国母公司和美国子公司之间利润转移问题。但 BEAT 税具有一般适用性，某些定价规则不包括对所售商品成本和服务成本的付款。

跨国公司的税基侵蚀支付限于向外国关联方支付的四项付款：（1）《美国税法典》第一章可扣除支付，主要是利息、租金、版税以及劳务；（2）企业投入品的折旧或不动产摊销；（3）特定的保险费；（4）倒置公司或在 2017 年 11 月 9 日后发生倒置的公司（不再被认为是美国企业）之附属企业的外国个人。但是不包括以下两项税基侵蚀支付：（1）不包括产品销售成本；（2）不包括利用劳务成本法确定的服务成本。[①]

由此可见，BEAT 税规则针对的是资本弱化问题。"资本弱化"指的是公司债务与股权的比率。如果某公司的资本主要由债务构成，则该公司被认为是资本弱化公司（thinly capitalized corporation）。但在《美国税法典》中并未明确有关概念。[②]《2017 年减税与就业法》第 163（j）节"限制营业利息"目的是限制资本不足公司的利息扣除，当利息支付给相关收款人时，该收款人完全或部分免除了美国的分配税。该小节规定：一般来说，在任何纳税年度，本章准许扣除的营业利息金额不得超过下列三项的总和：（1）纳税义务人在纳税年度的营业利息收入；（2）纳税义务人在纳税年度调整后应纳税所得额的30%（该数额不得小于零）；（3）纳税义务人在纳税年度的计划融资利息。[③]

---

① 　26 USC. § 482. Allocation of income and deductions among taxpayers.

② 　IRS, Department of Treasury. LB&I International Practice Service, Process Unit – Audit, p. 3. https://www.irs.gov/pub/int_practice_units/IBF9423_05_04.pdf.

③ 　26 USC. § 163 Interest.

美国历史上曾试图通过限制"超额"利息扣除制约跨国公司对美国税基的侵蚀。在 1989 年之前,联邦税务局偶尔运用《美国税法典》第 385 节规则 ①,将高杠杆公司的债务重新定义为股权,拒绝扣除相关利息费用。《1989 年综合预算和解法》修订第 163(j)节,不允许向免税关联方超额支付利息费用。如果美国公司的债务 / 股本比低于 1.5,或净利息支出低于调整后的应税所得的 50%,则不适用这一限制。但是可以采用结转机制,将超额利息费用或超过数额向后结转到今后纳税年度。第 163(j)节主要适用于从外国母公司借款的外国总部公司的美国子公司。

美国改革跨国公司利息扣除规则打击跨国公司通过"资本弱化"实现避税。当前世界范围内限制利息扣除已成为打击税基侵蚀多边倡议的重要组成部分,例如,德国在 2008 年的营业税改革中,制定了 30% 的 EBITDA 利息壁垒规则,已成为 OECD "税基侵蚀和利润转移行动"(BEPS)中的固定利率比率模型。

得不到税法认可的利息将首先向非关联方进行分配,税基侵蚀支付的限度等于适用的暂扣税,联邦税法规定,暂扣税适用于股息、某些利息、版税。但是,根据税收协定,税基侵蚀支付往往降得很低。所以,税基侵蚀支付规则的实际效果较小,在政策方面既有象征意义,还能为今后提高税率提供了前提。

BEAT 税通过提高特定交易成本减少滥用。这是由于在税基中包含了美国子公司向外国母公司支付的利息和版税,以支付为目标是由于支付可用来将利润转移出美国。尽管 BEAT 税针对的是由美国向外国母公司支付版权和利息,并将利润转移出美国的行为,但是允许以研发抵免和 80% 的其他三种抵免计算并降低税收,即(1)低

---

① 26 USC. § 385. Treatment of certain interests in corporations as stock or indebtedness.

收入住房抵免;（2）《美国税法典》第 45（a）节可再生能源电力生产抵免;（3）风能等可再生能源抵免,此外不包含其他抵免政策。[①] 符合 BEAT 税的纳税人将失去外国来源收入的外国税收抵免资格条件。如果相对于企业的税收负债,在抵免之前拥有大量外国税收抵免,那么跨国公司的 BEAT 税收负债就会很高。

货物销售成本 BEAT 税需纳入税基。BEAT 税根据税基侵蚀发生与否与数量进行征收,其中包括了纳税人向外国关联个人支付者产生于此的支付,进而纳税人得以扣除这一部分。通常情况下,纳税人通过提高货物销售成本避税,主要手段是资本均匀化规则（UNICAP）,即从总收入中减去成本,而非扣除成本。[②]BEAT 税不纳入减少总收入的付款,其结果是销售成本的付款不包括在 BEAT 税项下。例外情况适用于在 2017 年 11 月 9 日之后倒置的跨国公司,其中支付给外国母公司或附属公司的货物销售成本包含在 BEAT 税税基中。

关联个人是指拥有纳税人或被其他具有同一利益者控制实体 25% 控股权的个人。创建者所有权规则将拥有企业 10% 所有权的人视为 100% 控股该公司。[③] 但根据《美国税法典》规定,只有纳税人控制了 50% 的所有权,才能被视为 100% 控股了企业。因为本质上 BEAT 税属于低税率宽税基,所以并不适用于所有发生关联方支付的纳税人。只有那些存在税基侵蚀,并且相对其应税所得较大的纳税人,才受此规则影响。

3. F 分编的修订

《2017 年减税与就业法》对 F 分编进行了完善与修订。跨国公司外国子公司的外国来源收入称为 F 分编收入。F 分编收入通常包括被

---

①   26 USC. § 45. Electricity produced from certain renewable resources, etc.(a) General rule.

②   26 USC. § 263A. Capitalization and inclusion in inventory costs of certain expenses.

③   26 CFR. § 1.267(c)-1. Constructive ownership of stock.

动收入，如利息、股息、年金、租金和特许权使用费，需在本期纳税。F
分编适用于 CFC 能够影响选址决策的股东。

（1）不再保留外国石油公司关联收入，也取消了以前对运输收
入征税规则。

（2）有关外国基地公司收入规则历经多次修订，现在虽然已被
排除在外，但在 1975—1986 年期间，美国联邦税法中却是包含有关
政策的，只是减去了再投资部分；在 1986 年税法改革后，再投资要求
则被排除在外了。如果再投资资金遭返美国，应税所得就等于 F 分
编收入了。

（3）取消持股 30 天的规则。

（4）确定企业 10% 的所有权的方法，既可根据股票价值计算，
也可根据投票权计算，而不再单纯按照投票权规则。

（5）修订了 CFC 的定义。允许 IRS 利用直接、间接和创建者所
有权规则，确定一家外国企业是否属于 CFC。如果个人拥有一家企
业 50% 的投票权，根据创建者规则，他属于 100% 控股人。但创建者
归属规则还要考虑关联方因素。现行立法不允许这类创建者归属规
则适用，所以一名拥有受控外国公司股份的美国人属于外国个人，尽
管他们是关联方，新税法允许外国关联个人拥有归属的股份，上述规
则主要是针对倒置企业的。

（6）打勾规则无变化。

《2017 年减税与就业法》还制定了最低排除规则和全部纳入规
则，最低排除规则主要针对微量收入、参股收入、税率高于美国的相
应指标 90% 以上收入三类，而全部纳入规则则针对 F 分编收入高于
全部收入 70% 以上的收入。①

---

① 　26 USC. § 954. Foreign base company income.

4. 知识产权与转让定价规则

《2017 年减税与就业法》修订了无形资产估值规则。在无形资产项目中，除了已有的专利、发明、配方、工艺设计、型号、专门知识、版权、构图等项目外，增加了商誉、持续经营价值和在岗员工价值。其中还包括了一些与有形资产或者个人服务无关的价值形式。新税法特别指出，只有财政部才有根据现实性选择原则评定无形资产的权力。例如，对于纳税人运用一项无形资产生产产品（如药物配方）发放许可的盈利，可以与纳税人独资生产该产品的盈利进行比较。①

5. 利息扣除与资本弱化规则

《2017 年减税与就业法》强化了资本弱化规则，其中的五项规则如下：

（1）淘汰债务股权比安全港规则。针对有超额利息费用和在纳税年份资产负债率超过 150% 的企业，产生的利息为不合格利息。包括（1.1）向关联方支付的未税利息；（1.2）如果是向非关联个人支付的利息，债务的担保应属无效担保，或未根据总税基征税；（1.3）由地产投资信托基金向母基金支付的利息。②

（2）对于经营收入总额大于 2500 万美元的企业，调整后的应税收入可扣除利息为 30% ～ 50%。

（3）自 2021 年 12 月 31 日后开始，经调整后的应税收入不允许扣除折旧、摊销和损耗。

（4）设置了例外项目，如对于车辆、船舶、农机、轿车和卡车底盘的更新融资。

（5）不动产折旧期限也可更长，而不必限制利息扣除。这项规则对于高额抵押贷款非常有利。对不动产需要关注其收益剥离功能。

---

① 26 CFR. § 1.482–4. Methods to determine taxable income in connection with a transfer of intangible property.

② 26 USC. § 163. Interest.

6. 混合实体与混合工具规则

《2017 年减税与就业法》完善和强化了打击避税行为的混合实体规则。混合实体也称"混合工具"，指在一个辖区属于独立实体，而在另一个辖区不属于独立实体。如果不同的国家对待关联方混合实体和混合工具的政策不同，可以协商税收优惠政策。例如，在美国可以获得扣除的"混合工具"之一是支付的版税和利息，在收到支付一方辖区的收入中，并不包括版税和利息。新税法规定，如果一笔版税或利息在外国收款方辖区不纳税或者先是纳入收入中，然后得到扣除，则不允许关联方进行扣除。①

（四）对跨国公司倒置的惩罚规则

《2017 年减税与就业法》明确了治理跨国公司倒置的五项新的税收规则。对于通过跨国倒置操作转移到外国的美国跨国公司，一是获得视同遣返资金税率减让，二是征收股票报酬税，三是征收倒置企业股息个人所得税，四是对移出实体的税基侵蚀支付，五是修订收益和利润归属规则。②

1. 视同遣返资金税率惩罚规则

美国税法上的外国代理公司属于外国企业。③《美国税法典》对于跨国公司的外派实体（expatriated entities）及其外国母公司新修订了反倒置规则，第 7874 节有关税收规范的实体为"外派实体"，通常外派实体属于美国税法上的国内公司或合伙企业，其中外国公司称为代理外国公司（surrogate foreign corporation），税法上外派实体还指与国内公司或合伙企业有关联的任何美国人。④ 外国代理公司拥有

---

① 26 USC. § 267A. Certain related party amounts paid or accrued in hybrid transactions or with hybrid entities.
② 26 USC. § 7874. Rules relating to expatriated entities and their foreign parents.
③ 26 USC. § 7874(b). Inverted corporations treated as domestic corporations.
④ 26 USC. § 7874（2）（A）.

如下特征：

（1）自2003年3月4日起，实质性全部并购了由美国企业拥有的资产，或者实质性并购了美国合伙企业的业务和经营项目的全部资产。

（2）在并购完成后，美国企业的前股东，如果是合伙企业则属于合伙人的合伙人，应拥有外国并购企业60%以上的股权价值或者投票权。

（3）相对于扩大的附属集团（EAG）全部经营活动而言，外国代理企业在东道国并无实质性业务。EAG包括外国并购公司和所有拥有大于50%所有权、实现连锁的关联公司。

（4）外国代理公司不包括美国公司并购之后，前股东或前合伙人拥有的外国并购公司80%以上投票权或价值的外国公司。

针对2018年1月1日以后发生倒置公司制定了视同遣返资金资格特别规则。[①] 一是，规则适用于那些自2017年12月22日起10年内，在任何时间点从美国移出，成为外国代理公司的实体，即实体属于在此期间首次变成为外国代理公司。二是，全部遣返资金的税率从8%、15.5%分别提高到35%，税率提高的部分不得享受税收抵免。三是，全部遣返资金必须按照附加税率，在纳税人成为从美国移出的实体第一个纳税年度全额缴纳。

2. 股票报酬税率惩罚规则

对2018年1月1日以后发生倒置的公司，将倒置实体内部人缴纳的股票报酬工商税从15%提高到20%，此项规则从企业第一次成为倒置实体后生效。[②]

3. 跨国倒置公司的个人股息所得税惩罚规则

（1）允许包括资本利得等的股息收入以低于一般所得税率纳税，

---

① 26 USC. § 965(1). Recapture for Expatriated Entities.

② 26 USC. § 4985. Stock compensation of insiders in expatriated corporations.

税率为 0%、15% 和 20%，按照相应的税收级距而定。

（2）对于没有签署税收协定、属于 PFIC 的外国公司收到的股息，剥夺享受低税率资格。被动外国投资公司通常属于有被动资产的外国公司。PFIC 不受 CFC 规则管辖，专门适用一套反避税规则。

（3）倒置公司分配的股息也不享受减低税率。[1]

4. 对倒置实体的税基侵蚀支付惩罚规则

BEAT 税与税基侵蚀支付有关。[2] 税基侵蚀支付等于纳税人向外国关联方支付的资金，特点是：

（1）允许扣除。

（2）适用于购入资产的贬值或摊销。

（3）适用于再保险支付。

税基侵蚀支付通常不含任何从总收入减少的资金。税基侵蚀支付包括对已售出产品成本的支付（COGS）[3]，即销售商品成本，是特定时期内销售商品的账面价值。COGS 属于总收入的减值而不是扣除，不属于税基侵蚀支付。[4] 税基侵蚀支付等于任何减少纳税人总收入后的支付，资金增减是由于纳税人属于以下两种企业之一：

（1）属于纳税人关联的外国代理公司，但是这类公司仅限于在 2017 年 11 月 9 日后成为代理的外国公司。

（2）属于外国代理公司 EAG 的外国个人。

5. 向下归属规则与适用

《2017 年减税与就业法》扩大了创建者所有权规则。无论公司性质是否属于 CFC，也无论各方是否满足特定关联要求，为了确定

---

[1] 26 USC. § 1291. Interest on tax deferral.

[2] 26 USC. § 59A(d).

[3] 26 CFR. § 1.199A-10. Allocation of cost of goods sold (COGS) and other deductions to domestic production gross receipts (DPGR), and other rules.

[4] 26 USC. §§ 7874(b); §59A(d)(4).

10% 美国股东，将外国个人拥有的股权归属于美国实体称之为"向下归属"。

向下归属规则起初正是为了解决公司倒置难题而提出的。当美国跨国公司发生倒置时，如果不进行向下归属股权，原来属于美国母公司的子公司可能失去 CFC 的地位，如果该 CFC 向新的外国母公司出售股票，那么美国母公司将失去多数所有权。

外国个人拥有的股权通常归属是：（1）一家美国企业，它的 10% 的股票价值直接或间接属于该外国个人；（2）一名美国合伙人，其中的外国人是合伙人；（3）特定的美国信托人，条件是这名外国人是受益人或者外国人在特定条件下，属于捐助人或者实质上的所有人。

在制定向下归属规则后，在 CFC 中新的外国母公司的股票所有权适用于任何有关税法，包括美国税法典原 F 分编、资金遣返税规则，以及 2017 年税法 F 分编与 GILTI 规则等。[①]

6. 成本回收规则的修订

一是针对跨国公司的临时政策：（1）对合格经营资产的投资实行 100% 奖励折旧（2022 年到期）；（2）下调 2023—2026 年奖励折旧率；（3）在 2018—2019 年针对雇主支付的家庭与有薪病假给予新的税收抵免。

二是针对跨国公司的永久政策：（1）企业所得税率降为 21%。（2）取消企业选择性最低税（AMT）。（3）改革折旧规则：（3.1）在税制改革第一年，对《美国税法典》第 179 节折旧给予更加宽松政策；（3.2）对于经营性客车（包括卡车、轻型卡车和厢式货车）的折旧政策更宽松；（3.3）对某些不动产、农机和设备实行快速折旧。（4）改革企业会计方法：（4.1）扩大现金法会计、简化存货会计程序的资格；

---

① 26 USC. § 958. Rules for determining stock ownership.

（4.2）改进拥有长期合同的有资格建筑公司的优良会计方法。（5）废除《美国税法典》第 1031 节个人财产交换更优惠待遇。（6）改革扣除、排除和摊销规则：（6.1）减少或废除对于公司职工娱乐活动以及附加福利的扣除；（6.2）严格净经营亏损扣除（NOL）；（6.3）作为合伙制看待的 S 企业、合伙人以及有限责任公司（LLC），最多可排除 20% 合格经营收入（QBI）扣除规定；（6.4）个人创造的无形资产不再视作产生资本利得的资产，适用于发明、模式与设计、特定流程等；（6.5）允许附带合伙利益在获得长期资本利得待遇之前，实行持有三年的新规则；（6.6）主要行政人员年薪酬扣除上限 100 万美元；（6.7）从 2021 年 12 月 31 日后的纳税年份开始，研发成本在五年内资本化并摊销，外国研发成本在 15 年内摊销。①

（五）国际税收协定与国际条约遵从

美国与相关国家通过签署税收协定规避双重征税问题。税收协定通常必须包含涉及承认暂扣税处理的永久住址及其他要点，如按照来源征税的跨国公司利润税收问题。税收协定还涉及美国跨国公司在海外设立附属公司问题。但新税法也出现了一些与税收协定冲突的内容。②

1. FDII 规则和 BEAT 规则与 WTO

税收通过两种主要方式制约跨国投资和贸易规则。如果对国内进口征收销售税，即构成关税壁垒，涉嫌违反 GATT II：1（b）规则。如果减免出口税即构成出口补贴，涉嫌违反 GATT III：2，构成歧视性

---

① "Tax Reform: Which Changes Are Temporary vs. Permanent?" 15 Oct. 2018, http://www.filler.com/2018/10/15/tax-reform-which-changes-are-temporary-vs-permanent, 28 Sept. 2021.

② Erika K. Lunder. "What Happens if H.R.1 Conflicts with U.S. Tax Treaties?" https://fas.org/sgp/crs/misc/LSB10047.pdf, 28 Sept. 2021.

的国内税收。出口补贴违反适用于商品贸易的《补贴和反补贴措施协议》(通常也称《SCM 协议》),补贴主要包括直接转移支付、商品或服务(基础设施除外),以及不征收或免除到期税款。

《SCM 协议》规定的补贴类型分三种。禁止补贴包括由出口业绩决定的补贴,以及由国内商品而非进口商品决定的补贴,WTO 要求彻底禁止。而不可诉补贴是 WTO 允许的特定类型的补贴,包括对高等教育和研究机构研究和援助活动的补贴,对欠发达地区提供某些援助,以及环境补贴。可诉补贴类别包括不被视为"禁止"或"不可诉",并且满足"特殊性"要求和"不利影响"要求的补贴,其他国家有权向 WTO 争端解决机构提出申诉、可实施报复性制裁。

《2017 年减税与就业法》与 WTO 遵从要求有所冲突。一是 FDII 税与国际规则的冲突。[1] 二是与有关的税收协定有冲突。《美国税法典》第 951A 节及第 59A 节的 BEAT 税已涵盖在美国模范条款 1(4)中,但第 59A 节可能违背了第 24 款的非歧视性条款。[2]

FDII 和 BEAT 税涉嫌违反《SCM 协议》精神。第 59A 节的 BEAT 税被视为对外国进口征收隐藏关税;第 250 节 FDII 则被视为出口补贴。FDII 涉及未征收或免除其他到期税款,即《SCM 协议》项下补贴,这类补贴取决于出口绩效。因此,FDII 规则是被禁止补贴。

WTO 成员认为,(1)FDII 规则属于出口补贴,应当取消。(2)BEAT 规则属于进口环节税收,因为 BEAT 规则虽排除了产品销售成本,但包括了跨国倒置企业折旧资产和产品销售成本,因此要求 WTO

---

[1]　Reuven S. Avi-Yonah. "The Elephant Always Forgets: Tax Reform and the WTO." *University of Michigan Public Law Research Paper*, No. 585, *University of Michigan Law & Econ Research Paper.* No. 18-001, 1 Jan. 2018, ssrn.com/abstract=3095349 or dx.doi.org/10.2139/ssrn.3095349.

[2]　Reuven S. Avi-Yonah. "Beat It: Tax Reform and Tax Treaties." *University of Michigan Public Law Research Paper*, No. 587, *University of Michigan Law & Econ Research Paper*, No. 18-003, 4 Jan. 2018, ssrn.com/abstract=3096879 or dx.doi.org/10.2139/ssrn.3096879.

加以限制。

2. FDII 规则与 OECD 标准

美国和 102 个国家都同意税基侵蚀与利润转移行动的四项最低量规则,其中一项是针对欧盟专利盒体制、反对有害税收实践的规则。①

美国同意最低标准是反有害税收实践,其中包括发达国家在并不创造专利的国家实施专利盒政策。OECD 认为,由于 FDII 与在美国创造所得的经济活动并不存在有效关联,它与其他国家有关政策存在冲突。②

3. BEAT 税与税收协定

美国为减少双重征税与避税已与 65 个国家签订了双边税收协定。③(1)根据双边税收协定降低了外国居民在美国纳税的税率,免除了部分收入项目;(2)美国居民或公民的某些外国税收项目的税率降低了,针对他们在外国的一些所得项目免除了税收;(3)双边税收协定包含一些确定利润来源和征税的规则。

各国 BEAT 税是否违反税收协定看法不一。BEAT 税是否违反税收协定与反歧视规则有关,也就是对于居民和非居民是否执行统一的扣除规则,但 BEAT 税只针对外国关联方,不针对美国关联方。尽管 BEAT 税不允许扣除,但是它已经包含在最低税基中了,所以 BEAT 税的征收存在不确定性,它将受欧盟协定成员国行动制约。④

---

① 专利盒体制是指对知识产权所得税降低征收。Jane G. Gravelle. "Base Erosion and Profit Shifting (BEPS): OECD Tax Proposals." https://www.hsdl.org/?abstract&did=802960, 5 Oct. 2021.

② Ryan Finley. "Online Platform Users Shouldn't Create a PE, US Official Says." *Worldwide Tax Daily*, 28 Mar. 2018.

③ "United States Income Tax Treaties—A to Z." https://www.irs.gov/businesses/international-businesses/united-states-income-tax-treaties-a-to-z, 28 Sept. 2021.

④ Robert Sledz. "European Commission Says U.S. BEAT and FDII Rules May Violate Int'l Standards." 20 Jun. 2018.

小结与讨论

国际税制转型从理论上并未解决美国的税收竞争优势不足问题。通常决定跨国投资的主要因素是有效税率，决定跨国公司追加投资的因素是边际有效税率。与对外直接投资有关的税收政策分析模型非常丰富，这类模型主要有：所有权—选址区位—内部化（OLI）模型、OECD 投资政策模型、新古典投资模型，以及新经济地理学模型等数种。

资源禀赋理论仍是具有影响力的对外直接投资分析框架的基础。在 OLI 模型中，所有权、区位和内部化条件决定对外直接投资。第一，跨国公司必须拥有所有权优势（如专利、工艺、商标等），在国外市场具有利润优势。第二，外国必须对对外直接投资存在选址优势（如贸易、劳动力或能源低成本、税负低），使在当地生产更有利可图。第三，对外直接投资必须具有内部化能力，即通过对外直接投资开展商业活动，比向外国公司发放许可证更有利可图。

OECD 投资政策模型更加强调税收和财政政策的协同。2005 年 OECD 提出，发展中经济要确定税收优先事项，制定政策，权衡投资税收激励或替代税收政策的利弊，吸引外国直接投资。东道国是否提供有吸引力的风险规避、回报机会、初始投资条件（如政治、货币、财政稳定，法律保护到位，公共治理能力强）、市场特征（市场规模大，劳动力多，能源的易得性好且成本低，基础设施状况好），以及特定选址利润的普遍性，都是吸引跨国公司的基础。而东道国的投资条件和市场特征又部分取决于前一期财政对教育、基础设施支出水平，对外直接投资投资只有确定了税收负担，才会决定在东道国进行跨国投资。

新古典投资模型是分析税收对对外直接投资长期影响最常用的理论框架。该模型用法定税率作参数，确定影响资本成本和投资回报的税收负担。一国税收政策调整将导致税负变化，直接影响边际有效税率（METR）和平均有效税率（AETR），因此将对外直接投资和有效税率弹性结合，可以估计公司税改革对对外直接投资的长期影响。但是，新古典模型不包含若干影响对外直接投资实际税负的因素，其中包括税收规划、决定纳税义务的行政自由裁量权、其他税收措施等，因此该模型的适用条件比较严格。

新经济地理理论则强调集聚经济的作用。该模型运用核心——外围分析范式，初始的市场准入效应会主导和激励企业进入并占据大市场，降低运输成本，并向小市场出口。随着企业从集聚中获利，即产生了区位选择惯性，这时企业的经济利润即具有了固定性，在这个阶段政府税收将不再阻碍投资增加。

资本存量和跨境流动与两个选址国家或地点的税率相对水平有关。总之，新古典经济学认为，一个国家的税率提高会导致投资下降，并导致投资流出国税率做出下调反应，直到投资回报的税后收益与竞争对手相等，才会再次引起投资移动。而新经济地理学认为，如果一国的企业投资收益率超过了较高的税收负担，那么提高税率也可能不再导致重大资本转移。然而，如果该国大幅提高税率，企业集聚经济体可能会被更高的税收负担所抵消，导致资本从该国转移。所以，集聚经济意味着税率变化的影响可能是非线性的。特定政策改革可能对对外直接投资影响最小，也可能产生巨大影响。由此可见，投资与税收的非线性关系是常态，只有将不同的理论结合起来，才有助于全面分析对外直接投资与税收变动的关系。

美国国际税收体制的转型对于解决跨国投资流出问题的意义不确定。美国国际税制从全球税制向参与豁免体制转型，其动因来自1986年国际税制的效率不断下降，不但财政筹措功能下降，而且跨国公司纷纷通过倒置手段迁往海外，还通过税收筹划将投资收益与利润无限期留在海外，又通过强大的游说力量，通过更加有利的遣返税率规则，只缴纳极低的遣返税后将海外利润遣返回国，同时又违背财政部有关规则，不将遣返资金用于规定项目，而是将之用于股票回购和分红，提高高级管理人员薪酬，多数跨国公司在遣返资金的同时还进行了裁员。但是实施参与豁免规则，在未来存在政策上的不确定性，有可能杜绝跨国公司循环剥离利润弊端，但是也可能导致跨国投资发生更多转移。

美国国际税制的转型的财政税收政策效果并不确定。调查样本显示，DRD 规则效率非常低。2018 年 379 家美国大公司纳税有以下特点：（1）有 91 家公司所得税率为 0 以下，该组跨国公司总的平均有效税率为-5.9%；（2）有 56 家公司的有效税率在 0～5% 之间，该组跨国公司平均税率只有 2.2%；（3）有 195 家公司平均有效税率不足法定税率 21% 的一半；（4）仅有 57 家企业实际税率高于法定税率 21%，但是其中又包含外国遣返收入的所得税，该组平均有效税率为 26.9%。[①]

美国国际税制新规则 GILTI 规则、FDII 规则与 BEAT 规则将面临国际共同规则的遵从问题。从 GILTI 规则、FDII 规则设计初衷来看，虽然 GILTI 规则意在减少跨国公司在税收天堂避税，FDII 则注重推动跨国公司回归本土经营，但这两种规则的实质是对跨国公司补贴。美国希望通过实施 FDII 规则，为跨国公司和外国竞争创造优势，但实际上当外国税率高于 21% 时，GILTI 的遵从成本将比在 F 分编规则下更高。

---

① Matthew Gardner, Lorena Roque and Steve Wamhoff. "Corporate Tax Avoidance in the First Year of the Trump Tax Law." 16 Dec. 2019, https://itep.org/corporate-tax-avoidance-in-the-first-year-of-the-trump-tax-law, 28 Sept. 2021.

第七章　美国国际税制改革与跨国资本回流

美国新的国际税收规则理论上将对跨境资本流动和公司选址产生影响。对于跨国公司投资来说，国际税制改革涉及对两个基本问题的判断，一是税制改革对跨国投资选址的影响及其影响程度；二是国际税制改革的目标是优化税制还是推动跨国公司投资选址。跨国公司选址决策会推动资本的全球流动，增加全球产量；优化税制将增加美国福利总量，对美国收益更大。由于有效税率的升降决定着资本流向，分析税制改革后有效税率的变化，可预判未来投资趋势。而资本折旧适用税率对跨国投资也将产生直接影响，尤其是《2017年减税与就业法》的资本弱化规则、全球无形资产低税所得（GILTI）、外国来源无形所得（FDII）和税基侵蚀与反滥用税（BEAT税）改革，都将直接影响跨国公司投资选址、投资效率及最优配置决策。

一、国际税制变革与跨国公司选址

（一）国际税制变革的投资选址效应

美国税制改革对跨境资本流动的影响取决于税率变动幅度。跨国投资的效率原则要求资本出口中性，令跨国投资产生最优效果的方法则称作国别中性。投资效率原则通常意味着跨国公司为了实现全球收益最大化，推动资本向最有利地点配置；反过来，为了实现资本向最优地点配置的目标，需要保证每个投资选址地点税率相同，才能保证税前回报相同，所以客观上要求各国税收规则的一致性。[1]2021年西方七国联手提出了所谓"全球最低税"方案[2]，这是霸权国家美国在国际竞争力下滑背景下，套用上述理论的必然结果，尽管全球最低税概念能否变成现实还很难说。

在理论上跨国公司对外投资的最优不等于对内投资的最优。这主要是存在如下三方面的原因。

（1）对于美国对外直接投资（FDI）来说，国际税收规则应当允许扣除外国税收，这样跨国公司的外国来源利润率就与美国国内投资利润相等了。对有形资产投资来说，向参与豁免税制（收到股息扣除［DRD］规则）转型，将使美国税制越来越多从最优税制产生偏离。

（2）假设有权益融资和债务融资两个对美投资模式。对于外国对美直接投资来说，最优税率是相对于税后回报率的资本流入弹性 e 的倒数 $1/e$，采用这一税率将导致外国投资者对于美国的税收贡献最大、税率更低。外国对美国的权益投资增加越多，美国财政收入将减少越多。由于权益资本的弹性较低，最优税率为33%。[3]那么在美国有效税率远远低于最优税率条件下，离最优税制越来越远。但是对于债务融资模式来说，因为外国对美直接投资的税率永远不会等于零，如果美国降低资本补贴，就进一步靠近最优税制，无论借贷投资的弹性有多大。

① Jane G. Gravelle. "Reform of U.S. International Taxation: Alternatives." Washington, D.C.: CRS, 1 Aug. 2017.

② Jeff Cox. "U.S. Proposes Global Minimum Corporate Tax Rate of 15%, with an Eye on Something even Higher." 20 May 2021, https://www.cnbc.com/2021/05/20/us-proposes-global-minimum-corporate-tax-rate-of-15percent-with-an-eye-on-something-even-higher.html, 1 Oct. 2021.

③ Jennifer C. Gravelle. "Corporate Tax Incidence, Review of General Equilibrium Estimates and Analysis: Working Paper 2010-03." Congressional Budget Office, 20 May 2010, https://www.cbo.gov/publication/21486, 1 Oct. 2021.

（3）降低跨国公司税率将增大美国总体福利水平，这是由于减少资本补贴后，各种资本税率趋于相等。

美国降低公司所得税率对投资选址的总体影响也是结构性的。2017 年税制改革后，美国对于投资设备的税率更加优惠，特别是由于实施了费用化规则（expensing）后，边际税率总体为负值，投资补贴提高。那么从国际比较的角度而言，美国联邦税率从 35% 降低到 21% 后，再加上州税与地方税，整体税率最高只有 25%，这一税率与 G20 国家加权平均税率的 23.8% 则不相上下，实际上这才是引起跨境资本流动的真正动力。但是由于美国厂房建筑投资有效税率过高，如果降低这部分投资税负，将带动投资加速流动。

图 7-1　美国 2017 年税改前后资本回流趋势，2013 年第一季度—2018 年第四季度

资料来源：根据 Tables 1.1.6 and 1.1.4 (NIPA) 历年数据整理。https://apps.bea.gov/iTable/iTable.cfm?reqid=19&step=2; International Transactions 1.1, https://apps.bea.gov/scb/pdf/2016/01%20January/0116_international_transactions_tables.pdf, 3 Oct. 2019.

各国降低企业所得税有效税率将抵消美国税制改革的国际投资效应。[1]美国在 2017 年改革国际税制后，引起了国际范围内的连锁降税反应，比利时决定在 2020 年将税率从 33.99% 下调至 25%；法国决

---

[1]　Jane G. Gravelle. "International Corporate Tax Rate Comparisons and Policy Implications." CRS, 6 Jan. 2014.

定在 2020 年将税率从 33.33% 下调至 28%～ 25%[1]；以色列决定将税率从 24% 下调至 23% 以下 [2]；德国取消了 5.5% 的公司附加税和个人所得税。[3] 但是在美国税制改革后，从资本流量净增幅看，国际资本向美国流动并没有脱离总的历史趋势，主要有两个特点：一是投资规模总量上的波动性，二是变动趋势上的相对平稳性。[4]（参见图 7-1 ）

美国国际税制转型在短期内的跨国投资效应不明显。自 2013 年到 2017 年末，美国净资本流入的增减幅度为 +18%～−18%，在税制改革前的 2014 年第一季度达到了 20% 左右，并出现了有规律的趋势，四年内有 7 个资本回流增加周期，另有 6 个下跌过程。2017 年税制改革开始后，由于目前数据还不多，只观察到了 1 个上升周期，1 个下降周期。即使从资本回流的波动幅度看，税制改革前后美国净资本流入趋势未发现根本变化。资本回流美国的这个趋势规律为我们在缺乏必要数据的情况下，合理推算跨国公司对外直接投资，推算美国资本净流入趋势提供了经验基础。

（二）减税的投资弹性

减税的投资效应是促进投资增加。《2019 年总统经济报告》指出，《2017 年减税与就业法》将降低资本用户 9% 的平均成本，因而，美国税制改革大约将推动资本投资增加 9%，推动美国经济的长期增长率维持在 2%～4% 之间。[5]

---

[1]　Amanda Athanasiou. "Big Banks Detail Costs and Benefits of Tax Reform." *Tax Notes International*, 19 Feb. 2019, pp. 741–744.

[2]　Mindy Herzfeld. "Competition or Coordination: Responses to the Tax Cuts and Jobs Act." *Tax Notes International*, 15 Jan. 2018, pp. 209–212.

[3]　Stephanie Soong Johnston. "German Leader Vows No Tax Hikes, Wins Backing for Coalition Deal." *Worldwide Tax Daily*, 27 Feb. 2018.

[4]　Jane G. Gravelle and Donald J. Marples. "The Economic Effects of the 2017 Tax Revision: Preliminary Observations." Washington, D.C.: CRS, 7 Jun. 2019.

[5]　"Economic Report of the President (2019), Together with the Annual Report of the Council of Economic Adviser." Mar. 2019, https://www.govinfo.gov/app/collection/erp/2019, 1 Oct. 2021.

借用 DeLong 和 Summers（1992）的计算等式，得出调整的减税动力方程：

$$\Delta Y_t = (r+\delta)\ \Delta K_t, \qquad\qquad (7.1)$$

Y 是产量，r 是全社会投资净回报率，δ 是经济折旧率，K 是资本存量。

上式意味着当资本存量增长 ΔK，推动总产量增长 ΔY，总产量的增量等于总资本回报率乘以 K 的增量 ΔK。

从期初开始，经济中的资本存量 K 处于稳定状态，向总投资 I 永久加速则按照下式进行：

$$\Delta K_t = I - \delta K_t - 1 \qquad\qquad (7.2)$$

即，资本存量的增量 ΔK 等于新增总投资 I 减去上期的资本存量折旧值。

在第一期投资中，投资总增量转化为资本存量的增量：$\Delta K_t = I$，亦即 $\Delta Y_t = (r+\delta)I$。

到第二期投资，还将增加 I 的投资，但是由于 $K_1 > K_0$，折旧也将增加。那么资本存量的增量将开始下降，

$$\Delta K_2 = (I - \delta K_1) = (I - \delta I) = (1-\delta)I \qquad\qquad (7.3)$$

$$\Delta Y_2 = (r+\delta)(1-\delta)I \qquad\qquad (7.4)$$

而且，后续资本存量增量将据此递减，变量之和逐渐缩小到稳定状态的数值 ΔK^*：

$$\Delta K^* = I/\delta \qquad\qquad (7.5)$$

产量变化的叠加缩小到新的稳定水平：

$$\Delta Y^* = I(r+\delta)/\delta \qquad (7.6)$$

即，投资每增加产量的 1 个百分点，将稳定引致 t 年内 $(r+\delta)/\delta$ 个百分点的产量水平增量，并引致 $(r+\delta)/\delta t$ 增长率的产量。

减税产生的投资弹性推动了投资规模增加。采用新古典模型，在不考虑调整资本成本时，第一期投资立即增长，尽管对于此后投资增长率并不发生影响。税率改变对于投资水平的提升效应是永久性的，即资本与产量的比率、新资本流量与支出资本存量比率都将逐步地稳定上升到新水平。但是，由于资本存量的调整存在时滞，那么可以预见，税制改革对投资的边际调整在瞬时间是正向灵活的。然而这个推断更多是在满足严格假设前提下的理论结果。

二、税改与影响跨国公司选址的四大因素

从历史经验看，美国税制改革往往从税率和税基改革入手，而从综合来看，2017 年国际税制改革和政策对于跨国公司选址的影响因素又包括税率因素、费用改革和折旧处理、融资模式结构改革、利息规则改革，其中第一项是税率改革，后三项则属于费用处理政策。

（一）税率对投资选址的影响

国际低税率辖区的存在为跨国公司通过转让定价获得更高利润提供了条件。跨国公司进行利润转让主要有两种途径。途径之一是进行杠杆转让，跨国公司通过增加在高税率辖区的债务杠杆，就能通过配置债务转让利润。无论是跨国公司在美国配置债务，还是外国跨国公司在美国的子公司配置债务，大都采用这种办法。途径之二

是进行定价转让，进行转让定价的主要是无形资产，包括医药配方、领先技术和商标。通过与资产和财产转移有关的转让定价，实现转移利润目的。

1. 国际资本流动与税率

国际资本的流动与跨国税率不等存在很大关系。美国公司税率等于联邦税、州税和地方税之和，2017 年税制改革前的综合税率达 39%，高于包括 OECD 国家和 G20 国家在内的所有其他国家。而 OECD 国家除美国以外，按照 GDP 进行加权平均后，法定税率均值为 27%，而 G20 国家的平均法定税率为 28%。[①]

跨国公司进行转让定价是跨国避税的重要手段。转让定价问题泛滥主要因无形资产的独特性而产生，因为无形资产的独特性质，很难找到可观察的市场交易价格，即两个非关联企业之间支付的价格。如果美国跨国公司向外国公司出售产品或资产定价过低，美国的利润就减少了，海外利润则增加了。确定转让定价的标准是确认关联企业间的产品和资产买卖是否反映市场定价。

跨国关联公司之间通过不等价交换转让利润。例如，（1）当跨国公司向海外转让无形资产时，外国子公司通常使用补偿购入方式（buy-in-payment），然后按照成本分摊方法进行支付。（2）在技术转让领域，外国子公司向母公司支付在美国的研发成本，部分换回使用未来领先技术的权利。有关研究发现，跨国公司母子公司之间通过杠杆实现转让利润占 25%，以转让定价为利润转让手段的则占 75%。[②]

① Jane G. Gravelle and Donald J. Marples. "Issues in International Corporate Taxation: The 2017 Revision (P.L. 115–97)." Washington, D.C.: CRS, Updated 23 Apr. 2020.

② Jost H. Heckemeyer and Michael Overesch. "Multinationals' Profit Response to Tax Differentials: Effect Size and Shifting Channels." Center for European Economic Research, Discussion Paper 13–045, Jul. 2013, http://ftp.zew.de/pub/zew-docs/dp/dp13045.pdf, 5 Oct. 2021.

美国降低联邦税率能够减少跨国公司的利润转移。2017年税制改革前，美国的税率高于发达国家的27%，高于G20国家的28%。若将美国税率降低到21%，即使再加上州以下辖区的税率5个百分点，仍能保证美国税率有竞争力。由于大部分利润转让案件与低税率或零税率国家有关，所以仅仅降低税率并不会影响利润转移，但可能导致外国投资向美国流动。

2. 税制改革对有效税率的影响

只有有效税率真正下降，才会吸引资本回流。虽然《2017年减税与就业法》将法定公司税率直接下调14个百分点，但是对于增加投资更有意义的平均有效税率降幅有多大，直接关系到税收投资弹性计算。有效税率的计算可利用国民经济账户的总量数据，其中包括美国跨国公司的全球来源收入，但不含全球税收。2017年税制改革前的公司所得税平均税率为17.2%，经计算，2018年下降到了8.8%。再据国会预算办公室（CBO）数据，美国跨国公司的全球来源收入占总收入的21%，因此美国公司所得税平均有效税率从2017年的23.4%降到了2018年的12.1%，虽然法定税率下降了40%，但有效税率却下降了48%，两者相差8个百分点。可见2017年税制改革导致美国公司所得税平均有效税率有限下降。[1]

但是税制改革后大型跨国公司有效税率全面下降。2018年有盈利的美国500强企业中的379家企业的有效税率低于21%，前述379家企业所在行业所得税及有效税率的结构特征，参见表7-1。[2]

---

[1] Budget and Economic Data, https://www.cbo.gov/about/products/budget-economic-data#11, 5 Oct. 2021.

[2] Matthew Gardner, Lorena Roque and Steve Wamhoff. "Corporate Tax Avoidance in the First Year of the Trump Tax Law, Institute on Taxation & Economic Policy." Dec. 2019, https://itep.org/corporate-tax-avoidance-in-the-first-year-of-the-trump-tax-law, 5 Oct. 2021.

表7-1 美国379家五百强企业所在行业所得税及有效税率，2018年

顺序	行　业	样本数（家）	利润总额（100万美元）	纳税额（100万美元）	最高税率（%）	最低税率（%）	平均税率（%）	中位税率（%）
1	航空与国防	12	23 360.4	2 874.8	25.3	-5.5	12.3	8.55
2	化工	12	6 281.4	274.8	22.1	-54.8	4.4	4.4
3	计算机、办公设备、软件、数据	21	52 314.5	10 655.7	60.9	-68.4	20.4	7.6
4	工程与建筑	8	4 749.1	379.9	21.7	-76.5	8.0	12.35
5	金融	52	196 269.7	20 069.6	47.9	-110.3	10.2	12.3
6	金融数据服务	5	19 769.3	2 688.2	20.1	1.3	13.6	13.2
7	食品饮料与烟草	14	24 768.8	3 369.4	28.0	-1.7	13.6	11.2
8	医疗	13	21 440.7	4 440.3	39.4	-2.4	20.7	22.6
9	家庭与个人产品	3	7 440.4	1 400.0	21.2	11.5	18.8	17.9
10	机床	10	11 263.5	-71.2	15.5	-25.9	-0.6	6.45
11	互联网服务与零售	2	9 272.0	1 873.0	20.3	19.4	20.2	20.2
12	金属制造	7	6 282.8	1 012.8	23.9	-9.3	16.1	15.9
13	杂项制造	33	25 935.2	2 980.0	34.6	-168.1	11.5	8.8
14	杂项服务	30	49 204.0	4 077.6	44.8	-15.3	8.3	7.1
15	汽车与部件	10	9 264.9	134.7	25.0	-5.2	1.5	4
16	油气与管道	25	44 643.6	1 628.2	26.6	-84.1	3.6	-0.05
17	医药与医疗产品	10	25 553.8	5 615.1	30.4	-9.1	22.0	22.9
18	出版印刷	3	1 879.8	184.9	10.8	-164.2	9.8	5.2
合　计		379	765 688	86 845	60.9	-168.1	11.3	9.7

资料来源：Matthew Gardner, Lorena Roque and Steve Wamhoff. "Corporate Tax Avoidance in the First Year of the Trump Tax Law." Institute on Taxation & Economic Policy, Dec. 2019

（1）盈利的跨国公司的联邦所得税平均有效税率只有11.3%。

（2）有91家盈利企业未缴纳联邦所得税，其中包括亚马逊、雪佛龙、哈里伯顿和IBM等，其中60家企业的联邦所得税率为零。

（3）有56家企业的边际有效税率在5%以下，平均有效税率为2.2%。

（4）占总数50%以上（195家）企业的有效税率在新税率的一半以内。

（5）有效税率最低的行业排序分别是：机床（-0.6%）＞公用事业、燃气和电力（-0.5%）＞汽车以及部件（1.5%）＞石油天然气和管道（3.6%）＞化工（4.4%）＞运输（8.0%）＞工程与建筑（8.0%）＞其他服务（8.3%）＞出版与印刷（9.8%）以及金融（10.2%）。

（6）税收减免政策集中发生在数量有限的大企业。在379家跨国公司中，仅25家企业就享受税收减免371亿美元，占年度减免税收总额739亿美元的一半。美国银行、摩根大通、富国银行、亚马逊以及Verizon五家企业共获得了160亿美元的税收减免。

（7）自1984年以来，边际有效税率最低的一年仅为11.3%。

决定企业是否增加对东道国投资的税率是边际有效税率。[①]边际有效税率以衡量资本的使用成本为目的。在运用设备、厂房、无形资产数据进行加权平均后，美国跨国公司权益融资的边际有效税率从2017年的15.6%下降到了2018年的3.2%。如果再加上对投资进行补贴的债务融投资效应后，跨国公司边际有效税率为负值。2017年税制改革后，美国公司边际有效税率从2017年的-0.3%下降到2018年的-6.6%。如果考虑加速折旧规则的影响，边际税率可能更低

---

① Jane G. Gravelle and Donald J. Marples. "Issues in International Corporate Taxation: The 2017 Revision (P.L. 115–97)." Washington, D.C.: CRS, Updated 23 Apr. 2020.

于平均有效税率。①

应当注意的是，2018 年是美国开始税制改革的第一年，所以跨国公司在本年度集中遣返收益与利润补税。从美国商务部统计的美国国际直接投资头寸余额情况看，再收益投资头寸在本年度下降十分剧烈，因此从标准普尔 500 企业的行业税率中可见一斑。以在中国投资规模较大的"计算机、办公设备、软件、数据"行业为例，2018 年最高税率为 60.9%，"医药与医疗产品"行业最高税率为 30.4%，这两个数据反映的是个别大公司遣返税总额与当年所得之比，根本没有反映税负的真实情况。实际上数据背后反映的是本年度跨国公司遣返的海外收益大幅增加的事实。中位数税率能客观反映税率总体水平的升降，2018 年美国"计算机、办公设备、软件、数据""医药与医疗产品"两大行业的中位数税率分别只有 7.6% 和 22.9%。

因此 2017 年美国税制改革后下调公司所得税，在短期内对于美国跨国公司海外收益回流的带动很大，但是否能够持续影响到海外尤其是在华高技术产业，还是非常不确定的。因为东亚地区高技术产业链的形成已持续了三四十年，甚至更久远的时间。2018 年度标准普尔 500 企业的最高税率与最低税率分别为 28.8% 和 -42.7%，反映了跨国公司税负的实际情况，很多跨国企业享受了联邦财政巨额补贴。再从 2018 年跨国公司税率中位数看，9.7% 的税率也不到税制改革后企业所得税法定税率的 50%。

美国一些专业机构认为国际税收体制改革长期过程。例如，美国税收游说组织税收与经济政策研究所认为，对于 2017 年税制改革应当继续从如下几个方面加以完善：（1）废除资本投资全额费用化规

---

① Matthew Gardner, Lorena Roque and Steve Wamhoff. "Corporate Tax Avoidance in the First Year of the Trump Tax Law, Institute on Taxation & Economic Policy." Dec. 2019, https://itep.org/corporate-tax-avoidance-in-the-first-year-of-the-trump-tax-law, 5 Oct. 2021.

则，重新实行加速折旧规则；（2）限制技术类企业和其他大公司董事会选择股票规则，杜绝人为加大费用、减少纳税方式；（3）废除参与豁免税制，重新恢复全球税制，减少激励跨国公司向外转移利润、不利美国增加就业的税收政策；（4）重申企业"选择性最低税"（AMT）政策，保证企业的年纳税额稳定；（5）按国别公布跨国公司的财务数据、公司营业收入和纳税情况。降低公司所得税率，同时减少税收优惠政策，弥补漏洞。

3. 有效税率与跨境资本流动

跨国投资选址决策通常基于有效税率变化。国际税收理论指出，各国的法定公司税率更多与利润转移有关，但与投资选址有关的有效税率指标是平均有效税率和边际有效税率。

利用平均有效税率分析国际投资流动需注意两点。平均有效税率等于跨国企业的税收义务除以利润。（1）平均有效税率不受扣除和抵免规则影响，而法定税率通常无法反映扣除因素和抵免规则。（2）平均有效税率无法纳入加速折旧和成本化的时间因素。因为通常折旧规则规定在税收收益中扣除资产成本，而且允许通过资产贬值加速折旧，2017年税收的费用化规则属于趋于极端的加速折旧，也就是允许企业在购买资产后，立刻收回投资成本。要把握加速折旧的时机，需考虑对于代表性投资的期望支付额，还要考虑货币的时间价值。①

边际有效税率是分析投资流动的最佳工具。从税收理论出发，衡量公司所得税对投资影响的最有效指标就是边际有效税率，税前的投资回报与税后的投资回报之差，等于以现值为基础的税收收益份额，再除以税前收益，就得到了边际有效税率。但精确计算边际有

---

① 26 USC. § 168. Accelerated cost recovery system.

效税率首先要解决数据缺失问题，在投资实践中往往使用代表性设备投资作为替代变量，其次边际有效税率还取决于变量中已包含的资产，以及是否包含了债务融资效果。

其他西方国家的边际有效税率与美国有较大差距。美国国会研究部门积累了较为长期而连续的相关数据，经计算发现有如下特征。

（1）美国的边际有效税率影响计算全部 OECD 国家的加权平均税率近 6 个百分点。OECD 国家综合边际有效税率为 22%，如果在 OECD 中排除美国后，边际有效税率则下降到 16.4%。有关估值只针对资产，而且无论是联邦税、还是州税与地方税，税基保持不变，其中包含建筑、设备、无形资产以及存货。

（2）美国的固定资产投资边际有效税率高于其他 OECD 国家 3.6～4.8 个百分点。OECD 国家的设备收益边际有效税率为 18.9%，美国为 22.5%；其他国家建筑厂房权益投资的边际有效税率为 23.6%，美国为 28.4%。

（3）另据美国财政部估算，2016 年美国联邦、州和地方所得税三级边际有效税率总和为 18.1%，同时允许企业固定资产进行奖励性折旧，而排除美国后西方七国集团的边际有效税率为 19.4%。[①]

G20 国家的税率也是美国制定财政税收政策的重要参照系。2017 年 CBO 按照厂房、设备、无形资产、存货之比等于 48.1%∶22.9%∶18.6%∶10.5%，就 G20 国家的法定税率、平均税率以及边际有效税率发布报告。[②] 主要结论是：

（1）排除美国之后，其他 G20 国家的法定税率加权值为 27.9%，而美国高达 39.1%。其他 G20 国家排除典型国家沙特后，平均税率

---

①　Jane G. Gravelle. "International Corporate Tax Rate Comparisons and Policy Implications." Washington, D.C.: CRS, 6 Jan. 2014.

②　"Congressional Budget Office, International Comparisons of Corporate Income Tax Rates." 8 Mar. 2017, https://www.cbo.gov/publication/52419, 2 Oct. 2021.

为 22.2%，而美国的平均税率为 29.0%。

（2）无论采用债务融资还是权益融资，美国边际有效税率均为 18.6%，而其他 G20 国家排除美国后，边际有效税率仅为 10.9%。由于通常公司税对债务融资进行补贴，所以其他 G20 国家的边际有效税率更低。

（3）对于建筑与设备投资，美国税率为 10.5%，其他 G20 国家为 17.3%；美国的建筑投资税率为 20.1%，其他 G20 国家为 11.1%。[①]

可见美国的投资税率总体上不但高于 OECD 国家，也高于 G20 国家，但是在设备投资方面，美国的税率占优势。由于美国的边际有效税率在 2017 年税制改革后有一定的下降，所以资本从理论上说资本会加速回流，不过如果考虑到美国国际税制更改革后美国的边际有效税率仍高于其他主要国家，可以断言的是，美国跨国资本的回流持续性仍将是有限的。在什么情况下跨国公司才会以高于流出的速度回流美国呢？那就是美国和其他主要国家的边际有效税率达到相等的时候。所以，即使各国达成一致意见，施行"全球最低税"[②]，也无法做到各国的边际有效税率相等。

（二）加速折旧与费用处理规则对税率的影响

降税与改革费用处理规则是美国 2017 年公司所得税制改革的核心政策。(1) 法定税率从 35% 降低为 21%；(2) 淘汰对生产活动的扣

[①] Jane G. Gravelle. "International Corporate Tax Rate Comparisons and Policy Implications." Washington, D.C.: CRS, 6 Jan. 2014.

[②] "Statement by President Joe Biden on Today's Agreement of 130 Countries to Support a Global Minimum Tax for the World's Largest Corporations, Statements and Releases." 1 Jul. 2021, https://www.whitehouse.gov/briefing-room/statements-releases/2021/07/01/statement-by-president-joe-biden-on-todays-agreement-of-130-countries-to-support-a-global-minimum-tax-for-the-worlds-largest-corporations, 2 Oct. 2021.

除;（3）机器设备在五年内实现 100% 费用化、研发和试验成本五年内摊销;（4）允许对设备投资进行奖励性贬值, 50% 费用化、50% 折旧, 2019 年奖励性折旧规则完全退出。[①]据分析, 其中奖励性折旧和费用化规则效果很大。奖励性折旧规则直接影响有效税率计算。根据 2017 年税法:

（1）对有形资产投资的税率, 如果包含加速折旧规则, 等于 38%～88%（即 0.134/0.35～0.308/0.35）, 如果不包含加速折旧规则, 则税率将增加到 67%～88%。两组数据之间的差额所反映的是折旧扣除的现值加速的程度, 亦即资产价值的下降程度, 设备折旧的速度快于厂房。

（2）无形资产投资税率为零或为负值。且无形资产符合成本化要求, 有效税率为零。

（3）附加研发抵免规则将使研发投资税率为负值。[②]

可见实施加速折旧规则后, 投资回报的有效税率等于 15.6%, 仅为法定税率的 45%; 但在去除加速折旧规则后, 有效税率等于法定税率的 57%。也就是说, 加速折旧规则降低了投资成本 12 个百分点。有形资产投资的税率远远大于对无形资产投资的税率。（参见表 7-2）

表 7-2　美国不同投融资方式边际有效税率比较

资产类型 / 融资类型 / 税率（%）	2017 年立法含 奖励性折旧		2017 年立法不 含奖励性折旧		暂行规定		永久规定	
	权益 融资	债务 融资	权益 融资	债务 融资	权益 融资	债务 融资	权益 融资	债务 融资
设　备	13.4	−59.4	23.6	−38.8	0.0	−40.1	13.7	−20.0
公用建筑	14.2	−63.0	24.9	−44.4	0.0	−40.1	14.5	−21.4

① 26 USC. § 179. Election to expense certain depreciable business assets.

② 26 USC. § 41. Credit for increasing research activities.

（续表）

资产类型 / 融资类型 / 税率（ % ）		2017 年立法含 奖励性折旧		2017 年立法不 含奖励性折旧		暂行规定		永久规定	
		权益 融资	债务 融资	权益 融资	债务 融资	权益 融资	债务 融资	权益 融资	债务 融资
非居民建筑		30.8	−27.5	30.8	−27.5	18.5	−13.8	18.5	−13.8
居民建筑		28.1	−38.9	28.2	−38.9	16.7	−18.5	16.7	−18.5
无形 资产	研 发	−63.3	−701.4	−63.3	−701.4	−63.3	−252.0	−30.2	−147.3
	广 告	0.0	−87.1	0.0	−87.1	0.0	−40.1	0.0	−40.1
	其 他	0.0	−87.1	0.0	−87.1	0.0	−40.1	0.0	−40.1
合 计		15.6	−64.0	19.7	−53.5	3.2	−48.4	10.9	−27.4

资料来源：Jane G. Gravelle and Donald J. Marples. "Issues in International Corporate Taxation: The 2017 Revision (P.L. 115−97)." Washington, D.C.: CRS, R45186, Updated 23 Apr. 2020, p. 19.

制定费用化规则有利于企业进行投资。而允许企业对设备和公用建筑进行费用化规则、维持研发成本化规则等临时措施，导致投资的权益融资税率降低到 3%，如果这两项政策永久化，税率将重新提高到 11%。如果将临时优惠措施永久化，将 2017 年税率与新税法奖励性贬值规则相比较发现，税率总体上将从 15.6% 下降到 3%，幅度极大。若临时规则与永久性政策相比较，税率将从 19.7% 下降到 10.9%，下降不足 8 个百分点。

（三）债务融资模式对投资选址的影响

企业融资模式直接影响到跨国投资决策。（1）权益融资即向投资股东出售部分公司资产取得资本的投资行为。例如某公司为了进行企业扩张融资，再将 10% 的所有权出售给投资人，该公司将拥有该公司 10% 的股份，并拥有同等决策权。权益融资的优点是企业无须归还 10% 的投资。对于跨国公司来说，10% 的控股权构成对受控外国公司（CFC）的控股权利。（2）债务融资即为通过借贷为企业融资，但未来须支付利息并归还本金。债务融资往往需要附加相应的资金用途条件，对于外部借贷人来说，资产负债率越低越好。债务融资的优点是，债权人无法控制企业，债务利息符合税前扣除条件，投资成本易于控制。

债务融资方式的投资税率变化实际上取决于债务利息扣除规则。（1）各国对于债务融资投资都给予一定补贴。一般情况下，在通胀为零并实行税收贴现或经济贴现情况下，债务融资式投资的有效税率应当等于零，利息的扣除恰好可以冲销投资的收益税。（2）如果存在通胀和加速折旧，那么投资实质上就享受到了补贴，因为利息扣除是按照名义所得的法定税率进行的，其中包括利率的通胀部分，而只有投资的真实回报才应当纳税，且有效税率较低。虽然债务融资资产的有效税率为负值，但是根据2017年新税法，在减少投资补贴后，税率就相对提高了。（3）根据新的暂行规定，不加奖励性折旧的话，总的税率变化并不大，由于税率下降，权益融资的优惠抵消了减少的债务融资补贴。根据税法的永久性政策，则税率导致补贴减少，税率略呈负值。

表 7-3　美国债务加权益混合融资的边际有效税率比较

资产类型 / 融资类型 / 税率（％）	2017 年立法含 奖励性折旧		2017 年立法不 含奖励性折旧		暂行规定		永久性政策	
	36% 债务 融资	32% 债务 融资	36% 债务 融资	32% 债务 融资	36% 债务 融资	32% 债务 融资	36% 债务 融资	32% 债务 融资
设　备	-0.9	1.0	11.1	12.8	-9.6	-8.4	5.4	6.5
公用建筑	-0.8	1.3	11.3	13.2	-9.6	-8.4	5.8	6.9
非居民建筑	19.2	20.8	19.2	20.8	10.7	11.7	10.7	11.7
居民建筑	15.2	17.1	15.2	17.1	8.2	9.3	8.2	9.3

（续表）

资产类型 / 融资类型 / 税率（%）		2017 年立法含 奖励性折旧		2017 年立法不 含奖励性折旧		暂行规定		永久性政策	
		36% 债务 融资	32% 债务 融资	36% 债务 融资	32% 债务 融资	36% 债务 融资	32% 债务 融资	36% 债务 融资	32% 债务 融资
无形 资产	研 发	−116.3	−107.6	−116.3	−107.6	−95.4	−90.9	−52.2	−49.2
	广 告	−16.7	−14.9	−16.7	−14.9	−9.6	−8.4	−9.6	−8.4
	其 他	−16.7	−14.9	−16.7	−14.9	−9.6	−8.4	−9.6	−8.4
综合有效税率		−0.3	1.7	5.7	7.8	−6.6	−5.4	1.8	3.0

资料来源：Jane G. Gravelle and Donald J. Marples. "Issues in International Corporate Taxation: The 2017 Revision (P.L. 115−97)." Washington, D.C.: CRS, R45186, Updated 23 Apr. 2020, pp. 22−23.

企业投资往往采用混合融资方法。现有两种不同比例的混合融资方式的投资税收效果，其中一个方案是债务融资占比 36%，另一个方案是债务融资占比 32%。[①]（参见表 7-3）按照 2017 年税法，综合有效税率都较低，包含折旧规则的税率从 −0.3% 到 1.7%，不包含奖励性折旧情况下，税率变为 5.7% 和 7.8%。按照暂行条例，从 2018 年开始，投资享受 6.6% 和 5.4% 的补贴，但在奖励性折旧规则转为永久性政策后，投资利得综合有效税率仅为 1.8%～3%。资产税率的下降会带来设备和非居民建筑物投资的显著转移。

（四）限制利息扣除规则对投资选址的影响

限制利息扣除将影响企业选址决策。举例来说，根据美国国民所得账户，如果第一年收入为 177 亿美元，按照 21% 的税率计算，利息支出占 14%。当不再允许从税基中扣除折旧之后，收入占比将提

---

① "Taxing Capital Income: Effective Marginal Tax Rates Under 2014 Law and Selected Policy Options." 18 Dec. 2014, https://www.cbo.gov/publication/49817, 5 Oct. 2021.

高 54%，利息占 20%。[①] 如果不再扣除利息，投资企业的有效税率与权益投资条件下的税率十分相似。对企业来说，在实现利息扣除规则永久化后，全部有效税率将从 7.8% 上升到 11%，在临时规则下税率将降低到 3%。（参见表 7-4）

表 7-4　美国混合投融资边际有效税率：债务占 32%，不扣除 20% 利息

资产类型 / 融资类型 / 税率（%）		2017 年立法含奖励性折旧	2017 年立法不含奖励性折旧	暂行规定	永久性政策
设　备		1.0	12.8	-6.6	8.0
公用建筑		1.3	13.2	-6.6	8.5
非居民建筑		20.8	20.8	11.7	12.3
居民建筑		17.1	17.1	9.3	10.9
无形资产	研　发	-107.6	-107.6	-86.3	-45.9
	广　告	-14.9	-14.9	-8.4	-6.6
	其　他	-14.9	-14.9	-8.4	-6.6
综合有效税率		1.7	7.8	-3.6	4.7

资料来源：Jane G. Gravelle and Donald J. Marples. "Issues in International Corporate Taxation: The 2017 Revision (P.L. 115–97)." Washington, D.C.: CRS, Updated 23 Apr. 2020, R45186, p. 24.

2017 年新税法改变了利息扣除规则，导致公司总税率将提高 2 个百分点，禁止扣除利息越多，边际效应越大。

总之，《2017 年减税与就业法》通过 "降税率" "调税基" 改革，客观上降低了美国的边际有效税率与其他国家差距，有助于资本回流；对于税基政策的调整从加速折旧和允许加快费用摊销、鼓励融资模式改革、改革利息扣除规则三个方面实施新规则，同样也有助于推动资本回流。

---

① Table 7.1 of the National Income and Product Accounts, https://www.bea.gov/iTable/iTable.cfm?reqid=19&step=2#reqid=19&step=3&isuri=1&1921=survey&1903=288, 5 Oct. 2021.

三、GILTI 税、FDII 税及 BEAT 税与跨境资本流动

（一）GILTI 税、FDII 税及 BEAT 税简要回顾

《2017 年减税与就业法》实施了三项新的国际税收规则，从理论上看都有助于联邦税务局（IRS）强化国际税务管理。

GILTI 税：（1）新税法将对跨国公司的全球无形资产低税所得征税，幅度大致等于 CFC 分配给母公司、通常会超出有形资产回报率的相当部分；（2）纳入规则与 F 分编所得税保持一致；（3）GILTI 扣除 50%，实际税率为 10.5%，关联外国税收抵免减少 80%，适用一般限制规则。[①]

FDII 税：（1）允许国内企业扣除 37.5% 外国来源无形所得，按照 GILTI 税的计算方法，然后与美国归属于向外国人进行财产销售或许可、在外国使用或为外国提供服务的所得部分相乘；（2）FDII 税的有效税率为 13.125%；（3）GILTI 和 FDII 两项规则并用，其中 GILTI 阻止通过向低税辖区提供无形资产获得转让定价利润，FDII 鼓励美国跨国公司将无形资产留在国内。[②]

BEAT 税：（1）对纳税人不含税基侵蚀支付所得的税率最低为 10%，其中在 2018 年税率为 5%；（2）从 2018 年到 2025 年，除《美国税法典》第 41（a）节研发抵免和 80% 的规定抵免外，不再有其他抵免规则。[③]

（二）GILTI 税、FDII 税及 BEAT 税与资本回流的潜在效应

第一，GILTI 规则有利资本回流。美国治理跨国公司税基侵蚀的 GILTI 规则提高了跨国公司在税收天堂的投资税率，将对美国跨国公

---

① 26 USC. §§ 250, 951A.
② 26 USC. § 250.
③ 26 USC. § 59A. Tax on base erosion payments of taxpayers with substantial gross receipts.

司把无形资产留在国内产生激励效果。跨国公司在海外投资后向美国再出口与在美国境内生产、境内销售相比，GILTI 税率将比公司所得税标准税率21% 低许多；如果再按照国别不同，实行不同税收抵免限制规则，跨国公司在国内生产和销售的效果将更好。因此从理论上说，GILTI 规则将对跨国公司回流投资产生正向激励。

第二，FDII 规则使美国对无形资产更有吸引力。作为降低税率的新措施，FDII 的作用与减税效果一致，但是只适用于跨国公司境内营业收入处理，同时其作用与无形资产的出口量成比例。FDII 的幅度大约在 1 个百分点，但是无形资产出口越多，FDII 的影响就越显著，而这正是这项措施的政策目标。

第三，BEAT 税的作用是收紧资本弱化规则，并将利息纳入支付范围，其政策效果是限制利润转移。

GILTI 规则、FDII 规则和 BEAT 规则相结合有利于将跨国资本留在美国。按照投资税率弹性变化规律，降低税率能使跨国公司利润提高 0.5%～5%。据实证研究，当弹性为 1.848 时，转移利润占总利润的 19%；当弹性为 1.41 时，转移利润占 15%；当弹性为 0.8 时转移利润为 5%。[1] 可见投资税率弹性越低，利润或转移效果越差，回流的总量就越大。废除企业 AMT 将进一步降低有效税率，却会造成税基损失 35% 左右；但如果减税的目标是解决利润转移问题，降低税率的成本则大于潜在税基增长。

美国国际税收体制改革的综合效应的显现可能是渐进性的。如果把 FDII 降低利率称作"胡萝卜"，减少利润转移，那么 GILTI 和 BEAT 税就是"大棒"，通过提高税率减少利润转让。[2] 但是，由于

---

[1]　Jane Gravelle. "Policy Options to Address Profit Shifting: Carrots or Sticks?" *Tax Notes*, 4 Jul. 2016, pp. 121−134.

[2]　Isabel Gottlieb. "Will Tax Reform Bring Back Patents?" *Bloomberg BNA Daily Tax Report*, 19 Jan. 2018.

2017 年美国国际税制的潜在效应尚未全面显现，对吸引跨国公司回流、投资研发、将无形资产收益遣返政策的效果，则要更长期的观察。

总之，《2017 年减税与就业法》是消除跨国公司进行跨国避税的一次改革。如果美国的跨国投资流回国内，则边际税率不低于13.125%，但如果跨国公司投资来自低税收的外国，则边际税率可能降到 10.5%。实施收到股息扣除（DRD）规则意味着跨国公司可能仍然存在向其他低税收国家和地区进行投资的激励，所以其他税务辖区仍将尝试继续通过税收竞争吸引美国跨国公司，有利的专利盒制度、较低的税率等都是吸引美国投资的手段。[①] 也就是说，在现行全球经济发展格局下，美国国际税收体制的改革无法从理论上证明解决了跨国公司回流问题，同时也无法解决增加联邦财政收入问题。

（三）州税与 GILTI 税、FDII 税及 BEAT 税规则

美国的州与地方财政税收是独立的系统。[②] 美国各州对《2017年减税与就业法》的实施细则制定差异很大，实际上州税制不含国际税收规则，因此 GILTI 税、FDII 税和 BEAT 税都对各州宪法形成不同挑战。综合起来 2018—2019 年美国国际税制改革在各州层面主要有如下特征。

（1）不少州制定方针以满足本州企业的国际税收规则要求。有21 个州与华盛顿特区随《美国税法典》修订进行了更新，其中 15 个州公司税制保持与联邦税法"静态一致"（指定到期日），2 个州的公

---

① Singh, Kartikeya and Mathur, Aparna. "The Impact of GILTI and FDII on the Investment Location Choice of U.S. Multinationals." 17 May 2018. AEI Economics Working Paper 2018-05, May 2018, https://ssrn.com/abstract=3180144 or http://dx.doi.org/10.2139/ssrn.3180144, 5 Oct. 2021.

② Jared Walczak and Erica York. "GILTI and Other Conformity Issues Still Loom for States in 2020." 19 Dec. 2019, https://taxfoundation.org/gilti-state-conformity-issues-loom-in-2020, 5 Oct. 2021.

司税法与联邦税法改革保持动态一致。

（2）有 24 个州已开始或有意开始征收 GILTI 税，其中的 17 个州发布了征税方针，这些州多数是首次明显增加了国际所得税规则。

（3）有 24 个州扣除了 FDII 税，有 7 个开征 GILTI 税的州未扣除 FDII。

（4）有 16 个州开始执行对机器设备投资立即实施费用化规则，另有 3 个州实行部分加回规则。①

（5）联邦税制从全球税制向参与豁免税制转型后，有 14 个州对于"视同遣返"海外所得税率没有重新规定。

各州针对 GILTI 规则存在不明确态度。这有可能导致本州跨国企业从 2018 年开始缴纳此税。很多州目前按照联邦税法第 951A 节征收 GILTI，税基中包含抵免和扣除。美国税收政策游说组织"税收基金会"建议，各州最好不要涉入 GILTI，因为它本质上属于国际税收，不在州税之列。如果州税征收 GILTI，那么美国国会对此必须明确政策。根据《2017 年减税与就业法》，GILTI 和 BEAT 税都是扩大联邦国际税基的方法，但如何纳入征收是两种方法，各州普遍没有采纳 BEAT 税，但是对于 GILTI 却抱着纳入态度。由于各州没有相应的 GILTI 细则，如果纳入 GILTI 规则，就会增加税负。如果考虑到 GILTI 的本意是打击转让利润，州税就更不能将其纳入其中了。如果将 GILTI 纳入分配公式，税负还将提高。所以，各州要么去除 GILTI，要么对本州的跨国公司总部形成压力，影响未来选址决策。

各州对待 FDII 也保持十分谨慎态度。扣除 FDII 对于无形资产出口税是优惠政策，《美国税法典》第 250 节规定，FDII 应当扣除，而 GILTI 不能扣除。采纳 GILTI 税收规则的州，多数也对 FDII 进行扣除，但是由于各州很少单独立法，实际上在州税中扣除 FDII 也缺乏

① 　26 USC. § 904(b)(4).

根据。目前各州各取所需，像康涅狄格、马萨诸塞和纽约州虽然没有相应的 FDII 扣除规则，但是这三个州却开征了 GILTI，而且马里兰、新罕布什尔、俄勒冈和罗得岛州的 GILTI 基更宽。犹他州尚未发布 GILTI 的开征指南，同时还在州税中否定 FDII 扣除规则。

具有优惠州税或跨国公司聚集的州没有征收国际税收的动力。从税收管辖权角度审视，GILTI 和 FDII 主要针对跨国公司而制定，各州根据本州宪法和州税法要求部署实施，受到有关税收新规则影响的州，往往是那些拥有跨国公司数量较多的，而州税对于跨国公司投资的回流影响是次要的，联邦税法的影响是第一位的，也就是说，目前各州的州与地方财政税收政策，决定了跨国公司在本州选址，一旦按照新税法改革州税法，将会在各州之间引起跨国公司流动。

四、遣返税与跨境资本流动

（一）遣返税政策要点

遣返跨国公司递延未税收益是 2017 年税制改革重点之一。美国国际税收体制改革后，跨国公司开始通过股息分配，将递延收益与利润（E&P）遣返回国。《2017 年减税与就业法》遣返税规则要求 [1]：

（1）在国外递延纳税的未税收益，将按照较低税率纳税，其中已进行再投资的非现金资产收益税率为 8%，现金或现金等价物未税收益税率为 15.5%。

（2）制定新的特别规则，以适用于税制改革后仍发生倒置的跨国公司，即如果在 2017 年 12 月 22 日开始的 10 年期间内，任何美国公司首次成为外派实体，则将不再适用 2017 年遣返税规则，而且收

---

[1] 26 USC. § 965. Treatment of deferred foreign income upon transition to participation exemption system of taxation.

益遣返税还将从 8%、15.5% 分别提高到 35%。

（3）提高遣返税，不允许跨国公司进行外国税收抵免。

（4）在纳税人成为外派实体的第一个纳税年度，应全额缴纳视同遣返收益资金的附加税。

（二）跨国公司投资收益遣返与海外收益估计

《2017 年减税与就业法》导致跨国公司加快从海外遣返资金。截止 2017 年税制改革前，跨国公司在海外递延未纳税收益与利润（E&P）2.6 万亿美元。[1] 据有关数据，2017 年税制改革实施后，遣返资金金额较大，其中 2018 年遣返 6 640 亿美元，分别高于 2016 年的 1 440 亿美元的 78.31% 和 2017 年的 1 580 亿美元的 76.20%，也就是说遣返税政策的实施，导致跨国公司滞留海外的跨国投资收益与利润（E&P）遣返加快，增加了四分之三左右，这个幅度是相当大的。[2] 因此可以初步判断，遣返税政策的投资回流弹性较高，而且是可以有预期的，未来的八年中都将有一定的资金回流，但是增长幅度会逐年降低。

联储数据显示，2018 年美国海外跨国公司遣返资金 7 770 亿美元，大约占 2017 年底跨国公司海外拥有现金的 78%。从收益资金遣返进度看，2018 年上半年约遣返 5 100 亿美元，进展最快，随后遣返速度下降。对比之下，2018 年开始税改后当年遣返资金超过了《2004 年国内投资法》（HIA）的临时降税遣返资金额。2004 年美国国际税制改革后，2005 年有 843 家企业，共遣返资金 3 120 亿美元，其中，52% 是由 15 家大企业遣返的，当时美国跨国公司在海外拥有未遣返资金 7 500 亿美元。

①　Institute on Taxation and Economic Policy(ITEP). "Fortune 500 Companies Hold a Record 2.6 Trillion Offshore." 28 Mar. 2017, https://itep.org/fortune-500-companies-hold-a-record-26-trillion-offshore, 2 Oct. 2021.

②　Jane G. Gravelle and Donald J. Marples. "The Economic Effects of the 2017 Tax Revision: Preliminary Observations." Washington, D.C.: CRS, 7 Jun. 2019.

从政策实施上看，实际上跨国公司的资金遣返行为，只是属于纯粹账户交易，不过是把之前由海外子公司保留的收益转移到了美国母公司账上，然后缴纳联邦公司所得税即可在美国合法使用。但是实际上由于货币替代性原理的存在，跨国公司的资金早已投资美国回报更高的产品，如清理债务、回购股票和增加资本支出、研发投资、发放奖金等。

（三）跨国公司投资收益遣返的使用方式

比较2004年和2017年的收益遣返税政策有助于看清政策效果。[①]（参见图7-2）从2004年第二季度到2006年第一季度、2018年第一季度到第三季度数值看，跨国公司海外收益遣返出现了两次急剧升高的趋势，分别对应着《2004年创造美国就业法》和《2017年减税与就业法》遣返税规则的实施时间节点。这两次跨国公司进行资本遣返的趋势是相似的，两次收益回流的遣返资金用途，分别是跨国公司的清理债务、回购股票和增加资本支出与研发投资、提升高级管理人员薪酬和发放奖金，但从收益遣返后资金使用的重点看，在投资和开辟新岗位方面做得最差。

2004年和2017年两次实施遣返税政策的效果十分相似。《2004年美国创造就业法》原则规定了四项遣返资金使用指南，其中用于就业和研发两项资金受到鼓励，而将资金用于高管薪酬和股票回购两项受到禁止。[②]但在《2004年美国创造就业法》实施后，用于回购股票的遣返收益资金达2 900亿美元，占遣返收益的绝大部分，而用于奖

---

① Smolyansky, Michael, Gustavo Suarez and Alexandra Tabova. "U.S. Corporations' Repatriation of Offshore Profits: Evidence from 2018." FEDS Notes, Washington: Board of Governors of the Federal Reserve System, 6 Aug. 2019, https://doi.org/10.17016/2380-7172.2396, 2 Oct. 2021.

② 26 USC. § 965(b)(4) Requirement to invest in the United States.

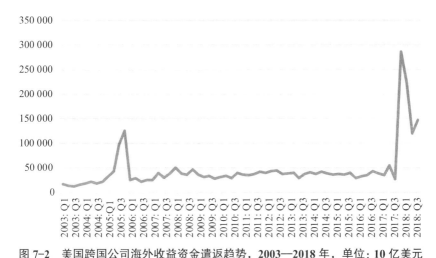

图 7-2　美国跨国公司海外收益资金遣返趋势，2003—2018 年，单位：10 亿美元

资料来源：https://www.federalreserve.gov/econres/notes/feds-notes/us-corporations-repa-triation-of-offshore-profits-accessible-20190806.htm#fig1, 2 Oct. 2021.

金发放也有 67 亿美元，可见有关的政策并未得到遵守。[1]而在《2017年减税与就业法》实施后仅一个半月内，跨国公司即纷纷公开宣布股票回购，金额即高达 1 700 亿美元。据摩根士坦利报告指出，此次跨国公司遣返的海外收益资金，43% 被用于企业股票回购和股息分配，19% 被用于企业并购，13% 被用于发放奖金，真正用于企业投资的资金只占 17%。[2]又据高盛以及 J. P. 摩根分析，2017 年税制改革后，美国跨国公司的股票回购额估计达 6 500 亿～8 000 亿美元，规模比2017 年增加了 51%，其中有 3 000 亿美元来自遣返收益资金。[3]可见，两次实施遣返税政策在达到严格的政策目标上面，都是失败的。

---

[1]　Dhammika Dharmapala, C. Fritz Foley and Kristin J. Forbes "Watch What I Do, Not What I Say: The Unintended Consequences of the Homeland Investment Act." *Journal of Finance*, 66, Jun. 2011, pp. 753−787.

[2]　Editorial Board. "Well-Heeled Investors Reap the Republican Tax Cut Bonanza." *New York Times*, 25 Feb. 2018, https://www.nytimes.com/2018/02/25/opinion/investors-republican-tax-cut.html, 2 Oct. 2021.

[3]　Jeff Cox. "Companies Projected to Use Tax Cut Windfall for Record Share Buybacks, JP Morgan Says." CNBC, 2 Mar. 2018, https://www.cnbc.com/2018/03/02/companies-projected-to-use-tax-cut-for-record-share-buybacks-jp-morgan.html, 2 Oct. 2021.

美国跨国公司遣返海外收益资金后首先选择清欠。在标准普尔500企业排行榜上排名前15家的大跨国公司，总资产负债率从2017年第四季度到2018年第一季度只下降了2个百分点，虽然下降幅度并不大，但是2018年债务总额下降了840亿美元。相比之下，非金融类标准普尔500企业持有的现金总额却增加了1 570亿美元。（参见图7-3）

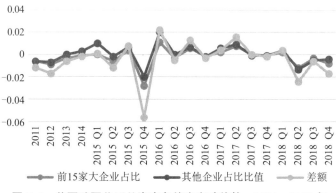

图7-3　美国跨国公司总资产负债率变动趋势，2014—2018年

资料来源：https://www.federalreserve.gov/econres/notes/feds-notes/us-corporations-repa-triation-of-offshore-profits-20190806.htm, 2 Oct. 2021.

跨国公司海外收益资金遣返回国与股票回购的增加关系最密切。据联储数据，对在海外拥有超额现金的美国非金融跨国公司，尤其是在海外拥有现金最多、排名前15位的跨国公司进行调查并与标准普尔500排行上榜跨国公司的融资与投资行为相比较，发现如下特征。

（1）在《2017年减税与就业法》通过前，15家大公司拥有的现金总额，大约等于美国全部海外未遣返收益资金的80%。

（2）在《2017年减税与就业法》通过后，上述15家企业的股票回购短时间内急剧增加，在2018年内的股票回购与资产总额之比翻了一番以上，实际股票回购价值从2017年的860亿美元提高到2018

年的 2 310 亿美元。（参见图 7-4）

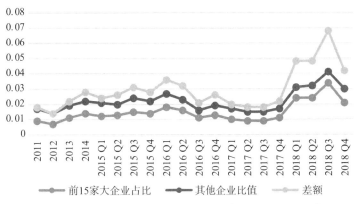

图 7-4 美国跨国企业股票回购变化趋势，2011—2018 年

资料来源：https://www.federalreserve.gov/econres/notes/feds-notes/us-corporations-repatriation-of-offshore-profits-20190806.htm, 2 Oct. 2021.

（3）在 15 家大公司中，前 5 家企业未遣返收益资金中的股票回购占主要部分。其中，在 2018 年排行榜上前 5 家跨国企业，遣返收益资金总额占前 15 家大企业遣返资金之和的 65%，在拥有海外未遣返收益资金最多的企业中，有 1 家跨国公司遣返的收益资金占全部 15 家企业的 32%。

（4）《2017 年减税与就业法》实施后，非金融类标准普尔 500 企业的股票回购同步增加，但股票回购额较少，这两类企业股票回购额占资产总额之比的差额，在 2018 年扩大了一倍。

（5）跨国企业通过股息分配形式对股东进行支付。然而 15 家大企业支付的股息与上年相比并无实质性变化。

跨国公司收益遣返后流入股市非正常抬高了股价。（参见图 7-5）根据联储跨国企业股票回购总额与资产总额之比的变化趋势、资本

① "Compustat data via Wharton Research Data Services." http://wrds.wharton.upenn.edu, 2 Oct. 2021.

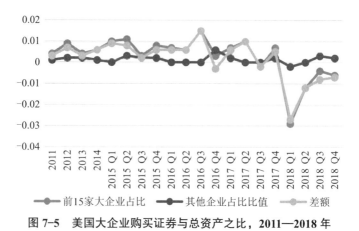

图 7-5　美国大企业购买证券与总资产之比，2011—2018 年

资料来源：https://www.federalreserve.gov/econres/notes/feds-notes/us-corporations-repatriation-of-offshore-profits-20190806.htm, 2 Oct. 2021.

支出与研发支出占资产总额之比的变化趋势、总资产负债率季度变动趋势等指标，证明海外投资收益遭返资金流入了股市。这也间接说明，2004 年税制改革后资金回流模式在 2018 年重新上演，跨国公司将海外遭返收益资金大部分投入了固定收入证券，并没有增加资本投入和研发投入，实际上跨国公司向外转移研发机构和投资的收益非常惊人。研究发现，将美国的研发机构转移出去投资海外，和跨国公司追逐低税率投资的经济效益一样。通过比较美国与其他国家的研发劳动成本发现，将美国的研发机构布局在印度，成本将节约 91%，布局在捷克节约 80%，布局在西班牙、意大利和以色列节约 43%。[1]因此可见，仅通过税制改革并无法根本上解决跨国企业回流，而且这一单一方式的改革，还造成资金非正常、短时间内大规模流入股市，造成股市的波动。

　　跨国公司遭返海外收益资金流入股市是由于货币可替代性原理。

---

① "Multinationals Derive Huge Benefits From Shifting R&D Abroad." 11 May 2020, https://www.cfo.com/tax/2020/05/multinationals-derive-huge-benefits-from-shifting-rd-abroad, 5 Oct. 2021.

1986 年美国国会在最后审议利息费用规则时，认可了货币可替代性原理。众院筹款委员会指出，相信除了个别例外情况，纳税人按照货币是可替代的原理为基础，对利息费用进行分配和分摊是恰当的。美国财政政策十分重视所谓通货的可替代性。例如《财政部暂行规定》指出，利息的分配和分摊方法要根据货币可替代性，按照利息费用应归属所有活动和全部财产原则，无论产生利息支付义务来自何种特别情形。[①] 在商业领域，通常增量定期贷款的借款人和安排者希望增量定期贷款与现有定期贷款可相互替代。因此，可替代性有三重意思：（1）从税收角度出发，增量定期贷款应当与现有定期贷款视为同等的"发行"；（2）按照贷款文件，增量定期贷款应当视为与现有增量贷款一样的贷款的一部分；（3）增量定期贷款的期限与现有定期贷款的期限是一致的。[②]

货币的可替代性在跨国企业遣返海外收益用于回购股票中发挥着作用。研究有关数据发现，在 2018 年税制改革前几年内，尽管 15 家大企业持续购买证券、增加投资，但在 2018 年这些跨国企业共卖出了 1 150 亿美元股票，成为证券净抛出企业。尤其是从 2017 年第四季度到 2018 年第四季度，遣返海外收益资金总量排名前 15 的大企业，持有的现金和短期投资下降了 1 100 亿美元，以上 2 250 亿美元几乎等于 2018 年的股票回购总额，可见这就是资金的替代性在其中发挥作用。从股票回购进程看，2018 年全年回购活动一直持续，回购最多的是第一季度的 660 亿美元，但在第一季度后，收益资金遣返速度开始放缓。

至于说为什么跨国公司能够突破财政部的有关政策，利用遣返

---

① "Interest Payable in Stock of Related Foreign Corporation and Section 864(e)." https://www.irs.gov/pub/irs-wd/1336018.pdf, 2 Oct. 2021.

② "Leveraged Finance Group Client Alert: Implementing 'Fungible' Incremental Term Loans." https://www.milbank.com/images/content/2/3/v6/23476/Implementing-Fungible-Incremental-TLs.pdf, 2 Oct. 2021.

资金回购股票，其背后的原理仍是货币的可替代性。布鲁金斯学会研究指出，在大型高技术企业的财务报表中都已经准确地描述了遣返资金的投资地点，那就是大量海外收益回购了公司股票。大部分资金的投资对象是美国国债、机构证券、抵押贷款支持证券或以美元计价的公司票据和债券。苹果公司年报指出，公司现金和现金等价物通常以美元计价的控股公司为基础。微软年报指出，在海外递延纳税的 1 240 亿美元资金有 90% 以上投资于美国政府和机构证券、公司债务或抵押贷款支持证券。其他大型高技术企业与大型制造企业，如通用电气、谷歌、Cisco、Oracle、Amgen、福特汽车、Gilead、Qualcomm、Merck、亚马逊、辉瑞、IBM、强生在美国国际税收体制改革前后，都利用了有利的地位，向国内视同遣返了资金。合计来看，美国拥有现金余额最多的 15 家公司共持有近 1 万亿美元现金，约 95% 投资于美国。也就是说，这些所谓"未遣返"所得资金实际上就隐藏在美国金融体系中，而且还通过美国金融体系，向购房者、小企业和公司提供贷款。[①]

（四）跨国公司遣返税与就业

遣返税能否增加美国内就业并非是一个孤立的问题。随着全球化日益深入，跨国公司在海外投资收益与日俱增引起了美国政府注意，然而共和党和民主党对于如何将海外巨额资本收益遣返存在根本分歧，《2004 年美国创造就业法》是共和党的一次政策尝试和对大跨国公司的资本回馈，虽然财政部明令遣返收益资金只能用于与增加美国就业有关的投资领域，然而实际上股票回购和股息分配是跨国公司

---

① Adam Looney. "Repatriated Earnings Won't Help American Workers—But Taxing Those Earnings Can." 25 Oct. 2017, https://www.brookings.edu/blog/up-front/2017/10/25/repatriated-earnings-wont-help-american-workers-but-taxing-those-earnings-can, 2 Oct. 2021.

遣返收益的最大流向，而且遣返资金的使用对于就业促进的影响基本上忽略。所以在小布什共和党政府下台后，奥巴马行政当局主张纳税后遣返海外跨国公司收益，遭到共和党国会的强烈反对，2018 年遣返税制改革可谓是美国共和党对于大型跨国公司的又一次回馈，从 2004 年遣返税的经验看，绝不会对增加美国就业有更大的作用。

美国财政部早就认为遣返税不能增加就业。奥巴马在 2011 年国情咨文中指出："几年来游说集团通过税法回馈个别企业和行业。他们大量雇用会计师和律师，通过制度筹划不再缴纳任何税收。但是其他人却备受煎熬，承受着全世界最重的税负。真是看不懂，这得改了。"美国财政部负责税收政策的助理部长 Michael Mundaca 指出，没有任何证据表明，2004 年的遣返税政策增加了就业，却空耗数以亿计的财政资金，这是不幸的。美国国会研究局（CRS）的研究报告早就指出，2004 年遣返税政策大多数受益的跨国公司在 2005—2006 年都削减了工作岗位，实际上在这个时期，美国全国的就业是持续增加的，而遣返资金却浪费在股票回购和股息分配上了。所以，利用已经遣返资金增加美国就业和投资根本无望。[1]

但有些研究发现 2004 年遣返税对跨国公司增加就业有积极结果。Scott D. Dyreng 与 Robert Hills 运用了边际分析方法，研究 2004 年遣返税后跨国企业母公司驻地就业的变化，发现明显增加了就业，尤其是对于驻地半径 25 千米以内的就业增加非常显著，利用分位数回归分析发现，遣返税与就业之间的正相关关系非常强，呈现倒 U 型曲线。而且从对美国剔除纽约都市统计区（MSA）的区级就业数据的分析，也表现出这种趋势。这从一个侧面说明 2017 年遣返税制有利

---

[1] Michael Mundaca. "Just the Facts: The Costs of a Repatriation Tax Holiday." 23 Mar. 2011, https://www.treasury.gov/connect/blog/Pages/Just-the-Facts-The-Costs-of-a-Repatriation-Tax-Holiday.aspx, 2 Oct. 2021.

于美国增加就业。①

　　而实证材料表明 2004 年遣返税政策没有增加就业岗位。据 CNBC 数据，制药集团辉瑞在 2005—2006 年共遣返资金 370 亿美元，却减少就业岗位 1 万个，Merck 制药厂遣返收益 159 亿美元，很快便减少就业岗位 7 000 个，惠普计算机遣返收益 145 亿美元，同时减少就业岗位 14 500 个。② 福特公司和其他跨国公司一样，并不缺少资金雇用工人，但在遣返了 9 亿美元收益后却减少了工作岗位；遣返资金帮助福特成为美国三大汽车公司中唯一度过经济大衰退的企业，而且福特靠这笔资金避免了进一步削减岗位。③ M. Mendel Pinson 认为，遣返收益资金没有增加就业，实际意味着遣返收益资金没有用于本已多余的岗位。而且即使采取减税刺激，政府也无法要求跨国企业增加并不需要的岗位；所以，跨国企业遣返海外收益资金后削减岗位才是正常之举。④

　　减税对于投资和就业的影响是长期因素。经济学理论指出，跨国公司遣返海外资金不会必然增加雇员报酬，由于雇员报酬可以扣除，税率变化不影响报酬，因此企业给予雇员的报酬也不变。但是企业会利用税率下调进行报酬筹划，稳固劳资关系。资本股投资增加后，雇员报酬也将增加，除非跨国公司之前的资金紧张。增加国内投资将会刺激工资较慢且渐进上涨。减税刺激了股权回购行为，

---

①　Scott D. Dyreng and Robert Hills. "Foreign Earnings Repatriations and Domestic Employment." 12 Mar. 2018, https://tax.unc.edu/wp-content/uploads/2018/04/Foreign-Earnings-Repatriations-and-Domestic-Employment.pdf, 2 Oct. 2021.

②　Jeff Cox. "The Last Time Companies Got a Break on Overseas Profits, It Didn't Work Out Well." 26 Apr. 2017, Updated Wed, 26 Apr. 2017, https://www.cnbc.com/2017/04/26/what-happened-the-last-time-companies-got-a-break-on-overseas-profits.html, 2 Oct. 2021.

③　Matthew Jerome Mauntel. "Stimulating the Stimulus: US Controlled Subsidies and I.R.C. 965." 33 B.C. Int'l & Comp. L. Rev. 107 (2010).

④　M. Mendel Pinson. "Effects of 2004 Int'l Tax Holiday, Recommendations Going Forward." *Tax Analysts*, 31 Aug. 2011, http://www.taxhistory.org/www/features.nsf/Articles/E7A9586 12953C1EF852578FD00607975?OpenDocument, 2 Oct. 2021.

股权回购行为的本质等同于股息分配，而股息分配和股票回购都属于短期利益。

（五）国际税制改革与各州遣返税规则

各州是否能从所得视同遣返政策中获得财政收入取决于两个条件：一是各州税基中是否包含 F 分编所得；二是各州税法是否与收到的外国股息扣除新规定保持一致。视同遣返是一次性政策，税基是跨国公司 2017 年留在海外的递延所得，政策影响将是连续的，目前只有俄勒冈州和犹他州按照八年遣返全部递延收益安排政策。当外国子公司向美国母公司支付股息时，联邦政府对于收到的外国来源股息部分加以扣除。各州征收州税时理论上有两种办法：（1）根据收到股息来定义是否作为外国遣返股息收入；（2）是否 100% 扣除外国股息。例如，康涅狄格州 DRD 规则要全部扣除遣返股息，但是根据 2018 年遣返税立法则符合 5% 的加回规则。[1]

目前美国有五个州执行跨国公司 15.5% 和 8% 两档税率的收益遣返税政策。[2] 其他州只按普通税率征收，不分遣返所得所占比例。科罗拉多州和联邦政府一样，在对待外国缴纳的税收方面独树一帜，有 14 个州的税法全盘照搬了联邦遣返税规则条文。[3]

五、税制改革与国内投资变动分析

（一）海外投资收益遣返后在国内的投资

美国 2017 年税制改革推动了跨国公司在国内投资加速。这一见

---

[1]　Connecticut Public Act No. 18-49(2018).

[2]　26 USC. § 965(c)

[3]　Jared Walczak and Erica York. "GILTI and Other Conformity Issues Still Loom for States in 2020." 19 Dec. 2019, https://taxfoundation.org/gilti-state-conformity-issues-loom-in-2020/, 2 Oct. 2021.

解主要来自以下三方面的判断：

一是，据对遣返收益排名前 15 的大型跨国企业投资数据的采集分析，2017 年、2018 年标准普尔 500 非金融类企业的投资率稳定在 1.5，而 15 家大型跨国企业的平均投资率从 2017 年的 2.3 上升到 2018 年的 2.8。（参见图 7-6）

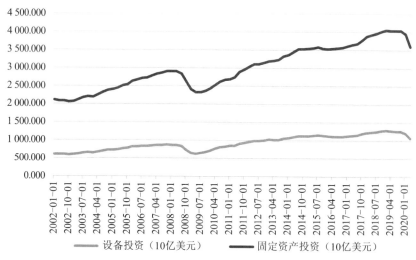

图 7-6　美国固定资产投资与设备投资趋势，2002—2020 年第一季度，单位：10 亿美元

资料来源：https://fred.stlouisfed.org/series/Y033RX1Q020SBEA, 2 Oct. 2021.

二是，排名前 15 的大型跨国企业相对于其他非金融类标准普尔 500 企业，在《2017 年减税与就业法》立法实施前的几年内早已在持续增加国内投资。另一方面，2018 年跨国公司在美国内的投资增量又远远小于股票回购。

三是，税制改革开始后，其他企业在资本支出和研发支出与大企业的同步性增加，其他大企业自 2011—2018 年与 15 家美国大公司相比，资本支出加研发支出之和占资产之比的差额逐步扩大，显示美国大公司在国内的投资持续加快。（参见图 7-7）

但是因为大公司投资是长周期行为，具有一定的战略性，加上数据披露时滞较长，2017 年税制改革后跨国公司是否会坚持在美国继续投资，尤其是进行制造业投资、研发投资，完全值得更长时段的观察。

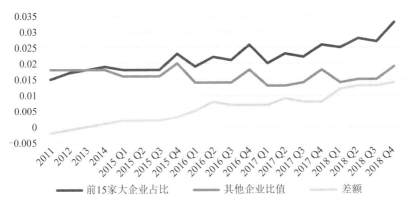

图 7-7　美国跨国企业资本支出加研发支出变化趋势，2011—2018 年

资料来源：https://www.federalreserve.gov/econres/notes/feds-notes/us-corporations-repatriation-of-offshore-profits-20190806.htm, 2 Oct. 2021.

海外收益遣返税对增加国内投资的推动值得深化分析。联储2018 年数据显示，税制改革开始后，跨国公司增加了当年在美国国内投资，实际上在此之前，美国跨国企业早就增加对国内投资了。由图 7-7 可见，2011—2018 年其他大企业与 15 家大企业相比，资本支出加研发支出之和占资产之比的差额逐步扩大，显示大企业在美国国内投资持续加快。在美国税制改革开始后的当年，无论是大公司还是其他跨国公司，资本支出和研发支出占资产之比都有所增加，这也显示了其他跨国公司也加快了国内投资，这与税制改革的各项政策推动都有关联。因此是什么因素推动了跨国公司增加投资，是遣返收益资金政策还是其他因素所导致，美国内外有不少争论。联储认为，因为投资是长周期行为，需要长期观察。

（二）投资增长与总需求的关系

美国 2017 年税制改革为增加国内投资打开了大门。美国企业界和学术界都认为，减税的经济效果是多重的，一是导致国内产量和投资同步增加，二是提高了企业职工收入，三是进一步吸引跨国公司将遣返海外投资，四是压制美国企业向海外迁移步伐，但是这些措施都造成美国财政压力增大。[①] 美国财政部 2018 财年税收收入同比下降了 31%，高达 920 亿美元，但减税对消费和国内投资具有较大正面影响。例如，标准普尔 500 企业在《减税与就业法》通过后，将五分之一的资金投入了企业资本支出和研发支出，剩余资金则用于股票回购、分红以及其他用途。IMF 报告认为，预期美国生产需求增加是企业投资增加的主要动力。[②] 那么减税的投资效应究竟怎样呢？

前瞻加速系数模型是分析总需求和投资关系的标准模型之一。20 世纪以来，国际上一般进行投资分析通常采用五种模型：（1）加速理论；（2）现金流量模型；（3）新古典模型；（4）改进的新古典模型；（5）Q 理论。美国经济学家 Jorgensen 在新古典的 MM 原理基础上指出，企业的投资决策主要取决于资本成本，企业的真实决策和融资决策是分离的，他还在企业利润最大化基础上，为投资决策分析提出了结构方程式。

1995 年 Oliner、Rudebusch 和 Sichel 根据 Jorgenson 和 Siebert[③] 的

---

① Patti Domm. "Tax Bill Includes an Incentive for US Companies to Invest in Foreign Manufacturing." *Market Insider*, 19 Dec. 2017, https://www.cnbc.com/2017/12/19/tax-bill-includes-an-incentive-for-u-scompanies-to-invest-in-foreign-manufacturing.html, 2 Oct. 2021.

② Emanuel Kopp, Daniel Leigh, Susanna Mursula and Suchanan Tambunlertchai. "U.S. Investment Since the Tax Cuts and Jobs Act of 2017." *IMF Working Papers*, WP/19/120.

③ Dale W. Jorgenson and Calvin D. Siebert. "A Comparison of Alternative Theories of Corporate Investment Behavior." *The American Economic Review*, 58(4), Sept. 1968, pp. 681–712.

研究，并在 Jorgensen 于 1968 年提出的建模思想上，建立了如下模型：

$$I_t = \alpha + \sum_{i=0}^{N} \beta_i \Delta K_{t-1}^* + \delta K_{t-1} + \epsilon_t \tag{7.7}$$

I_t 代表企业真实投资，ΔK_t^* 代表资本存量的期望变化数值，ΔK_t^* 与产量等比例变化，即

$$\Delta K_t^* = \sigma \Delta Y_t \tag{7.8}$$

该式通常包含 12 个滞后的产量变化数值（N=12），利用资本存量的滞后解决函数潜在的不平稳性。

只有在宏观经济强劲，企业在本期和未来销售都大量增加情况下，才会刺激投资增加。《2017 年减税与就业法》通过减税刺激了企业增加投入，2018 年在《两党预算法》增加联邦支出后，也推动企业加大国内投资，由于资本使用成本下降，进一步推动了企业投资增加。

根据 IMF 的预测模型（7.1），推导私人部门真实投资需求的增长：

$$I_t = \alpha + \beta(L) E_t \Delta Y_{t+h} + \delta K_{t-1} + \epsilon_t \tag{7.9}$$

其中，I_t 指企业对于 IP、设备和软件的投资，$E_t \Delta Y_{t+h}$ 代表在今后 h 个季度内的增长，h 值可从美国"共识经济学"网站查到。[①]

为了解决当前投资与未来投资对预期产量影响的相互关联，式（7.1）中有关数据只用总产量扣除投资 Z 数据后的数值，即从 GDP 中排除投资，然后从"共识经济学"中查到 4 个季度的非投资性产量增长率（即 $h=4$）。样本数值区间是 1983 年第四季度到 2016 年第四

---

① https://www.consensuseconomics.com, 2 Oct. 2021.

季度，最后，预测 2017 年第一季度到 2018 年第四季度的投资变化情况，其中排除了厂房投资，以避免油价因素的影响。

实证结果显示 2017 年美国税制改革具有正面投资效应。据美国独立企业联合会（NFIB）《小企业调查》对 2 000 多家雇用人数在 100 名员工以内小企业的调查显示，自 2017 年开始，回答"今后六个月内实际销售量将增加"的企业净百分比开始攀升，显示了美国经济需求增加趋势。但是也有小部分企业将此归结于《2017 年减税与就业法》通过后企业计划投资行为。美国企业经济学协会（NABE）《企业情况调查》季刊调查发现，有 11% 的企业认为，投资加速的原因是《2017 年减税与就业法》的实施，有 4% 的企业认为，回归美国进行投资也是由于对企业减税，其中《2017 年减税与就业法》通过后，最可能加速向美国投资的行业是产品制造行业，而服务业是最不可能加速向美国投资的行业。在 2018 年第一季度对标准普尔 500 企业收益的电话调查中，有 22% 的企业认为，增加在美国的投资与《2017 年减税与就业法》有关，其中零售行业最多。NFIB 在 2018 年 4 月也进行了有关调查，发现有 24% 的小企业打算通过减税收入扩大投资。[1]

总之，减税在短期内成为推动美国投资增长的原动力之一。但同时在总需求方面带动了消费、投资，因此从本阶段来看，短期投资的增加开始于减税，因为减税的本质是财政和企业二者之间重新分配净收入，政府收入下降，企业收入短期增加。至于企业是否会通过扩大国内投资，创造就业机会，又将取决于多重因素，从美国国内的经济结构、劳动就业结构和科技进步状况来看，跨国公司在美国内并

---

[1] Michelle Hanlon, Jeffrey L. Hoopes and Joel Slemrod. "Tax Reform Made Me Do It!" *Tax Policy and the Economy*, 33, Moffitt. 2019, https://www.nber.org/papers/w25283, 2 Oct. 2021.

不具备强大的竞争力，因为跨国公司的竞争对手是国际性的，在国内生产将面临高于其他国家的税率、劳动成本等投入费用，只有高技术研发和金融垄断企业才更加符合在美国投资的要求。

可见跨国公司在长期内能否在美国维持投资有不确定性。也就是说跨国资本的回流是否持续，并不决定于税制改革这个单一的政策手段，从长期趋势看，制造业仍将面临国外的激烈竞争。再从财政角度看，由于美国税制改革的结构效应，财政大幅减收将使联邦财政赤字和债务负担愈加严重，目前尽管美国财政仍能够支撑债务负担，但放眼中长期内，随着美国增长周期的新波动，缺少实质经济支撑的联邦财政，以及州与地方财政的稳健都将出现深层问题，反过来影响跨国公司投资和选址。

（三）税制改革与国内投资的关系

经济政策与市场变化是影响企业投资决策的两个主要因素。经济理论认为，经济政策具有不确定性，市场支配力与政策因素相互交织对投资产生影响，而政策因素主要是税收因素。在完全竞争的市场中，市场参与者对市场没有支配力。市场支配力是企业将商品或服务的市场价格提高到边际成本以上的能力。企业对市场支配力越大，定价能力就越强。

1. 减税对投资的长期与短期影响

降低税率与折旧补贴被视为 2017 年税制改革政策的亮点。由于减税和折旧补贴（奖励性折旧）能够降低资本使用成本，推动投资增长，所以得到理论界推崇。所谓资本使用成本是指资本的租金价格，即在覆盖税收、折旧、实物投资的机会成本后，投资的最低回报率。通过增加税后资本回报率，可降低公司利润税率，降低税前回报率，那么新增有形资产的边际产品必须超过生产和使用这类资产的成本，因此将提高企业对于资本服务的需求。反过来，如果减少税后资本回报率，提高利润税率，将提高税前回报率，新的有形资产的边际产品要超过生产和使用这类资产的成本，因此降低了企业对资本服务的需求。

减税对投资的影响反映在宏观经济指标的变化之中。如果将税收收入的变化视作经济条件改变的内生变量，通过结构矢量自回归模型（SVAR）即可进行准确预测。Blanchard 和 Perotti 认为，由于税收政策受长期因素影响，因此长期税率必然回归常态。[1]Mertens 和 Ravn 综合估计个人所得税变化的经济影响后指出，税收政策对产量和投资的影响是实质性的，减税的影响通常会在一年内达到峰值。降税对于投资增量的影响估计需剔除周期因素，那么（1）可采用 SVAR，（2）确认税制改革外生变量影响。[2]

表 7-5　2017 年减税对新增投资的影响估计，2018—2027 年

指标	2018	2019	2020	2021	2022	2023	2024	2025	2026	2027	长期
边际有效税率变化对新增投资的影响（百分点）	−3	−5	−7	−7	−7	−6	−5	−4	−2	−1	<0.5

资料来源：Brandon Pizzola, Robert Carroll and James Mackie. "Analyzing the Macroeconomic Impacts of the Tax Cuts and Jobs Act on the US Economy and Key Industries." Ernst & Young LLP, 2018, p. 2.

2017 年减税对投资的推动与战后其他减税的成效相比很低。Mertens 在估算总税收乘数基础上计算了美国税制改革效应，他的研

---

[1]　Olivier Blanchard and Robert Perotti. "An Empirical Characterization of The Dynamic Effects of Changes in Government Spending and Taxes on Output." *Quarterly Journal of Economics*, 107, 4 Nov. 2002, pp. 1329–1368.

[2]　Karel Mertens and Morten O. Ravn. "The Dynamic Effects of Personal and Corporate Income Tax Changes in the United States." *American Economic Review*, 103(4), 2013, pp. 1212–1247.

究结论如下。[①]

（1）《2017年减税与就业法》对真实GDP的影响范围在0.9～1.8个百分点之间，企业投资将增加3.4～7.2个百分点。

（2）税制改革推动2018—2020年GDP增长1.3%，到2020年累积效应可能达到2.1%。

（3）从2018—2020年，个人所得税制改革的GDP增长效应为0.5%，公司所得税制改革的增长效应为1.9%。减税后的GDP、企业投资增量与历史上减税对投资的影响相比，属于很低的水平，而且与"共识经济学"和"职业预测家调查"此前的预测结果相比也很低。也就是说如果按照战后减税与经济增长和投资的关系比较，2017年美国减税政策对投资的影响较小。后来包括国会联合税收委员会（JCT）的研究，都采纳了Mertens的研究结果。

美国企业的市场支配力随市场结构趋于稳定也越来越大。其长期主要表现是，企业垄断利润不断增加，公司利润的增加与盈利能力上升都和生产集中因素有关，既可能是来自市场能力提升，也可能是来自垄断租金的增加。而垄断租金过高则意味着公司税收扭曲较少，减少公司税率将导致税后垄断利润增加，生产和投资决策行为变化则较为微弱。如果当前的减税政策影响较小，那就说明企业投资能力可能纯粹是由于产业组织结构变化的结果。必须分析跨地区的投资变动与主要经济变量之间的关联，而税率正是这个因素。

市场支配力等于位于边际成本以上较高价格下的利润。要找到市场支配力在减少投资条件下对税收的敏感度，可借用全球统一货币财政模型（GIMF）加以分析，该模型属于跨地区的一般动态均衡

---

① K. Mertens. "The Near Term Growth Impact of the Tax Cuts and Jobs Act." Federal Reserve Bank of Dallas Research Department Working Paper, 2018, p. 1803.

模型。①

公司所得税收入与 GDP 的比值是：

$$\tau^{CIT}/Y = [\,(\,R^K - \delta\,)K/Y + (\,1 - 1/\mu\,)\,] \qquad （7.10）$$

式中，τ^{CIT} 是公司有效税率，R^K 是资本回报，δ 是折旧率，K/Y 是资本存量与 GDP 之比。参数 μ 是边际成本之外的价格利润，（$1 - 1/\mu$）代表垄断利润。资本租金率包含了折旧率，一旦缴纳了公司所得税后，还包含可贷资金成本。那么税收扭曲即意味着资本回报减去折旧无风险租金率与公司利润之比。那么公司所得税的函数式是：

$$R^K - \delta = r/\,(\,1 - \tau^{CIT}\,) \qquad （7.11）$$

式中 r 是无风险租金率。

式 7.11 的含义是在 GDP 中，稳定的投资份额取决于资本租金率、资本在生产函数 α 中的权重、折旧率以及利润，因此：

$$I/Y = \delta\alpha/\mu R^{K^*} \qquad （7.12）$$

式 7.12 是说，通常利润的稳定上升意味着投资下降。

问题的核心是利润与投资对于减税的反应之间的关系。因此，上式适用于市场支配力和投资对减税反应的理论联系，即投资的税收弹性变化。但是在其他条件相等时，市场支配力越大，利润率 μ 也可能越高，公司所得税与 GDP 之比值越大；同样减税则要求企业有效税率下降较小。企业有效税率小幅度下调后的扭曲也很小，因而

---

① M. Kumhof, D. Laxton, D. Muir and S. Mursula. "The Global Integrated Monetary Fiscal Model (GIMF)—Theoretical Structure." IMF Working Paper Series, 2010, WP/10/34, http://www.imf .org/external/pubs/cat/longres.cfm?sk=23615.0, 5 Oct. 2021.

就抵消了对投资的正面影响。利润增加意味着投资率较低，如果再加上减税对投资的影响，GDP 增量也就更小。

2. 税制改革对投资影响的估计

2017 年美国税制改革的积极效应在短期内已经释放。但是由于产量调整、结构变化以及技术进步因素的作用，对跨国投资的流动作用力是否变大，尚有待于更长时段观察。对此美国学界的观点归纳起来大致有三种。

第一，2017 年减税的投资增长效应低于预期数值。Emanuel Kopp 等 [①] 在研究有关美国税制改革的历史经验后指出，综合 2017 年税制改革前大量理论与实证研究预测认为，税制改革将推动投资增长 5.15 个百分点。但是《2017 年减税与就业法》实施后，实际投资仅增长了 3.53 个百分点，另外预计《两党预算法》的减税措施推动投资增长 0.52 个百分点，但是政策的不确定性和市场支配力分别降低 0.40 个百分点和 0.13 个百分点的投资。因此，预测值与实际值之间的差额为-0.45 个百分点，那么这将归结为其他的影响因素。这些除了政策的不确定性和市场支配力影响，还有两个主要因素：

（1）新税制过于复杂且不完善，特别是国际税收政策更不完善，因为新的国际税收体制实际上导致跨国公司税负增加，降低税率、费用化产生的正向收益被抵消。

（2）在《2017 年减税与就业法》争论并通过的几年中，美国经济处于扩张期，但是宏观经济效应较小。减税后企业投资增加的主要是国内消费需求增加造成的，消费需求增加又来自减税的财富效应以及 2018 年《两党预算法》增加支出。

《2017 年减税与就业法》的长期投资效应取决于边际有效税率。

---

① Emanuel Kopp, Daniel Leigh, Susanna Mursula and Suchanan Tambunlertchai. "U.S. Invest-ment Since the Tax Cuts and Jobs Act of 2017." IMF Working Papers, WP/19/120, Figure 15.

在 2018—2022 年实施减税后, 据预计, 投资将在税制改革前基准线上年均增加 7.3%, 2023—2027 年年均减少 6.9%。2018—2027 年十年间投资一增一减的含义是, 后五年因加速折旧, 投资增长提前到了前五年。但从十年预算窗口期来观察, 减税仅略微推动了投资增加, 前五年在基准线上略增 0.6%, 后五年略增 0.8%。由于 METR 略有减少, 预计长期股本 (capital stock) 在税制改革前基准线上只增加 0.3%。①

总之, 税制改革的初始带动效应是客观存在的。但是, 正如我们之前所分析的, 减税无非造成了政府和企业收入的比例发生了改变, 产量效应则是恒定的, 所以不能夸大税制改革效应, 或者可以说, 税制改革只是打破了旧的经济循环模式, 增加了推动经济增长的因素。

第二, 2017 年税制改革对美国企业产生了较强投资效应。这是与第一个观点相反的结果, 据 NFIB 每月调查报告, 在税制改革新政开始实施后, 企业在未来 3 ~ 6 个月内有增加投资的计划, 其中有 3 个月是消除噪音后的移动平均值。

以企业圆桌会议对 CEO 的调查结果为例, 在 2018 年第一季度, 资本支出指数和未来 6 个月资本支出的百分比都提高了, 直到第三年第四季度, 所有投资指标都处于 2011 年第二季度以来的最高值。

再以 2018 年第一季度 NABE 调查为例, 在信息与通信技术领域 ICT 的投资都达到顶点, 并一直维持在开始这项调查以来的最高点。其他调查结果, 如摩根士坦利的计划资本支出指数都处于历史最高点; 而且新资本品订单也在大幅增加, 即使考虑到调整成本和时滞的存在, 投资也都在明显加速, 表现在厂房、设备、知识产权产品都在增加, 这些都发生在《2017 年减税与就业法》通过之后。截至 2018 年第三季度, 全部非居民固定投资增加了 1 500 亿美元, 折合增长率

---

① Brandon Pizzola, Robert Carroll and James Mackie. "Analyzing the Macroeconomic Impacts of the Tax Cuts and Jobs Act on the US Economy and Key Industries." Ernst & Young LLP, 2018.

5.8%，而非金融部门的投资增长率达到了 12.1%。在新税法的新增设备全额成本化规则确定之后，2017 年第四季度设备投资即开始大增。

第三，2017 年美国税制改革推动了美国投资有限增长。这是 IMF 的观点[①]：

（1）《2017 年减税与就业法》与《两党预算法》共同推动了美国投资增长。2018 年美国真实私人固定资本投资明显超出《2017 年减税与就业法》通过之前的预测水平，后值超过前值 2.2%。

（2）2017 年税制改革后，美国的投资增长在其他发达经济体中并未出现，实际上固定资产投资从 2017 年第四季度开始已经超出预测数值，这是由于新税法将实施全面费用化规则的结果。[②]

（3）美国税制改革后私人资产投资增长呈现出结构变化。实际投资的增加超过税制改革前 3.5%～4.7%，从企业投资结构来看，对设备、软件和知识产权投资增长最多，税制改革前后预测数值变化最大，厂房投资在 2018 年增长较多，但是随后开始萎缩，对企业总投资实际贡献很小。2017—2018 年石油行业对于厂房投资增长的贡献最为明显，但是对于设备、软件和知识产权投资贡献却很少，可见石油因素对于美国 2018 年企业投资增长的贡献很小。

美国税收体制转型与短期内投资增长有一定必然联系。《2019 年总统经济报告》提出了两个观点：

（1）从大衰退结束的 2009 年当年第三季度到 2017 年第四季度，美国经济增长了 34 个季度，私人非居民真实固定资本投资对 GDP 的平均贡献率为 0.6 个百分点，但在《2017 年减税与就业法》通过后的头三个季度，该数值为 1.0 个百分点，这个贡献率是自 2001 年以来的第二高水平。

[①] Emanuel Kopp, Daniel Leigh, Susanna Mursula and Suchanan Tambunlertchai. "U.S. Investment Since the Tax Cuts and Jobs Act of 2017." IMF Working Papers, WP/19/120.

[②] Council of Economic Advisers. "Economic Report of the President." 2019.

（2）自 2012 年第四季度到 2016 年第四季度，真实 GDP 复合增长率为 2.3%，2015 年和 2016 年分别为 2.0% 和 1.9%，2017 年达到 2.5%，2018 年那边前三个季度为 3.2%，这是自 2004 年以来的首次，经回归分析该值高于趋势数值 1 个百分点。

3. 税制改革对投资增长的结构性影响

资本使用成本的变动确定了税制改革的激励效应。资本的使用成本 C 又等于资本的边际回报率，等于资本使用的价格。资本使用成本从数值上等于设定的边际投资的税前回报率与经济折旧之和，即：

$$C = R/(1-t) + d \qquad (7.13)$$

式中 C 即资本使用成本，R 是设定的税后回报率，t 为边际有效税率，d 为经济折旧率。

美国改革税制和降低税率的基本逻辑之一是激励国内投资。2017 年美国 GDP 结构中有 70% 为消费，14% 为投资，资本流入对消费的贡献为净 0.7%，对非居民固定资产投资的贡献为 1.5%。据 CBO 计算，在忽略税制改革因素后，2018 年居民投资因素影响和政府消费与投资因素影响，同时扣除 0.3% 的净出口影响因素后，私人投资增加了 0.4%，非居民固定资产投资增加了 0.2%。[1]

实际上不同资产类型的有效税率差异较大。计算资本使用成本时，以简化方法，利用税前回报率加权值反映债务和权益融资。而有效边际税率则与法定税率、经济折旧现值、通胀率的权益回报率、债务融资占比以及名义利率有关。美国企业的固定资本投资、非企业固定资本投资的有效税率在税制改革前后存在较大差异。Gravelle 和

---

[1] 实际上美国 2017 年税改后，还造成了外国资本流入美国国债市场和实体部门或资本市场。"The Budget and Economic Outlook; 2019–2029." Jan. 2019, https://www.cbo.gov/publication/54918, 5 Oct. 2021.

Marples 计算了美国不同资产的有效税率。计算的前提条件是：

（1）税制改革前公司所得税率为 34.14%，税制改革后为 21%；

（2）税制改革前非公司所得税率为 37%，税制改革后为 30%；

（3）权益融资的真实税后回报率为 7%，利率为 7.5%，通胀率为 2%，债务占比 36%。计算结果参见表 7-6。

表 7-6　美国税制改革前后不同资产形式的有效税率（%）

资产类型		税制改革前所得税		税制改革后所得税	
		公司税率	非公司税率	公司税率	非公司税率
权益融资	设备	13.4	14.4	0.0	0.0
	公用设施厂房	14.2	15.2	0.0	0.0
	非居民用房产	30.8	32.1	18.5	26.2
	无形资产	−63.3	−63.3	−63.3	−63.3
债务融资	设备	−0.9	−0.6	−9.6	−14.3
	公用设施厂房	−0.9	−0.6	−9.6	−14.3
	非居民用房产	19.2	20.2	10.7	15.7
	无形资产	−116.3	−111.2	−95.4	−109.0

资料来源：Jane G. Gravelle and Donald J. Marples. "The Effect of Base-Broadening Measures on Labor Supply and Investment: Considerations for Tax Reform." Congressional Research Service, 22 Oct. 2015; "Issues in International Corporate Taxation: The 2017 Revision (P.L. 115-97)." Washington, D.C.: CRS, Updated 23 Apr. 2020, R45186, p. 24.

从总的计算结果看，主要包括三个结论：

（1）无论采用权益融资还是债务融资，除了权益融资的无形资产融资税率维持恒定之外，在税制改革后，公司税率和非公司税率均全面下降；

（2）无论税制改革前后，债务融资的有效税率均远远低于权益融资的成本；

（3）无论税制改革前后，通过债务融资投资于无形资产获得的补贴最大，而权益融资投资于无形资产的税率没有变化。

税制改革改变了美国企业的资本使用成本。通常资本的使用成本包括两个部分:(1)资金的机会成本,以及设定的税前资本回报率;(2)资本的折旧率,即资产的使用成本。

美国 2017 年税制改革后,资本使用的成本结构发生了变化,其中使用设备的资本成本下降了 2.7%,使用设备成本的降低来自折旧规则变化,使用厂房的成本下降了 11.7%,但是研发成本上升了3.4%,因此设定回报率自然也减少了。(参见表 7-7)如果企业使用债务融资模式,收益率只会略有下降,也就是说,2018 年美国降低企业税率后,如果企业进行债务融资,将又可通过扣除名义利息减少债务融资成本。

表 7-7　美国税制改革前后的资本使用成本率（%）

序　号	资产类型 / 使用成本	税制改革前	税制改革后	变动幅度
1	设备	19.36	18.84	−2.7
2	非居民厂房	10.34	9.13	−11.7
3	无形资产	20.00	20.67	3.4

资料来源: Jane G. Gravelle and Donald J. Marples. "The Economic Effects of the 2017 Tax Revision: Preliminary Observations." CRS, Updated 7 Jun. 2019, p.18.

企业使用资本的总成本与经济折旧率和不同股本占比有关。在现行企业制度条件下,美国设备每年的经济折旧率为 12.95%,其中公司制企业的设备总值占全部企业的 67%。厂房按折旧率不同分为两种:(1)公用设施厂房占 23% 的,折旧率为 2.24%;(2)其他厂房的折旧率为 2.8%。其中,公司的公用设施厂房占比 84%,公司厂房在所有厂房中占比 55%;无形资产折旧率为 17%,其中公司无形资产占全部的 86%。[①]

---

① Jane G. Gravelle and Donald J. Marples. "The Economic Effects of the 2017 Tax Revision: Preliminary Observations." Updated 7 Jun. 2019, p. 17.

税制改革的投资增长的供给效应主要来自以下三方面：

（1）推动投资增长的实际因素很多。据美国商务部经济分析局（BEA）季度数据绘制出的图形规律性较差，难以确定推动投资增长的核心因素所在。（参见图 7-8）

（2）企业投资具有长期计划。尽管 2018 年第一、第二季度增长较大，但不可能在如此短暂时段就得到反映，因此，可以说 2018 年投资的增加，很大程度上反映了上一个周期的计划因素，其中仅 2018 年全年知识产权、设备、厂房的投资分别增长了 7.7%、7.5% 和 5.0%，而减税造成的投资增加，将在今后一个周期显现出来。实际上在上述数据中，还包括了跨国公司海外遣返资金在短期内涌入的因素。

（3）2017 年税制改革政策中对设备、厂房和知识产权的激励效果不明显。

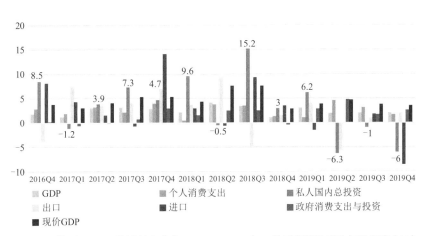

图 7-8　美国 GDP 环比增长率变化，2016—2019 年，按季度调整后的年增长率（%）

资料来源：U.S. Department of Commerce, Bureau of Economic Analysis, Table 1.1.1. 28 Mar. 2018, 27 Sep. 2018, 28 Feb. 2019, 27 Feb. 2020.

总之，美国 2017 年税制改革通过增加供给提高了投资水平。这是我们可以得到的基本结论之一，但是并不能以此说明非居民固定资产投资增加的原因单纯来自税制改革。根据有关数据计算，税制改革在今后对于无形资产投资的阻碍作用将会加大，不利于美国长期推动科技创新。

六、税制改革的投资回流效应与公司倒置遏制效应

（一）对跨国公司资本回流的影响

国际资本供给增加是影响美国国内投资的重要源泉之一。经济学理论指出，一国的投资取决于国内的储蓄率，但是，长期以来美国国内储蓄已经不再是增加国内投资的主要来源，相反国际资本的流入对于美国的投资贡献较大。

1. 美国国际资本流入的长期趋势

跨国公司资本的使用成本决定着资本流入的速率和总量。由图 7-9 可见，在美国历史上，长期个人储蓄率非常低且不断下降，到 2006 年前后已降至有史以来的最低点 2% 左右，然后到大衰退结束后的 2009 年才又开始回升，但是始终徘徊在 7% 以下。所以，美国的储蓄率不足以为国内投资提供充足的资本积累，国内投资主要靠国际资本的不断流入。

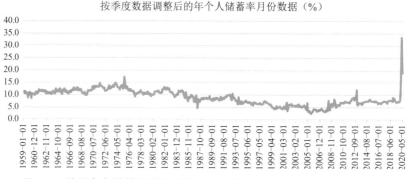

图 7-9　美国个人储蓄率变动趋势，1959 年 1 月 1 日—2020 年 5 月 1 日

资料来源："Economic Research Division, Federal Reserve Bank of St. Louis. Federal Reserve Economic Data." https://fred.stlouisfed.org, 19 Aug. 2020.

1986 年美国税制改革加速了跨国公司对外投资。在本研究观察的数据区间内，1976—1983 年美国的国际投资头寸持续上升，终于到 1989 年美国国际投资头寸成为负值，美国最终变成了资本净流入国，当年国际投资头寸为-337.13 亿美元，形成赤字。

截至 1997 年，美国的国际投资头寸赤字增长到 1989 年 25 倍，到税制改革前的 2017 年，达到 1997 年的 10 倍。2019 年 1 月 1 日比 2017 年 1 月 1 日美国国际投资头寸赤字净增 44.98%，达到 -110 505.06 亿美元。但是在 2017 年税制改革前的 2015 年、2016 年，美国国际投资头寸赤字年增加百分率稳定在 7% 左右，分别为 7.43%、8.97% 和 2017 年的 6.24%，2018 年 1 月 1 日陡增至 26.92%，也就是 2017 年税制改革后流入美国的资金，以前三年的资金回流平均值计算，增加了约 20 个百分点，反映了 2017 年美国国际税制改革之后，政策带动资本流入的强烈效应。（参见图 7-10）

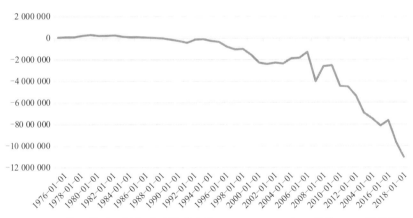

图 7-10　美国的国际投资头寸及其变化，1976—2018 年，单位：100 万美元

资料来源：Observation: 2019:-11,050,506 (+ more); Updated: 30 Jun 2020; Units: Millions of Dollars; Not Seasonally Adjusted; Frequency: Annual, End of Period, https://fred. stlouisfed.org/series/IIPUSNETIA, 19 Aug. 2020.

2. 税制改革后美国国际投资的结构变动

2017 年税制改革与海外资金快速回流之间存在正相关关系。（参见图 7-11）美国国际投资净头寸等于美国居民的外国金融资产与负债之差额，据 BEA 统计，2017 年美国国际投资净头寸减少了 5.5%，第四季度国际投资净头寸为-77 250 亿美元，到 2020 年第一季度末增加到-12.06 万亿美元，净增-4.33 万亿美元；美国国际投资净头寸由国际投资净资产的 26.77 万亿美元与-38.82 万亿美元净负债相减得到的。

图 7-11　美国国际投资负债变动趋势，2011—2020 年

资料来源：U.S. International Investment Position, First Quarter 2020, Year 2019, and Annual Update, https://www.bea.gov/news/2020/us-international-investment-position-first-quarter-2020-year-2019-and-annual-update, 5 Oct. 2021.

美国税制改革的对外投资下降是暂时现象。2018 年美国国际投资净头寸短暂减少了 23.4%，2018 年末的主要特点如下：

（1）修订后的美国国际投资净头寸负值，从 2017 年底的-7.74 万亿美元增加到 2018 年底的-9.55 万亿美元，一年内美国国际投资头寸负值增加了-1.81 万亿美元，其中美国国际投资资产减少了 2.53 万亿美元，负债减少了-7 199 万亿美元。

（2）美国国际投资净头寸的减少原因之一是金融交易减少

-4 455 万亿美元，价格和外汇交易减少-1.37 万亿美元。

（3）美国国际投资资产减少了 2.53 万亿美元，余额为 25.24 万亿美元，主要原因是外国股价下跌、直接投资权益价值和组合投资资产下跌。但是，美国对外直接投资的减少还主要来自税制改革后美国跨国公司母公司遣返的海外再投资收益。

2019 年美国国际投资大幅增加，截至 2019 年末，主要特点发生了一些变化：

（1）国际投资净头寸余额为-11.05 万亿美元，一年内净增-1.38 万亿美元，其中金融交易增加-3 955 亿美元，价格和汇率损失-9 850 亿美元，2018 年末为-9.67 万亿美元。

（2）国际投资资产总额为 29.15 万亿美元，增加了 3.92 万亿美元，主要来自组合投资增加 1.94 万亿美元，总额达到 13.38 万亿美元，直接投资增加 1.35 万亿美元，达到 8.80 万亿美元，主要是外国股价上涨造成的。

（3）国际投资负债增加-5.30 万亿美元，达到-40.20 万亿美元，主要是组合投资增加-2.55 万亿美元，达到-21.39 万亿美元，直接投资增加 2.15 万亿美元，达到 10.55 万亿美元，主要是美国股价上涨造成的。

由此可见，2019 年美国对外投资资产继续增加，仅组合投资就增加了 1.94 万亿美元，显示税制改革推动了美国扩大对外投资，或者说海外投资机会增加，其中与其他国家下调税率有必然关系。

2020 年美国国际投资资产与负债仍在增加。虽然目前只有一个季度的数据，主要特点是：

（1）截至 2020 年第一季度末，国际投资总资产达到-26.77 万亿美元。

（2）净资产负值从 2019 年末的-11.05 万亿美元增加-2.39 万亿

美元，其中组合投资减少 2.39 万亿美元，余额为 10.99 万亿美元，直接投资资产减少 1.82 万亿美元，余额为 6.98 万亿美元。以上反映了美国国际组合投资与直接投资资产的下降，以及对于金融衍生品和其他投资的上升。主要原因是外国股票大幅下跌以及主要外国通货的汇率下跌，2020 年全球新冠肺炎疫情流行造成了产量和收益大幅下降是主要原因。

（3）美国国际投资负债减少了 1.38 万亿美元，余额为 -38.82 万亿美元。其中，直接投资负债减少了 1.78 万亿美元，余额为 -8.77 万亿美元，组合投资负债减少了 1.61 万亿美元，余额为 -19.78 万亿美元。主要原因是直接投资与组合投资负债的减少，金融衍生品和其他投资的增加，主要是由于疫情期间美国股价下跌造成的。

新冠肺炎疫情是观察美国国际投资是否发生转折的重要节点之一。从美国国际税制改革后的国际投资流动数据看，2018 年至 2020 年第一季度，美国国际投资继续保持此前的趋势，即（1）国际资本流入美国资金经历了非常短暂的增加（对外直接投资流出减少）即加速上升；（2）对外投资头寸负值稳步上升；（3）在新冠肺炎疫情暴发后，美国对外直接投资、组合投资进一步快速下降，也就是资本流出减少，显示疫情对于美国国内投资是有利的，但是资本流出的减少更多表现为疫情的因素。新冠肺炎疫情暴发后，美国的金融衍生品投资和其他投资是加速上升的，实际上疫情期间美国的股市基本不受影响，所以资产的交易也因对外直接投资和组合投资的下降，流入了金融衍生品市场和其他投资品（如债券）。这一结构性趋势的发展，新冠肺炎疫情能否平息可能会对其产生很大影响。

3. 国际税制改革与资本回流影响因素分析

2017 年遣返税规则是推动资金遣返的基本动力。截至 2017 年税制改革前，美国跨国公司在海外集聚的收益高达 2.6 万亿～4 万亿美元，应遣返纳税的跨国利润至少高达 3 万亿美元，其中有 1 万亿美元属于现金。[①] 为了使这部分资金能够尽快遣返，美国财政部与国会在制定税制改革方案时，就为跨国公司的海外资金制定了两种不同的遣返税税率，现金税率为 15.5%，厂房等非流动性资产税率为 8%。[②]

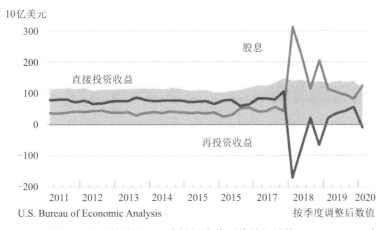

图 7-12　美国税制改革前后国际直接投资收到收益及结构，2011—2020 年

资料来源：Table 4.2. U.S. International Transactions in Primary Income on Direct Investment, lines 2–4. https://apps.bea.gov/iTable/iTable.cfm?reqid=19&step=3&isuri=1&1921=survey&1903=51#reqid=19&step=3&isuri=1&1921=survey&1903=51, 2021–10–02.

　　区分海外回流资金的投资用途和股息分红用途非常关键。来自海外对美国的投资分为资本品进口或消费品进口，两项指标通过经常资本账户反映出来，而进口超过出口即意味着跨国资本对美国

---

① Michael Smolyansky, Gustavo Suarez and Alexandra Tabova. "U.S. Corporations' Repatriation of Offshore Profits." 4 Sept. 2018, FEDS Notes, Board of Governors of the Federal Reserve System, https://www.federalreserve.gov/econres/notes/feds-notes/us-corporations-repatriation-of-offshore-profits-20180904.htm, 2 Oct. 2021.

② "Treatment of deferred foreign income upon transition to participation exemption system of taxation (§ 965 Amended)." Tax Cuts and Jobs Act: A comparison for large businesses and international taxpayers, https://www.irs.gov/newsroom/tax-cuts-and-jobs-act-a-comparison-for-large-businesses-and-international-taxpayers, 2 Oct. 2021.

投资的增加，这时美国的经常账户余额为负值。从美国商务部发布的有关数据来看，美国海外资本的大规模遣返发生在 2018 年，从 2015—2017 年，跨国公司遣返的海外利润为 1 440 亿～1 580 亿美元，而 2018 年当年就遣返了 6 640 亿美元，到 2018 年第四季度后跨国公司的资金遣返规模即趋于正常数值。

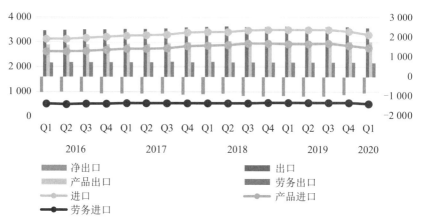

图 7-13　美国国际投资经常账户变化，2016—2020 年第一季度，单位：100 万美元

资料来源："Seasonally adjusted at annual rates." Last Revised on: 26 Oct. 2018, https://4.files. edl.io/00eb/11/02/18/172917-e8b73c21-ca16-43f3-b10a-5e785c7e6a3f.pdf; "Seasonally adjusted at annual rates Bureau of Economic Analysis." Last Revised on: 29 Apr. 2020, https://apps.bea.gov/iTable/iTable.cfm?reqid=19&step=3&isuri=1&nipa_table_list=6&categories=survey, 2 Oct. 2021.

在美国国际交易账户（ITA）中，跨国企业的外国附属机构收益即权益收入，由美国母公司遣返回国部分和外国附属企业再投资两部分组成，遣返部分包括版税、专利使用许可费等。在遣返的股息超过了本期收益时，再投资收益即为负值。再投资收益还反映在金融账户中资产收购式直接投资数据上。[①]（参见图 7-13）《2017 年减税与就业法》有关规定影响了美国国民收入与产品账户（NIPA）的经营

① "How do the effects of the 2017 Tax Cuts and Jobs Act appear in BEA's direct investment statistics?" https://www.bea.gov/help/faq/1386, 2 Oct. 2021.

收入统计，其中包括公司所得税与资本的转移。[1] 遣返税作为资本交易分类之一，只代表对税制改革前累积的收益征税，与当前产量无关，从会计角度看，遣返税属于高效的财富税。一次性资本转移影响到企业和政府借贷，导致净价值从企业向政府的重新分配，但是并不对当前账户发生影响。

根据美国官方数据计算，税制改革后，资本的回流数值计算有如下特征。

（1）外国累积收益的一次性视同遣返税。在美国 NIPA 中，视同遣返税列入企业向政府的资本转移，以 2017 年第四季度数据为基础，根据 ITA、国际投资头寸账户（IIP）以及跨国公司活动账户（AMNE），并参照 JCT 及财政部税收分析局（OTA）估算数值，然后根据 IRS 收入统计局（SOI）最后调整后的数据计算。[2] BEA 发现，一次性遣返税的规模在 2017 年末的基础上为 1 万亿美元，每月遣返 2 500 亿美元。[3]

（2）美国下调公司所得税率的影响估计。从 2018 年第一季度开始，美国公司所得税下调 14 个百分点后，税率变化不会影响国民总收入（GDI），这是因为税前利润已包含在 GDI 中。但是在一般统计实践中，BEA 先是采用外推法进行计算，然后在 SOI 数据两年内发布后加以替换。

（3）跨国公司税收遣返、GILTI 税和 BEAT 税。在美国 NIPA 中，遣返利润作为海外遣返股息记账。2017 年税制改革后，不但

---

[1]　"How does the 2017 Tax Cuts and Jobs Act affect BEA's Business Income Statistics?" 28 Mar. 2018, https://www.bea.gov/help/faq/1293, 2 Oct. 2021.

[2]　Lines 2 and 35 of NIPA table 5.11U. Capital Transfers Paid and Received, by Sector and by Type, https://apps.bea.gov/iTable/iTable.cfm?reqid=19&step=3&isuri=1&1921=underlying&1903=2053#reqid=19&step=3&isuri=1&1921=underlying&1903=2053, 2 Oct. 2021.

[3]　SOI 税收数据的时滞为两年。

美国国际税收体制将从全球税制向参与豁免税制转型，而且 GILTI 税对于有形经营资产回报超过 10% 以上的超额所得征收最低税，BEAT 税则向关联方支付超额利息或服务费的跨国公司征收 AMT。那么，从 2018 年第一季度开始，新的税收将记在 NIPA 的公司所得税项下，BEA 按照 JCT 数据估计，按照 SOI 数据进行调整后发布正式数据。[①]

股息分配并遣返不影响当前 ITA 余额。[②] 相对于外国暂扣税的微小变化，跨国公司增加的股息对每个账户的净影响效果很小，通过不同账户分流了大流量影响。在 ITA 账户记载的美国直接投资收入构成了母公司外国附属机构权益收入（收益）的份额，再加上债权的利息收入。[③] 收益可进行分配或进行再投资，再投资收益等于特定时期收益减去向母公司遣返股息后的余额。股息分配对当前账户余额的唯一影响，是减缓股息增速。[④]

对跨境资本流动产生影响的其他因素。例如，政府借贷的数量以及储蓄率的变化。但从税制改革前后，美国经常账户资本流量数值的变化情况看，税制改革的影响很小。

总之，从各方面的数据和不同的计算方法来看，我们得到了很多相互矛盾的看法，这一点并不奇怪，其原因在于理论和现实的矛盾。一是新古典理论认为，降低税率就能带来投资的增加，但是实际上，资本的流动在一个税务辖区（或一个国家内部）也许能做到这一

---

① NIPA table 1.10. Gross Domestic Income by Type of Income, https://apps.bea.gov/iTable/iTable.cfm?reqid=19&step=3&isuri=1&1921=survey&1903=51#reqid=19&step=3&isuri=1&1921=survey&1903=51, 2 Oct. 2021.

② "How are the International Transactions Accounts Affected by an Increase in Direct Investment Dividend Receipts?" Jun. 20, 2018, https://www.bea.gov/help/faq/166, 2 Oct. 2021.

③ ITA table 4.1, lines 2–9.

④ ITA table 6.1, line 4.

点，然而在当今世界十分复杂的现实下，理论的适用性将会大打折扣。二是美国 2017 年国际税制改革既实现了由全球税制之向参与豁免税制转型，而且增加了一些目标并不一致的新政策，GILTI、FDII、BEAT 税等都属于其中的新政策，所产生的政策激励也可能是相互冲突的。三是税制的改革最终起到的只是一种分配作用，无论是在不同税收主权国家之间的分配，还是在不同利益群体之间的分配，都无法改变财富的创造方式，所以税收改革的影响是长期的，可能观察数年甚至十数年。

（二）国际税制改革对跨国公司倒置的影响

1. 有关规则概要

2017 年税制改革完善并增加了治理跨国公司倒置政策。主要可分为四项政策。①

（1）如果跨国企业在 2017 年税制改革后 10 年内发生新的倒置，则必须按照 35% 的税率返还海外累计收益，不得享受 8% 和 15.5% 的低税。

（2）实施 BEAT 税，在税基中重新加上国内公司向外国关联企业支付的债务利息和管理费等，然后按照较低税率纳税，客观上加大了税基。

（3）修改资产归属规则。创建所有权规则，拥有 10% 控股权的美国股东，无论属于 CFC，还是满足特定关联条件都将受到约束。新税法将外国股权视为归属于外国的美国实体，称为"向下归属规则"。具体来说，（3.1）归属于美国公司，该公司直接或间接拥有外国 10% 的股权；（3.2）归属于美国合伙人，外国人属于合伙人；（3.3）归属于美国信

---

① 26 USC. § 965. Treatment of deferred foreign income upon transition to participation exemption system of taxation.

托人,在特定条件下,外国个人是实质所有人、受益人或赠予对象。

（4）关于股东和股权报酬规则。（4.1）股息等同于资本利得,按照不同所得分 0%、15% 和 20% 三档,按照低税率纳税,PFIC 收入不适用于低税规则;（4.2）在《2017 年减税与就业法》通过后的倒置企业,不适用于低税规则;（4.3）对外迁企业的经理人员的股权报酬征收 20% 的工商税。

向下归属规则被用于反制企业倒置。在未制定向下归属规则的背景下,当企业发生倒置时,如果原美国母公司的子公司向新的外国母公司销售股份足够多,则美国母公司将失去多数控股和 CFC 资格。按照向下归属规则,CFC 的新的母公司的股权所有权将归属美国母公司,子公司继续维持美国 CFC 地位,必须按照美国 CFC 的 F 分编、遣返税、GILTI 税纳税。

2. 美国跨国公司税制改革后的外流

反倒置条款严厉打击了美国跨国公司的倒置行为。Gravelle 认为,2017 年新的国际税收体制有利有弊,主要包括三点:（1）强化资本弱化规则,严厉限制利息扣除,使得依靠债务手段转让定价避税越来越难;（2）制定更多政策措施,吸引更多跨国公司将美国作为总部,包括降低税率、向参与豁免税制转型、排除股息税,以及 FDII 规则等;（3）GILTI 税和 BEAT 税不利于吸引跨国公司。

美国财政部外国投资委员会（CFIUS）外国投资审查导致外国企业并购大幅减少。[1] 以美国商务部外国并购美国企业数据为例,从 2014 年开始,外国并购美国企业数急剧下跌,其中 2016 年同比减少 15%,2017 年减少 32%。爱尔兰曾经是收购美国企业最为猛烈的国家,税制改革前后,2016 年并购金额从 2015 年的 1 760 亿美元减少

---

① Jane G. Gravelle and Donald J. Marples. "The Economic Effects of the 2017 Tax Revision: Preliminary Observations." Washington, D.C.: CRS, Updated 7 Jun. 2019.

到 350 亿美元，2017 年再次减少到 70 亿美元。[1]

税制改革后有的企业将投资转移出了美国。随着跨国公司收益的遣返，外国对美国的跨国投资还在增加。[2]McCann 通过考察 1 804 家上市公司在 2017 年 1—9 月和 2018 年 1—9 月各三个季度的投资情况发现有如下变化，而且 CBO 的报告也提示了同样的可能性的存在[3]：

（1）在税制改革前，遣返收益成本不高的企业投资水平与之前相比较并未变化；而遣返成本较高的公司资本投资平均增加了 14%。如果控制销售增长率、税制改革前资本支出以及收购活动，这些企业在国内投资增加了 50%。

（2）在控制相同变量后，对外国资本投入在同期增加了 300%。

可见，GILTI 和 FDII 激励跨国企业在国外投资。因为 2017 年税法将无形资产收入定义为任何超过境外子公司有形资产 10% 的部分，这类资产定价越低，适用美国所得税的收入就越高，反之一样。美国税法表面上要避免跨国企业将高价值知识产权向低税率的境外子公司转移，但是，跨国公司却通过反向手段增加资本投入，降低无形资产收入与有形资产收入的比值，进而降低税负。如果 FDII 这部分直接影响公式中的 GILTI 收入，那么 GILTI 和 FDII 的实际效果就是推动境外资本投入增加。

---

[1]　U.S. Department of Commerce, Bureau of Economic Analysis. "New Foreign Direct Investment in the United States: 2017." news release, 11 Jul. 2018, https://www.bea.gov/news/2018/new-foreign-direct-investment-united-states-2017, 5 Oct. 2021.

[2]　David McCann. "Tax Reform Spurs Major Unintended Consequence." 24 Jul. 2019, https://www.cfo.com/tax/2019/07/tax-reform-spurs-major-unintended-consequence, 5 Oct. 2021; Chris Gaetano. "Study Finds TCJA Increased Capital Investment Abroad More Than in U.S." 25 Jul. 2019, https://www.nysscpa.org/news/publications/the-trusted-professional/article/study-finds-tcja-increased-capital-investment-abroad-more-than-in-us-072519, 5 Oct. 2021.

[3]　Congressional Budget Office. "The Budget and Economic Outlook: 2018 to 2028." 5 Apr. 2018, https://www.cbo.gov/system/files/2019-04/53651-outlook-2.pdf, 5 Oct. 2021.

（三）国际税改对美国总产量的影响

第一，美国官方对 2017 年国际税制改革的产量效应分两种意见。[①]

第一种是 CBO 认为，税制改革的产量效应为 0.3%～5%，但是要看不同的计算基准：（1）美国税制改革的直接效应是推动总产量增加 0.3%。（1.1）潜在产量的增加为 0.2%。（1.2）填补充分就业与未充分就业缺口为 0.1%。（1.3）根据科布-道各拉斯生产函数，0.1% 的潜在产量增长归属于投资和劳动，并会产生供给效应和需求效应。由于需求效应短暂并可能逐渐下降，供给效应则将逐渐加大，因此税制改革的长期效应才会逐步显现，到 2019 年将达到 0.6%，在 2022 年达到顶点后，最后到 2028 年将回落到 0.5%。但在税制改革后的 2018—2027 年的 10 年内，产量效应将平均维持在 0.7%。（2）按照 2019 财年的财政收入损失进行分配，对经济增长的推动是 1.2%。（3）如果产量的边际税率是 20%，那么税制改革对于产量的回馈效应将高达 5%。[②]

第二种是 JCT 估计，税制改革的产量效应是 CBO 预测值的四倍，即 1.2%，2018 年美国 GDP 增长应当高达 4.2%，到第 10 年税制改革的产量效应将下降到 0.1%～0.2%。[③]

可见，根据美国官方意见，2018 年税制改革的产量效应是：2018 年为 0.3%～5%；到 2027 年仅为 0.1%～0.5%，10 年预算窗口期的

---

① "Tax Cuts And Jobs Act: Considerable Progress Made Implementing Business Provisions, but IRS Faces Administrative and Compliance Challenges." Report to Ranking Member, Committee on Finance, U.S. Senate, Feb. 2020.

② Congressional Budget Office. "The Budget and Economic Outlook: 2018 to 2028." Apr. 2018, https://www.cbo.gov/system/files/2019-04/ 53651-outlook-2.pdf, 5 Oct. 2021.

③ JCT. "Macroeconomic Analysis of the Conference Agreement for H.R.1, The 'Tax Cuts and Jobs Act.'" JCX-69-17, 22 Dec. 2017, https://www.jct.gov/publications.html? func=startdown&id=5055, 5 Oct. 2021.

平均产量效应为 0.7%～1.2%。这一效果是十分不理想的，如果进一步考虑到税改对财政收入的负面效应，那么 2017 年国际税制改革的增长效应不高。只能说这次美国国际税制改革顺应了全球化潮流，有限度走向了与其他主要国家共同实施的参与豁免税制框架。

第二，美国市场对于税制改革的产量效应判断较为客观。美国非官方机构的预测税制改革将推动经济增长 0.1%～0.8%。

（1）Macroeconomic Advisers 认为，美国税制改革将推动 2018 年增加 0.1%，2027 年的产量效应为 0.2%；

（2）Tax Policy Center 认为，税制改革将推动 2018 年经济增加 0.8%，预测 2027 年将达到 2.9%；

（3）高盛和 IMF 都预测，税制改革后 2018 年的产量效应为 0.3%，穆迪（Moody's Analytics）预测将推动 0.4%，而巴克莱银行（Barclays）认为将推动增长 0.5%。

（4）到 2027 年，由于债务因素和挤出效应的影响，税制改革的产量效应将大大降低，其中 IMF 认为，届时总产量效应为-0.1%、穆迪预测为 0.4%、高盛为 0.7%、沃顿商学院预测为 0.6%～1.1%。[①]

综合以上意见，2017 年美国的减税措施，在 2018 年将造成总产量增长 0.1%～0.8%；到 2027 年将造成总产量增长-0.1%～2.9%，严格来说，出现这种情况令税制改革专家意外。

《2017 年减税与就业法》对美国经济的贡献"得不偿失"。这是我们的综合研究意见，根据 CBO 在 2019—2029 年预算展望报告中曾集中探讨有关问题，认为税制改革对于美国经济增长的贡献最高仅为 0.3%，其中还包含着其他的减税措施。据美商务部数据，2018 年美国实际经济增长率为 2.9%，比税制改革前的 2016、2017 两年分

---

① "The Economic Effects of the 2017 Tax Revision: Preliminary Observations." Updated 7 Jun. 2019, pp. 2-3.

别净增 1.3 个百分点和 0.9 个百分点，但是实际上在 2014、2015 两年，美国经济增长率已分别达到 2.5% 和 2.9%。[①] 对此 CRS 认为，税制改革与《2018 年综合拨款法》(P.L. 115-141) 和《两党预算法》(P.L. 115-123) 都对推动美国产量和投资增加做出了贡献，但是 2018 年以来，美国的关税措施对于增长产生的负面影响也应纳入考虑范畴。2018 年第二季度的财政收入的增长、流入资金的增加属于技术性的，实际是来自集中纳税的冲击。所以，2018 年税制改革的产量效应很小，可见，产量效应过低意味着大规模减税得不偿失。"假设税率为 CBO 估算的 18%，以减少 GDP 的 1.2% 的财政收入为代价，仅减税政策的经济增长率起码应当达到 6.7%。"[②] 如果比较减税的增长预期和实际增长结果，2018 年美国 GDP 仅增加 0.3% 左右，真正抵消减税造成的财政损失，经济增长起码要达到 5% 以上。

小结与讨论

《2017 年减税与就业法》意在通过税制改革提高美国国际竞争力。美国国际税收的全球税制已全面转型为参与豁免税制（DRD 规则），其中包括新增 GILTI、FDII 和 BEAT 税，设立向下归属等新的规则。美国国际税制转型的目的是有助于解决数十年来跨国公司利用全球税制的递延纳税规则，将海外投资收益无限期再投资，拒不遣返；解决跨国公司利用外国税收抵免规则，通过税收筹划将巨额利润存放在税收天堂进行避税；制定遣返税并遣返跨国公司投资收益，美国国际税制转型的最终目的就是提高国际竞争力。

[①] Congressional Budget Office. "The Budget and Economic Outlook: 2019 to 2029." 28 Jan. 2019, https://www.cbo.gov/publication/54918, 5 Oct. 2021.

[②] "The Economic Effects of the 2017 Tax Revision: Preliminary Observations." Updated 7 Jun. 2019, p. 4.

　　但是美国国际税制改革从其内容上看很难全面实现上述目标。国家主权使独立的财政体系和金融体系成为主要各国政治体制的基础内容，就发达国家来说，实行全球税制的国家总数只有实行参与豁免税制国家的六分之一，而且各国无论实行全球税制，或者实行参与豁免税制，也都根据本国财政经济特点增加了规则，所以各国实际上只是以全球税制或者参与豁免税制为主体，本质上都属于混合税制，因此美国 2017 年国际税制可称为参与豁免税制。

　　"降税率""调税基""反避税"是《2017 年减税与就业法》改革的基本思路。降税率降低了美国的边际有效税率与其他国家的差距，客观上吸引资本回流；而税基调整措施，从加速折旧和允许加快费用摊销、鼓励融资模式改革、改革利息扣除规则三方面推动了资本回流。反避税既有利于增加联邦财政收入，原则上实现税收公平，还有利于跨国投资回流。

　　第一，美国改革国际税制直接影响跨国投资。由于国际上天然存在低税率辖区，客观上为跨国公司通过转让定价获得更高利润提供了物质条件；又由于各国法定税率不相等，进而为国际资本跨国流动提供了前提条件。改革国际税制，降低税率，理论上能制止跨国公司加剧向海外流动，并吸引海外投资回流，但是只有有效税率真正下降才会吸引资本回流。衡量跨国公司是否在国内增加投资的税率是边际有效税率，也就是说跨国投资选址决策通常基于有效税率变化，而边际有效税率也就成为分析投资流动的最佳工具。跨国公司税前的投资回报与税后的投资回报之差，等于以现值为基础的税收收益份额，再除以税前收益，就是边际有效税率。美国国际税制改革降低了边际有效税率，理论上有利于跨国公司资本回流。

　　第二，美国国际税制转型将长期有利于吸引跨国投资。美国实施 DRD 规则后，跨国公司仍可能向其他低税收国家和地区进行投资，而其他税务辖区仍会尝试继续通过税收竞争吸引美国跨国公司投资，有利的知识产权箱制度、较低的税率等，也都是吸引美国投资的手段，但是由于边际有效税率的下降，从长期来看，有利于吸引跨国投资进入。

第三，改革企业费用处理规则有利于跨国公司增加美国内投资。新的费用化措施规定，企业投资机器设备在五年内实现 100% 费用化、研发和试验成本五年内摊销；允许对设备投资进行奖励性贬值，50% 费用化、50% 折旧；制定费用化规则有利于企业在美国投资。

第四，改革企业融资模式直接影响到跨国投资决策。在债务融资条件下，投资税率变化实际上取决于债务利息扣除规则，限制利息扣除将影响企业选址决策，但企业投资往往采用混合融资方法，即使用一定的债务融资，又进行权益融资，因此债务融资模式的利息扣除政策可能成为政府调控税率、吸引投资的重要措施。

第五，减税是影响投资和就业的长期因素。减税刺激了股权回购行为，股权回购行为的本质等同于股息分配，而股息分配和股票回购都属于短期利益。跨国公司遣返海外资金不会必然增加雇员报酬，但是企业会利用税率下调进行报酬筹划，稳固劳资关系。企业的资本股投资增加后，雇员报酬也将增加。增加国内投资将会刺激工资缓慢而渐进上涨，理论上有利于增加国内就业。

第六，税制改革在理论上提高了国内投资水平。但是并不能以此说明，固定资产投资增加的原因都来自税制改革，2018 年起美国陡然增加的关税措施，也推动了国内供应链的投资，而且从长期来看，美国税制改革对于无形资产投资的阻碍作用将会加大，长期不利于美国的科技创新。

总之，《2017 年减税与就业法》对美国经济的长期贡献"得不偿失"。综合 2017 年美国国际税制改革措施，对经济增长的最高贡献率仅为 0.3%。但是如果扣除 2018 年以来美国关税措施对增长产生的负面影响，税制改革的产量效应实际上也不大，产量效应过低意味着大规模减税得不偿失。正如 CRS 报告《2017 年税法修订的经济效应》所指出的："假设税率为 CBO 估算的 18%，以减少 GDP 的 1.2%的财政收入为代价，仅减税政策的经济增长率起码应当达到 6.7%。"如果比较减税带来的增长预期和实际增长率，2018 年美国 GDP 仅增加 0.3% 左右，要真正抵消减税的财政损失，美国的经济增长率起码要超过 5%。

第八章　美国国际税制改革与对华高技术投资

美国国际税制改革对于跨国公司的海外投资短期内产生了不确定性。无论是从全球税制向参与豁免税制转型，还是新增加的全球无形资产低税所得（GILTI）税、外国来源无形资产所得（FDII）税以及税基侵蚀与反滥用税（BEAT 税），或者其他对于跨国公司转让定价手段的限制，都对美国在华投资企业和资本回流创造了机会。然而中国外商投资环境不断改善，税制不断优化，投资便利化程度不断提升，吸引了美国高技术公司在华投资。美中经济安全审查委员会（USCC）指出，中国消费市场的巨大性促使美国跨国公司将生产业务转移至中国，使中国成为美国跨国公司研发支出第四大目的国。跨国公司在华资本支出主要集中于为技术产品建设生产基地，中国在美国受控外国公司创造的增加值，主要由计算机、电子产品和化学品制造推动。[1] 美国国际税制的转型对中国吸引跨国资本提出了挑战。

一、美国对华直接投资发展模式

直接投资是最有代表性的国际资本流动方式。对外直接投资理

---

[1]　Kaj Malden, Ann Listerud. "Trends in U.S. Multinational Enterprise Activity in China, 2000–2017." https://www.uscc.gov/sites/default/files/2020-06/US_Multinational_Enterprise_Activity_in_China.pdf.

论认为，外商直接投资流入东道国对技术进步、结构调整、贸易扩张、竞争效应以及经济增长，都有积极作用。对外直接投资也有利于跨国公司的母、子公司体制发展，母公司可以通过直接投资进入新市场，降低经营总成本；子公司由于资本增加、新技术注入，在东道国获得发展。美国对外直接投资通常以获得 10% 以上的控股权，进而控股投资企业为目标，直接投资对于投资实体产生着深远影响。一般来说，直接投资与组合投资有较大差别，组合投资属于短期的、以融资交易为目的的投资，对相关实体的投资占比往往很难达到 10%，无法实质控制实体。

（一）美国对华直接投资的历史特征

中国是吸引美国跨国公司投资和企业向海外转移的最大单一目的地。2018 年，在 2 696 亿美元的美对华直接投资中，由美国控股 50% 以上的投资占 1 775 亿美元，占比 66%。[1] 美国在华直接投资有三个特点。[2]

（1）2014 年，美国跨国公司在海外雇用的 1 400 万名工人中，仅在中国就雇用了 170 万人，等于全部海外雇员总数的 12% 以上，高于其他任何国家；在华制造业雇用 75.3 万人，约占美资企业中国雇员总数的 45% 以上。

（2）中国制造业成为美国跨国公司附属企业最大的投资、研发目的地。2014 年，美国附属企业在中国所拥有的制造业资产高于除加拿大、德国和英国之外所有国家之和；除了加拿大，美国在华工

---

[1] Rhodium Group and National Committee on U.S.-China Relations. "The U.S.-China Investment Hub." accessed 16 Oct. 2019, https://www.us-chinainvestment.org/us-china-foreign-direct-investments/data, 3 Oct. 2021.

[2] Alexander Hammer. "The Size & Composition of U.S. Manufacturing Offshoring in China." USITC Executive Briefings on Trade, Jun. 2017, https://www.usitc.gov/publications/332/executive_briefings/sizecompositionebot.pdf, 3 Oct. 2021.

厂、资产和设备价值是最高的；美国跨国公司附属企业在华的研发投资达到 15 亿美元，推动中国成为世界上增长最快的研发中心，美对华供应链依赖也最大。

（3）美在华企业的本地销售额达到 2 043 亿美元，比在墨西哥、日本和印度销售额之和还要高。这个投资结构是如何形成的，需要加以简要回顾。

美国对中国大规模直接投资从 1979 年开始。但是，直到 2001 年中国加入世界贸易组织（WTO）以后，美对华直接投资数额才逐步上升到数十亿美元。据荣鼎（Rhodium）集团统计，自 2001—2008 年，中国实际利用美国直接投资年均 36.9 亿美元，美资占中国每年实际利用外资总额的 6%。在 2009—2013 年，中国实际利用美国直接投资降至年均 26.7 亿美元，美资占中国年度实际利用外资总额下降到 2.5%。[1]截至 2018 年底，美国在华直接投资总额达 2 690 亿美元。2018 年美对华直接投资头寸约为 1 170 亿美元。[2]（参见表 8-1）

表 8-1　美国对华直接投资头寸变化，2000—2018 年，历史成本法

单位：10 亿美元

年份	头寸	年份	头寸	年份	头寸
2000	11.14	2005	19.02	2010	59.00
2001	12.08	2006	26.46	2011	53.55
2002	10.57	2007	29.71	2012	54.51
2003	11.26	2008	53.93	2013	60.45
2004	17.62	2009	54.07	2014	82.24

① 转引自：杨长湧：《我国利用美国直接投资前景及对策研究》，《宏观经济研究》，2016 年第 2 期，第 27—36 页。

② M. Szmigiera. "Direct Investment Position of the United States in China from 2000 to 2018." 2 Sept. 2019, https://www.statista.com/statistics/188629/united-states-direct-investments-in-china-since-2000, 3 Oct. 2021.

（续表）

年份	头寸	年份	头寸	年份	头寸
2015	92.15	2017	107.56		
2016	97.29	2018	116.52		

资料来源："Direct investment position of the U.S. in China 2000–2018." https://www.statista.com/statistics/188629/united-states-direct-investments-in-china-since-2000, 3 Oct. 2021.

美国在华设立直接投资企业增长最快的时期是1993—2002年。在此期间美对华投资企业数量年均增长都在10%左右，美资在中国实际引进外资企业占比年均接近10%。但是在中国加入WTO后，在华新设美企、美资占中国引进外资的比重开始持续下降，全球各类跨国企业都借机开始加大对华直接投资。其中1993年，美国在华新设外商投资企业6 750家，是上年度的206.74%，实际投入资金20.63亿美元，是上一年度的403.72%。之后，美国每年在华新设外商投资企业数量和直接投资金额均保持稳定增长，其中在华新设外商投资企业数量在2003年达到顶点，投资金额增长在2002年达到顶点，之后即直线下降。（参见表8-2）

表8-2　美国在华直接投资趋势，1987—2018年

年度	新设企业数量		实际投入金额		年度	新设企业数量		实际投入金额	
	家	%	万美元	%		家	%	万美元	%
1987	104	4.7	26 280	11.4	1995	3 474	9.4	308 301	
1988	269	4.5	23 596	7.4	1996	2 517	10.3	344 333	
1989	276	4.8	28 427	8.4	1997	2 188	10.4	323 915	
1990	357	4.9	45 599	13.1	1998	2 238	11.3	389 844	
1991	694	5.4	32 320	7.4	1999	2 028	12.0	421 586	10.5
1992	3 265	6.7	51 105	4.6	2000	2 609	11.7	438 389	10.8
1993	6 750	8.1	206 312	7.5	2001	2 606	10.0	443 322	9.5
1994	4 223	8.9	249 080	7.4	2002	3 363	9.8	542 392	10.3

（续表）

年度	新设企业数量		实际投入金额		年度	新设企业数量		实际投入金额	
	家	%	万美元	%		家	%	万美元	%
2003	4 060	9.9	419 851	7.9	2011	1 426	5.1	236 932	1.9
2004	3 925	9.0	394 095	6.5	2012	1 301	5.2	259 809	2.2
2005	3 741	8.5	306 123	4.2	2013	1 061	4.7	281 987	2.3
2006	3 205	7.7	299 995	4.1	2014	1 176	4.9	237 074	1.8
2007	2 627	6.9	261 623	3.1	2015	1 241	4.7	208 889	1.5
2008	1 772	6.4	294 434	2.7	2016	1 238	4.4	238 601	1.8
2009	1 530	6.5	255 499	2.7	2017	1 346	3.8	264 905	1.9
2010	1 502	5.5	301 734	2.6	2018	1 750	2.9	268 931	1.9

数据来源：中华人民共和国商务部《中国外资统计公报（2019）》，第 43 页。

美国跨国企业对华直接投资与中国经济发展息息相关。从改革开放初期开始，美对华直接投资主要投资于劳动密集型产业，在 2001—2010 年前后，中国加入 WTO 后开始进入消费品行业和汽车行业，据上海美国商会 2018—2019 年针对商会成员企业的调查，接近六成的美对华直接投资企业都把中国作为本地市场生产或采购产品和服务的基地，比 2017 年的 51% 占比增加。[1]（参见表 8-3）

表 8-3　美国在华直接投资按行业划分的交易累计价值，1990—2015 年

行　业	占 2 280 亿美元总值百分比（%）
信息与通信技术	**14**
化工、金属与基础材料	13
能源	10
汽车与运输设备	9
金融与商业服务	9
机械	8

---

[1]　*2019 China Business Report*, The American Chamber of Commerce in Shanghai, 2020, p. 32.

（续表）

行　业	占 2 280 亿美元总值百分比（%）
地产与酒店	7
农业与食品	7
医疗、医药与生物技术	**6**
消费品与服务	5
电子与电气设备	**4**
交通与基础设施	3
娱乐、媒体与教育	2
航空	<1

资料来源：Thilo Hanemann, Daniel H. Rosen and Cassie Gao：《双行道：中美双边直接投资 25 年全景》，荣鼎咨询与美中关系全国委员会，2016 年 11 月，https://rhg.com/wp-content/uploads/2016/11/TwoWayStreet_FullReport_Cn.pdf，2021 年 10 月 3 日。

目前美国在华直接投资增幅已持续减少。根据上海美国商会 2019 年的调查，2012 年美国在华企业投资开始明显下滑，而以 2018 年降幅最大；将中国视为"低优先级投资目的地"的美资企业比例同比增加 6.2%。上海美国商会认为，这是由于部分跨国公司的在华投资已接近饱和状态，对华投资开始进入稳定和整合阶段。[1]（参见表 8-4）

表 8-4　上海美国商会企业在华直接投资增长，2013—2017 年（%）

增长幅度	2013	2014	2015	2016	2017
增长 50% 以上	10	6	4	4	6
增长 16%～50%	21	20	23	16	14
增长 16% 以下	34	39	56	35	34
不变	32	32	n.a.	40	42
减少	3	4	17	5	4

资料来源：*2018 China Business Report*, The American Chamber of Commerce in Shanghai, 2019, p. 33.

注：n.a. 为 2015 年问卷数据不包含"不变"选项。

---

[1]　*2019 China Business Report*, The American Chamber of Commerce in Shanghai, 2020, p. 30.

　　美对华直接投资的不同统计口径造成了计算的困难。由于全球金融结构、税收体制、跨国公司之间的转让定价，以及其他相关因素过多造成的统计失真，中美两国相互投资的实际情况极其复杂，而且数据获得的时滞也造成了统计扭曲。单纯利用中国或者美国官方数据，天然存在统计失真风险，不足以衡量美对华直接投资状况。例如，据美国商务部统计，2018 年美对华直接投资流入 76 亿美元，但是市场数据则为 130 亿美元，与美国商务部数据相差一倍，其中还不包括同年自美国流入中国的 190 亿美元风险资本。[①] 据中国商务部外资统计，当年美国新增对华直接投资为 26.89 亿美元。（参见表 8-2）

　　中国在美对外直接投资东道国榜单上的排名仍靠前。据上海美国商会 2018 年调查，在 2013—2017 年，有三分之一到四成商会企业的对华投资额未发生变化，平均有近两成美资企业对华直接投资额年增长在 16%～50% 之间，有三分之一到五成以上的美资企业在华直接投资额增长幅度都在 16% 以下，历年平均后不到 10% 的美资企业减少了在华直接投资额。（参见表 8-4）又据上海美国商会 2015—2017 年对 433 家商会企业的调查，2017 年将中国视为首要投资目的地的企业比例高达 27%，同比回升三个百分点；有 30% 的企业将中国视为第二或第三重点投资目的地；仅 6% 的企业表示中国市场重要性较低。（参见表 8-5）

表 8-5　中国在美跨国公司全球投资计划中的地位，N=433（%）

重要性	2015	2016	2017
名列首位	29	24	27
第二或第三	30	31	30

[①] 荣鼎公司建立了美对华投资数据库，其中包含了美国跨国公司在中国建立的子公司、工厂数量、研发中心数量，以及办事处等绿地投资数据库，还建立了有关投资设施的扩建、公司并购交易等数据库，但与美国商务部数据存在差异。Karen M. Sutter. "U.S.-China Trade and Economic Relations: Overview." 19 Nov. 2019。

（续表）

重要性	2015	2016	2017
投资目的地之一	34	40	37
不太重要	7	6	6

资料来源：*2018 China Business Report*, The American Chamber of Commerce in Shanghai, 2019, p. 52.

影响美国对华直接投资的首要因素是劳动成本而不是税率。据2017年上海美国商会调查显示，影响美国企业投资的三项因素分别是劳动力成本、人才库和客户／市场，分别占50%、41%和38%。税收因素在美跨国公司对华选址的重要性中仅排第五位，只有28%的企业将税收因素排在考虑在华投资的第五位因素，零售业企业将地方政府的接纳和支持视为重要影响因素。（参见表8-5）上海美国商会历年的调查综合起来，反映了如下事实：

表8-6 上海美国商会企业投资选址因素

顺　序	指　标	占　比（%）
1	劳动力成本	50
2	人才库	41
3	接近目标客户／市场	38
4	当地政府的支持	30
5	税收优惠／补贴	28
6	接近现有业务	21
7	与供应商的战略合作	15
8	发达的物流／交通网络	15
9	人均收入与消费水平的提高	14
10	透明、可预见的监管政策和法律体系	13
11	创新和技术中心	12
12	教育、医疗、文化以及娱乐设施	5

资料来源：*2017 China Business Report*, The American Chamber of Commerce in Shanghai, 2018, p.44.

第一，推动美对华直接投资最大的因素是中国改革开放的发展。中国向市场经济转型带动了美国在华投资企业数量和投资金额激增。在中国加入 WTO 后，美国在华新设企业和实际投入资金数量占比下降则表明中国引进外资来源的多元化进程开始，折射了中国重大政治因素直接影响美国在华直接投资。

第二，中国保持较低税率对美对华投资有显著意义。国际税收理论和实践都证明，税收是对国际投资流向和流量最大的调节因素，一国税率提高 1 个百分点，则将造成 FDI 减少 3.7%。[1]2007 年《中华人民共和国企业所得税法》通过实施。首先，引入了"居民企业"和"非居民企业"的概念，以法人为标准认定纳税主体，居民企业承担所有纳税义务，非居民企业承担有限纳税义务。其次，适用税率发生重大变化。取消了企业超国民待遇，统一税率为 25%，使对外商投资企业的税收提高了 10 个百分点。再次，所得税收入含义及准予扣除项目不同，采用宽口径全额收入概念，扩大扣除项目。最后，新旧所得税法涉及的税收优惠政策以产业优惠为主、区域优惠为辅，还规定了反避税措施。[2]但是，中国税制改革对于美资在华新设投资企业数量、直接投资金额两项指标的增量趋势影响轻微。2012 年美国国会认为，中国是美国投资集中的 17 个低税率国家之一，平均税率只有 19.1%，低于印尼、印度、南非、巴西、墨西哥和土耳其。[3]

第三，美对华直接投资规模虽开始下降，但中国对美国高技术

---

[1] OECD. "Tax Effects on Foreign Direct Investment." *OECD Tax Policy Studies*, No. 17, Feb 2008. p. 2.

[2] 《中华人民共和国企业所得税法》，http://www.npc.gov.cn/npc/c30834/201901/0c846c25aa80405fafc6f99247d0fe08.shtml，2021 年 10 月 3 日。

[3] United States Government Accountability Office. "U.S. Multinational Corporations: Effective Tax Rates Are Correlated with Where Income Is Reported." Report to the Committee on Finance, U.S. Senate, August 2008, p. 21.

投资的重要性稳步上升。美国跨国公司在中国雇用员工主要集中在计算机和电子产品组装方面,在中国资本支出主要集中于为高技术产品建设生产基地,中国作为美国跨国公司重要研究中心地位与发达经济体差距不断缩小。2017 年美国跨国公司外国子公司在中国增加值主要由计算机、电子产品和化学品制造推动,国际排名从2000 年的第二十位上升至第五位。[①]

(二)美国对华直接投资的模式特征

第一,绿地投资是美国跨国公司对华投资的基本模式。早期跨国公司到海外拓展业务,大都采用绿地投资方式。绿地投资是指跨国公司在东道国境内设立的部分或全部资产所有权归跨国公司所有的企业,是国际直接投资中获得实物资产的重要方式。这种模式是选择建设新的工厂或者开辟新业务,它不同于购买东道国企业的投资方式。

表 8-7　美国对华直接投资的产业分布,2016—2018 年

单位:10 亿美元

顺　序	产　业	2016	2017	2018
1	农业与食品加工	0.8	1.6	1.1
2	汽车	0.8	1.9	1.7
3	航空	0.3	0.1	<0.1
4	基础材料、金属和采矿	0.7	0.7	0.2
5	消费品与服务	2.5	0.1	0.1
6	电子与电气设备	0.1	0.3	<0.1
7	能源	0.6	0.9	<0.1
8	娱乐、媒体与教育	1.1	1.6	2.0

[①] Kaj Malden, Ann Listerud. "Trends in U.S. Multinational Enterprise Activity in China, 2000-2017." https://www.uscc.gov/sites/default/files/2020-06/US_Multinational_Enterprise_Activity_in_China.pdf.

（续表）

顺　序	产　业	2016	2017	2018
9	金融与商业服务	0.2	0.3	0.2
10	医疗、医药与生物技术	1.0	0.9	0.6
11	信息与通信技术	4.3	3.9	2.6
12	机械	0.2	0.5	0.2
13	不动产与商住	0.7	1.2	3.9
14	交通运输与建筑和基础设施	0.7	0.1	0.1
合　计		14.0	14.1	<13.0

资料来源：荣鼎数据库。

美国对华绿地投资规模下降的同时更加集中于高技术项目。（参见表 8-7）长期以来，美国在华绿地投资占直接投资的近七成，但2014—2018 年，美国在华新增绿地投资绝对值只有 80 亿美元左右，而且多数绿地投资还是数年前的老项目。2018 年美国 130 亿美元[①]的在华总投资中有 83 亿美元（64%）是绿地投资。[②]大项目是美国对华绿地投资的主干，涉及半导体（芯片）、数字企业、新能源汽车以及传统的石化项目。

第二，美国对华直接投资也采用企业并购方式。2014—2018 年，美国在华并购（M&A）企业投资继续增加，其中 2017 年为 45 亿美元，2018 年达 47 亿美元，占全部直接投资的 37%。饮料、医药和娱乐业等项目并购金额巨大。

第三，美国对华物业投资发展快。据统计，在美国企业对华直接投资的前十大项目中，有六个项目属于不动产投资。

---

① Rhodium Group and National Committee on U.S.-China Relations. "The U.S.-China Investment Hub." accessed 16 Oct. 2019, https://www.us-chinainvestment.org/us-china-foreign-direct-investments/data, 3 Oct. 2021.

② 其中不包括风险投资。Thilo Hanemann *et al*. "Two-Way Street: 2019 Update." Rhodium Group and National Committee on U.S.–China Relations, May 2019, pp. 17–18.

（三）美国对华直接投资的选址特征

第一，美国跨国公司对华直接投资选址日益多元化。改革开放以来，美资企业大多开始在四个经济特区及制造业中心建厂，如广东和山东等地。中国加入 WTO 后，美资企业开始在北京、上海等一线城市集聚投资，直接投资区域扩展到浙江、江苏和四川等地，近年来，又开始投资沈阳、重庆等地。

（1）美国资本的主要目标仍以东部沿海为投资重点。但自 2016 年起，将中国作为首选投资目的地的美国企业数量开始减少，仅有 55% 的受访企业扩大了在华投资，低于 2～3 年前的 64%～65%，而在 2013 年，扩大在华投资企业的比例曾高达 74%。（参见表 8-8）

表 8-8　视中国为全球首要投资目的地的美国企业占比，**2015/2017 年（%）**

年　份	制造业	服务业	零售业
2015	22	35	42
2017	20	27	29

资料来源：*2017 China Business Report*, The American Chamber of Commerce in Shanghai, 2018, p. 31.

（2）美国在华投资企业选址主要集中在大中型城市。（参见表 8-9）

表 8-9　上海美国商会企业在上海以外的首选投资目的地（A）

顺　序	指标值域	首选城市
1	>10%	苏州、北京、成都、深圳
2	10%>A>5%	广州、武汉、南京、杭州、重庆、无锡、天津、西安
3	5%>A>3%	宁波、厦门、青岛、济南、合肥、福州、东莞、长沙
4	2%>	郑州、昆明、烟台、温州、大连、沈阳、长春、哈尔滨

资料来源：*2019 China Business Report*, The American Chamber of Commerce in Shanghai, 2020, p. 43.

（3）美国在华直接投资企业按行业出现了地域集中。例如，食品与农业投资集中在深圳，制药、医疗器械与生命科学集中在成都

等。(参见表 8-10)

表 8-10　上海美国商会企业四大行业的地域集聚趋势

顺　序	行　业	城　市	占比(%)
1	食品与农业	深　圳	38.50
2	银行、金融与保险	北　京	33.30
3	制药、医疗器械与生命科学	成　都	33.30
4	房地产、工程与建筑服务	南　京	27.30

资料来源：*2019 China Business Report*, The American Chamber of Commerce in Shanghai, 2020, p. 43.

第二，美国直接投资的大项目主要集中在发达地区，形成有序分布。2017 年，28 家世界 500 强企业在山东省投资项目 54 个，合同外资 14.9 亿美元。其中，谷歌参股山东中际电工装备，生产电机制造装备；江森自控生产的密封性大容量汽车电池采用新型材料，节能效率提高 7%～9%；苹果公司通过并购进入山东省新能源市场；惠普并购三星项目后在威海形成 A3 幅面打印机产业链。[①]

中国劳动成本低是吸引美国直接投资的原因。据上海美国商会 2017 年调查，在影响对华直接投资的因素中，50% 的企业认为劳动力成本是关键因素，59% 的企业将劳动力成本低视为吸引制造业的积极因素。

第三，美国对华直接投资企业主要来源地高度集中。美国加州、纽约、佐治亚和伊利诺伊分别占据对华直接投资规模的前四位，其中来自加州的重要高技术投资有新能源汽车行业的特斯拉，芯片行业的格芯(Global Foundries)，新媒体的环球影院，来自纽约的美国跨国公司主要有大型投资公司黑石、WeWork，来自佐治亚的企业有可口可乐，来自伊利诺伊的有 Walgreens、LaSalle 投资管理公司等。[②]

---

① 中华人民共和国商务部：《中国外商投资报告 2018》，第 133—134 页。
② *2019 China Business Report*, The American Chamber of Commerce in Shanghai, 2020, p. 32.

二、美国对华高技术投资发展模式

高技术爆炸性发展的例子之一是信息与通信技术（ICT）。技术发展并达到成熟需要时间，而且技术发展遵循不同开发和产业化路径。在人类历史上，具有多种应用的技术可能在某个时候会集中"爆发"。移动电话和计算机等ICT产品，以其复杂性和模块化、更新迅速、对高新技术的依赖性而闻名。国际统计发现，2018年中国ICT市场增长率达到8.2%，市场规模为2.86万亿人民币元。[1] 而ICT市场中的半导体生产更是代表着高技术的发展方向。

（一）美国半导体投资与贸易格局

1. 美国在中国大陆的半导体产业投资

中国大陆是全球新建半导体生产能力的最大地区。总部在美国的半导体生产厂只有50%以上的前端晶圆[2] 加工能力，其中英特尔70%的晶圆制造厂都在美国亚利桑那州、新墨西哥州和俄勒冈州。美光科技是唯一一家在美国设有工厂的DRAM制造商，在爱达荷州、犹他州和弗吉尼亚州设有工厂，其他在美国的DRAM生产厂均已关闭或转移到海外生产。德州仪器公司在缅因州和德克萨斯州设有制造厂。全球铸造公司收购了超威半导体公司（Advanced Micro Devices）和IBM公司的美国工厂，所有这些公司都在海外生产，大多数新的半导体制造能力都位于美国境外。据美国半导体和平板显示设备与材料制造商的行业组织半导体设备和材料国际（SEMI）组织统计，在2015—2017年间，全世界计划新建36个各种规模的工厂项目中，中国大陆占将近一

---

[1] "Market Monitor ICT China 2019." 18 Jun. 2019, https://group.atradius.com/publications/market-monitor-ict-china-2019.html, 3 Oct. 2021.

[2] 晶圆（Wafer）即半导体晶体圆形片，作为集成电路制程载体基片及制造太阳能电池载体基片。

半数量为 14 家，东南亚 6 家、中国台湾 6 家、日本 2 家、欧洲 2 家、韩国 1 家，只有 5 家项目计划在美国建设。[①]

2. 美国的半导体贸易格局

亚太地区是美国半导体出口的主要市场。墨西哥、中国大陆和台湾、马来西亚、韩国被列为美国前五大出口市场。这些国家和地区是消费电子产品、电信设备以及 ICT 的大型生产国，严重依赖半导体部件。2015 年，外国市场占美国总部公司半导体销售额的 83%[②]，美国半导体和相关设备的出口总额为 418 亿美元，比上年度下降了 2%。[③]

亚太地区还是美国进口半导体产品的重要来源地。2015 年，半导体进口总额达 417 亿美元，同比增长 3.3%。马来西亚、中国大陆和台湾、日本、韩国是美国五大进口来源地，其中马来西亚占美国全部进口半导体的 30% 以上。马来西亚是半导体封装、组装和测试的重要海外基地，包括英特尔等总部位于美国的半导体公司都已在马来西亚设厂；13% 的美国半导体进口来自中国，高于 2009 年的 9%。[④]

美国半导体进口量的大约三分之一被用于再出口。因为许多电子产品都有复杂的国际供应链，半导体产品在最终安装在消费电子

① Willy Shih. "Global Foundries' Advanced Semiconductor Fab in Upstate New York is an Unexpected Link in Global Supply Chains." https://www.forbes.com/sites/willyshih/2020/09/03/globalfoundries-in-malta-new-york-unexpected-link-in-global-supply-chains/#5207bab62190, 3 Oct. 2021.

② Falan Yinug. "Made in America: The Facts about Semiconductor Manufacturing." SIA, Aug. 2015, p. 4. http://blog.semiconductors.org/blog/sia-white-paper-facts-about-semiconductor-manufacturing, 3 Oct. 2021.

③ Darryle Ulama. "Earth Potential: International Competition May Outpace Growth Despite Increased Demand." IBISWorld, Report 33441A: Semiconductor & Circuit Manufacturing in the U.S., Dec. 2015, p. 10.

④ Luis Abad, Ngozika Amalu, Ramona Lohan, *et al.* "The Malaysian Semiconductor Cluster, Microeconomics of Competitiveness." 8 May 2015, p. 8, http://www.isc.hbs.edu/resources/courses/moc-course-at-harvard/Documents/pdf/student-projects/Malaysia_Semiconductor_Cluster_2015.pdf, 3 Oct. 2021.

产品上之前，往往要跨越多个税务辖区进行贸易。2015 年底全球半导体行业通过了信息技术协议（ITA），重点解决信息技术产品贸易的多边削减关税协定涉及的难题。自 2016 年 7 月 1 日起，信息技术协议扩大后立即取消了部分关税，并将在 2024 年 1 月前逐步取消原先1996 年信息技术协议未包括的 201 种信息技术产品的关税。① 下一代多组分半导体（MCO）的全球关税率通常在 2.5% ～ 8.0% 之间，最高达 25.0%，随着信息技术革命的发展，对于 MCO 的国际贸易税收、非关税壁垒问题也终将得到解决。

（二）美国半导体制造业与税收政策

美国半导体产业主要满足国际市场需求。根据美国普查局（Census Bureau）数据，2017 年美国全国约有 2 597 家半导体和相关设备制造公司，下设 2 770 家工厂，雇用 216 474 名职工。② 同年，美国半导体行业增加值为 1 071.30 亿美元，约占美国制造业增加值的 0.6% 左右。根据美国劳工统计局（BLS）的生产者价格指数，在2005—2015 年间，美国半导体价格调整后下降了 46%。③ 因此，为了维持经营收入，美国芯片生产商必须不断寻找新市场。

1. 半导体产业研发支出与税收抵免

美国对于半导体研发投入巨大。半导体价值链较长，涉及众多专业领域，包括设备、电子设计自动化（EDA）软件、知识产权、整合元件制造商（IDM 与设计公司）、代工厂和半导体封装测试（OSAT）。

---

① World Trade Organization (WTO). "WTO Members Conclude Landmark 1.3 Trillion Trade Deal." 16 Dec. 2015, https://www.wto.org/english/news_e/news15_e/ita_16dec15_e.htm, 3 Oct. 2021.

② NAICS 334413, U.S. Census Bureau, Statistics of U.S. Businesses, 2017, http://www.census.gov/econ/susb, 3 Oct. 2021.

③ Michaela D. Platzer, John F. Sargent, Jr. "U.S. Semiconductor Manufacturing: Industry Trends, Global Competition, Federal Policy." Washington, D.C.: CRS, 27 Jun. 2016, p. 8.

半导体行业的投入要求必须是持续性的而且是很高的，只有这样才能保持竞争力。据半导体产业协会（SIA）统计，半导体产业的投资率通常为营业收入的 15%～20%。2012 年，美国半导体厂商将国内销售收入的 19.4% 投入研发活动，这一投入幅度高于医药行业以及计算机和电子元器件生产行业。相比之下，全部制造业的研发投入强度只有 3.6%。从 2015 年 12 月份，美国对于半导体行业的税收抵免支持政策获得通过并成为永久性的措施。

投资税收抵免对半导体制造设备、晶圆厂基础设施和资本投资产生很大激励。美国半导体工业协会认为，在 1990 年，美国的全球半导体制造能力份额为 37%，但如今已降至 12%，而全球竞争对手为吸引半导体投资提供了大量补贴。因此，在美国建造和运营半导体工厂的成本比海外高 20%～50%。为了提高美国的成本竞争力，首先就需要税收激励。①

2. 半导体制造厂选址与税收政策

半导体制造业是高度资本密集型产业。2015 年，全球 300 毫米（12 英寸）晶圆制造能力的四分之三位于韩国、日本、中国大陆和台湾，北美制造产能占全球的 13%。据美国普查局报告称，建设一家最先进的 300 毫米晶圆制造工厂，资金投入高达 100 亿美元，在 2011—2014 年，美国国内该行业工厂和设备建设的支出为 170 亿～220 亿美元左右。②

半导体制造业的发展离不开政策支持。半导体生产企业选择厂址的依据主要是税收优惠、工程和技术人才的供应、供水质量和公用

---

① SIA. "Strengthening the U.S. Semiconductor Ecosystem through Targeted Tax Policy." https://www.semiconductors.org/wp-content/uploads/2021/03/SIA-Tax-Priorities-March-2021.pdf, 3 Oct. 2021.

② Angelo Zino. "Semiconductors & Semiconductor Equipment: Industry Surveys." S&P Capital IQ, May 2016, p. 47.

设施的可靠性、环境许可程序和其他法规、员工生活成本以及知识产权的法律保护等因素。[1] 据美国国家科学院 2012 年报告指出，美国制造业在全球制造能力的份额，以及从 1980 年的 42% 下降到 1990 年的 30%，到 2007 年，已经下降到 16% 以下。其原因主要是亚洲半导体公司数量和规模都在迅速扩张，而美国半导体公司也加快了对海外投资。

必须改革税收金融政策激励半导体研发投资。美国半导体工业协会认为，第一，由于美国对研发的税收激励政策弱于其他国家和地区，税改后要求企业研究费用五年内摊销，减少了扣除价值，而且研究费用也将进一步削弱。美国只有允许研究费用按年扣除，才会鼓励投资。第二，只有扩大信贷框架，以涵盖半导体公司开展的高级研究和实验活动，才能继续保持美国的竞争力。 2019 年，美国半导体研发投入在所有行业中最高，达到近 400 亿美元，占收入的 20%，研发信贷将激励对下一代半导体技术的研究，并保持美国作为创新领导者的地位。[2]

3. 半导体制造业就业与工资成本

美国半导体制造业就业人数不多但是平均工资高。根据 BLS 的数据，2001 年美国半导体及相关设备制造业雇用了 292 100 人，2015 年雇用了 180 700 人，下降了 38%，2017 年雇用了 216 474 人，半导体及相关设备制造业雇用人数是美国制造业总就业人数的 1.5%。2017 年，半导体制造业劳动力的平均工资为 111 279 美元，是美国所有制造业工人平均工资（60 328 美元）的近两倍。这些就业和工资数字并不包括该行业的所有工人，因为 BLS 将无晶圆厂半导体公司雇员排除在制造业工

---

[1]　Charles Wessner and Alan Wolff. "Rising to the Challenge: U.S. Innovation for the Global Economy." National Research Council, 2012, p. 340.

[2]　SIA. "Strengthening the U.S. Semiconductor Ecosystem through Targeted Tax Policy." https://www.semiconductors.org/wp-content/uploads/2021/03/SIA-Tax-Priorities-March-2021.pdf, 3 Oct. 2021.

人之外，算作批发贸易工人。2015 年，近四分之一的美国半导体制造业工作岗位在加州，其他州包括德克萨斯州、俄勒冈州、亚利桑那州、马萨诸塞州、爱达荷州和纽约州。

（三）美国对华高技术直接投资的产业特点

高技术投资是美国对华直接投资的重要组成部分。根据我国的分类方法，高技术产业分为六大类，大致与美国商务部统计的航空，电子与电气设备，医疗、医药与生物技术，ICT 等主要产业吻合。具体可参见附录。因此本研究范畴的高技术产业包括：医药制造，航空、航天器及设备制造，电子及通信设备制造，计算机及办公设备制造，医疗仪器设备及仪器仪表制造，信息化学品制造六大类。[①]

高技术产业（制造业）指国民经济行业中研发投入强度相对高的制造业行业。2000 年，国家统计局提出了我国高新技术产业分类的初步意见，以研发支出占总产值的比重、研究与实验发展人员占职工人数的比重，作为高新技术产业主要衡量指标，同时使用技术开发经费支出占总产值比重、技术开发人员占职工人数比重、从事技术开发活动的科学家和工程师占职工人数比重等作为检验指标。

《北美产业分类体系》（NAICS）对于高技术产业（High Tech Industries）迄今并无标准。美国劳工部提出，将高技术产业定性为 33 个行业，其中第一大类是制造业，包括 16 个行业；第二大类是服务业，包括 12 个行业；第三大类是其他高技术行业，包括 5 个分行业。[②]

第一，美国对华直接投资在高技术领域投资存量较大。（1）美国

---

① 《高技术产业（制造业）分类（2017）》，http://www.stats.gov.cn/tjsj/tjbz/201812/t20181218_1640081.html，2021 年 10 月 3 日。

② Michael Wolf and Dalton Terrell. "The High-tech Industry, What is It and Why It Matters to Our Economic Future, Beyound the Numbers." May 2016, https://www.bls.gov/opub/btn/volume-5/pdf/the-high-tech-industry-what-is-it-and-why-it-matters-to-our-economic-future.pdf, 3 Oct. 2021.

对华最大的投资领域是 ICT 领域。1995—2016 年,美对华投资存量
2 280 亿美元中,有 14% 投入了 ICT 行业。如果加上医疗、医药与生
物技术,电子与电气设备和航空三大领域,这个时期美国跨国公司将
近四分之一(25%)的对华直接投资,投入了高技术行业,约为 570
亿美元。(参见表 8-10)(2)美国对华高技术研发机构投资占据较大
份额。2018 年美国跨国公司对华直接投资的高技术投资占比只有
7.2%,但是如果加上科学研究和技术服务业的直接投资,则总额达到
16.1%。不过本年度有 34.4% 的美对华直接投资投入了制造业。①

　　第二,高技术和先进服务业成为美国在华直接投资的重点产业。
三十多年来,美对华高技术投资发展十分迅猛,以 ICT 为例,1990—
2017 年,双边投资额高达 740 亿美元,为历史总量的 15%。其中,美
对华 ICT 投资结构在发生较大变化,美对华投资正从传统的硬件制
造业投资为主向软件投资转型,ICT 服务业在增长之中。②尤其是
自 2013 年以来,中国的科技进步加快承接高技术产业转移的能力加
快。2016—2018 年,包括航空,电子与电气设备,医疗、医药与生物
技术,ICT 在内,美跨国公司在华投资占直接投资总额的比重分别是
40.71%、36.88%、26.15%。2018 年,美国在华投资行业前五位分别是
制造业,采矿业,租赁和商务服务业,科学研究和技术服务业,信息
传输、软件和信息技术服务业,五大行业新设企业数占比 71.1%,实
际投入外资金额占比 87.2%。③

　　第三,美国对华直接投资在高技术产业创造就业规模较大。美

---

① 中华人民共和国商务部:《中国外资统计公报(2019)》,https://images.mofcom.gov.cn/
　wzs/201912/20191226103003602.pdf,2021 年 10 月 3 日。
② Daniel H. Rosen, Lauren Gloudeman, Badri Narayanan G. "Assessing Costs of Tariffs on
　US ICT Industry: Modeling US China Tariffs." https://rhg.com/wp-content/uploads/2019/03/
　RHG_AssessingCostsofTariffson-USICTIndustry.pdf, 3 Oct. 2021.
③ *2018 China Business Report*, The American Chamber of Commerce in Shanghai, 2019, p. 32.

国在华附属企业雇用的计算机与电子产品行业工人最多，其次是机械与电子设备以及化工行业，2014 年美国半导体制造业跨国企业在华附属企业雇用了 132 300 名工人。

（四）美国高技术制造企业在华投资模式

美国在华高技术企业通常制造低档次的芯片产品供应本地市场，目前英特尔等对中国晶圆厂的依赖性越来越强。中国的计算机与附属设备部门的增长反映了中国 ICT 快速发展的现实，美国大型高技术跨国公司对华投资的步伐发展很快。①

1. 半导体产业

中国大陆在美国高技术投资领域地位显赫。亚太地区是全球最大半导体市场，销量占全球的 60%，仅中国大陆市场占比就达 30% 以上。中国大陆在半导体行业具有优势，一旦发展成熟，大陆能迅速实现技术规模化，其他国家和地区难以望其项背。中国在外包半导体（产品）封装和测试领域也具备强大实力，占据全球市场的巨大份额。②

表 8-11　美国主要集成电路制造商行业指标

顺序	公司名称	简写	市值（10 亿美元）*	所在行业	总部
1	英特尔	INTC	241.88	宽线	加利福尼亚州圣克拉拉
2	英伟达	NVDA	152.88	特异化	加利福尼亚州圣克拉拉
3	德州仪器	TXN	113.83	宽线	得克萨斯州达拉斯
4	美光科技	MU	63.52	存储芯片	爱达荷州博伊西

---

① Michaela D. Platzer, John F. Sargent, Jr. "U.S. Semiconductor Manufacturing: Industry Trends, Global Competition, Federal Policy." Washington, D.C.: CRS, 7 Jun. 2016.

② 德勒：《亚太四大半导体市场的崛起》，https://www2.deloitte.com/content/dam/Deloitte/cn/Documents/technology-media-telecommunications/cn-tmt-rise-of-the-big-4-zh-082820.pdf，2021 年 10 月 3 日。

（续表）

顺序	公司名称	简写	市值 （10亿美元）*	所在行业	总部
5	亚德诺半导体技术	ADI	36.39	集成电路	马萨诸塞州诺伍德
6	微芯科技	MCHP	22.31	宽线	亚利桑那州钱德勒
7	思佳讯公司	SWKS	18.56	集成电路	加利福尼亚州尔湾
8	美信集成产品	MXIM	17.22	宽线	加利福尼亚州圣荷西
9	赛灵思	XLNX	17.22	集成电路	加利福尼亚州圣荷西
10	超威半导体	AMD	16.35	宽线	加利福尼亚州圣克拉拉

资料来源：Top USA and International Semiconductor Manufacturers，https://www.thomasnet.com/articles/top-suppliers/semiconductor-suppliers-manufacturers/, 3 Oct. 2021.
注：* 根据 2018 年 7 月 17 日本币市值进行换算后的数值。

美国高技术跨国公司在中国投资是全球高技术供应链的关键环节。以英特尔为例，自 1998 年英特尔开始在华投资，截至 2019 年 4 月份，英特尔在华投资了 140 多家技术公司，投资总额 21.3 亿美元，其中有近 40 家公司已上市或被收购，还有约有 40 家投资组合公司。英特尔在华投资分布在北京、上海、深圳等城市和地区。重点投资领域主要包括人工智能、无人驾驶技术、虚拟现实技术、5G、云计算、大数据分析等。[1]（参见表 8-12）

表 8-12　英特尔中国公司部分上市 / 被并购项目，2010—2017 年

企业名称	制造业内容	IPO/ 收购方	IPO/ 并购年份
播思	物联网软件、产品及云服务解决方案供应商	纳斯达克	2017
广和通	物联网、移动互联网无线通信解决方	深圳创业板	2017

---

[1] 《英特尔投资中国区简介》，2019 年 4 月，https://www.intel.cn/content/www/cn/zh/companyinfo/capital/china-capital-history-data.html?wapkw=%E4%B8%AD%E5%9B%BD%E6%8A%95%E8%B5%84, 2021 年 10 月 3 日。

（续表）

企业名称	制造业内容	IPO/收购方	IPO/并购年份
中国数字视频（新奥特）	数字媒体内容生产及运营服务	香港联交所创业板	2016
创业软件	医疗公共卫生信息化应用软件开发和系统集成商	深圳创业板	2015
东方网力	视频监控应用解决方案提供商	深圳创业板	2014
澜起科技	模拟与混合信号芯片供应商	纳斯达克	2013
兆日科技	信息安全解决方案供应商	深圳创业板	2012
凤凰新媒体	中国领先的门户网站之一	纽约交易所	2011
望海康信	医疗卫生健康应用软件研发和服务公司	东软集团收购	2011
新进半导体（BCD半导体）	模拟及混合信号解决方案提供商	纳斯达克	2011
海辉软件	领先的IT服务供应商	纳斯达克	2010
中国智能交通系统	智能交通及交通基建技术解决方案提供商	香港联交所	2010
蓝汛通信	高速缓存服务提供商	纳斯达克	2010
银江电子	交通和数字医疗解决方案公司	深圳创业板	2009
A8音乐	提供在线音乐服务	香港联交所	2008
东软集团	中国最大IT解决方案与服务供应商之一	上海证交所	2008
金山软件	软件和在线游戏开发商	香港联交所	2007
德信无线通讯	手机软件和整机设计方案供应商	纳斯达克	2005
珠海炬力	集成电路设计与制造公司	纳斯达克	2005
搜狐网	中国首家门户网站	纳斯达克	2000
亚信	系统集成商	纳斯达克	2000
UT斯达康	电信设备供应商	纳斯达克	2000

资料来源：英特尔中国官方网站。

　　美国税制改革并未全面影响美国在华高技术企业加大投资。仍以英特尔为例，英特尔不断拓展人工智能、数据分析、自主系统、半导体创新等领域的边界，在2018年投资中国7家企业。截至2020

年 5 月 13 日，英特尔旗下风险投资机构英特尔资本（Intel Capital）已向 11 家涉及人工智能、智能驾驶和芯片设计初创公司投资 1.32 亿美元，其中 3 家企业来自中国，2 家与半导体相关。[①]（参见表 8-12、表 8-13、表 8-14）

表 8-13　英特尔中国公司在华投资项目，2017—2019 年

公司名称	公司性质	投资年份
华勤通讯	手机和平板电脑 ODM 公司；业务涉及笔记本、服务器和物联网等领域	2017
地平线	嵌入式人工智能核心技术和系统级解决方案提供商，致力于为自动驾驶汽车、智能摄像头等终端设备安装"大脑"，让它们具有从感知、交互、理解到决策的智能	2017
当红齐天	致力于创造极致沉浸式娱乐体验、集内容制作＋IP 运营＋数字实景娱乐于一体的科技文化公司	2018
联捷科技	基于 FPGA 技术的数据中心异构计算解决方案	2018
汇医慧影	医学影像人工智能公司	2018
智芯原动	人工智能及解决方案提供商	2018
灵雀云	企业级容器 PaaS 服务商	2018
乐鑫信息科技	无晶圆厂半导体公司，物联网解决方案提供商	2018
瑞为技术	视觉感知产品与解决方案提供商	2018
珠海亿智	基于 AI 机器视觉算法和 SoC 设计为核心的系统方案供应商	2019
云拿科技	专注于计算机视觉、机器学习以及物联网领域的智能零售技术提供商	2019

资料来源：英特尔中国官方网站。

表 8-14　英特尔在华投资组合一览

公司名称	公司性质	市场产品	成立时间
广和通	物联网、移动互联网无线通信解决方案供应商		1999

[①] 《2 家中国半导体初创企业获英特尔投资》，https://www.eet-china.com/news/202005141002.html，2020 年 5 月 14 日。

（续表）

公司名称	公司性质	市场产品	成立时间
澜起科技	模拟与混合信号芯片供应商	专注于为云计算和家庭娱乐市场提供以芯片为基础的解决方案	2004
创新科	数据存储解决方案提供商		2005
中科蓝鲸	云计算和大数据网络存储产品和解决方案供应商		2008
卓易信息科技	智慧城市开发者和服务提供商	专注应用软件和固件开发、系统集成和数据中心服务	2008
海云捷迅	企业级 OpenStack 云解决方案提供商		2010
晶赞广告	基于大数据技术的实时在线广告平台		2011
诺菲纳米	从事纳米材料应用研发及生产的高新技术企业		2011
九州云	OpenStack 解决方案提供商	前端集成、流程对接、界面定制、监控优化、安全加固等	2012
纳恩博	集研发、生产、销售和服务于一体的智能短途代步设备运营商		2012
格兰德芯微电子（康希通信）	射频前端集成芯片研发及射频解决方案提供商	产品应用于 WIFI 接入、手机平台及智能物联等	2015

资料来源：英特尔中国官方网站。

2. 制药业

美国制药公司全球投资重点之一是中国。截至 2007 年，中国合资医药企业达到 1 000 多家，销售收入超过 1 500 亿元。其中，美国制药企业是主力，占据半数份额，辉瑞、罗氏制药、礼来等渗透力度越来越大，在中国市场构建了从研发到销售的整个产业链条。[1]（参见表 8-15）

---

[1] 《透过世界看中国：美国制药业 60 年》，http://www.p5w.net/stock/lzft/hyyj/200812/P020081222530968953135.pdf，2021 年 10 月 3 日。

表 8-15 全球十大制药企业指标，2019 年 11 月 18 日

单位：10 亿美元

顺序	公司	简称	市值	上市地点	总部地点
1	强生公司*	JNJ	345.907	NYSE	新泽西州新布朗斯维克
2	诺华	NOVN	226.539	SIX Swiss Exchange	瑞士巴塞尔
3	默克公司*	MRK	216.409	NYSE	新泽西州肯尼沃斯
4	罗氏制药	ROG	211.513	SIX Swiss Exchange	瑞士巴塞尔
5	辉瑞*	PFE	205.039	NYSE	纽约州纽约
6	艾伯维*	ABBV	128.791	NYSE	伊利诺伊州北芝加哥
7	阿斯特捷利康制药	AZN	124.44	London Stock Exchange	英国剑桥
8	赛诺菲	SAN	114.421	Euronext Paris	法国巴黎
9	葛兰素史克	GSK	110.224	London Stock Exchange	英国布伦特福德
10	礼来公司*	LLY	108.677	NYSE	印第安纳州印第安纳波利斯

资料来源：Alex Philippidis. "Top 10 Pharma Companies of 2019." 18 Nov. 2019, https://www.genengnews.com/a-lists/top-10-pharma-companies-of-2019, 3 Oct. 2021.
注：* 为美国居民企业。

美国制药公司对华直接投资形成了研发中心和生产制造产业链。以强生公司为例。强生在中国的业务涉及消费品、制药、医疗器材三大领域，在北京、上海、广州、苏州、西安等 90 多个城市进行生产。根据 2017 年财报，强生全年实现总收入 765 亿美元，同比增长 6.3%，其中，处方药业务销售收入为 362.6 亿美元，同比增长 8.3%。根据彭博数据，截至 2018 年 1 月 31 日收盘，强生市值在全球位居第十一位。强生在中国有超过 4 个科研中心、8 个工厂；此外，在华有约 1 万名员工，以及大约 3.5 万个合作伙伴。[1] 上海强生亚太创新中心是强生

---

[1] 《专访强生公司 CEO 亚历克斯·戈尔斯基：中国市场对强生而言至关重要》，《商业周刊》中文版，2018 年 2 月 9 日。

进行外部战略合作的主要窗口，强生还在上海建立强生创新中国上海 JLABS，以满足中国及国际市场的需求，造福病患。[①]

中国市场潜力巨大是美国药厂加快对华直接投资的前提。中国是世界上医药和医疗器械最大的进口国之一，2017 年中国进口医药价值 253 亿美元，进口额居全球第六，进口医疗器械 74 亿美元，为全球第四。根据麦肯锡与中国药学会研究报告，2016 年，跨国公司占中国三甲医院药品供应量的 35%、二甲医院的 27%；占一线城市药品市场的 44%、二线城市的 31%。美国医药在中国市场销售良好。从市场集中情况看，中国前十大药厂的产值只占全部的 10%，而美国前十大药厂占全国市场的 48%；研发投入方面，中国药企投入的新药研发资金占销售额的 5%，而美国跨国药企投入占销售额的 20%；医疗器械方面，中国国产的医疗器械市场占有率高，2014 年世界 70% 的医疗器械来自中国，但是多数属于跨国公司贴牌生产。

美国药厂在中国市场稳定的盈利率推动了跨国投资。美国制药跨国公司系列药物纳入中国医保系统，更是对于跨国投资回报产生了极大的稳定和提升效应，如罗氏制药、Janssen 药厂降低有关药物药价 50% 后，纳入了医保。这类药物的销售额在 2017 年增加了 40%。辉瑞和阿斯利康在华销售额增长半年内都达到了 24%。[②]

美国制药公司的临床试验结果获得中国接受加速了跨国公司投资中国。长期以来，中国政府通过科学的政策体系，保障人民健康用药，因此对进口药物采取了科学谨慎态度。在 2017 年以前，国外药品进入中国市场前审查最长 7 年，2018 年中国原则上开始接受药品境外临床试验数据。之后外国新药进入中国只要 2.3 年，其中一家美

① https://www.jnj.com.cn/our-company/operating-companies-in-china, 3 Oct. 2021.
② "Is China the Next Great Hope for the Pharma Industry?" 10 Dec. 2018 (Last Updated 31 Jan. 2020) https://www.pharmaceutical-technology.com/features/foreign-pharma-companies-china/?utm_source= Army%20Technology&utm_medium=website&utm_campaign=Must%20Read&utm_content=Image, 3 Oct. 2021.

国跨国制药公司药厂的一种疫苗产品得到批准只用了 9 天时间。

中国制药业合同生产服务和合同研发服务需求的增长带动了美国药厂直接投资。随着美国制药企业对华直接投资药厂（CMO）越来越多，研发企业合作也成为投资热点。据统计，在全球 1 100 家合同研发服务（CRO）中，有 30% 投资中国。到 2025 年，在资本和政策双重因素激励下，中国的合同研发服务市场规模将在 2018 年的基础上扩大 250%，从 687 亿元增加到 2 425 亿元。[①]

中国已成为美国高技术投资的重要地区和供应链核心。通过对于美国在华高技术投资主要是 ICT 和制药企业的投资模式的分析，第一，美对华高技术投资已形成了稳固的供应链，因此美对华高技术投资的战略性特征明显；第二，美对华高技术投资通过投资中国业务获得了稳定的发展，其中中国的稳定法治环境、稳定的税收体制、丰富的劳动力资源、巨大的市场潜力都是重要的推动因素；第三，随着中国经济的发展，劳动成本的上升虽然最终会影响到美国高技术的对华投资，但是，中国自主研发能力的不断提升，更加完善的税收制度的确立，知识产权制度的发展，都将继续吸引美对华高技术投资，形成新的高技术投资集聚区域。

三、美国对华风险投资发展模式

风险投资是美国对华直接投资的又一条重要途径。在 2000 年前，中国风险投资行业处于起步初期，由于缺少激励私人风险投资发展的环境，发展较慢。2006 年中国《合伙企业法》增设了第三章《有限合伙企业》，为风险投资企业采用有限合伙组织形式奠定了法律基

---

① Yanzhong Huang. "U.S. Companies' Access to Health Industries and Market Opportunities in China." 31 Jul. 2019, https://www.uscc.gov/sites/default/files/Yanzhong%20Huang%20-%20U%20S%20-China%20CommissionTestimony.pdf, 3 Oct. 2021.

础，激励了风险投资行业的兴起，美国风险投资企业也随之开始大规模投资中国市场，推动了高技术产业快速发展。

（一）美国对华风险投资的一般特征

美国各类风险资本在华投资全面布局。无论是投资项目数量，还是投资总金额，美国风险资本推动了中国风险投资行业的发展，也推动了技术创新，还促进了中国风险投资领域的规范化和投资环境的完善。美对华风险投资业务有五种类型：

（1）专业风险投资基金，以一般合伙人身份进行风险投资。例如，美国企业 Sequoia Capital 通过在北京设立子公司红杉资本中国基金（Sequoia Capital China），直接介入中国风险投资企业的投资项目。

（2）在华直接投资风险项目。如 2015 年，Alphabet Inc. 设立中国风险投资企业进行投资。

（3）设立中国子公司后再投资风险企业，如联华电子公司设立了风险投资子公司联电资本（UMC Capital）进行风险投资。

（4）美国银行和金融机构在中国进行风险投资，目前投资规模一般很小。如 JP 摩根大通在华进行的小规模风险投资项目。

（5）个人天使基金作为投资人直接进行投资，目前占比较低。如 Endeavor 合伙创始人 Peter Kellner 创建了 Richmond Global Ventures（RGC）在华进行天使投资。

美国风险资本在中国投资发展的背景与两大国际因素相关。第一，风险资本在全球范围内开始成为重要级别的资产类型。第二，全球性低利率使过剩资本成为跨国风险投资的重要来源。2010—2018 年，全球风险投资活动从 600 亿美元上升到 3 000 亿美元。[1]

---

[1] Pitchbook. 转引自 Thilo Hanemann, Daniel H. Rosen, Cassie Gao and Adam Lysenko. "Two-Way Street: 2019 Update: US-China Investment Trends." *US-China Investment Project*, May 2019, p. 28。除特别注明，本小节有关美国在华直接投资数据来自该文献。

表 8-16　美国对华风险投资的行业分布

单位: 10 亿美元

顺　序	行　业	2016	2017	2018
1	农业与食品加工	0.1	0.1	0.9
2	汽车	2.5	3.9	1.4
3	航空	<0.1	<0.1	<0.1
4	基础材料、金属和采矿	<0.1	<0.1	<0.1
5	消费品与服务	1.0	1.8	2.8
6	电子与电气设备	<0.1	0.1	0.4
7	能源	<0.1	<0.1	<0.1
8	娱乐、媒体与教育	0.6	1.3	3.5
9	金融与商业服务	0.2	0.4	0.8
10	医疗、医药与生物技术	0.1	0.1	0.2
11	ICT	0.1	0.1	0.2
12	机械	<0.1	<0.1	0.1
13	不动产与商住	<0.1	<0.1	<0.1
14	交通运输与建筑和基础设施	0.1	0.9	0.1
合　计		<5.3	<9.2	<10.9

资料来源: Adam Lysenko, Thilo Hanemann and Daniel H. Rosen. "Disruption: US-China Venture Capital in a New Era of Strategic Competition." Rhodium Group, Jan. 2020, p. 25.
注: 本研究对表中数据有修订。

中国市场对美国风险资本的重要性已超过其国内。中国政策环境的改善、产业政策的发展,都影响到美国风险资本在华投资。2018年美对华风险投资规模超过国内,也超过了对华直接投资的规模。美国风险资本对华直接投资正在成为跨国公司在中国高技术领域投资的重要载体。

第一,美国对华风险投资替代了对华直接投资规模的领先地位。据荣鼎集团统计,2000—2018 年,美对华风险投资项目约为 2 500个,美国风险投资基金共向中国初创企业融资 520 亿美元,参股投资

1 320 亿美元。2018 年美国风险投资共参与中国风险投资项目 330 个，投资总额 109 亿美元，美国风险资本全年参与的中国风险企业融资轮数超过 100 轮。影响较大的项目包括对蚂蚁金服第三轮融资，投入 140 亿美元对拼多多第三轮融资，投入 30 亿美元对字节跳动第四轮融资，投入 30 亿美元。而正是在 2018 年，美国风险资本在中国的投资总额首次超过了美资在华直接投资总额。

第二，美国对中国高技术产业风险投资规模仍处于规模上升阶段。（参见表 8-16）在 2016—2018 年美国风险资本对华投资的 14 个行业分布中，"娱乐、媒体与教育"增长最快，但在包括航空，电子与电气设备，医疗、医药与生物技术，ICT 等四大高技术行业的美国风险资本投入相对平稳，而且只有"电子与电气设备"行业增长幅度略有扩大。2018 年美国风险投资企业为中国初创企业筹集了三分之一的风险投资基金。包括阿里巴巴、腾讯、百度等大多数中国主要的技术企业都得到过美国风险资本的支持，而美对华风险投资也获得了巨大的发展机遇。

第三，美国对华风险资本还集中在金融服务与商业服务领域。按照荣鼎集团的产业分类，2018 年美国风险资本共参与了 90 轮风险资本融资，其余融资规模较大的分别是娱乐、媒体与教育业，消费品与服务业，医疗、医药与生物技术产业。从美国风险资本投入的企业所在行业看，有四分之三是服务企业，如兑吧、加推、图匠数据等。（1）金融与商业服务业风险资本的四分之三投入商业服务行业[1]，包括物流软件、供应链优化、人力资源整合、营销等为主。（2）金融技术软件和区块链软件投资巨大，娱乐、媒体与教育领域投资规模增长也很快。（3）美国风险投资对零售业、消费品业以及消费服务业投资最大。

---

[1]　我们通常称之为"现代服务业"。

第四，美国风险投资企业在华投资开始关注战略性投资项目。2018年，在华开展风险投资业务的美国实体大多直接来自本土，也有些美国在中国香港和中国台湾以及欧洲的风险企业参与了对华风险投资，在华风险投资基金90%的融资额来自美国资本，因此获得了良好的高风险回报。美国风险资本还在中国进行战略性风险投资，这部分投资占中国风险资本行业总融资额的10%。[①]

（二）美国对华风险投资产业政策的变化

美国联邦政府对华政策对美国风险资本继续进入中国形成障碍。2017年美国共和党执政后，对华政策急剧变化，造成跨国公司投资中国决策发生新的变化。跨国企业为了规避美对华投资和贸易的限制，开始将研发中心迁往其他西方国家和中国，同时一些大型投资基金也在向其他国家迁移，例如，美国专门投资高技术企业的基金RISC-V Foundation已迁往瑞士成为居民企业。美国联邦政府采取了系列针对中国的有关政策将会推动跨国公司"与美国脱钩"。[②]但是，大约三分之二的美国跨国公司采取了不理会联邦政府限制投资中国的政策。

美国对华直接投资长期受到联邦政策制约。一般而言，只要美国风险资本不违反制裁政策、反洗钱政策以及避税政策，在全球流动并不受限制。据2017年上海美国商会调查，424家受访企业的65%认为，美国政府对于本企业在华投资没有影响，只有12%的企业认为将重新审核投资计划。（参见表8-17）但是，美国政府的对华政策已经开始发生影响。

---

①   Thilo Hanemann, Daniel H. Rosen, Cassie Gao and Adam Lysenko. "Two-Way Street: 2019 Update: US-China Investment Trends." *US-China Investment Project*, May 2019.

②   "Trump Effort to Keep U.S. Tech Out of China Alarms American Firms." https://www.nytimes.com/2020/02/16/business/economy/us-china-technology.html, 3 Oct. 2021.

表 8-17　美国政府对跨国公司在华投资的影响

无影响	不知道	导致重新审核投资计划	增加了投资	减少了投资	取消了投资
65%	18%	12%	3%	1%	<1%

资料来源：*2017 China Business Report*, The American Chamber of Commerce in Shanghai, 2018, p. 59.

注：原问卷问题是"美国的新政权对于贵公司在中国的投资有何影响？"

（1）开始审查包括风险投资的对华直接投资的流向。

（2）严查美国资本向中国的输出活动。其中，以向中国泄露美国技术为借口，2020 年 2 月实施《外国投资风险审查现代化法》（FIRRMA）、强化《出口控制改革法》（ECRA）对美国风险投资严格审查。

（3）推动对华广泛"脱钩"。美国控制着国际金融体系，以保护美国战略利益为借口，不允许中国借助有关平台进行融资。

2019 年 9 月，白宫以中国在美上市企业披露不实为由，提出限制在美国交易所上市。美国政府还认为，美国的风险资本对华投资被用于两用技术开发将强化中国的战略能力，这些都对美国风险投资和基金经理造成了压力。

（三）美国风险资本对华高技术投资的规模与结构

1. 对华高技术风险投资重点细分领域

（1）移动技术是重点投入的领域。其主要动力来自消费市场需求，加速设备行业的微软 ScaleUp、英特尔资本、Qualcomm Ventures 以及投资平台红杉资本、SOSV、SIG China 和 DCM Ventures 都非常活跃。

（2）工业相关领域是美国风险投资关注重点。主要投资平台有红杉资本、DCM Ventures、Lanchi Ventures、SOSV 以及 Warburg Pincus 和 Kleiner Perkins 等。大企业如 Microsoft ScaleUp、Qualcomm Ventures 以及英特尔资本等，都先后介入了初创企业的发展。

（3）电子商务领域分布着大量美国风险投资投资。专业风险投资机构如 SIG China、DCM Ventures、红杉资本、SOSV、Lanchi Ventures、Tiger Global Management、Kleiner Perkins 以及 Warburg Pincus 都进行了投资。

（4）风险投资企业在大数据和 SaaS 投资领域越来越大。微软 ScaleUp 与英特尔资本、DCM Ventures、SIG Asia、Lanchi Ventures 结合，在华实施了一系列投资项目。

表 8-18　美国风险资本在华高技术细分领域投资，2016—2018 年

顺　序	技术领域	美国投资轮数（％）	其他国家 / 地区投资轮数（％）	美国参与投资轮数多 / 少
1	移动技术	26	14	多
2	工业技术	11	7	
3	电子商务	13	10	
4	大数据	15	14	多
5	SaaS	14	13	
6	区块链	4	3	
7	金融技术	7	8	少
8	先进制造	1	3	
9	游　戏	1	3	
10	一般制造	5	8	
合　计		97	83	

资料来源：Adam Lysenko, Thilo Hanemann and Daniel H. Rosen "Disruption: US-China Venture Capital in a New Era of Strategic Competition." Rhodium Group, Jan. 2020, p. 25.

（5）风险投资企业在中国制造业和先进制造业领域的投入，发展慢于其他西方国家。（参见表 8-18 和表 8-20）

2. 美国风险资本对华 ICT 和医疗行业投资

美国风险资本对华 ICT 和医疗行业投资有如下特点。（参见表 8-19、表 8-20）

表 8-19　美国风险投资企业在华投资十大领域，2000—2019 年上半年

顺　序	技术领域	美国风险投资占比（％）
1	移动技术	27
2	SaaS	14
3	电子商务	12
4	工业技术	11
5	制造业	8
6	大数据	8
7	人工智能	7
8	金融技术	6
9	教育技术	5
10	生命科学	4
合　计		100

资料来源：Adam Lysenko, Thilo Hanemann and Daniel H. Rosen. "Disruption: US-China Venture Capital in a New Era of Strategic Competition." Rhodium Group, Jan. 2020, p. 25.
注：表中统计数据有重复。

（1）中国 ICT 吸引美国风险资本较多。如果包括软件行业，中国市场对美国风险资本重要性还要更高，2018 年美对华直接投资 130 亿美元，其中 ICT 投资达 27 亿美元（20.77%），汽车与交通运输设备投资 17 亿美元（13.08%）。但是美对华 ICT 投资在出现下滑趋势，四年内下降了约 30 亿美元。[①]

表 8-20　美国对华风险投资不同领域增长，2014、2015—2018 与 2019 年上半年

顺　序	技术领域	美国投资轮数（％）	其他国家和地区投资轮数（％）	美国参与投资轮数
1	人工智能	10	9	多
2	大数据	7	4	
3	生命科学	5	3	

① Thilo Hanemann et al. "Two-Way Street: 2019 Update." Rhodium Group and National Committee on U.S.-China Relations, May 2019, pp. 17-19.

（续表）

顺　序	技术领域	美国投资轮数（％）	其他国家和地区投资轮数（％）	美国参与投资轮数
4	区块链	4	4	多
5	肿瘤学	4	2	
6	LOHAS	3	2	
7	机器人	2	2	
8	RE Tech	2	0	
9	教育技术	−2	1	少
10	金融技术	−3	−1	
11	工业技术	−4	−4	
12	SaaS	−5	−1	
13	移动技术	−12	−13	

资料来源：荣鼎集团。

（2）美国风险资本在华医疗、医药和生物技术领域投资主要由顶级风险投资企业完成，其中40%集中在医疗板块，另外40%集中在医药和生物技术板块，其余投入了医疗器械行业。主要企业包括Fidelity Investments子公司F-Prime Capital Partners、Vivo Capital、OrbiMed以及Arch Venture Partners等。

（3）半导体研发和IT服务业初创企业是投资重点。在华的美国ICT行业风险资本，有30%投入了半导体研发和IT服务业初创企业，推动了云数据和云计算、数据存储、网络安全和机器学习研发投资。风险企业包括Walden International、Qualcomm Ventures以及WI Harper Group等。

（4）美国风险投资伴随中国初创企业的技术热点不断加大投资。从2014年到2019年上半年，美国风险投资投入的中国企业的发展往往超前中国在该领域的发展速度，其中包括人工智能、大数据、生命科学、肿瘤治疗技术、健康消费行业（LOHAS）以及不动产技术。

3. 美国对华风险投资的资本来源

美国对华投资的风险资本主要来自国内大型基金。从 2000 年到 2019 年上半年整体来看，中国风险投资项目融资 3 000 亿美元，美对华风险投资共参与融资 2 610 轮，融资 470 亿美元，占比为 16%；不含美国资本在中国设立的风险投资有限合伙企业，美国在 1 220 亿美元中国初创企业全部融资额中占 470 亿美元。美国风险投资企业如 Hillhouse Capital、Primavera Capital 以及 Hony Capital 从美国带来了大笔风险资本进入中国，其中包括旧金山雇员退休体系、德州大学投资管理公司、大都会生命保险公司。由于美国风险投资企业建立时间久、经验丰富，往往引领中国风险投资项目的发展方向，而且，从美国风险投资参与对华投资项目数量来看，排名前十位的企业参与了对华风险投资项目中的 50%。[①]

四、2017 年税制改革后对华直接投资与转移

（一）美国在华直接投资趋势

2018 年共和党上台后美国对华直接投资的产业特征正在发生变化。从 2016—2018 年的数据来看[②]：

（1）ICT 投资下跌三分之一。投资额下降为 26 亿美元，而此前的四年，每年投资额都在 30 亿美元以上。荣鼎集团分析认为，2018 年美国企业对华直接投资计划大幅减少是美国对华实施经济"脱钩"战略造成的。

① Adam Lysenko, Thilo Hanemann and Daniel H. Rosen. "Disruption: US-China Venture Capital in a New Era of Strategic Competition, A Special Report by the US-China Investment Project." Jan. 2020, pp. 20–33.

② Thilo Hanemann, Daniel H. Rosen, Cassie Gao and Adam Lysenko. "Two-Way Street: 2019 Update: US-China Investment Trends, US-China Investment Project." May 2019, pp. 19, 24.

（2）对消费行业直接投资规模大。例如，可口可乐收购 Costa 咖啡、控股 NBC 环球 30%、投资 65 亿美元建设北京环球影城等。

（3）美国跨国公司直接投资大规模进入中国地产业。2017 年，美国跨国公司在中国房地产业直接投资 12 亿美元，2018 年增加到 30 亿美元。主要案例有黑石集团收购 Vivocity 商城、Lasalle 集团收购上海国际大厦、Warburg Pincus 投资 10 亿美元与汉德集团合资，共同投资中国房地产行业。

（4）美国跨国公司全面增加对中国权益投资。除了特斯拉汽车的新增投资，汽车与运输设备行业投资居美对华直接投资额的第四位。金融和服务业公司开始筹划对中国直接投资，JP 摩根大通在华成立的合资公司中股份占比在 51%，摩根士坦利与华鑫证券成立合资证券公司，并实现控股。

（5）美国跨国公司加速对中国基础材料行业投资。由于中国经济发展，对材料项目需求不断增长，同时中国政府放松了外商股权投资限制，而且其他国家也在加大对华直接投资，这些都推动了美国跨国公司增加投资。2018 年美国跨国公司连续宣布了几个投资中国的化工、金属和基础材料项目，例如广东埃克森美孚化工联合体投资 100 亿美元、Air Products 公司内蒙古化工项目投资 6.5 亿美元。

美国政府为阻止跨国公司在中国的直接投资开始施加压力。上海美国商会每年对成员企业进行经营和投资情况的调查，从现有的研究看，系列报告成果尚未得到有效利用。据 2019 年上海美国商会调查报告，有 47.1% 的在华美国企业计划增加投资，低于 2018 年 14.5 个百分点；2019 年有 22.5% 的美国制造企业计划减少在华投资。[①] 而 2018 年调查显示，有 62.8% 的企业预期增加在华投资，但是实际上仅

---

① *2019 China Business Report*, The American Chamber of Commerce in Shanghai, 2020.

53% 的企业实际增加了投资。①2017 年，在美国改革国际税制前夕，55% 的受调查上海美国商会成员企业表示将增加对华投资，依次是制造业（58%）、零售业（52%）和服务业（50%）。（参见表 8-21）

表 8-21　美国对华投资规模增长性

年　份	增长幅度			持　平	减　少
	50% 以上	16%～50%	1%～15%		
2016	4%	16%	35%	40%	5%
2017	6%	14%	34%	42%	4%
2018	5%	13%	29%	41%	12%

资料来源：*2019 China Business Report*, The American Chamber of Commerce in Shanghai, 2020, p. 30.

2019 年美国对华直接投资规模缩小现象加剧。据上海美国商会 2019 年的调查，一是仅 47.1% 的受访企业表示"较前一年加大了投资"，这个数据低于 2017 年的 53.3% 和 2016 年的 54.7%；二是有 12.4% 的成员企业表示"减少了投资总额"，较 2018 年的 4.3% 明显增多；三是 2019 年受访成员企业计划增加投资的比例，较 2018 年下降 14.4 个百分点；计划减少投资的企业较去年增加了 12.2 个百分点。② 但据上海美国商会 2018 年报告，有 53% 的企业在 2017 年扩大了对华投资规模，低于 2016 年的 55%。而 2012 年对华投资规模增加的上海美国商会企业比例曾高达 74%。③

美国高技术企业对华直接投资仍重视战略投资。2018 年上海美国商会调查结果显示，有 61.6% 的受访企业预期将扩大在华投资。其中，从事科技硬件、软件和服务的企业比例最高（85%），其次是航空航天企业（78%）。2019 年调查显示，在硬件技术、软件和科技服

① *2018 China Business Report*, The American Chamber of Commerce in Shanghai, 2019.
② *2019 China Business Report*, The American Chamber of Commerce in Shanghai, 2020, p. 31.
③ *2018 China Business Report*, The American Chamber of Commerce in Shanghai, 2019, p. 33.

务行业，有 65.0% 的美国跨国公司提高了在销售、市场推广和商业开发等领域内的投资水平；61.1% 的美国制药、医疗器械与生命科学类跨国公司提高了投资规模；有 42.9% 的汽车企业增加了设备投入；在非消费类电子行业和硬件技术、软件与科技服务行业均有 40.0% 的企业增加了研发投入。（参见表 8-22）

表 8-22　美国在华投资在行业内增加投资的跨国公司比例

年　份	硬件技术，软件和科技服务	汽车行业	非消费类电子行业
2018	85%	74%	63%
2019	35%	24%	30%

资料来源：*2019 China Business Report*, The American Chamber of Commerce in Shanghai, 2020, p. 31.

（二）美国跨国公司在华的研发投入

美国高技术企业在中国的研发投入态度积极。上海美国商会 2018 年的调查指出 [①]：

（1）美国大多数在华直接投资企业仍停留在"（开）发"而非"研（究）"上。从研发投入增幅来看，技术含量较低的行业投入增幅更大。（参见表 8-24）

（2）在研发投入规模方面，2018 年有 32% 的企业计划增加研发投入，较 2017 年增长 3%。

（3）计划在中国持续投资研发的美国跨国公司合计比 2017 年的 49.7% 微降 1.6 个百分点。（参见表 8-23）对未来研发投资积极性最高的产业是制造业（59%）、零售业（41%）和服务业（36%）。2017 年美国在中国直接投资跨国公司未来对于科技硬件、软件和服务（79%）及汽车（70%）行业，研发投入有较高预期。

[①]　*2018 China Business Report*, The American Chamber of Commerce in Shanghai, 2019, p. 33.

表 8-23 美国跨国公司在华研发投资计划

年 份	没有计划	增 加			
		>20%	11%～20%	6%～10%	1%～5%
2017	31	10	13	12	14
2018	36	9	12	14	13

年 份	没有变化	减 少			
		1%～5%	6%～10%	11%～20%	>20%
2017	18	<1	1	<1	1
2018	15	<1	<1	<1	1

资料来源: *2018 China Business Report*, The American Chamber of Commerce in Shanghai, 2019, p. 59.

注: 原问卷问题是"贵公司在中国的研发投资有何打算?"

表 8-24 美国对华直接投资企业的研发投入行业差异性

顺 序	行 业	研发投入增加
1	食品与农业	76.90%
2	化 工	55.20%
3	非消费类电子	55.00%
4	汽 车	52.40%

资料来源: *2019 China Business Report*, The American Chamber of Commerce in Shanghai, 2020, p. 32.

美国税制改革和中美贸易摩擦加剧直接影响美企在华投资决策。2019 年上海美国商会调查报告显示,硬件技术、软件与服务行业未来计划在华直接投资的企业将由 2018 年的 85.2% 骤降至 35.0%,而 2018 年恰好是中美贸易摩擦最激烈的年份;同时,2018 年美国税制开始从全球税制向参与豁免税制转型,开征 GILTI 税和 FDII 税,两种原因的叠加可能是造成美对华企业选择其他投资方案的动因。对此上海美国商会认为,"这反映出美国科技公司逐步将研发中心撤出中国的决心"[1]。

中国加大知识产权保护有助于提升美对华直接投资信心。2018年上海美国商会的年度调查结果显示[2]：

（1）有 52.0% 在华制造业企业表示会加大研发投入力度；

（2）肯定"出于对知识产权的担忧而减少创新和研发投资"的企业比例下降了 11%，其中做出肯定回答的化工企业同比减少 26 个百分点，共 27 家。物流、交通运输、仓储和分销业同比减少 34 个百分点，共 18 家。工业制造企业同比减少 12 个百分点，共 86 家。

（3）有 43.9% 的在华制造业企业表示因知识产权保护乏力将搁置投资计划，其中分别有 56.5% 的加工企业、55.2% 的化工企业和 52.4% 的汽车企业。

（4）将中国"知识产权保护和执行乏力"视为监管障碍的美国企业比例下降了 2.5%。

（三）美国对华投资发生转移的因素

中美贸易摩擦是导致美国跨国投资流出中国的直接因素。上海美国商会发现，逾四分之一的受访企业在 2018 年已决定将在中国的资本转向海外市场，较前一年增加 6.9 个百分点。制造业受美国加征关税打击尤为严重，近三分之一受访制造业企业表示已经转移投资。其中主要因素依次是：美中经贸关系恶化、供应链中断、规避关税难度提升、监管环境变严和原材料成本高企等。[3]

从中国转移的美国企业并未将本土作为回流主要目的地。（参见表 8-25）据上海美国商会 2017 年调查，制定了投资转移计划的受访美

---

[1] *2019 China Business Report*, The American Chamber of Commerce in Shanghai, 2020, p. 32.

[2] *2018 China Business Report*, The American Chamber of Commerce in Shanghai, 2019, pp. 32-36.

[3] *2019 China Business Report*, The American Chamber of Commerce in Shanghai, 2020.

资企业,首选目的地分别是东南亚(8.6%)、美国(6.4%)以及印度次大陆(5.2%)。[1]2019年的调查显示,东南亚国家凭借日趋完善的基础设施、不断扩充的专业技能人才库,以及低廉的原材料和劳动力成本,成为13.1%的在华美国跨国公司投资转移首选目的地,同比高出3.9个百分点;选择印度次大陆的比例(7.6%)同比增加3.5个百分点。然而,选择迁回美国的企业同比下滑1个百分点。结果表明,美国政府"制造业回流政策"尚未取得实质性效果,这一结果与上海美国商会对加征关税后果的调查结果相契合。从具体行业来看,硬件技术、软件和科技服务业投资转移最多(40.0%),其次分别是工业制造(37.1%)与化工行业(36.7%),即平均1/3以上的美资企业准备实施投资转移。[2]

表8-25　美国对华投资行业投资转移意愿

在华直接投资行业	东南亚	行　业	印度次大陆
化　工	23.30%	食品与农业	15.40%
汽　车	19.00%	硬件技术、软件与科技服务	15.00%
物流、交通运输、仓储与分销	18.20%	工业制造	14.50%
零售与消费	18.20%	制药,医疗器械和生命科学	11.10%

资料来源: *2019 China Business Report*, The American Chamber of Commerce in Shanghai, 2020, p. 33.

美国税制改革后跨国企业在华投资的意愿仍然非常强烈。尽管有的美国跨国公司实施了投资多元化政策,但对投资中国的意愿仍非常坚定。(参见表8-26)据2019年上海美国商会问卷调查显示,回答"在华投资策略不变"的企业占比从2017年的72.48%(79/109)有所增加。上述问题同样在表8-27中得到了回应,不但

---

[1]　*2017 China Business Report*, The American Chamber of Commerce in Shanghai, 2018, p. 33.

[2]　*2019 China Business Report*, The American Chamber of Commerce in Shanghai, 2020, p. 33.

2017—2018 年美国商会企业在华投资与上年相同或更高的比例减少很小，约只有 1.56 个百分点，判断"其他国家商业前景更好"的比例在下降，认为"美中贸易政策不明朗"的比例增加，都显示了美资在华企业坚守的信心。

表 8-26　美国对华投资企业过去一年的投资转移计划

年份	在华投资策略不变	东南亚	美国	印度次大陆	东亚	南美	欧洲	其他地区	合计
2017	79	9	6	5	3	3	2	2	109
2018	80	9	7	4	2	1	3	2	109

资料来源：*2018 China Business Report*, The American Chamber of Commerce in Shanghai, 2019, p. 53.

注：原问卷问题是"过去的一年中，贵公司是否把计划中的中国投资用在了其他地方？如果是的话，投资在了哪里或打算投资哪里？（可多选）N=434"。

表 8-27　美国在华投资企业追加投资的态度

年份	不适用（投资量相同或更高）	劳动成本上升	市场准入限制	预计中国增速趋缓	本土竞争更加激烈	其他国家商业前景更好	刚刚完成一笔大额投资	美中贸易政策不明朗	缺乏人才	监管不一致	合计
2017	75	12	10	10	6	6	4	4	4	3	134
2018	74	10	6	12	6	4	5	9	4	5	136

资料来源：*2018 China Business Report*, The American Chamber of Commerce in Shanghai, 2019, p. 53.

注：原问卷问题是"如果贵公司 2018 年的总体计划投资量比 2017 年少，原因是哪些？（可多选）"。

　　美国税制改革并非在华美资企业关注的重点。非常值得关注的是，从上海美国商会 2017—2019 年三份年度调查报告看，税制改革的影响丝毫没有提及。出现这种现象是反常的，这是因为：

　　（1）《2017 年减税与就业法》将向"参与豁免体制"转型，美国跨国公司自 2018 年开始从境外企业分配的股息、红利收入 100% 在税前扣除。此条规则将激励美国跨国公司将其海外利润汇回美国，甚至还可能导致跨国集团的受控外国公司迁回美国，此举对全球资本流动、产业布局可能都产生深刻影响。

（2）对境外利润实施强制征税过渡政策。要求美国跨国公司的境外企业自 1986 年以后取得、尚未缴纳美国企业所得税的累积利润，适用 15.5% 或 8% 税率分期缴纳，回流美国本土。

（3）GILTI 税要求美国 CFC 净收入超过合格营业资产投资 10% 和利息费用在美国缴税，有效税率为 10.5%～13.125%。在 1986 年联邦税制下，这部分收入本不属于 CFC 应纳联邦所得税。

所以，如果与美国政府对华输入产品加征关税政策相比，目前美对华直接投资企业对于美国税制的变化并不敏感，但在理论上，产业政策和关税政策对美在华企业影响重大。由于美国以自由市场经济为根本导向，联邦政府对产业发展的推动很大程度上借助市场管理、行业协会等机制，由于州和地方税税制不同，对于投资跨国公司国内选址都会产生较大影响，那么在跨国投资层面，联邦税收政策才对跨国公司回流产生重要影响，而陡然出现的关税措施，使国际税制变化的影响退居其次了，另一方面，美国的国际税制改革走向参与豁免税制，也将使跨国投资与东道国的关系变得更加密切。

（四）中国信息与通信技术和芯片产业国际生态系统

1. ICT

中国是开发 ICT 领域最多的五大经济体之一。在 2000 年之前，全球高技术产业的生态系统结构简单，上下游部门之间只是线性伙伴关系，由美国的一级供应商负责制定标准和规范，再将制造订单外包给中国台湾和韩国的合作伙伴，现在 ICT 供应链作为全球 ICT 产业的重要基础，上游半导体设备和设计工具也被美国公司控制。现在中国在光调制和控制发明方面尤为活跃（28%）。在2012—2015 年间，全球五个经济体占据了 ICT 前 20 个迅猛发展领域的 69%～98%。日本和韩国占 ICT 领域专利活动 21%～70%。美国引领了与支付协议（34%）、传输安排（28%）和数字视频信号编码（28%）相关的 ICT 的发展。一些欧洲经济体，即瑞典、德国和法国，也在 ICT 某些领域排名前五。[1]（参见图 8-1）

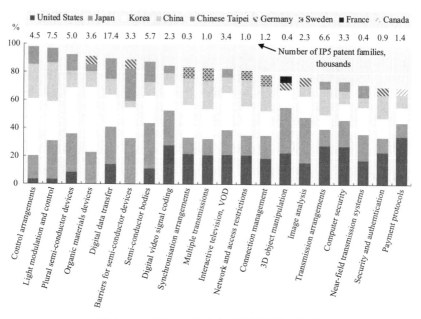

图 8-1　中国 ICT 技术在细分领域的竞争力

资料来源：OECD Science, "Technology and Industry Scoreboard 2017, Chapter 1. Knowledge Economies and the Digital Transformation." OECD 2017, 25 Sept. 2017.

中国的 ICT 具有重要国际代表性。首先，中国企业竞争力强，而且无论是硬件还是软件与服务市场，产品和服务质量不断完善。2017

---

[1]　OECD Science. "Technology and Industry Scoreboard 2017: The Digital transformation." https://www.oecd-ilibrary.org/docserver/9789264268821-en.pdf?expires=1599871826&id=id&accname=guest&checksum= 748338EA387595AB27C8057F60B580D6, 3 Oct. 2021.

年中国进口的 ICT 产品 5 280 亿美元，出口达到 7 810 亿美元。[①] 预计到 2021 年，中国市场的规模将达到 8.1 万亿美元，约等于中国 GDP 的 55%。其次，中国是美国最大、增长最快的半导体及其制造设备市场，而且增长将持续下去。中国半导体市场规模高达全球 3 360 亿美元的 50%，为 1 680 亿美元。未来随着中国企业越来越强调自主创新，各级政府都在加大对于半导体研发的支持，各地也在建设晶圆铸造厂，减少对外国的依赖，因此中国将日益缩小与美国先进水平的差距。

中国高技术产业生态系统正在逐步强大并完善。进入 21 世纪以来，随着中国制造业生态系统日益成熟，许多配套产业初具规模。2000 年，中芯国际在上海成立，成为中国半导体制造业的先行者；2002 年，京东方宣布进军液晶面板制造业。这两家公司是中国关键零部件行业先驱，最初主要依赖国内客户。在地方政府的投资下，这两家制造商得以迅速扩大生产，并形成了商业模式，推动当地面板和半导体行业达到更高水平。在 2000 年左右中国手机产业开始迅速发展，由一个主要专注于模仿的行业，迅速建立了独立的生态系统和竞争力，奠定了中国在当今世界智能手机市场主导地位的基础。中国在智能手机制造和面板行业早已超过韩国。现在韩国最有全球竞争力的存储产业也处在中国的竞争中。2018 年，韩国半导体出口总额达 1 089 亿美元，三星当年盈利 527 亿美元，其中半导体业务贡献约 400 亿美元，2019 年三星的盈利能力减半至仅 200 亿美元。[②]

2. 芯片制造业

ICT 产业由相互合作的全球企业供应链构成。芯片是半导体、集

---

① "China—Technology and ICT." https://www.export.gov/apex/article2?id=China-Technology-and-ICT, 3 Oct. 2021.

② Colley Hwang. "China Rising Fast after 2000." *DIGITIMES*, 8 May 2019.

成电路的代名词,全球芯片企业多数来自美国。(参见表 8-28)同时,世界网络市场分为两个领域:一个是中国市场,中国是全球最大的芯片进口国,同时也是最大的制造国之一;另一个是中国以外的市场,多数先进制造企业都来自西方,主要是美国。

全球高技术产业底层生态系统的核心是芯片行业。高速计算和大容量存储都需要芯片支持,半导体芯片是 ICT 产业的基础,而 5G 技术的兴起又给 ICT 行业运营和生态系统带来革命性变化,除了经济利益外,还对数据和国家安全等许多敏感领域产生了重大影响。理解中国芯片行业生态系统的形成与发展现状,对于理解科技产业在全球的分布和产业链、供应链是必需的。中国芯片产业作为全球供应链的一个核心环节,具有如下特征:

表 8-28　中国主要芯片制造企业销售额,2013—2023 年

单位:100 万美元

2018 年排名		2013 年	2014 年	2015 年	2016 年	2017 年	2018 年	主产品	2023（预计）
1	SK 海力士半导体 [a]	3 200	4 040	4 100	3 680	6 480	9 075	DRAM	12 500
2	三星 [a]	0	270	2 370	2 725	3 800	4 560	3D NAND 闪存	6 300
3	中芯国际 [b]	1 962	1 970	2 236	2 914	3 101	3 195	铸造厂	4 900
4	英特尔 [a]	2 650	2 710	1 830	520	2 325	2 675	3D NAND 闪存	3 800
5	华虹集团 [b]	795	920	971	1 184	1 395	1 542	铸造厂	2 500
6	台积电 [a]	510	550	590	635	700	950	铸造厂	1 800
7	XMC/YMTC	150	165	175	205	250	300	铸造厂 / 3D NAND	5 400
8	华润微电子	165	180	190	205	220	245	铸造厂 / Std ICs	365

（续表）

2018 年排名		2013 年	2014 年	2015 年	2016 年	2017 年	2018 年	主产品	2023（预计）
9	Diodes-BCD	155	170	180	200	220	240	铸造厂 / Std ICs	360
10	上海先进半导体	117	130	119	120	150	180	铸造厂	280
	其他	575	590	605	625	690	810	—	8 800
	全国合计	10 279	11 695	13 366	13 013	19 331	23 772	—	47 005
	全球芯片市场（10 亿美元）	271.9	291.6	286.9	296.1	369.4	430.8	—	571.4
	中国占全球份额（%）	3.78%	4.01%	4.66%	4.39%	5.23%	5.52%	—	8.23%

资料来源：IC Insights' Strategic Reviews Database, CCID, CSIA, PwC, https://semiengineering.com/chinas-foundry-biz-takes-big-leap, 3 Oct. 2021.

注：（a）只包含中国铸造产品；（b）包括 Huahong Grace 和 Shanghai Huali。

第一，中国芯片产业是全球高技术产业发展的关键因素之一。芯片产业基本上可以分为晶圆制造、集成电路设计、封装和测试以及上游设备和材料四个主要领域。芯片按用途划分为本地芯片行业和市场消费、为外国客户生产的产品两类。[1]

（1）中国是全球芯片消费的最大市场。2018 年全球芯片需求为 4 308 亿美元，中国进口芯片产品 3 120 亿美元，中国芯片贸易逆差达 2 274 亿美元。如果算上 237 亿美元本土 IC 制造业产值，2018 年中国对全球其他国家和地区芯片的需求总额为 2 511 亿美元，占全球芯片消费的 58.3%。

（2）中国的芯片用户集中度较高。2018 年华为、联想、小米和 BBK 均位列中国四大智能手机厂商采购芯片数量前十，合计采购费用高达 600 亿美元。

---

[1] Colley Hwang. "A Look at the Semiconductor Industry of China." *DIGITIMES*, 9 May 2019.

（3）外国在华企业的芯片消费数量大于本土。2018 年主要来自中国台湾和大陆以外的 ICT 厂商的芯片需求 961 亿美元，芯片需求的 62% 来自本土企业，38% 来自非中国企业。

图 8-2　中国国产芯片市场与产量趋势，2008—2023 年

资料来源：IC Insights, Strategic Reviews Database, CCID, CSIA, PwC, https://semiengineering.com/chinas-foundry-biz-takes-big-leap, 5 Oct. 2021.

中国 30 家芯片制造工厂正在加快建设和投产。由于美国禁止向中国 DRAM 制造商晋华供应集成电路，中国内存产业出口后劲不足。在中国继续扩充的 13 个晶圆厂中，中芯国际产能最大，重点开发 28nm 芯片。台积电（TSMC）在上海建设了 200mm 工厂，在南京建立 16nm 工厂，新增 7nm 产能，到 2023 年在中国大陆营业收入将从 2018 年的 9.5 亿美元增长至 18 亿美元。①

第二，中国芯片设计水平进步最大。2018 年全球芯片设计产业规模 1 095 亿美元，在 577.3 亿美元的铸造厂订单中，中国客户

① Colley Hwang. "China to Focus on Memory and Foundry Businesses?" *DIGITIMES*, 13 May 2019.

占 18.5%，产业规模为 202 亿美元；来自中国的芯片铸造服务订单同比增长 41%。台积电来自中国客户的订单同比增长 61%，从 2017年的 37 亿美元上升至 2018 年的 60 亿美元。中国集成电路设计公司对全球铸造市场的贡献从 2017 年的 13.8% 上升到 2018 年的18.5%。[1]

第三，中国的封装和测试技术最接近世界水平。2018 年，全球封装和测试市场规模达到 280 亿美元，全球前十大厂商占据了 84%的总份额，其中有 3 家来自中国，江苏长江电子、同福微电子和天水华天科技控制了全球 20% 以上的包装和测试订单。江苏长江电子营业收入约 36.4 亿美元，占全球市场份额 13%。中国台湾的先进半导体工程（ASE）、SPIL、力成科技（PTI）、京元电子（KYEC）和顾邦科技（Chipbond）5 家公司都是前 10 名，满足全球 44% 的封装和测试需求，加上中国台湾东方半导体电子和西格尔德微电子两家非十大厂商共控制了全球一半以上的封装和测试市场，再加上对半导体产业后端流程的控制和 IC 分销实力，形成了中国台湾 IC 生态系统竞争力。[2]

第四，中国芯片行业的自给率较低是最大困境。"中国制造 2025"的目标是到 2020 年将中国芯片行业的自给率提高到 40%，到 2025年自给率达到 70%。2018 年，包括中国国内和外国投资者经营的晶圆厂产值只有 237 亿美元，占全世界 4 308 亿美元芯片市场的 5.5%，而中国本土芯片产量仅占 9.4%。到 2023 年，中国半导体产业的产值将增至 470 亿美元，市场份额将上升到 8.23%。[3]

---

[1] Colley Hwang. "The Role of Chinese IC Designers in Worldwide Supply Chain." *DIGITIMES*, 14 May 2019.

[2] Colley Hwang. "The Big Advance of the Chinese IC Packaging and Testing Industry." *DIGITIMES*, 15 May 2019.

[3] Colley Hwang. "China Semiconductor Self-sufficiency." *DIGITIMES*, 10 May 2019.

第五，全球跨国公司积极投资中国芯片制造设备市场。2018年全球芯片设备市场规模为605亿美元，主要由西方企业控制，其中中国份额为122亿美元，占20.2%，40%左右的资金来自中国本土企业。2019年，由于美对华贸易政策急剧变化，全球半导体设备市场将出现下滑，中国对芯片设备的需求将从2018年的122亿美元下滑至119.6亿美元。①

未来ICT产业将在各种挑战中发展。随着亚太新兴市场智能城市和智能家居的发展，中国制造商在农村地区将积累更加丰富的营销经验，将比美国制造商具有优势，而且"一带一路"倡议将推动制造商进入亚太新兴市场。

五、贸易摩擦与跨国公司的外迁

2017年美国共和党政府上台后发起了一系列贸易摩擦。美国学术界将这场最初定性的"贸易战"再次定性为"贸易争端"。②这场贸易争端表面上开始于2017年共和党上台之后，首先由美国政府发起，主要针对欧亚大陆一系列国家和国家联盟，以及北美的加拿大、墨西哥，试图采用提高关税加以解决，但遭到其他国家的共同报复。总体来看，这场贸易争端主要围绕美国进口太阳能电池板和洗衣机行业、钢铝合金行业、所谓"技术不公平贸易行为"、知识产权问题、汽车进口、解决墨西哥非法移民，以及所谓"捍卫美国半导体霸权"七个领域展开。但从本质上看，有关争端只是美国对外贸易争端史的延续，新一届共和党政府的上台使这场贸易争端的解决方式走上了极端化

---

① Colley Hwang. "The Outlook of Chinese Semiconductor Equipment Market." *DIGITIMES*, 16 May 2019.

② Chad P. Bown and Melina Kolb. "Trump's Trade War Timeline: An Up-to-Date Guide." Updated 21 June 2022, https://www.piie.com/sites/default/files/documents/trump-trade-war-timeline.pdf.

的道路。在这场贸易争端过程中，中国扮演了受害者的角色。

2018 年以后，美国在华投资高技术企业跨国流动趋势明显加快。美国高技术企业开始规划搬出中国大陆，其中，谷歌将在华的大部分出口美国市场的母版业务迁往中国台湾和马来西亚，以节省印刷电路板组件 25% 的关税。其他国际大型半导体企业如 Quanta Computer、富士通以及 Inventec 也在准备向中国台湾、墨西哥以及捷克分散搬迁。(参见表 8-29)

表 8-29　计划向海外迁移的在华外资公司

公司名称	迁往目的地	影响的产品
Pegatron (中国台湾)	印　度	某些通信设备 (最终可能迁往越南)
Skechers USA (美国)		鞋类 (最终可能迁往越南)
苹果 (美国)		最新型 iPhone
Iris Ohyama (日本)	韩　国	电扇
小松制作所 (日本)	日　本	建筑机械部件 (部分业务已转向美国和泰国)
东芝 (日本)		注塑机部件 (部分业务已转向泰国)
京滨株式会社 (日本)		汽车零件
住友重工 (日本)		机器人部件
G-Tekt (日本)		汽车零件
三菱电器 (日本)		激光打印机
卡西欧计算机 (日本)	泰　国	腕表
理光 (日本)		打印机
西铁城钟表 (日本)		腕表
松下电器 (日本)		立体声汽车音响
华硕电脑 (中国台湾)	中国台湾	个人计算机
仁宝电脑 (中国台湾)		路由器和其他通信那设备
惠普 (美国)		个人计算机 (部分已迁往越南和菲律宾)
戴尔 (美国)		个人计算机 (部分已迁往越南和菲律宾)
三叶电机 (日本)	美　国	汽车零件 (部分已迁往越南)

（续表）

公司名称	迁往目的地	影响的产品
Asics（日本）	越　南	跑鞋
Kyocera（日本）		打印机
Sharp（日本）		个人计算机
Nintendo（日本）		游戏机
TCL（中国）		电视机
Brooks Sports（美国）		跑鞋
歌尔股份（中国）		苹果无线耳机
Nidec（日本）	墨西哥	汽车部件和家用电器部件
Funai Electric（日本）		液晶电视（部分已迁往泰国）
GoPro（美国）		小型摄像机

资料来源："China Scrambles to Stem Manufacturing Exodus as 50 Companies Leave." https://asia.nikkei.com/Economy/Trade-war/China-scrambles-to-stem-manufacturing-exodus-as-50-companies-leave, 3 Oct. 2021.

　　规避关税是美在华高技术企业实施新选址战略的主要原因。美国增加关税导致其他在华跨国企业也开始考虑规划多元化区域投资。富士通计划将 iPhone 生产能力布局在中国大陆以外，印度是重要的选址的地点。一些高技术企业准备采取极端搬迁措施，如三星关闭了在华的最后一个智能手机厂。

　　部分在华外国高技术公司准备搬往海外。2019 年 7 月，苹果宣布将耳机生产能力转向越南，首次搬迁的生产能力为 15%～30%。惠普和戴尔电脑同时规划将把中国生产能力的 30% 迁出，相当于两家企业全球供应能力的 12%，即 840 万台笔记本电脑。其他电脑企业如联想、宏碁以及华硕也都在根据形势发展，对搬迁战略做出评估。

　　部分高技术企业准备实施多元化战略。在华高技术企业向海外转移生产能力的原因多种多样，除了劳动力成本上升较快，竞争加剧、资本收益汇回体制、保护知识产权等，都导致外国跨国公司向外迁移生产能力。

　　但是高技术企业大规模从中国向海外迁移的预言并未发生。中国高技术供应链生态系统已经拥有了熟练技术工人大军、强大的供应链、大小产业中心、完善的基础设施，同时中国高收入群体庞大，这就是中国之所以成为亚洲供应链中心和生产中心的秘诀。在美国税制改革开始后，尽管跨国大企业受到加征关税的影响，却反其道而行之，加强了对华投资，将生产线向中国转移。例如，荷兰高技术企业飞利浦已将超声波生产企业搬到了中国，而将口罩生产能力向美国转移，这样做的目的也是为了规避高关税，同时贴近市场需求；其实国际高技术企业向中国以外地区迁移采取的最新策略是"中国+1"，只是缓慢向其他国家搬迁部分生产能力，降低运营成本，实现劳动力多元化和供应链多元化，而且提前布局新市场；同时中国仍然被高技术企业当作供应链的核心，中国始终是高技术企业的高附加值市场。目前国际高技术企业新的选址地点都在中国周边，那里劳动力成本低廉、经济发展加快、生产能力上升、贸易条件优越，但是要想取代中国制造业生态系统，仍有很长的道路。东南亚地区虽然在不断崛起，但是他们所缺少的是中国所独有的条件，这些竞争优势即使加上中美贸易战的冲击，也难以推动高技术企业大规模从中国流失。①

小结与讨论

　　第一，中国的低税率和税制稳定是吸引跨国公司长期投资的主要因素。跨国公司投资中国几十年来，充分利用了中国的体制优点，其中就包括税制优势。中国的投资边际有效税率只比一些欧洲小国

---

① 　参见刘裴蒂：《疫情冲击下的全球供应链重组：供应链中断已超越中国》，http://www.xinhuanet.com/fortune/2020-03/15/c_1125714491.htm，2021 年 10 月 3 日。

稍高之外，市场规模、劳动人口规模、社会稳定、法制健全程度都更高，吸引跨国投资的综合因素是其他仅仅靠低税率吸引投资的国家无法比拟的。未来中国应继续保持有效税率水平吸引外资，同时加强知识产权保护、强化营商环境建设。

（1）中国的税收管理规范而高效。上海美国商会指出："近年来，中国政府通过不懈努力在多个领域内都取得了有目共睹的进步。会员企业表示，不少领域内的监管和运营环境都有所改善，比如税收管理能力显著提高，商业腐败和欺诈等现象也得到了极大改善。"[1]

（2）中国较低的有效税率使美对华投资企业在中国国内选址自由度较高。例如，2017 年有 50% 的美国商会企业认为，中国"简化税收和审批程序"有助于在中国成长。[2]有 28% 的美国商会企业认为，"税收优惠和补贴"只是排第五位的"投资选址的考虑因素"。[3]2018年，有 47% 的美国企业认为，"税收优惠和补贴"在"中国的业务增长最为重要的三大改革"中排第二位。[4]有 23% 的美国企业认为，在"对投资选址的考虑因素"中"税收优惠和补贴"因素仅排第五位。[5]到 2019 年，只有 22% 的美资企业认为，"税收优惠和补贴"是"去上海以外地区投资或扩张决定的因素"，重要性仅排第四位。[6]其中36.4% 的美资企业认为，"税收优惠和补贴"是吸引"物流、交通运输、仓储与分销"开拓上海以外市场的第三大主要因素。[7]

（3）美在华跨国公司对于国际税制改革的影响保持中性。在美国商会 2017—2019 年的三份商业报告中，只有在 2017 年的调查发

---

[1]　*2019 China Business Report*, The American Chamber of Commerce in Shanghai, 2020, 引言。

[2]　*2017 China Business Report*, The American Chamber of Commerce in Shanghai, 2018, p. 36.

[3]　*2017 China Business Report*, The American Chamber of Commerce in Shanghai, 2018, p. 44.

[4]　*2018 China Business Report*, The American Chamber of Commerce in Shanghai, 2019, p. 42.

[5]　*2018 China Business Report*, The American Chamber of Commerce in Shanghai, 2019, p. 58.

[6]　*2019 China Business Report*, The American Chamber of Commerce in Shanghai, 2020, p. 55.

[7]　*2019 China Business Report*, The American Chamber of Commerce in Shanghai, 2020, p. 44.

现有 65% 的美对华投资企业对美国税制变化做出回应，它们的在华投资计划并未受到美国国际税改影响。[1]

第二，中国制定应对外部变化的不确定性十分必要。在 2016—2017 年，美国国内对于解决跨国公司"税务倒置"广泛争论，《2017年减税与就业法》开始实施有关法规措施。中国中央政府为此制定了应对策略，广泛实施资本管控措施，抑制国内投资外流，美对华直接投资企业对此是敏感的。美国商会调查发现，在 2016 年第四季度到 2017 年初，跨国公司股利汇回等资本账户交易尤为困难，其中 33% 的商会成员企业表示，资本管控对在中国境内收入汇回美国造成阻碍，有 40% 在全球营业收入超过 50 亿美元的企业认为，从中国汇回经营收益的难度加大。但是贸易类经常账户交易所受冲击则相对较小。[2]

第三，中国收紧税收政策有助于应对美国国际税制改革冲击。在美国通过《2017 年减税与就业法》后，中国出台了对冲措施，对外国投资者利用从中国境内子公司分配的利润在中国进行直接再投资，符合规定条件的可以递延纳税，暂不征收预提所得税。这项政策的目标是"进一步积极利用外资""鼓励境外投资者持续扩大在华投资"等，相关政策都取得了较好的效果。[3]

第四，对美国对华直接投资构成不确定性的政策来自国际政治因素。在 2019 年上海美国商会的在华投资调查结果看，排在第一位的不可控政治因素是"美中双边关系紧张"，这一因素对于银行、金融与保险和制药、医疗器械与生命科学影响最大，这些都是现阶段美国继续保持对华直接投资的主要领域，而这个影响因素的主动权目

[1] *2017 China Business Report*, The American Chamber of Commerce in Shanghai, 2018, 概要。

[2] *2019 China Business Report*, The American Chamber of Commerce in Shanghai, 2020, p. 36.

[3] 中央四部委《关于境外投资者以分配利润直接投资暂不征收预提所得税政策问题的通知》(财税〔2017〕88 号)，2017 年 12 月 21 日。

前掌握在美国手中。实际上，上海美国商会企业表示"反对加征关税"的呼声一年比一年高，美对华投资企业更支持"美国政府通过其他方式实现其对华经贸和投资的诉求"。（1）支持"进一步加强双边政府对话"；（2）支持"与如欧盟等多方加强合作以施加多边压力"；（3）支持"美国通过投资和市场准入互惠原则实现其经贸和投资方面的诉求"；（4）"向国际争端解决机构（如WTO）寻求帮助"。[①] 但美对华直接投资企业对"美中经贸政策/关系不明朗""中国经济增速预期放缓""关税加征带来的不确定因素"造成投资规模缩小非常关注。[②]

第五，美国对华高技术投资未来前景更好。大部分美在华直接投资企业抵御了中美贸易摩擦的负面效应。四分之三的美国直接投资企业赢利，亏损面不断下降。尤其是美对华投资的制造业企业的盈利能力明显上升。[③] 美国大型跨国公司加大了对华直接投资。上海的特斯拉项目、广东的埃克森美孚项目代表了美国资本在华绿地投资的总趋势。美国风险投资加速进入中国，显示美国资本对于中国市场的信心仍旧很大。[④]

---

① *2019 China Business Report*, The American Chamber of Commerce in Shanghai, 2020, p. 41.

② *2019 China Business Report*, The American Chamber of Commerce in Shanghai, 2020, p. 31.

③ *2019 China Business Report*, The American Chamber of Commerce in Shanghai, 2020, p. 28.

④ Thilo Hanemann, Daniel H. Rosen, Cassie Gao and Adam Lysenko. "Two-Way Street: 2019 Update: US-China Investment Trends." *US-China Investment Project*, May 2019.

结　论

一

《2017年减税与就业法》是31年来美国税收体制的首次"大修"。美国霸权国家的特征决定了联邦国际税制对于全球具有示范性和较大影响力，因此研究美国税制的改革具有现实意义和借鉴价值。在西方资本主义世界兴起之后，亚当·斯密曾提出了平等、确实、简便和经济四项税收基本原则。19世纪以来，随着美国对外投资的兴起，资本中性原则成为跨国投资所坚持的理论前提，以此为基础，美国在构建国际税收管理体制时，长期坚持实行美国特色的所谓"全球税制"，允许跨国公司F分编收入无限递延缴纳所得税，同时通过税收协定，允许受控外国公司（CFC）在东道国缴纳的所得税在美国获得抵免。这种全球税制对于鼓励美国跨国企业参与全球竞争，并从全球各地获得长期而巨额收益建立了体制保证。但是在冷战结束后到来的全球化时代，美国的全球税制导致跨国企业任意利用这种税制所具有的以递延所得和外国税收抵免为基本特征的体制性弱点，在全球低税收辖区无限期递延缴纳美国所得税，并利用企业倒置手段，将资产转移出美国，剥离收益，严重侵害美国的税收利益，全球税制已经到了不能不加以彻底改革的时候。

历史上税制改革的目的无不大同小异。《2017年减税与就业法》为联邦税制改革提出了四大目标，即主要为中产阶级减税、简化个人所得税制、推动美国经济增长，以及遣返海外收益。为了实现上述目标，美国推动向参与豁免税制转型的国际税收体制改革，主要框架新建和修订之处共有五项：（1）基本规则收到股息扣除（DRD）新增与修订；（2）分配与反滥用规则修订；（3）新增视同遣返资金规则；（4）反企业倒置规则修订；（5）关于税收协定。共有20项和国际税收管理有关的规则。

参与豁免税制作为国际税收体制改革的核心包括两项基本特征。参与豁免税制主要宗旨是既打击避税行为，又对跨国公司的海外收益与利润实施税率减让，激励跨国公司的海外盈利回流美国本土，解决跨国公司倒置。参与豁免税制规则体系融合了当代全球税制与参与豁免税制双重优点：（1）跨国公司投资10%以上股份的CFC享受100%股息扣除；（2）不允许CFC抵免美国税收，但外国来源收入也不纳所得税。

参与豁免税制的主要政策框架包括：（1）第14103节"向参与豁免税制过渡时期的递延外国来源所得处理（遣返税）"；（2）第14201节"在本年度纳入美国股东的全球无形资产低税所得（GILTI）"；（3）第14202节"扣除外国来源无形资产所得（FDII）和全球无形资产低税所得（GILTI）"；（4）第14502节"税基侵蚀与反滥用税（BEAT税）"。（参见表1）

表1 《2017年减税与就业法》参与豁免税制体制框架

顺序	框架	规则	新订措施主要内容
1	收到股息扣除规则	跨国公司股息分配的扣除	资本利得股息税率；税收协定国与PFIC股息；倒置股息；外派公司20%加重工商税
		GILTI	下调利息扣除上限；阻止跨国公司倒置规则

（续表）

顺序	框架	规则	新订措施主要内容
1	收到股息扣除规则	FDII	扣除对在美国生产、在海外销售的无形资产收入，按较低税率征税
		修订外国税收抵免政策	累积收益和外国税收的视同支付抵免；外国分支所得和 GILTI 纳入；外国应税抵免限制；股息扣除规则。
2	国际税收分配与反滥用规则改革	BEAT 税	向外国关联方的 4 项付款
		修订 F 分编	外国石油公司关联收入；外国基地公司所得；持股 30 天规则；10% 的所有权；CFC 定义；创建者归属规则；打勾规则
		知识产权与转让定价规则	商誉、持续经营价值和员工价值
		利息扣除与资本弱化规则	安全港债务股权比；应税所得可扣除利息；应税所得扣除折旧、摊销和损耗；例外项目；不动产折旧期限
		混合实体与混合工具规则	国家间协商关联方混合实体和混合工具税收优惠
3	海外递延收益视同遣返规则		强制遣返资金；递延所得计算；降低税率；S 类企业税收规则
4	反跨国公司倒置规则	获得视同遣返资金税率减让规则	视同遣返资金税率减让；股票报酬税；倒置企业股息个人所得税；对移出实体的税基侵蚀支付；归属规则
		股票报酬税规则	
		跨国倒置公司的个人股息所得税规则	
		对移出实体的税基侵蚀支付规则	
		向下归属规则与适用	
		成本回收规则的修订	
5	国际税收协定、条约遵从	FDII 规则和 BEAT 规则与 WTO	
		FDII 规则与 OECD 标准	
		BEAT 税与税收协定	

资料来源：根据《2017 年减税与就业法》整理。

美国 2017 年国际税收体制改革建立在新的国际税收规则基础之上。美国参与豁免税收体制改革制定或修订了税制与税率、扣除、排除、外国税收抵免、企业结构等政策。（参见表 2）如果说表 1 呈现的是《2017 年减税与就业法》的体制框架的话，表 2 则具体展示了美国参与豁免税制的运行的新规则。

表 2 美国联邦国际税收规则的改革

规则	税法典条款	新规则
税制与税率	修订 USC. § 965	向参与豁免税制过渡期间递延外国来源收入的处理
	新增 USC. § 951A	GILTI 规则
	新增 USC. § 59A	对大额总收入纳税人的税基侵蚀付款征税
	修订 USC. § 951	取消 F 分编 30 天要求
	修订 USC. § 951（b）	变更美国股东定义
	修订 USC. § 958（b）	股票归属规则
	修订 USC. § 863（b）	修订自制存货采购规则
扣除	新增 USC. § 245A	扣除国内公司收到 10% 所有权外国公司的外国来源股息
	新增 USC. § 250	关于 FDII 和 GILTI 扣除
	新增 USC. § 267A	混合交易 / 实体规则
排除	废除 USC. § 955	撤销先前排除在外的 F 分编合格投资利得规则
外国税收抵免	废除 USC. § 902 新增 USC. § 245	收到外国税收抵免 / 股息，适用于持有外国公司 10% 或以上有表决权股票的本国公司
	修订 USC. § 904	计算外国税收抵免限额的收入类别（篮子）
	修订 USC. § 904（g）	选择增加 2018 年以前国内总亏损（ODL）
	修订 USC. § 960	变更 F 分编和 GILTI 纳入的视同支付抵免
	修订 USC. § 863（b）	修订自制存货采购规则
企业结构	修订 USC. § 1248	涉及特定 10% 股权的外国公司销售或转让特殊规则
	修订 USC. § 864	出售合伙权益所得或亏损处理
	修订 USC. § 1（h）	外国代理公司股东不符合降低股息率资格

资料来源：根据《2017 年减税与就业法》整理。

二

美国国际税收体制改革对跨国公司对外直接投资产生直接影响。新的国际税收规则将对跨境企业购并产生影响,对内和对外购并的结构、美国对外直接投资、外国收购美国企业、完税尽职调查、确定税收赔偿、制定收购合并规划等方面,都将产生广泛影响。(1)美国联邦税制在 2017 年的转型在全球的影响是基础性的,企业所得税率的下调导致全球各国法定税率全面下降,各国还通过调整费用化规则、扣除、抵免等有关政策,部分对冲了美国的税制改革影响。(2)美国国际税制的改革收紧了跨国公司对外直接投资的管理规则,短期内导致跨国公司资本回流。(3)美国国际税制的转型,有限废除了跨国公司的对外直接投资联邦所得税义务,有助于推动跨国公司收益在海外再投资。(4)美国国际税制改革作为单一政策,无法遏制跨国公司在全球化条件下加速向海外投资的步伐。(5)美国国际税制改革对于制造业供应链的回流帮助很小。本研究得到几个重要的结论和启示。

第一,全球化与税收体制进步之间存在相互促进关系。税收权力是国家主权的一部分,随着全球化发展,当资本流动越出国界(境外)之后,国家主权也随之延伸,那么国家的税权也将随之延伸;对外直接投资到达哪里,国家的税收管辖权和管辖范围就到达哪里,也就是说一个国家的税收边界是超越主权边界的。一个多世纪以来,美国的国际投资遍布全球各个角落,作为跨国投资载体的美国公司就像一个个吸盘一样,牢牢地吸附在全球各地的利润增长点上,这种被美国个人或公司控股在 10% 以上的公司,无论如何都不能逃脱美国财政部和联邦税务局(IRS)的管辖,只要收益与利润(E&P)汇回美国,就需要依法缴纳联邦所得税,这就是美国税收主权的体现,也是其国家主权的体现。现在发达国家多数都采用类似的公司税收法治。然而跨国公司在对外直接投资的同时,在输出资本之外,也将美国先进的技术、专利、版权、工艺等带往全球，促进了东道国的技术进步和创新发展，即促进了全球化的发展，同时还加深资本居民国和东道国的联系程度。可见这种资本和技术的流出伴随的是资金的回流，加深的是不同国家之间的各种联系纽带，这些从美国延伸出来的纽带即构成了全球化的网络。

第二，吸引跨国投资（投资回流）必须改革税收体制并完善税收法治。一个时代的税收体制往往适应本时代的生产力发展、社会进步与理论发展，在美国前总统里根执政之前，包括美国在内的西方国家普遍信奉凯恩斯主义。在凯恩斯"菲利普斯曲线"影响下，为了发展经济政府往往能忍受较高的通货膨胀率。供给学派则重点强调：（1）大幅度降低税率，长期增加社会储蓄能力并激励投资；（2）减少政府干预，加强劳动和商品市场竞争；（3）严格货币管理，使货币与经济增长相适应；（4）减少政府预算支出、削减社会福利。供给学派提出拉弗曲线，认为税收是税率与税基的乘积，变动税率既可影响生产，反过来又会影响税收，当税率处于临界点之下时，提高税率能增加政府税收收入，但一旦超过临界点后，提高税率反而将导致政府税收减少。而且高税率抑制经济增长，导致税基缩小，税收下降。反之，减税刺激经济增长，扩大税基，税收增加。《1986 年税制改革法》减税措施主要包括降低个人所得税、企业所得税、资本利得税，同时还增加了企业所得税的抵扣，重要的是改革了美国税制整体结构，其中包括削减税收优惠、合并税基、简化税收征管等，在国际税收体制方面，采用了全球税制，对美国人来自全球的各种所得征税，但是同时根据资本中性原则，对于跨国公司外国来源收入已缴纳的外国所得税，准许抵免美国应缴纳的所得税。但同时部分取消了公司税收抵扣、加速折旧，以达到平衡财政的目的。

美国全球税制建立之后持续实施了 30 余年时间。但在此期间，冷战结束开启了全球化进程，美国在全球化进程中扮演着推动者的角色。如果说冷战时期美国对外投资还面临诸多限制的话，冷战的结束则完全撤除了国际资本投资障碍，而且在这个时期税收天堂和离岸金融中心大行其道，就完全迎合了跨国资本追求低税收成本的特点，加上美国与有关国家和国际组织签署的相互投资协定、双边税收条约提供的优惠和保护，美国跨国投资利用全球税制的弱点，不但几乎是无限期递延纳税，而且利用税收天堂和离岸金融中心进行税收筹划，这些都导致 IRS 征税能力越来越差，这样 1986 年税制包括国际税收体制更加恶化，直到《2017 年减税与就业法》颁布后被全面修订和取代。

《2017 年减税与就业法》国际税收体制则是迎合了美国共和党治理"过度"全球化理念。在"过度"全球化背景下，美国 1986 年税制所逐渐形成的强监管措施，压抑了美国大企业，造成跨国公司遵从负担，"过度"坚持资本中性原则，放宽跨国公司对外直接投资管理，导致跨国公司大面积跨国避税，同时加上随着信息技术革命的深度发展，作为创新中心的美国大企业研发机构，利用软件等新的价值形式转让定价，都减少着美国对跨国公司的税收管辖权，对美国的 1986 年税制造成了越来越大的伤害，如工厂向海外迁移、造成大量失业、美国制造业竞争力下降等。从 2017 年美国国际税制中的参与豁免规则（DRD）、GILTI 税、FDII 税以及 BEAT 税都体现了反"过度"全球化对于美国税制破坏的内涵。可见，任何税制改革都是当时经济社会和理论发展的反映，反映了解决经济生活中的政府与企业、政府与个人之间的分配政策问题。

　　第三，边际有效税率通过税率投资弹性决定对投资的吸引力。法定税率是名义税率，对于高税率国家来说，那些低税率的发达国家就是税收天堂，既吸引着跨国公司投资，也吸引着跨国公司在这些国家和地区进行申报纳税。在美国 2017 年税制改革前，由于施行递延所得纳税和外国税收抵免制度，更激励跨国公司将收益和利润留在东道国进行循环再投资。但是，跨国投资的总有效税率计算要利用六项指标：（1）对于跨国公司的税后真实收益 R；（2）通货膨胀率 i；（3）经济折旧 δ；（4）公司所得税率 τ_c；（5）成本回收津贴现值 z；（6）融资方式。只有综合考虑了上述几项指标，最后计算出来的才是决定跨国公司是否追加直接投资的指标。长期以来，中国的法定税率维持在 25%，但是据西方测算，实际有效税率仅为 10%。从此可以看出，在美国资本主要东道国各种软硬件条件都相等情况下，中国受跨国投资青睐的主要原因与边际有效税率低有关。

表 3　美国对外直接投资结构，2015 年末历史成本数据

单位：10 亿美元

		总投资	制造业	批发贸易	信息	银行	金融	服务	控股公司	其他
合计	10 亿美元	5 040.6	660.8	229.3	180.3	112.8	613.9	116	2 582.2	332.6
欧洲	10 亿美元	2 949.2	309.7	79.8	117.9	66.3	254.9	70.8	1 824.5	194.6
	%	58.51	46.87	34.8	65.39	58.78	41.56	31.06	70.66	58.51
中国	10 亿美元	74.6	42.4	6	2.2	4.3	3	1.7	3.5	8.1
	%	1.48	6.42	2.61	1.2	3.81	0.5	1.47	0.14	2.43

资料来源：Derrick T. Jenniges and James J. Fetzer. "Direct Investment Positions for 2015: Country and Industry Detail." Survey of Current Business, Jul. 2016. p. 14.

第四，美国变革国际税收体制对在华高技术企业的影响尚不确定。（1）美对华高技术投资具有存量规模大、资产重、供应链长的特点，虽然国际税收体制转型将对在华投资产生较大影响，但从 2018—2020 年美对华投资的变动来看，影响的根源主要来自美对华贸易战，税制转型和有关驱动投资回流政策的影响比较短暂，根本原因在于美对华

高技术投资主要是利用中国的市场和强大的供应链为全球生产，这个生产能力庞大的供应链真正形成需要一二十年的建设，跨国企业的投资规划也具有战略性和长远性，单单由于一项政策的变化不可能改变跨国公司的投资决策，税改后美国大企业的反应已经证明了这一点。

据上海美国商会 2020 年商业报告：（1.1）越是大企业对中国市场信心越大，其中 71.2% 全球营业收入在 50 亿美元以上的大企业对五年之内中国市场表示乐观，54.3% 的全球营业收入为 1 亿～5 亿美元以上的大企业对五年之内投资中国表示乐观，对中国市场五年内表示悲观看法的美国企业数量从上年的 21.1% 下降到 18.5%。（1.2）有 28.6% 的跨国公司表示将增加对华投资，有高达四分之三以上的美国跨国公司表示投资选址没有变化，比例较 2019 年上升了 5.1 个百分点，有向东南亚转移意向的企业只有 9.8%，下降了 3.3 个百分点，而打算向美国回流的企业数量更低，约占打算搬迁企业总数的 4.3%。（1.3）有 58.3% 的技术、硬件和软件服务企业，在 2019 年增加了在华投资，企业数量仅次于投资研发最多的农业。（1.4）据对 200 家美对华制造业企业的调查，70.6% 的跨国公司表示不打算向境外迁移生产能力，7% 打算在境外建立备份基地，4.7% 将在中国境内另外选址建设工厂，真正打算向美国迁移的企业只占 200 家企业中的 3.7%，也就是只有 7～8 家企业准备回流美国境内。[①]

表 4　中国信息与通信行业税收政策

税　种	电信行业	硬件制造	软件业	IT 服务业
企业所得税 25%	√	√	√	√
高技术企业所得税 15%	√	√	√	√
增值税 17%	√	√	√	

---

① *Shanghai 2020 China Business Report*, The American Chamber of Commerce in Shanghai, 2020, Executive Summary, p. 12.

（续表）

税　　种	电信行业	硬件制造	软件业	IT 服务业
营业税 5%			√	√
城市维护建设费（税）为增值税的 1%～7%	√	√	√	√
教育附加费（税）为营业税的 3%	√	√	√	√

资料来源：自行整理。

（2）中美两国的税制有很大差异，边际有效税率差也很大。（2.1）中国对待高技术企业制定了更加低的税收政策，仅所得税率就降低了 10 个百分点，同时针对高技术投资的不同行业也制定了一定的差别税率，各地在城建费方面的税费也很灵活。（参见表 4）（2.2）根据本研究的资料，中国的企业所得税有效税率为 10%～11.7%，这与美国大公司平均 16.1% 的有效税率[1]差异非常大，而且跨国公司在海外的直接投资实际上缴纳的美国外国来源所得税更低，更加推动了跨国公司在海外的投资。而且，跨国公司充分利用了货币的替代性原理，丝毫不影响将收益投资国内的国债、企业债和股市，这些都是吸引高技术投资的重要条件。

（3）美对华高技术投资仍面临本国政府要求对华脱钩的压力。据上海美国商会调查，对在华投资表示悲观的企业中，技术、软件与服务业企业占 50%，药厂、医疗器械和生命科学企业占 42.9%，这是值得高度重视的动向。[2]

中国应对美国国际税收体制改革要坚持改革开放原则。新中国成立 71 年来，建立起了独立、完整的现代工业体系和国民经济体系[3]，

---

[1]　United States Government Accountability Office. "Corporate Income Tax: Most Large Profitable U.S. Corporations Paid Tax But Effective Tax Rates Differed Significantly from the Statutory Rate." Report to the Ranking Member, Committee on the Budget, U.S. Senate, Mar. 2016, p. 13.

[2]　*Shanghai 2020 China Business Report*, The American Chamber of Commerce in Shanghai, 2020, p. 25.

[3]　王绍光：《中国崛起的世界意义》，北京：中信出版集团，2020 年。

成功地改革与完善了经济发展机制，对外开放取得了前所未有的成就，为今后的发展奠定了雄厚基础。[①] 尤其是中国在冷战结束前夕，毅然开始改革开放，引领了世界发展的潮流，为全球化和国际经济一体化潮流做出了很大的贡献，同时以跨国公司加速布局中国为特征的中国经济与世界关系的相互融合，也造福了中国人民。继续吸引外资投资中国，根植中国，仍将是今后促进中国经济快速高质量发展、实现两个一百年战略、为世界和平做出较大贡献的长期任务之一。

<h2 style="text-align:center">三</h2>

鼓励跨国公司投资我国高技术产业应注重税收政策。高技术产业的产生与发展，具有典型的群体化特征，是大量的研究开发投入、现代高技术与传统技术融合及高新技术内部相互作用的结果。高新技术产业具有较强的渗透性和间接效应，广泛地渗透到传统产业部门，促使传统产业向高级化、集约化方向发展。高技术产业化作为一项系统工程，与国家综合实力、政府干预、产业政策、法律保障等因素密切相关，高新技术行业在我国吸引跨国公司投资政策的重要性非常强。本研究主要提出如下三项政策建议：

一是中国应当继续保持边际有效税率的较低水平。吸引高新技术外资投入是一项综合工程，但是在其他主要条件同等时，税率因素具有决定作用。美国跨国公司在布局全球投资决策时，各国法定税率与实际税负决定了国别选址决策，而跨国公司是否对东道国追加投资，则涉及边际有效税率的高低计算。改革开放四十年来，中国根据国际通行的贸易投资准则，全面保护外商直接投资的权益，同时使外商在华投资绝大多数长期获利，并能够提供满足全球供应链巨大

[①] 梅宏：《如何正确评价改革开放前后的两个 30 年》，http://dangshi.people.com.cn/n/2013/0219/c85037-20530313-4.html，2021 年 10 月 4 日。

需求的各种配套条件，有力地吸引了外资长期投资中国。尽管我国的名义税率长期稳定在 25% 左右，但是由于各地都加大了税收的优惠、减免、扣除、抵扣等政策建设，边际有效税率实际仅为 10% 左右。然而随着美国 2017 年税制改革展开，中国的税率优势正在丧失，其中决定跨国投资选址的边际有效税率（有效边际税率）已经较高，未来需通过有关的加速折旧、费用化政策进行优化。（参见图 1）相比之下，美国对机器设备折旧更加优惠，机器设备权益融资投资平均优惠幅度远远高于对工业厂房的投资，又远远低于对机器设备的债务融资投资的平均值。因此，如果把投资折旧规则与法定税率结合起来，美国的公司所得税政策对边际投资的扭曲程度，显然高于其他发达国家。① 这是一条重要的国际经验。

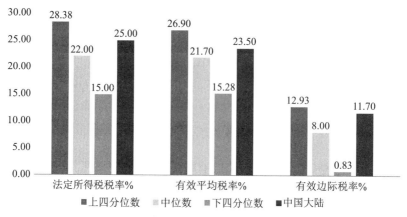

图 1　中国与主要税收管辖地税率比较，2019 年（%）

资料来源：普华永道：《经济合作与发展组织借力国别报告发布"企业税收统计"》，《国际税务新知》2020 年 7 月第 2 期，第 2 页。

　　二是中国应通过推动公司法的修订完善投资保护。母子公司制及其衍生出来的跨国公司全球投资管理体制与规则体系，是维护美

---

① Congressional Budget Office. "Options for Taxing U.S. Multinational Corporations." Jan. 2013, pp. 29–31.

国霸权的重要制度框架，美国的霸权触角通过跨国公司渗透到了国际政治经济体系的每个细胞，其中它的 F 分编规则，对于将美国跨国公司在海外的利益汇回国发挥着重要作用，同时也从国际法的角度，规范了美国跨国企业在东道国的投资权益。目前我国公司法有关 CFC 管理法规还非常薄弱，相关的法律比较单薄，如有关规定，若中国居民控股公司投资控制设立在实际税负低于 12.5% 的低税率国家（地区）的公司（CFC），该 CFC 没有分派回中国控股公司的利润将被视同已经分派而需在中国纳税；我国还公布了被视为不属于低税率国家（地区）的"白名单"，但是这实际上已经远远不能适应当今中国已经是全球投资大国的地位，无法满足将国外资本和先进技术引进来中国企业走出去的需要。未来我国的公司法以及与之相配套的税法和会计法规，都需要适时做出修订。（参见表 3）

三是中国需要加强知识产权的保护并研究知识产权转让定价的规律。高技术跨国企业选择厂址的依据主要是税收优惠、工程和技术人才的供应、供水质量和公用设施的可靠性、环境许可程序和其他法规、员工生活成本以及知识产权的法律保护等因素。[1]2018 年上海美国商会调查指出，有 52.0% 在华的制造业企业表示，因知识产权保护乏力搁置投资计划的占 43.9%。而在近年来高技术企业向海外转移生产能力的原因中，保护知识产权难度较大，依然是导致跨国公司大企业考虑向外迁移生产能力的主要原因之一。基于知识产权的独特性质，美国修订了 1986 年税法的转让定价规则，制定了更加严格的 F 分编规则，以解决对知识产权开发地点和所有权的影响。[2]中国已经采纳了税基侵蚀与利润转移项目（BEPS）的若干项建议，未来

---

[1] Charles Wessner and Alan Wolff. "Rising to the Challenge: U.S. Innovation for the Global Economy." National Research Council, 2012, p. 340.

[2] Joint Committee on Taxation. "Description of Revenue Provisions Contained in the President's Fiscal Year 2011 Budget Proposal." 16 Aug. 2010, pp. 241–285.

明确落实与研发和无形资产有关的税务和转让定价法规，提高企业税务处理的确定性，营造良好政策环境，因此才能鼓励和促进跨国公司的本地研发和创新。

中国作为大国必须从美国的财税改革中汲取经验教训。（1）警惕美国财税制度理念与制度运行的悖论产生的教训。美国是较早建立预算制度的现代资本主义国家，但是由于美国早已抛弃"量入为出"原则，在资本主义经济危机的一次次冲击下，通过财政赤字刺激就业和经济已成为美国联邦财政最持久的动力和最鲜明的特点。在财政体制的构建上，大预算体制为美国财政的不可持续埋下了祸根。在联邦财政支出一端，美国联邦财政支出规模和结构取决于全球治理和游说集团的强弱，军工利益集团、农业利益集团、退伍军人，包括医保和养老等社保利益集团等，往往依靠强大的资金游说投入和手中的选票，通过支出比重扩大、税式支出等名目，换得巨额财政资金，导致联邦财政规模失控、结构失调。在联邦财政收入一端，大型跨国公司、养老基金、慈善组织等利用同样的手段，获得巨大减税利益。弥补税收与预算差额的资金来源就是巨额国库券的发行。如今联邦财政累积的 27 万亿美元的债务，就是这样一步步形成的。而约翰逊总统时期提出的美国"伟大社会"建设计划，则是导致美国背上至今已彻底无可能卸下 Medicare 和 Medicaid 两大包袱的直接原因。从联邦财政收入的结构看，企业税收占比不足 10%，而社保税和个人所得税占总税收收入的 85% 以上，实际上其中社保收入占大部分，也就是说，在联邦财政收入中，来自不生产阶级的税收（暂扣收入）占全部财政收入的四成以上，这部分收入却已购买了联邦债务，实际上变为长期支出，成为沉重的财政包袱，它终将成为联邦政府国家治理的负担，并在未来导致债务链的中断。

（2）中国的财税改革必须避免利益集团的操纵。曼库·奥尔森在其主要著作《国家的兴衰：经济增长、滞胀和社会僵化》中指出，在国家历史上，会逐渐形成各种各样的联合组织，如棉农合作社、钢铁工人联合会、工会等，通过类似政治游说影响政策，使之偏向利益集团的利益。这些政策往往提倡贸易保护主义，反对科技进步，并对经济发展产生进一步影响，这些利益集团和利益联合体成为有关政策的受益者，然而游说成本却由整个社会分担。据奥尔森指出，这些政策很少遭到公共抵制，因此随着时间流逝，各个利益集团规模将越来越大，在各行各业都会形成利益固化的利益集团组织，这时整个国家将承担越来越重的治理负担，最终导致经济衰落。

（3）中国进行财税改革应当坚持财政原则，以筹集财政收入为基本职能。税收既要充足稳定，又要随着经济发展而增长，还要保证社会整体税收负担的确定，并使各个纳税人之间的负担水平保持均衡。

四

本研究未来的深化主要有三个方向。

第一，美国税制改革对跨国投资在华影响的长期性和全面性。高技术投资只是美对华投资的主要领域之一，而长期以来美国跨国投资的重点一直在欧洲，以 2015 年末美国对外直接投资的历史数据观察，美国在全球直接投资接近六成分布在欧洲，即使是美对华投资最多的领域即制造业投资，美国对欧洲的投资超过中国 40 个百分点，金融业也是这样。另一个非常值得研究的现象是，在美国对外直接投资中，对于控股公司的投资占非常重要地位，2015 年该比例等于51.23%；同年美国对欧洲控股公司的直接投资占比 61.86%，对欧盟投资占比为 63.11%，但是中国的占比只有 4.60%。所以，中国未来需要下大力气在稳定美对华投资方面。在这方面一要稳定总的投资份额；二要更多地制造业的美国直接投资吸引，银行和金融业也是未来的重点领域，这与中国未来经济发展后金融和银行服务需求相应上升密不可分；三要配合上述稳定美国资本投入的总要求，在吸引美国投资控股公司方面，要对中国国内企业的治理及其架构方面、知识产权的保护方面下功夫。

第二，要从理论和经验方面，研究美国税制改革对于全球资本流动的冲击。对此可以从宏观和微观两个方面言说。(1)美国作为全球霸权国家，从战后以来就为全球构建了财税治理的框架，无论是利率、汇率、金价、大宗商品价格都是全球的价格基准，而税率更是引导着全球资本的流动规模和方向。但是，在华投资同样受到低税率的吸引，研究发现，中国、印度、南非、巴西、俄罗斯50年来的外国直接投资呈流入趋势，中国的外资流入大幅增加发生在1992年前后，这个趋势恰好与《中华人民共和国外商投资企业和外国企业所得税法实施细则》(1991年6月30日国务院发布)的颁布相吻合，这绝不是偶然现象。而且在此之后，跨国公司对华投资高速增长时间长达18年，直到2007年美国爆发"大衰退"才开始下跌。可见中国外商投资税制的确立对于外国直接对华投资带动能力极强，弹性极大。

（2）投资税率弹性指投资激励政策引发的投资对资本使用成本下降的反应敏感程度。具体来说，从国际经验来看，美国2001—2004年及2008—2010年两次采用临时性奖励折旧政策都产生了较强的税收激励。对这两次联邦税收政策改革的研究发现，美国的投资弹性系数为6～14。研究表明，短期内企业投资对临时性奖励折旧和费用扣除政策反应较强，且反应持续数年。研究永久或临时减税对投资的影响发现，在政策开始实施后的10个季度内，每降低1%税负，投资将增长约10%，然后投资增长则迅速减速。从美国降税率、缩小税基两项措施综合研究发现,均有降低资本使用成本的激励效果。[①]我们必须研究如何将降低税率、扩大税基、加大定向扣除或者加速折旧相结合,使投资税率弹性最大,以更好地吸引投资。

第三,研究母子公司制及跨国公司全球投资管理体制与规则体系。毛泽东同志指出:"……进到二十一世纪的时候,中国的面目更要大变。中国将变为一个强大的社会主义工业国。中国应当这样。因为中国是一个具有九百六十万平方公里土地和六万万人口的国家,中国应当对于人类有较大的贡献。而这种贡献,在过去一个长时期内,则是太少了。这使我们感到惭愧。"[②]美国的跨国投资发展到今天,为维护美国的霸权做出了巨大的贡献,美国的霸权触角通过跨国公司渗透到了国际政治经济体系的每个细胞,其中它的 F 分编规则,对于将美国跨国公司在海外的利益输送回国发挥着重要的作用。对中国来说,随着中华民族伟大复兴事业的蓬勃兴起,中国的国内财富积累正在推动它成为全球最重要的国际对外直接投资国家之一,那么我们不可能对任何投资都派出管理团队进行管理,怎么才能够保障国家的税收主权,美国的 F 分编税制已经做出了典范,未来要求我国的公司法以及与之相配套的税法和会计法规,都需要适时做出修订。

美国国际税收体制还有很多方面都是值得研究的。例如,美国2017 年税制改革后,参与豁免税制出台的 GILTI 税、FDII 税和 BEAT 税规则,未来会在与国际规则遵从方面做出什么样的可能调整,美国国际税收规则的改革如何影响联邦政府财政收入,等等。限于研究的阶段性要求,这些都将是一个长期的科研计划内容。

---

① Karel Mertens and Morten O. Ravn. "Empirical Evidence on the Aggregate Effects of Anticipated and Unanticipated US Tax Policy Shocks." *American Economic Journal: Economic Policy*, 4(2), May 2012.

② 《纪念孙中山先生》,载《毛泽东选集》第五卷,北京:人民出版社,1977 年,第311—312 页。

附　录

附表 1　美国在全球直接投资的产业结构，2015 年末历史成本数据

单位：10 亿美元

	总投资	制造业	批发贸易	信息	银行	金融	服务	控股公司	其他
合计	5 040.6	660.8	229.3	180.3	112.8	613.9	116.0	2 582.2	332.6
加拿大	352.9	109.9	23.9	7.9	3.3	45.9	8.18	6.5	44.9
欧洲	2 949.2	309.7	79.8	117.9	66.3	254.9	70.8	1 824.5	194.6
欧盟	2 677.1	268.7	66.3	106.5	60.9	233.5	65.8	1 689.5	166.8
比利时	45.1	28.6	6.0	0.5	（D）	4.6	1.6	0.8	（D）
法国	78.3	21.0	5.2	2.9	2.4	17.0	4.2	17.0	（D）
德国	108.1	30.1	12.0	6.0	2.5	14.7	4.5	37.6	0.4
爱尔兰	343.4	23.9	1.4	40.0	（D）	8.5	12.2	174.7	（D）
意大利	22.5	7.6	3.8	2.3	1.2	2.6	0.5	0.4	3.9
卢森堡	503.0	17.6	0.2	2.2	（D）	13.3	0.9	447.1	9.0
荷兰	858.1	55.3	14.9	15.5	（D）	40.9	6.6	693.9	（D）
西班牙	35.8	13.0	3.0	1.6	（D）	3.3	0.4	11.0	2.1
瑞典	25.0	3.4	2.2	1.2	（D）	2.3	0.7	12.9	（D）
瑞士	155.2	34.0	12.0	8.6	2.2	18.3	4.4	49.1	（D）
英国	593.0	49.9	10.5	30.3	16.8	122.7	32.0	274.8	47.8
拉丁美洲和西半球其他	847.6	64.0	29.5	20.7	8.7	188.5	3.2	431.8	44.6
巴西	65.3	19.6	3.0	6.1	（D）	9.9	0.8	12.3	（D）

（续表）

	总投资	制造业	批发贸易	信息	银行	金融	服务	控股公司	其他
智利	27.3	5.3	1.1	0.4	（D）	5.7	0.4	0.4	（D）
委内瑞拉	9.1	2.9	0.3	（D）	0	1.1	0.9	1.4	（D）
墨西哥	92.8	31.8	3.3	2.8	0.8	9.3	0.3	22.7	11.8
百慕大	269.3	−6.7	（D）	3.6	0.2	30.9	0.3	206.3	23.1
加勒比	257.3	0.2	0.9	3.3	−1.3	81.0	0.2	159.8	3.4
非洲	64.0	4.4	2.4	0.8	（D）	3.1	1.4	8.4	（D）
中东	48.5	10.5	2.4	2.0	（D）	2.2	2.0	13.0	（D）
亚洲	778.3	162.2	91.3	31.0	30.9	119.3	30.5	218.0	45.1
澳洲	167.4	15.3	7.3	5.6	0.4	19.7	8.7	72.9	7.8
中国	74.6	42.4	6.0	2.2	4.3	3.0	1.7	3.5	8.1
中国香港	64.0	4.5	18.1	8.0	2.1	6.2	2.4	18.7	4.2
日本	108.5	22.6	8.5	7.4	（D）	53.7	2.7	3.4	（D）
韩国	34.6	14.2	1.6	0.2	（D）	6.9	0.4	（D）	1.9
新加坡	228.7	36.0	40.1	7.9	0.7	19.7	0.9	114.8	7.3
中国台湾	15.0	5.4	3.4	0.3	3.4	1.4	0.2	0.1	0.8
OPEC	58.2	7.4	2.7	2.6	（D）	3.0	1.3	18.2	（D）

资料来源：Derrick T. Jenniges and James J. Fetzer. "Direct Investment Positions for 2015: Country and Industry Detail." *Survey of Current Business*, Jul. 2016, p. 14.

注：（D）为防止个别跨国公司数据泄露，被美国商务部隐去，重点领域为银行业。

附表 2　享受税收抵免后无所得税负债的美国跨国公司，2006—2012 年

企业分类 / 指标 / 年份		2006	2007	2008	2009	2010	2011	2012
所有跨国公司	企业总数（家）	40 713	42 395	41 537	39 846	40 740	41 636	42 301
	抵免后不缴所得税企业（家）	13 836	15 945	19 123	19 687	18 537	19 237	17 882
	抵免后不缴所得税企业（%）	34.0	37.6	46.0	49.4	45.5	46.2	42.3

（续表）

企业分类 / 指标 / 年份		2006	2007	2008	2009	2010	2011	2012
盈利企业	企业数量（家）	n.a.	n.a.	23 756	22 504	25 896	26 876	27 546
	抵免后不缴所得税企业（家）	n.a.	n.a.	4 260	4 639	5 674	6 479	5 359
	抵免后不缴所得税企业占比（%）	n.a.	n.a.	17.9	20.6	21.9	24.1	19.5

资料来源：United States Government Accountability Office. "Corporate Income Tax: Most Large Profitable U.S. Corporations Paid Tax But Effective Tax Rates Differed Significantly from the Statutory Rate." Report to the Ranking Member, Committee on the Budget, U.S. Senate, Mar. 2016, p. 32.

注：M—3 计划数据来自 1120 表金额在 1 000 万美元以上的非保险收益。

附表 3　OECD 国家的税制与税率

国别	国际税制		2009 年公司有效税率	2010 年最高法定税率
	参与豁免税制	全球税制		
澳大利亚 *	√		31.5%	30%
奥地利	√		20.1%	25%
比利时 ***Φ	√		20.6%	34%
加拿大 *	√		19.8%	29.5%
智利		√	14.0%	17%
捷克	√		20.2%	19%
丹麦 Φ	√		28.8%	25%
爱沙尼亚	√		n.a.	21%
芬兰	√		37.0%	26%
法国 ***	√		26.5%	34.4%
德国 ***	√		28.5%	30.2%
希腊		√	30.5%	24%
匈牙利	√		11.9%	19%
冰岛	√		N/A	18%

（续表）

国别	国际税制		2009 年公司有效税率	2010 年最高法定税率
	参与豁免税制	全球税制		
爱尔兰		√	24.7%	12.5%
以色列		√	22.4%	25%
意大利 ***Φ	√		30.7%	27.5%
日本 ***	√		38.8%	39.5%
卢森堡 Φ	√		25.4%	28.6%
墨西哥		√	24.9%	30%
荷兰 Φ	√		18.0%	25.5%
新西兰	√		n.a.	30%
挪威 **	√		24.2%	28%
波兰		√	20.1%	19%
葡萄牙 *	√		22.2%	26.5%
斯洛伐克	√		n.a.	19%
斯洛文尼亚 ***	√		n.a.	20%
西班牙 Φ	√		19.3%	30%
韩国		√	22.0%	24.2%
瑞典	√		19.8%	26.3%
瑞士 ***	√		20.6%	21.2%
土耳其	√		19.9%	20%
英国	√		21.3%	28%
美国		√	25.7%	39.1%
OECD 平均			24%	26%
剔除美国平均			23.7%	25%
参与豁免税制国家平均			24%	26%
不含美国全球税制国家平均			23%	21.7%

资料来源：Jennifer L. Blouin. "Taxation of Multinational Corporations." University of Pennsylvania Accounting Papers, Wharton Faculty Research, University of Pennsylvani, 2012, p. 16.

注：* 根据双边税收协定豁免；** 豁免 97%；*** 豁免 95%；Φ 该国限制免除从低税率地区汇回股息。

附表 4　主要发达国家受控外国公司（CFC）规则一览

特点	澳大利亚	加拿大	法国	德国	荷兰
外国实体属于 CFC	下列条件 2 选 1：①有 5 名以内本国居民共同控股或拥有外国实体 50% 以上所有权；②有 1 名本国居民拥有外国实体 40% 或以上股份	有 5 名以内加拿大居民共同拥有外国实体 50% 以上股份	①外国实体所在国有效税率低于法国 50% 以内；② 法国居民拥有 50% 以上股份；③集团内收入大于 20%，或被动收入与集团内业务收入大于 50%	①德国居民控股 50% 或以上；②外国实体存在被动收入；③被动收入有效税率低于 25%	n.a.
国内股东须满足控股水平	10% 或以上	最低 10%	直接或间接控股 50% 或以上	任意所有权	n.a.
外国利润在本期纳税与否	大部分国家按照被动利润比例	按照被动利润比例	所有收入利润比例	按照被动利润比例	n.a.
其他 CFC 规则	CFC 在与澳大利亚税制相似的国家拥有归属于国内企业的收入类型较少		如果外国子公司位于欧盟其他成员国，不属于规避法国税收，即不适用于 CFC 规则	如果外国子公司位于欧盟或欧盟经济区合法经营，即不适用于 CFC 规则	
其他反避税规则	外国投资资金规则	离岸投资资金规则	滥用法律原则	一般反避税规则	被动所得控股规则

资料来源：根据有关资料整理。

注：n.a.= 不适合。

附表 5　发达国家外国来源股息所得免税资格与税收待遇

资格与待遇		澳大利亚	加拿大	法国	德国	荷兰
外国来源股息所得税免税资格	外国公司的国内所有权	直接控股 10% 以上	直接控股 1% 及直接与间接控股 10% 以上	最低 5% 控股	无	理论上控股 5%
	外国公司股份类型	必须有投票权股份	任意类型	所有权或参股	任意类型	任意类型
	所有权期限要求	无	无	2 年	无	无

（续表）

资格与待遇		澳大利亚	加拿大	法国	德国	荷兰
外国来源所得税待遇	主动收入	豁免	豁免	95% 豁免	95% 豁免	豁免
	被动收入	豁免	利用 FTC 后纳税[a]	95% 豁免	95% 豁免	豁免

资料来源：根据有关资料整理。

注：（a）按照反避税规则，已课税的所得遣返母国时可以免税。

附表 6　部分发达国家的外国税收抵免规则

国别	是否准予外国税收抵免	使用外国税收抵免是否有限制	结转方式	
			向后	向前
澳大利亚	是	外国来源收入的国内税收义务	否	否
加拿大	是	区分国别的外国来源收入的国内税收义务	3 年	10 年
法国	是	通常只能用于向合格税收协定签署国家支付暂扣税	否	否
德国	是	区分国别的外国来源收入国内税收义务	否	否
荷兰	是	外国来源收入国内税收义务	否	否
美国	是	按照外国来源收入大类的国内税收义务（一般所得或被动所得）	1 年	10 年

资料来源：根据有关资料整理。

附表 7　部分发达国家的反避税规则

国别	体制	一般定义
澳大利亚	外国投资基金规则（FIF）	特定股东满足如下条件，则符合按照外国投资资金比例视同利润在本年税收：①外国公司或信托人不受澳大利亚居民控制；②纳税人持有股份高于纳税人在外国公司或信托人税收利益价值的 10%；③外资公司或信托人从事的是特定金融中介、保险和银行交易业务；④纳税人在税收年度末仍有利息
加拿大	离岸投资基金（OIF）	OIF 股东以估算利润为基础在本期纳税，OIF 属于避税工具
法国	法律滥用准则	一般反避税法允许税务部门针对特别交易采取法律行动，通常这类交易为虚构并违背税法

（续表）

国别	体制	一般定义
德国	一般反避税规则	税务部门根据 2007 年修订的一般反避税规则，可判定纳税人为了避税，虚构法律架构获得税收优惠的组织结构违法
荷兰	低税收被动持股（LTP）	股东单独或合伙持有外国实体 25% 股份，如满足如下条件，按照市值对股份估价：①该外国子公司资产的 90% 以上属于直接或间接组合投资；②按照荷兰税法计算，外国利润税低于10%；③物业附带价值超过 50% 为非投资物业
美国	被动外国投资公司（PFIC）	条件是：①公司收入的 75% 是被动收入；② 50% 的公司资产价值为被动收入产生。被动外国投资公司不要求最低的股本所有权，与 CFC 不同

资料来源：根据有关资料整理。

附表 8　部分发达国家外国来源所得税收规则

		澳大利亚	加拿大	法国	德国	荷兰
租金、版税和利息由何方缴纳	外国子公司	应税	应税	应税	应税	应税
	第三方	应税	应税	应税	应税	应税
无资格外国来源股息		应税	应税	应税	应税	应税
有资格外国来源股息		豁免	豁免	95% 豁免[a]	95% 豁免[a]	豁免
外国来源主动收入		豁免	使用 FTC 纳税	豁免	使用 FTC 纳税，根据税收协定有豁免	一般豁免
出售外国子公司股票的资本利得		一般豁免	50%—100% 豁免	95% 豁免	95% 豁免	豁免
符合反避税规则的外国归属利润		使用 FTC 纳税	使用 FTC 纳税	使用 FTC 纳税	使用 FTC 纳税	应税

资料来源：根据有关资料整理。https://www.investopedia.com/articles/markets/012216/worlds-top-10-semiconductor-companies-tsmintc.asp, 5 Oct. 2021.

注：本表说明各国的主要企业纳税待遇。（a）德国和法国的 95% 豁免来自对 5% 的不可扣除费用要求。FTC：外国税收抵免。TTM：最近 12 个月市盈率。

附表9　美国百家跨国公司在税收天堂设立子公司

公司名称	收入排序	2007年营业收入（1 000美元）	2007财年承包联邦合同（1 000美元）	国外设立子公司数量（家）	在税收天堂/金融中心设立子公司	
					总数（家）	地点（数量）
3M	94	24 462	31 275	62	9	Bermuda (1) Hong Kong SAR (1) Luxembourg (2) Singapore (3) Switzerland (2)
Abbott Laboratories	91	25 914	66 126	168	36	Bahamas (2) Barbados (1) Bermuda (5) Costa Rica (1) Grenada (1) Hong Kong SAR (1) Ireland (13) Latvia (1) Lebanon (1) Panama (2) Singapore (2) Switzerland (5) Virgin Islands (1)
Aetna	83	27 600	192	14	8	Bermuda (4) Cayman Islands (1) Hong Kong SAR (2) Ireland (1)
Alcoa	79	30 748	80 235	31	4	Hong Kong SAR (1) Luxembourg (2) Switzerland (1)
Allstate	63	36 769	0	7	1	Bermuda (1)
Altria Group	60	38 051	0	163	38	British Virgin Islands (3) Cayman Islands (1) Costa Rica (2) Hong Kong SAR (1) Ireland (2) Latvia (1)

（续表一）

公司名称	收入排序	2007 年营业收入（1 000 美元）	2007 财年承包联邦合同（1 000 美元）	国外设立子公司数量（家）	在税收天堂/金融中心设立子公司	
					总数（家）	地点（数量）
Altria Group	60	38 051	0	163	38	Luxembourg (1) Netherlands Antilles (1) Panama (2) Singapore (3) Switzerland (21)
American Express	74	32 316	355	165	39	Bahrain (2) British Virgin Islands (2) Cayman Islands (9) Guernsey (6) Hong Kong SAR (4) Jersey (4) Luxembourg (3) Netherlands Antilles (2) Panama (1) Singapore (2) Switzerland (4)
American International Group	13	110 064	598	88	18	Bahrain (2) Bermuda (5) Hong Kong SAR (3) Ireland (3) Luxembourg (1) Panama (1) Switzerland (3)
Amerisource Bergen Corporation	28	66 074	1 469 378	0	0	
Apple	97	24 006	2 221	1	1	Ireland (1)
Archer-Daniels-Midland Company	51	44 018	197 488	6	3	Cayman Islands (2) Ireland (1)
AT&T Inc.	10	118 928	519 233	0	0	

（续表二）

公司名称	收入排序	2007 年营业收入（1 000 美元）	2007 财年承包联邦合同（1 000美元）	国外设立子公司数量（家）	在税收天堂/金融中心设立子公司	
					总数（家）	地点（数量）
Bank of America Corporation	9	119 190	13 763	311	115	Bahamas (3) Bermuda (2) Cayman Islands (59) Gibraltar (2) Hong Kong SAR (8) Ireland (14) Jersey (3) Luxembourg (15) Mauritius (3) Singapore (5) U.S. Virgin Islands (1)
Berkshire Hathaway Inc.	11	118 245	235 394	27	1	Ireland (1)
Best Buy	65	35 934	1 885	35	13	Bermuda (2) Hong Kong SAR (2) Luxembourg (1) Mauritius (7) Turks and Caicos Islands (1)
The Boeing Company	27	66 387	23 312 965	135	38	Bermuda (6) Cayman Islands (1) Gibraltar (2) Hong Kong SAR (4) Ireland (4) Netherlands Antilles (2) Singapore (3) U.S. Virgin Islands (16)
Cardinal Health Inc.	19	88 364	1 039 243	135	23	Barbados (1) Bermuda (2) British Virgin Islands (1) Cayman Islands (1) Hong Kong SAR (1) Ireland (5)

（续表三）

公司名称	收入排序	2007年营业收入（1 000美元）	2007财年承包联邦合同（1 000美元）	国外设立子公司数量（家）	在税收天堂/金融中心设立子公司	
					总数（家）	地点（数量）
Cardinal Health Inc.	19	88 364	1 039 243	135	23	Luxembourg (3) Malta (1) Mauritius (1) Singapore (3) Switzerland (4)
Caterpillar Inc.	49	44 958	171 485	329	49	Barbados (1) Bermuda (13) Costa Rica (1) Guernsey (1) Hong Kong SAR (3) Ireland (2) Luxembourg (3) Mauritius (1) Panama (3) Singapore (8) Switzerland (13)
Chevron	3	210 783	98 418	45	23	Bahamas (5) Bermuda (16) Liberia (1) Singapore (1)
Cisco Systems	70	34 922	4 063	201	38	Barbados (1) Bermuda (7) Costa Rica (1) Cyprus (1) Hong Kong SAR (5) Ireland (8) Jordan (1) Latvia (1) Luxembourg (2) Mauritius (2) Panama (1) Singapore (6) Switzerland (2)

（续表四）

公司名称	收入排序	2007年营业收入（1 000美元）	2007财年承包联邦合同（1 000美元）	国外设立子公司数量（家）	在税收天堂/金融中心设立子公司	
					总数（家）	地点（数量）
Citigroup	8	159 229	3 122	1 240	427	Aruba (1) Bahamas (16) Bahrain (1) Barbados (2) Bermuda (19) British Virgin Islands (35) Cayman Islands (90) Channel Islands (12) Costa Rica (19) Gibraltar (1) Guernsey (1) Hong Kong SAR (40) Ireland (16) Isle of Man (1) Jersey (21) Luxembourg (91) Macao (1) Mauritius (15) Panama (17) St. Kitts and Nevis (1) Singapore (18) Switzerland (8) Turks and Caicos Islands (1)
Coca-Cola	81	28 857	29 942	72	8	British Virgin Islands (1) Cayman Islands (2) Costa Rica (1) Hong Kong SAR (1) Ireland (1) Singapore (1) Switzerland (1)
Comcast	78	30 895	3 118	29	3	Hong Kong SAR (1) Netherlands Antilles (1) Switzerland (1)

（续表五）

公司名称	收入排序	2007 年营业收入（1 000 美元）	2007 财年承包联邦合同（1 000 美元）	国外设立子公司数量（家）	在税收天堂/金融中心设立子公司	
					总数（家）	地点（数量）
ConocoPhillips	5	178 558	267 206	125	44	Bahamas (2) Bermuda (17) British Virgin Islands (2) Cayman Islands (9) Ireland (3) Liberia (5) Luxembourg (2) Marshall Islands (1) Singapore (1) Switzerland (2)
Costco Wholesale	29	64 400	12	3	1	Bermuda (1)
Countrywide Financial	98	23 442	0	20	7	Cayman Islands (1) Costa Rica (1) Guernsey (2) Hong Kong SAR (1) Mauritius (1) Singapore (1)
CVS Caremark	24	76 330	971	0	0	
Deere	96	24 082	29 428	32	3	Luxembourg (2) Switzerland (1)
Dell Inc.	33	61 133	1 132 476	158	29	Bahrain (1) Barbados (1) Cayman Islands (4) Costa Rica (2) Hong Kong SAR (1) Ireland (10) Lebanon (1) Luxembourg (1) Panama (1) Singapore (5) Switzerland (2)

（续表六）

公司名称	收入排序	2007年营业收入（1 000美元）	2007财年承包联邦合同（1 000美元）	国外设立子公司数量（家）	在税收天堂/金融中心设立子公司	
					总数（家）	地点（数量）
Delphi	88	26 160	1 650	141	9	Ireland (1) Luxembourg (3) Singapore (3) Virgin Islands (2)
Dow Chemical	41	53 513	10 180	317	35	Bahrain (1) Barbados (3) Bermuda (3) Costa Rica (1) Hong Kong SAR (5) Ireland (3) Luxembourg (3) Mauritius (2) Singapore (6) Switzerland (7) Virgin Islands (1)
DuPont	80	30 653	3 386	44	9	Bermuda (2) Hong Kong SAR (1) Luxembourg (2) Singapore (1) Switzerland (3)
Enterprise GP Holdings	86	26 714	0	1	0	
Exxon Mobil Corporation	2	372 824	949 152	122	32	Bahamas (18) Bermuda (1) Cayman Islands (3) Hong Kong SAR (3) Ireland (1) Luxembourg (2) Singapore (3) Switzerland (1)
Fannie Mae	52	43 355	0	0	0	

（续表七）

公司名称	收入排序	2007 年营业收入（1 000 美元）	2007 财年承包联邦合同（1 000 美元）	国外设立子公司数量（家）	在税收天堂 / 金融中心设立子公司	
					总数（家）	地点（数量）
FedEx	67	35 214	59 453	101	21	Antigua (1)
						Bahamas (1)
						Barbados (1)
						Bermuda (1)
						Cayman Islands (3)
						Costa Rica (1)
						Grenada (1)
						Hong Kong SAR (2)
						Ireland (3)
						Netherlands Antilles (2)
						Singapore (1)
						St. Kitts (1)
						St. Lucia (1)
						Turks and Caicos Islands (1)
						U.S. Virgin Islands (1)
Ford Motor Company	7	172 468	358 360	54	2	Bermuda (1)
						Cayman Islands (1)
Freddie Mac	53	43 104	0	0	0	
General Dynamics Corporation	84	27 294	13 905 516	51	5	Cyprus (1)
						Singapore (1)
						Switzerland (3)
General Electric Company	6	176 656	278 0528	40	7	Bermuda (3)
						Luxembourg (1)
						Singapore (3)
General Motors Corporation	4	182 347	517 205	113	11	Barbados (1)
						Bermuda (2)
						Cayman Islands (4)
						Ireland (1)
						Singapore (1)
						Switzerland (2)
GMAC	77	31 490	0	56	2	Bermuda (1)
						Switzerland (1)

（续表八）

公司名称	收入排序	2007年营业收入（1 000美元）	2007财年承包联邦合同（1 000美元）	国外设立子公司数量（家）	在税收天堂/金融中心设立子公司	
					总数（家）	地点（数量）
Goldman Sachs Group	20	87 968	356	55	29	Bermuda (3) British Virgin Islands (1) Cayman Islands (15) Hong Kong SAR (3) Ireland (1) Jersey (1) Mauritius (5)
Hartford Financial Services	90	25 916	353	32	10	Bermuda (7) Ireland (3)
Hess Corporation	76	31 924	240 500	11	5	Cayman Islands (4) U.S. Virgin Islands (1)
Hewlett-Packard Company	14	104 286	374 297	81	14	Cayman Islands (1) Costa Rica (1) Hong Kong SAR (1) Ireland (3) Latvia (1) Netherlands Antilles (1) Singapore (4) Switzerland (2)
Home Depot	22	84 740	2 304	0	0	
Honeywell International Inc.	72	34 589	2 491 103	35	7	Bermuda (1) Luxembourg (3) Singapore (1) Switzerland (2)
Humana	93	25 290	37 863	5	0	
Ingram Micro	68	35 047	0	104	33	Barbados (1) Bermuda (2) British Virgin Islands (1) Cayman Islands (8) Hong Kong SAR (6) Luxembourg (1)

公司名称	收入排序	2007 年营业收入（1 000 美元）	2007 财年承包联邦合同（1 000 美元）	国外设立子公司数量（家）	在税收天堂 / 金融中心设立公司	
					总数（家）	地点（数量）
Ingram Micro	68	35 047	0	104	33	Mauritius (2) Panama (1) Singapore (10) Switzerland (1)
Intel	59	38 334	0	15	6	Cayman Islands (5) Costa Rica (1)
International Business Machines Corporation	15	98 786	1 427 788	70	10	Bahamas (1) Barbados (1) Bermuda (1) Costa Rica (1) Hong Kong SAR (1) Ireland (1) Latvia (1) Luxembourg (1) Singapore (1) Switzerland (1)
J.P. Morgan Chase & Co.	12	116 353	55 337	163	50	Bahamas (1) Bermuda (2) British Virgin Islands (4) Cayman Islands (7) Channel Islands (4) Hong Kong SAR (8) Ireland (2) Luxembourg (8) Mauritius (8) Singapore (5) Switzerland (1)
Johnson & Johnson	34	61 095	170 246	175	38	Hong Kong SAR (2) Ireland (16) Luxembourg (1) Panama (1)

（续表十）

公司名称	收入排序	2007年营业收入（1000美元）	2007财年承包联邦合同（1000美元）	国外设立子公司数量（家）	在税收天堂／金融中心设立子公司	
					总数（家）	地点（数量）
Johnson & Johnson	34	61 095	170 246	175	38	Singapore (1) Switzerland (17)
Johnson Controls	71	34 678	120 645	0	0	
Kraft Foods Inc.	62	37 241	348 708	255	36	Bahamas (1) Bahrain (1) British Virgin Islands (2) Cayman Islands (1) Costa Rica (3) Hong Kong SAR (4) Ireland (4) Latvia (1) Liberia (2) Luxembourg (2) Panama (1) Singapore (8) Switzerland (6)
Kroger	26	70 235	86	1	1	Hong Kong SAR (1)
Lehman Brothers Holdings	36	59 003	25	141	57	Bermuda (2) Cayman Islands (31) Hong Kong SAR (9) Ireland (1) Luxembourg (6) Mauritius (3) Singapore (5)
Lockheed Martin Corporation	56	41 862	32 784 881	0	0	
Lowe's	47	48 283	717	0	0	
Macy's	87	26 340	0	0	0	
Marathon Oil	35	60 044	50	115	76	Bahamas (1) Barbados (1) Bermuda (3)

（续表十一）

公司名称	收入排序	2007年营业收入（1 000美元）	2007财年承包联邦合同（1 000美元）	国外设立子公司数量（家）	在税收天堂／金融中心设立子公司	
					总数（家）	地点（数量）
Marathon Oil	35	60 044	50	115	76	Cayman Islands (65) Cyprus (1) Ireland (2) Liberia (1) Luxembourg (1) Switzerland (1)
McDonald's	100	23 231	0	34	5	Hong Kong SAR (2) Switzerland (3)
McKesson Corporation	18	93 574	4 692 110	1	1	Ireland (1)
Medco Health Solutions	50	44 506	261	0	0	
Merck & Co. Inc.	95	24 198	1 418 213	199	44	Barbados (2) Bermuda (14) Cyprus (1) Hong Kong SAR (3) Ireland (7) Latvia (1) Lebanon (1) Luxembourg (2) Panama (2) Singapore (6) Switzerland (5)
Merrill Lynch	30	64 217	500	82	21	Bermuda (2) Cayman Islands (3) Hong Kong SAR (4) Ireland (2) Luxembourg (1) Mauritius (3) Netherlands Antilles (1) Singapore (2) Switzerland (3)

（续表十二）

公司名称	收入排序	2007 年营业收入（1 000 美元）	2007 财年承包联邦合同（1 000 美元）	国外设立子公司数量（家）	在税收天堂/金融中心设立子公司	
					总数（家）	地点（数量）
MetLife	42	53 150	1 873	84	19	Barbados (5) Bermuda (3) Cayman Islands (5) Hong Kong SAR (2) Ireland (2) Singapore (1) Virgin Islands (1) b
Microsoft	43	51 122	48 717	14	8	Bermuda (2) Ireland (5) Singapore (1)
Morgan Stanley	21	87 879	14 062	568	273	Bermuda (3) British Virgin Islands (1) Cayman Islands (158) Cyprus (2) Gibraltar (2) Hong Kong SAR (15) Ireland (6) Jersey (19) Liberia (5) Luxembourg (29) Malta (1) Marshall Islands (14) Mauritius (4) Panama (1) Singapore (9) Switzerland (4)
Motorola Inc.	64	36 622	321 347	24	4	Hong Kong SAR (1) Singapore (3)
News Corporation	82	28 655	2 646	782	152	Belize (1) Bermuda (1) British Virgin Islands (62) Cayman Islands (33)

（续表十三）

公司名称	收入排序	2007 年营业收入（1 000 美元）	2007 财年承包联邦合同（1 000 美元）	国外设立子公司数量（家）	在税收天堂/金融中心设立子公司	
					总数（家）	地点（数量）
News Corporation	82	28 655	2 646	782	152	Cyprus (1) Hong Kong SAR (21) Ireland (1) Latvia (4) Luxembourg (4) Marshall Islands (1) Mauritius (15) Panama (1) Singapore (5) Switzerland (2)
Northrop Grumman Corporation	75	32 032	15 991 673	0	0	
PepsiCo Inc.	58	39 474	218 353	356	70	Bahamas (1) Barbados (1) Bermuda (13) Cayman Islands (2) Costa Rica (2) Cyprus (5) Gibraltar (1) Hong Kong SAR (10) Ireland (9) Jordan (1) Latvia (1) Liechtenstein (1) Luxembourg (7) Mauritius (2) Netherlands Antilles (6) Panama (1) Singapore (1) Switzerland (6)
Pfizer	46	48 418	40 609	356	80	Bahamas (1) Bermuda (3)

（续表十四）

公司名称	收入排序	2007 年营业收入（1 000 美元）	2007 财年承包联邦合同（1 000 美元）	国外设立子公司数量（家）	在税收天堂 / 金融中心设立子公司	
					总数（家）	地点（数量）
Pfizer	46	48 418	40 609	356	80	Cayman Islands (1) Costa Rica (2) Guernsey (1) Hong Kong SAR (4) Ireland (28) Jersey (10) Luxembourg (16) Panama (3) Singapore (6) Switzerland (4) Virgin Islands (1) b
The Procter & Gamble Company	23	76 476	312 828	581	83	Barbados (1) Belize (1) Bermuda (5) British Virgin Islands (2) Cayman Islands (2) Costa Rica (3) Hong Kong SAR (10) Ireland (11) Latvia (1) Lebanon (2) Liechtenstein (1) Luxembourg (6) Panama (3) Singapore (11) Switzerland (24)
Prudential Financial	73	34 401	35 768	116	27	Barbados (1) Bermuda (9) Cayman Islands (5) Hong Kong SAR (7) Ireland (1) Luxembourg (1) Singapore (3)

公司名称	收入排序	2007 年营业收入（1 000 美元）	2007 财年承包联邦合同（1 000 美元）	国外设立子公司数量（家）	在税收天堂/金融中心设立子公司	
					总数（家）	地点（数量）
Safeway	54	42 286	141	18	4	Bermuda (1) British Virgin Islands (1) Hong Kong SAR (1) Macao (1)
Sears Holdings	44	50 703	315	2	1	Bermuda (1)
Sprint Nextel Corporation	57	40 146	142 754	59	7	Bermuda (1) Hong Kong SAR (2) Ireland (1) Singapore (1) Switzerland (2)
Sunoco	55	42 101	68	11	5	Bermuda (4) Panama (1)
SuperValu	61	37 406	1 520	6	5	Bermuda (4) Cayman Islands (1)
SYSCO Corporation	69	35 042	173 586	31	1	Hong Kong SAR (1)
Target	31	63 367	0	19	8	Bermuda (1) Hong Kong SAR (6) Singapore (1)
Tech Data	99	23 423	0	67	7	Cayman Islands (1) Costa Rica (1) Ireland (1) Luxembourg (1) Netherlands Antilles (1) Switzerland (2)
Time Warner	48	46 615	7 575	48	4	Hong Kong SAR (2) Ireland (1) Luxembourg (1)
Travelers Companies	89	26 017	535	27	6	Bermuda (4) Cayman Islands (1) Singapore (1) Bermuda (1)

（续表十六）

公司名称	收入排序	2007 年营业收入（1 000 美元）	2007 财年承包联邦合同（1 000 美元）	国外设立子公司数量（家）	在税收天堂 / 金融中心设立子公司	
					总数（家）	地点（数量）
Tyson Foods Inc.	85	26 900	326 553	41	6	Cayman Islands (1) Gibraltar (1) Hong Kong SAR (1) Luxembourg (2)
United Parcel Service Inc.	45	49 692	140 771	0	0	
United Technologies Corporation	38	54 759	5 714 807	93	12	Cayman Islands (1) Hong Kong SAR (2) Ireland (1) Luxembourg (4) Singapore (4)
UnitedHealth Group	25	75 431	1 524	54	11	Bermuda (1) Cayman Islands (2) Costa Rica (2) Hong Kong SAR (2) Ireland (2) Mauritius (1) Singapore (1)
Valero Energy Corporation	16	96 758	1 027 334	23	11	Aruba (5) Bermuda (1) British Virgin Islands (3) Cayman Islands (2)
Verizon Communications Inc.	17	93 775	428 654	0	0	
Wachovia Corporation	37	55 528	3 683	105	59	Aruba (1) Barbados (1) Bermuda (18) British Virgin Islands (3) Cayman Islands (16) Guernsey (1) Hong Kong SAR (9) Ireland (2)

（续表十七）

公司名称	收入排序	2007年营业收入（1 000美元）	2007财年承包联邦合同（1 000美元）	国外设立子公司数量（家）	在税收天堂/金融中心设立子公司	
					总数（家）	地点（数量）
Wachovia Corporation	37	55 528	3 683	105	59	Mauritius (3) Singapore (2) Turks and Caicos Islands (1) U.S. Virgin Islands (2)
Walgreen	39	53 762	17	4	2	Mauritius (2)
Wal-Mart Stores	1	378 799	173	1	0	
Walt Disney	66	35 882	1 224	15	3	Hong Kong SAR (2) Switzerland (1)
Washington Mutual	92	25 531	556	5	3	Hong Kong SAR (1) Mauritius (1) Virgin Islands (1)
WellPoint	32	61 134	72 575	3	1	Bermuda (1)
Wells Fargo	40	53 593	37 777	34	18	Barbados (1) Cayman Islands (9) Hong Kong SAR (4) Mauritius (4)

资料来源：根据"2008 Fortune 500"名单、USASpending.gov 网站、新一代联邦采办数据库（FPDS-NG），并运用美国证监会的电子数据采集系统对有关企业的海外子公司情况进行验证。

附表 10　本研究数据和事实来源

美国联邦行政机关	（1）美国财政部
	（2）联邦税务局（IRS）
	（3）白宫管理与预算办公室（OMB）
	（4）商务部经济研究局（BEA）
	（5）美国劳工局（BLS）
	（6）美国普查局（Census Bureau）
	（7）美国总统税制改革顾问委员会（The President's Advisory Panel on Federal Tax Reform）

（续表）

美国联邦行政机关	（8）美国国会审计局（GAO）
	（9）美国国会研究局（CRS）
	（10）美国国会预算办公室（CBO）
	（11）美国国会联合税收委员会（JCT）
	（12）美国参议院常设调查分委员会（The Permanent Subcommittee on Investigations）
	（13）美国参议院国土安全与政务委员会（United States Senate Committee on Homeland Security and Governmental Affairs）
	（14）美国联邦储备委员会
	（15）圣路易斯联储
	（16）州政府
国际机构	（1）经济合作与发展组织（OECD）
	（2）世界银行
	（3）国际货币基金组织（IMF）
	（4）联合国贸易和发展会议（UNCTD）
	（5）世界贸易组织（WTO）
商会与商业数据公司	（1）上海美国商会
	（2）荣鼎集团
	（3）《纽约时报》
	（4）《华尔街日报》
	（5）税收基金会（https://taxfoundation.org/）
	（6）康奈尔大学法律数据库（https://www.law.cornell.edu/）
	（7）托马斯产业数据库（https://www.thomasnet.com/）
	（8）美国全国独立企业联合会（NFIB）
	（9）美国企业经济学协会（NABE）
	（10）Tax Notes
	（11）statista 商业数据平台（https://www.statista.com/）
	（12）半导体产业协会（SIA）

图书在版编目（CIP）数据

美国国际税制改革与资本回流原理/李超民著.—北京：
商务印书馆，2023
（美国财政治理前沿丛书）
ISBN 978‐7‐100‐21188‐8

Ⅰ.①美…　Ⅱ.①李…　Ⅲ.①国际税收‐税收改革‐
研究‐美国　Ⅳ.① F817.123.2

中国版本图书馆 CIP 数据核字（2022）第 086987 号

美国国际税制改革与资本回流原理
李超民　著

商 务 印 书 馆 出 版
（北京王府井大街 36 号　邮政编码 100710）
商 务 印 书 馆 发 行
山 东 临 沂 新 华 印 刷 物 流
集 团 有 限 责 任 公 司 印 刷
ISBN　978‐7‐100‐21188‐8

2023年1月第1版　　开本 640×960　1/16
2023年1月第1次印刷　印张 33¾
定价：168.00元